信息检索与利用新编教程

主　编　许忠锡　姚中平
副主编　王　璞　杨　旭

浙江大學出版社

内容简介

20世纪以来，人类社会日新月异的变化、科技的快速发展，使各方面的信息量高速增长，浩如烟海。信息已经与能源、材料一起，成为现代社会发展的三大支柱。如何获取信息已经成为当代大学生与科技工作者必须认真面对的问题。信息检索，就是从大量纷繁的信息中查找出所需信息的过程。本书就是针对这一情况，从信息检索的基础理论到信息检索方法，系统地阐述了信息检索的基本知识与核心技术，详细介绍了文献、信息资源、信息组织、检索系统、信息利用等知识，介绍了手工检索与各类计算机网络数据库信息检索、互联网信息检索等内容。

本书既可作为高等学校各专业信息检索类公共课程教材，也可作为高等学校信息管理专业学生、各类科技工作者的参考用书。

本书主要由上海海事大学长期从事文献信息检索教学的教师以及特邀的辽宁省交通高等专科学校杨旭副研究馆员联合编写，主编为许忠锡、姚中平，副主编为王璞、杨旭。许忠锡编写第1～6章，姚中平编写第7～9、14章，王璞、杨旭编写第10、13章，吕长红、梁伟波、朱红波、许忠锡编写第11、12章。

序

现今，人类社会已步入信息社会，人们在生活、生产、科研、经济活动过程中产生的大量信息，已构成人类赖以生存的环境，影响着人们的思维、行为及结果。出色的信息获取和处理能力，是你畅游信息社会，不断地从成功走向更大成功的重要素质。

现代大学生，一方面面临着不良信息、无用信息的泛滥，一方面又不知道如何获取和处理通往成功的有用信息，“大学生信息素养”应运而生。对信息的获取与处理、信息利用能力，是我们每个大学生所必须具备的素养。

重视信息素质教育，培养高素质的创新人才，向大学生开设《信息检索与利用》课程，是我国大学图书馆近年来用户教育的一大亮点。高校信息检索课程的建设与发展，对培养学生的信息获取能力、从而提高自学能力、创新能力和动手能力，具有积极意义。期间，教材建设尤显重要。我的同事携长期从事《信息检索与利用》课程教学之丰富经验，结合社会数字资源发展情况编纂此书，为大学生信息检索教学创造了优良条件。本书内容也是他们教学实践与信息检索技术应用研究相结合的总结和概括。

社会上有关信息检索的著作、教材已不少见，见仁见智。而本书的主要建树是：

知识系统，重点突出。以信息检索的基本知识和应用为知识主线，系统全面地介绍了当前信息检索的所有内容。既有信息检索的基本原理，也有原理的具体应用；既有传统印刷型信息资源的检索，也有新兴的网络等各种信息资源的检索；既有中文信息资源的检索，也有外文信息资源的检索；既有学术信息资源的检索，也有非学术信息资源的检索。

安排有序，注重内容创新。以信息检索为全书知识体系框架，同时将信息组织知识引入全书，作了以往信息检索类书籍不多见的内容创新，对方便读者理解信息检索原理不啻一个很好的尝试。

注重课堂导学，课后检索实践。教材编排结构合理，利于启发式教学。本教材在内容编写上完全遵循认知的一般规律，从基本概念到一般原理，从一般原理到各种技术方法，循序渐进，由浅入深，通俗易懂。

本书内容丰富，对于《信息检索与利用》课时较少的学校，可以选择适合本校资源情况的应用性知识和技能内容，灵活组织教学。

随着上海国际海事信息中心的建设，其海事类特色资源种类丰富，已达到亚洲先进水平。《信息检索与利用》课程教学，将为培养国际一流的海事人才作出不可或缺的贡献。同时寄望我的同事们再接再厉，不懈努力，与日俱进，在学校的信息检索教学工作中取得更好的成绩。

陈伟炯教授
于上海海事大学
2007年5月

目 录

第1章

信息检索引论

1.1 信息需求

人类社会发展至今,已进入到信息化时代,以往任何时候都没有像现在这样对信息有着巨大的需求。人们生活水平的提高需要信息,人类素质的提高需要信息,科学技术的发展需要信息,国家与社会的进步需要信息。信息已经成为人类生活中不可或缺的资源——除物质、能源外的第三种基本资源。特别是当今社会逐渐从信息社会向知识社会发展,对信息资源的开发利用、对信息资源的占有,是我们亟须关注的问题。

如今,自然科学与工程技术的发展极为迅速,每时每刻都有新发现、新技术产生。身处自然科学、工程技术领域的用户,对于科学与技术中新理论、新发现、新动向、新技术、新工艺、新技术应用都极为关注,他们亟须掌握这些新的信息。这些用户对信息的新颖性、及时性有很高的要求,对信息更新的要求也非常大。这类用户中的很大一部分非常重视从科学技术类期刊中获取信息,也有许多用户从专利、会议文献中获取信息。

从事社会科学与人文科学的学者、专家们,同样对信息有很大的需求。他们关注时事、政治、经济、社会各方面问题,对此类信息依赖度很大。他们从事这些方面的研究,主要是对文献信息的研究,从信息的获取与自身产生信息的量上来看都是极大的。此类人员对信息的需求有着自身的特点,即时间跨度大、覆盖面广,还有不少信息来自于书籍等。

而从事工商、经贸领域的各类人员,他们对信息的需求同样不比上述人员少。如今社会,经济形势发展迅速,变化极快,经营活动频繁而复杂,信息对这类人员有时起到决定性作用。

在日常的生活、学习与工作中,每个人都会产生对各种信息的需求,释疑解惑需要信息,解决问题需要信息,直至谋生,更需要信息。

凡此种种,社会各界都处在信息“饥饿”之中,这就产生了信息需求。而信息需求,最后都会转化为信息检索的行为。信息检索对每个人来说,不再是可有可无的事。因此,学习信息检索知识,掌握信息获取技能,是我们立足社会、迎接未来极为重要的一环。

1.2 信息、知识、情报

1.2.1 信息

1. 信息的概念

对信息的解释有许多种，在我国信息一词最早出自南唐诗人李中《暮春怀故人》中的“梦断美人沉信息，目穿长路倚楼台”，诗中信息的原意指消息。然而，信息一词在实际的使用中，特别在当今社会条件下，却解释不一。英语 information 一词常被人们解释或理解为情报、资料、消息、报道等，所以，一般将信息作为消息的同义词，简单地将信息看作能够带来新内容、新知识的消息。但随着信息一词在多种场合的使用，又发现其含义与用途远比消息一词来得广泛。信息不仅指消息、情报、知识、资料，而那些指令、代码、符号语言、文字等含有内容的信号，都可以理解或解释为信息。

信息一词在不同学科与领域的使用过程中，对其概念的理解也各不相同，专家学者们试图对信息给出准确的定义或含义。如哲学意义上的信息，指的是客观事物存在的方式或运动状态及其陈述。控制论创始人维纳(N. Wiener)从控制论角度提出对信息的定义是：“信息这个名词的内容是我们对外界进行调节并使我们的调节为外界所了解时而与外界交换的东西。”信息论创始人仙农(C. E. Shannon)从通信学角度将信息定义为：“信息是不确定性减少或消除。信息是关于环境事实的可通信的知识。”我国情报学家严怡民对信息的定义是：“生物以及具有自动控制系统的机器，通过感觉器官和相应的设备与外界进行交换的一切内容。”我国《辞海》中对信息的定义是：“信息是指对消息接受者来说预先不知道的报道。”《简明自然辩证法词典》的解释是：“信息一般泛指我们听说的消息、情报、指令、数据、信号等有关周围环境的知识。”还有专家认为，信息是可供人们参考的事实和思想。

可以看出，各领域的专家学者，从各自从事学科研究的角度出发，对信息作出的含义阐述，都是各不相同的。但从这些概念阐述和定义描述来看，信息是无所不在的一种抽象的东西，它既不是事物事件的本身，也没有物质实体。从以上各种阐述中的“陈述”、“交换的东西”、“可通信的知识”、“报道”、“事实和思想”等看，信息是对事物事件“内容”的表达，或者说，“陈述”、“交换”、“通信”、“报道”的具体内容与事实和思想的内涵就是信息。这些内容就是对事物事件属性的再现。

就本书而言，信息主要是指信息资源(各种载体)中所包含的事物事件的事实、思想或知识，即信息载体中传递的内容，信息系统传输和处理的对象。

2. 信息的特点

对信息的认知有多种理解，对信息特点的阐述也各有不同。但对一些阐述中具有共性的特性，总结如下：

(1)客观性

世界上的事物事件是客观存在的，客观的事物事件都具有存在属性，所以信息作为对事物事件属性的反映，也是客观存在的。信息源于物质，信息产生后又必须依附于物质，因此信息存在于客观世界之中。

(2)传递性

信息的传递性是指,任何信息可以在信源与信宿之间通过媒介进行传递。但我们认为,信息的传递性仅指"可以被传递"。因为信息是客观存在的,源于物质世界的信息,就算没有通过传递,信息还是客观存在着,并不能认为信息没有经过传递就不存在了。

(3)时效性

信息的功能、作用、效益都是随时间的延续而改变的。有些信息的效用在时间尺度上显得较敏感,但有些信息的效用会在今后的时间里显现。总之,信息的时效性与信息的具体内容、环境条件有关。

(4)可处理性

信息反映的是事物事件的内容与属性,那么信息就可以拓展、引申、浓缩。只要在载体中,这种处理都能完成。信息的可处理性,还可理解为用不同的语言、不同的手段,对信息进行加工,使信息得以增值或便于传递、利用。

(5)共享性

信息不是事物事件本身,而是一种内容定义上的东西,那么,信息就可以同时被多个用户共同享用。此时,信息的提供方并不因为信息传递出去、被他人利用了,信息的原有内容、信息的价值就会减少。同时使用同一信息的用户,也不因为大家共同享用信息,而使信息的量与价值减少。

(6)中介性

就物质世界层次看,信息来自于物质世界,它既区别于物质世界,又区别于精神世界。信息的内核不是具体的物质和能量,也不像意识那样依赖于人脑而存在,信息也就没有主观性。信息在传递过程中必须依赖载体,那么这样的载体就具有明显的中介作用。

1.2.2　知识

所谓知识,是指人类社会实践经验的总结,是人类的主观世界对客观世界的概括和如实反映。人类在长期的社会活动与改造自然、利用自然的活动中,产生对社会活动与自然运动规律的认识,这种认识又经过人类大脑思维的重新组合,产生对自然界、人类社会更新的认识。

人类在利用自然、改造自然的社会实践中,主要依靠搜集来自于客观世界的信息,并将信息加以概括与总结,取得再活动的新知。他们在实践经验的基础上发挥人类的主观能动性,对所掌握的信息加以系统化、完备化,就形成了人类的知识。因此,可以说经过人类大脑优化、系统化的信息就是知识。也可以说,知识来自于信息,知识是信息的一部分。

1.2.3　情报

情报一词源于日语,其一种意义相当于英语的 intelligence;另一种意义是指英语的 information。关于情报的定义如同对信息的定义一样,众说纷纭。

我国的《辞海》对情报的定义是"以侦察手段或其他方法获得有关敌人的军事、政治、经济等各方面的情况,以及对这些情况进行分析研究的成果,是军事行动的重要依据之一"、"泛指一切最新的情况报道"。前苏联情报学家米哈依洛夫认为"情报是作为存储、传递和转换对象的知识"。我国科学家钱学森认为"情报是激活的知识"、"情报就是为了解决特定的问题所需要的知识"。也有其他专家认为"情报,即为一定目的,具有一定时效和对象,传递着的信息”，“情报就是人们在一定的时间内为一定的目的而传递的有使用价值的知识或信息”，“经过加工分析、提炼并加以传递的知识，才是情报”。

以上是各领域的专家学者提出的关于情报的定义。从中不难看出情报的一些特点，即情报具有“知识性”、“传递性”、“对象性”与“时效性”。那么，本节就从情报的属性入手，对情报属性进行分析了解，然后给出情报的定义。

1. 知识性

情报的知识属性说明情报不同于一般的信息与消息。它具有特定的知识内容，是用来解决特定问题的知识。应该说知识都可以用来解决问题，但不是所有的知识都是情报。而只有那些在社会活动与科学技术活动中新产生出来的、还不太为人们所了解的知识，才是人们最需要了解和掌握的。因此，情报的知识性可理解为能解决特定问题的、最新产生出来的各种专业领域里的知识。

2. 传递性

情报具有特定知识内容，并且以运动方式存在着。无论多么重要的新知识，不经过传递或不知道其存在，就不为人们所掌握，也就无法用来解决特定问题。只有通过人们的主动传递与搜集，才能使静态的新知识变为动态的情报。

3. 对象性

情报的对象性是指情报只对那些需要解决特定问题的人们适用。最新专业领域里的知识，不是对人们普遍适用的。在各类现实活动中，人们对知识的需求是各不相同的，解决问题的要求也各不相同。一般问题用一般知识解决，而特定问题要用特定的专业知识解决。在研究与解决特定问题的同时，又会产生对特定问题的新认识，得到新的知识，不断衍生出情报。

4. 时效性

情报的时效性是指那些专业领域中最新的知识，作为情报价值，在解决特定问题过程中会因时间变化而变化。有些最新的知识，在刚刚产生时，由于对其的认知不足，并不能马上为人们所利用，用以解决特定问题，而是通过一段时间的认识，才在解决特定问题时加以利用。而有些情报在被利用之后已被人们所熟知，并演变为一般的知识，随之被更多的人用来解决一般问题。此时，情报的效用已经失去，只有一般知识的价值。

所以，根据以上对情报属性的阐述，我们认为，情报就是那些专业领域中最新出现的、并且在一定时间内通过传递、被特定的对象用来解决特定问题的知识。

1.2.4 信息、知识、情报三者的关系

信息的概念十分广泛，在人类社会活动中都有信息存在，在自然界同样都有信息产生。通过人类的大脑活动，如果将信息进行优化，得到系统化的信息，那么信息就演变为对人类有用的知识。

知识仅存在于人类社会，是人类大脑意识的产物。产生知识的素材是信息，经过人脑的判断、演绎、推理、分析、综合，信息才被转化为知识，同时转换了载体。

人们不断用已有知识来解决实践活动中所遇见的各类问题，运用知识来改造世界，创造世界。在解决问题、改造世界、创造世界的过程中，同时又不断产生新的认识，得到对新的事物事件运动规律的认识。那些能用来解决问题的新知识，也就成为情报。

就此，我们可以清楚地看到情报的归属：情报是知识的一部分，是更高级别的知识。另

外，我们也已经清楚了知识的来源，即知识是信息的组成部分，是优化后的信息。那么，信息、知识、情报这三者之间的关系就是：信息的范畴最大，知识包含在信息之中，而情报又包含在知识之中。是情报就一定是知识、是信息，反之则不然。

信息是对事物事件内容的反映，是对事物事件属性的展现，它的范畴很广，对信息的利用也非常广泛。而对知识的掌握和了解，是在一定的范围和条件下才需要的。相对来说，对知识的掌握较容易。情报就其性质而言是知识中最重要的一部分，使用方面相对较专业，也是最难掌握的，所以对科技情报要更加重视。

对信息、知识、情报各自的概念以及三者之间关系的认识与掌握，是信息检索的前提，只有认识与了解了这些特性，才有可能用不同的方法与手段获取信息、知识与情报。

1.3　文献

1.3.1　文献的概念

国际标准化组织的《文献情报术语国际标准》(ISO/DIS5217)将文献定义为："在存贮、检索、利用或传递记录信息的过程中，可以作为一个单元处理的，在载体内、载体上或依附载体而存贮有信息或数据的载体。"我国国家标准中对文献的定义为："文献是记录有知识的一切载体。"有些专家认为以文字、图形、符号、声频、视频等手段记录和传播知识的载体就是文献。还有些更为广义地理解为含有知识内容的信息载体就是文献。

以上这些定义都充分地强调了组成文献的两个方面：其一，能够成为文献，必须要有载体存在。这个载体必须是为传播、处理信息而特意产生的。其二，在载体上必须承载有信息或知识，必定是通过一定方式，将信息或知识记录在载体之上。有了这两方面，就可以将文献和产生信息的实物本身(实物自身可以承载信息)与人类大脑区别开来了。

就目前科学技术条件而言，将信息或知识记录在载体上的技术手段还应该包括数字化方式记录手段。所以，我们认为以文字、图形、符号、声频、视频、数字化等手段记录和传播知识的载体就是文献。

1.3.2　文献与信息、知识、情报的关系

我们已经知道，信息是对事物事件内容的表达，事物事件的内容、事实和思想的内涵就是信息，信息是对事物事件属性的再现。信息是一种抽象的东西，需要用语言、符号等手段对信息进行记录，才能被他人所了解与利用。而情报、知识是人类认识的成果和结晶，是人类社会在认识世界和改造世界的社会实践中获得的对事物本质的认识，是对事物事件运动规律的认识。同样，这种认识上的东西，也需要加以记录与表达，才能为后人所用。

文献就是对信息、知识、情报所含的具体内容的具体承载，是这三者内容记录的载体。传递信息、记录知识是文献的基本功能，人类的知识财富正是依靠各类文献才得以保存和传播。反之，如果载体中不记录信息、不承载知识，那么也就不能称其为文献。因此，文献的概念必须与信息、知识、情报这三者统一起来，对这三者的利用，也就可以称为对文献的利用。对文献的利用，实质是对文献所承载的信息、知识、情报的利用。

1.4 信息检索

1.4.1 信息检索的概念

信息检索的定义有很多种，但都是从不同角度出发，对信息检索含义进行阐述。举例如下，以供参考。

国外专家莫尔斯认为，"信息检索是一种时间性的通讯"。也就是说通过信息检索得到了一些文献，从而使得著者与读者之间建立了一种通讯。国内有专家认为"信息检索就是最终用户借助信息源、推理机，通过人—机、机—人或人—人等系统之间的交互联作，以期达到启迪认知结构的动态建造过程"。有的从信息处理的角度对信息检索进行定义，认为信息检索的基本问题是如何处理信息和信息的结构。这种认识在当今互联网高速发展、网络信息浩如烟海的情况下，强调如何构造以及利用什么形式来构造信息结构，处理好信息检索，是具有指导意义的。还有从环境与社会的公共知识的产生与补充的角度来认识信息检索，即信息集合与需求集合的匹配和选择就是信息检索。因为信息集合是关于某一领域的文献或数据的集合，是一种公共知识结构，而信息需求恰恰是用这种知识来弥补自身知识结构的不足与缺陷。

更多的专家与文献认为，信息检索是指使用科学的方法，在文献信息集合中查找出含有自己所需信息的文献的过程。这样的定义与本节的目的非常吻合。

这样的定义是基于文献查找角度的认识，这也是信息检索领域中的主流观点，受到众多情报、信息检索专家的认同。如英国著名学者维克利认为"信息检索是从汇集的文献中选出特定用户在特定时间所需信息的操作过程"，美国著名的信息专家兰卡斯特认为"信息检索是查找某一文献库的过程，以便找出某一主题的文献"、"信息检索系统并不检索信息"。因为信息是抽象的、无形的，必须依附于文献而存在。虽然信息检索的最终结果是用户在文献中得到了自己所需的信息，但从检索系统组织的具体对象和检索对象看，最终的结果还是文献。

信息检索具有广义与狭义两种的含义。广义地讲，信息检索包含信息组织、存储和信息查找、获取两个过程。信息存储是对文献信息资源进行搜集、分析、描述以及标引，并根据标引的结果对信息资源进行组织，编制信息检索系统。信息查找是从信息检索系统中查找出与特定信息相关的文献。狭义地讲，信息检索仅指信息查找。

1.4.2 信息检索的种类

根据所需要解决问题的不同、检索用户需求上的不同以及信息检索技术的发展，信息检索的种类有很多种。

1. 按照检索对象区分

根据检索查找的对象，信息检索有数据检索、事实检索以及文献检索。

(1)数据检索

数据检索以数据作为检索的对象，查找用户所需的数值数据。这种检索主要以各类调查数据、统计数据、特性数据以及图表等为对象。因为这里的检索对象是十分明确的，且非其他数据数值可替代的，所以这种检索属于确定性检索。

(2)事实检索

事实检索以事实、事项为检索对象,查找用户所需的描述性事实与事项。这种检索以用户需要掌握与了解的具体事项,如对企业状况的了解、世界时事的了解等为检索对象,这也属于确定性检索。

(3)文献检索

文献检索也称专题检索。它以承载信息内容的文献为检索对象,查找文献。这种检索一般以某一研究课题为需要,查找各类文献中与之相关的信息内容。因为信息内容与需求之间表现为一定的相关性,即使是查找到的文献内容与需求十分有关,也只能认为其相关性十分高。所以这种检索是一种相关性检索,也是三种检索中难度最大、要求最高的。

2. 按检索方式区分

信息检索方式主要有手工检索与计算机检索两种。

(1)手工检索

不借助于计算机,以人工操作的方式,利用手工检索工具进行信息检索。这是一种传统方式的检索,特点是依靠人的大脑对检索过程进行控制、调整,以取得最佳检索效果。但检索速度相当慢,且工作量大。

(2)计算机检索

这是目前极有发展前途的检索方式。其借助于计算机技术、信息技术、通信技术、信息检索技术将信息组成计算机检索系统,并供用户进行信息检索。检索速度相当快捷,能够多元检索,检索的范围非常广泛。但相对人工检索而言,计算机检索的智能性较差,每次检索必须在制定检索策略下完成,如遇检索效果不理想,系统必须在重新制定检索策略的条件下再次实施检索。

3. 按检索的信息形式分

一般有文本形式检索、多媒体形式检索和超文本形式检索。

(1)文本形式检索

进行用户需要的、有特定内容的文本文献信息的检索,检索结果是得到与信息需求相关的文本文献。这种形式的检索是目前信息检索中使用最为广泛的,不管是手工检索,还是计算机数据库检索,绝大多数都是文本检索。

(2)多媒体形式检索

进行含有特定内容的多媒体文献信息的检索,其结果是以多媒体形式反映特定信息的文献。这是在网络环境下发展起来的全新的检索类型。与文本检索所采用的对文本内容与外表特征进行“定义”进而产生检索标识,实现对检索标识的比较与匹配方式的检索不同,多媒体检索是基于各类媒体所承载的内容的基础上,提供无人参与情况下,计算机自动识别或理解媒体内容的声音、图像、视频等重要的特征,并建立这些声音、图像、视频特征索引,最终实现多媒体信息检索。

(3)超文本形式检索

进行用户需要的、以超文本方式组织的信息检索,检索结果是得到内容为非线性排列的超文本文献信息。超文本的特点是以联想式、非线性、链路的网状层次关系,允许用户在阅读时从其认为有意义的节点入口,直接快速地检索到所需要的信息目标。超文本检索时其内容是非线性的,按知识(信息)单元及其关系建立起知识结构网络,操作时点击相关的知识单元,检索便可层层展开,追踪下去。

第2章

信息组织

2.1 信息组织原理

2.1.1 信息组织的必要性

繁杂的信息不断地在人类鉴别与利用的过程中得到系统化、有序化,人类在积累了大量知识的过程中又不断地进行着对知识的再利用,推动着社会的前进。在这些过程中,信息又不断地产生出来。人类在利用信息的过程中又"制造"了大量的信息,信息化社会迅速地向知识化社会迈进。这就使得现阶段的信息与知识正以前所未有的量和速度爆发出来,而这种爆发并不意味着人们在利用信息和知识时可以享受到信息和知识数量快速增长所带来的好处,相反,量大而无序的信息和知识,使得人类在利用特定的信息和知识时产生了极大的不确定性与矛盾,信息湮灭信息,形成所谓的"信息超载,知识缺乏"。

当今社会,信息在被组织利用前,各种媒体中的信息无处不在,作为一种公共交流的信息,广泛而无序地传播着。传播方式有直接的方式和间接的方式,而两种方式所传播的信息在被利用时有着不同的效率。即两种方式的信息传播中,间接方式的信息传播时空观更强烈,被利用的程度更高。而直接传播中对文献信息最终的利用率相对较弱。除此之外,这两种方式的信息利用都存在因信息数量的急剧增加和产生的无序化,而导致用户对文献信息有效利用上的减弱。

科学技术发展到今天,学科与学科之间、技术与技术之间的相互影响和渗透越来越强烈,新学科、边缘学科的不断出现,使各类信息载体上传递出的信息内容与以往有很大不同,不再是单一学科内容信息的传递,而是许多相关学科的文献信息也一同传播着。全球互联网的快速发展使得在互联网上发布和传播信息变得很容易。这些同样给文献信息的合理传播和利用带来新的问题,即文献信息分布极为分散,特定的用户与所需的文献信息之间存在不能方便而合理地取得与利用的矛盾。许多人认识到"原始信息本身并不能产生价值",至少原始信息中更多而合理的价值不能被广泛利用。只有将文献信息有效地组织,按特定的需要对文献信息进行集中和揭示,使信息更合理地传播,有效地将信息资源开发出来,才能使信息产生更为巨大的价值。这需要相应的方法对文献信息加以控制和处理,使信息表达和传播合理有序,因此,信息组织显得极为重要。

马张华先生对信息组织的定义是:信息组织亦称信息资源组织,它是根据信息资源检索的需要，以文本及各种类型的信息源为对象，通过对其内容特征等的分析、选择、标引和处理，使其成为有序化集合的活动。就信息组织的内涵而言，信息组织主要解决信息及其信息资源从无序状态到有序状态，并且这种有序状态必须达到最大限度上为满足信息需求、信息利用而建立的。

周宁先生对信息组织的定义是：信息组织，即信息序化或整序，也就是利用一定的科学规则和方法，通过对信息外在特征和内容特征的描述和序化，实现无序信息流向有序信息流的转换，从而保证用户对信息的有效获取和利用及信息的有效流通和组合。对信息资源的组织主要是对利用价值较高的文献或文献内所包含的信息单元或知识单元的组织。

因此，我们可以由此认识信息组织的本义：就产生信息组织的目的而言，信息组织是为了便于用户对各类信息资源进行检索，在信息资源的检索系统里快速、科学地获取文献信息，最大限度地将信息价值开发出来。因此，信息组织是基于对信息与知识的利用而产生的，信息组织直接面对信息检索，是围绕检索需求而展开信息的组织。同样，信息检索必须在已有信息组织的基础上进行，离开信息存储、处理和有序化的条件，就无法科学有效地检索信息。所以，对文献信息检索知识的掌握，首先要了解信息组织的知识。

2.1.2　信息组织与信息检索的关系

在社会活动，信息是不以人的意志而不断产生着的。而作为传递信息的载体是随信息的产生和人们利用信息的需求同时产生的，但这种信息载体的产生或信息本身的产生，在很大程度上是无序的。尽管人们在尽可能地使原始信息的产生和信息载体的产生有序化，但社会活动和科技活动的规律使从属于这些活动而产生的信息与信息载体一开始就不能够有序化，特别是不能满足用户在广泛程度上方便地利用信息的有序化的产生。如前所述，为了信息的利用，信息的组织就应运而生。这就是在信息利用与检索层面上产生信息组织的实际需求。

其次，目前对信息检索系统的完整论述来说，信息检索系统必须包括信息的组织和信息的检索这两个方面。已有的各种信息检索系统、信息检索理论、信息检索技术都有一个明确的目标，那就是最大程度地追求信息以及信息资源合理而科学地组织，以使用户能方便、科学地在信息检索系统内检索出所需信息。也就是说，从系统的角度看，信息的组织与信息的检索组成了一个完整的系统。信息的组织是信息检索的基础，检索系统的建立，不管是技术上还是形式上都是依据信息检索的各种需求的。信息检索是信息组织的目的和成果的体现，信息检索也是信息组织的归宿。从图 2-1 可以看出，目前任何信息检索系统的形成和理论的阐述都是而且必须包括信息的组织与检索两个方面。

从信息检索的实践来看，只有真正了解与掌握信息组织的原理、方式，才能系统地把握信息检索系统，才能正确使用检索系统，进而准确地实施信息检索。因此，掌握信息组织原理是检索用户必备的基础。

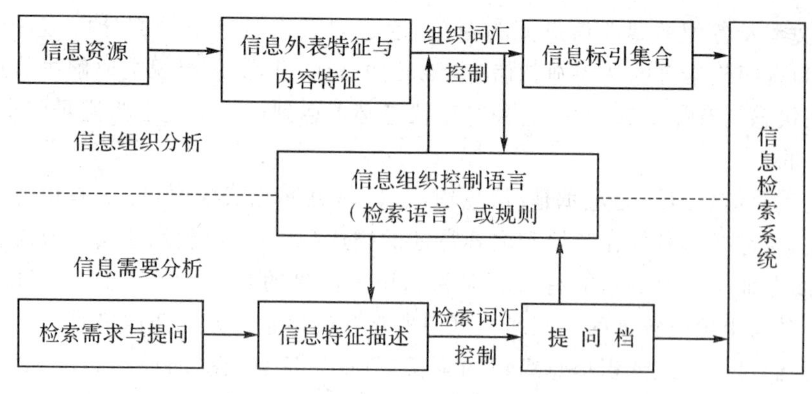

图 2-1 完整的信息检索系统

2.1.3 信息组织的形式与处理方式

从信息组织与信息检索的关系中可以看出，信息组织的目的是为了便于对信息资源的检索。信息组织的任务是直接对信息资源进行有序组织，即按照一定的形式将信息资源纳入信息资源集合。就本节讨论的范围而言，信息组织的任务是形成信息检索系统。

文献信息资源的组织一般有两种方式。

(1)固定排列法

这种方法是基于文献资源的形式、入藏先后、文献资源固有的特征序号，如专利号、标准号、科研项目号、学位论文号等排列文献资源。

(2)一定意义的次序排列法

这种方法是基于文献资源的题名、责任者字顺排列。另外，在这种方法中使用更多的是按照文献学科分类方式排列。

信息检索中涉及的检索系统(工具)的信息组织不同于上述方法，其原因是检索系统中是以文献信息的记录代替直观的信息资源本身，形成的是这些信息记录的组织体系，通过这些记录转而表达文献信息的外表特征与内容特征，同时能通过所形成的组织体系进行信息的检索。

按照检索系统的对象和特点，信息组织的形式有：

(1)通常以文献资源单元记录为组织对象，形成目录检索系统。

(2)以文献或文献集合中包含的信息内容记录为组织对象，形成索引与文摘检索系统。

(3)现代技术下利用计算机建立的数据库，数据库通常以文献资源单元、信息记录、文献全文记录等方式组织，形成数据库检索系统。

(4)以网络信息资源为对象进行组织，形成计算机网络搜索引擎检索系统。

按照检索系统的标识特征和提供的检索途径，信息组织可以分为：

(1)依据信息资源的外部特征为标识，进行信息组织。

(2)依据文献间相互引用关系，在建立检索系统时产生的引用为标识，进行信息组织。

(3)依据表达信息资源学科内容与主题内容为标识，进行信息组织。

信息组织还可以按照建立检索系统的载体形式进行分类：

(1)卡片、书本式(纸质型)。

(2)缩微胶片式。

(3)电子技术式。

另外，信息检索系统中的信息记录通常是信息处理的结果，是对各种媒体信息进行不同层次、不同角度组织和揭示的基础。信息组织的处理方式主要有：

(1)对信息资源进行必要的外表特征描述(如题名、作者、出处等)。

(2)对信息资源进行内容特征的描述(如学科类别、主题属性、内容摘要等)。

(3)产生检索入口，主要依据信息的可检特征产生检索点，以便对信息资源进行有序化组织。对信息处理形成的结果，记录了信息资源的基本数据。这些数据可以作为检索系统的基本单元，进而形成基本单元集合体。按照组织检索系统(工具)与检索信息的要求，以相应的检索入口为依据进行基本单元的排列，构成了信息检索系统。

因此可以看出，信息组织的活动主要由两个方面构成：其一是信息组织的操作。这里的操作是指根据信息资源具有的内外特征，对信息资源进行必要的描述。在信息组织过程中的这种操作必须在组织与处理的规范下进行，即在规范条件下进行信息资源的分析、归纳、选择和记录，形成信息资源的内容与外表特征，并在此基础上将其组织形成信息资源集合和检索工具。其二是信息资源组织规范。这里的规范是指，根据信息组织的需要和信息资源的特点预先确定信息组织的规则、方法，以能使信息组织在这些规则、方法下进行。信息组织的规范主要是指信息资源特征描述规范与检索语言。

表 2-1　信息组织常见形式

信息组织划分标准	信息组织类型
按组织对象分	信息资源
	检索工具
按检索工具类型分	目录
	索引
	数据库
	网络搜索引擎
按检索对象分	图书检索系统
	论文检索系统
	会议检索系统
	专利检索系统
	标准检索系统
	网络资源检索系统
	图像检索系统
	……
按检索途径分	题名检索工具
	责任者检索工具
	分类检索工具
	主题检索工具
	引文检索工具
	……
按载体形式分	卡片式检索工具
	书本式检索工具
	缩微式检索工具
	电子技术式检索工具
	……

2.1.4 信息组织的构成原理

在组织信息并构成信息检索系统时所涉及的因素有很多，一般都是根据信息资源的情况和用户使用检索系统的需求，通过各种规范控制的方法来实现的。规范控制包括对信息组织对象的选择控制、信息描述控制、信息组织和检索过程的词汇控制、句法控制。

1. 信息资源对象控制

集成任何信息资源的集合，一般都需对该集合中所收集的信息资源进行范围控制。这类控制主要能满足检索系统事先制定的目标、检索系统的性质。在对象控制中实现集成范围、资源类型、收入质量的确定。通过这样的控制，可以使集成的信息资源对象具有较强的有效性，保证整个系统的质量和信息检索的实现。

2. 信息描述控制

为了实施信息资源的组织，检索系统中只将信息资源的描述记录作为信息资源本身(实体)的替代物来进行处理和组织。系统中的描述记录反映了信息资源与检索有关的基本特征，是信息检索系统组织的基本依据。信息描述控制就是要使描述记录概要而准确地反映出信息资源基本的特征数据，且以浓缩方式集中反映信息资源的各类特征，包括信息资源的外表与内容特征。有了这样的描述控制就能产生描述记录。有了这样的记录，就能替代信息资源实体，进而以这样的描述记录实施信息资源组织。同样，有了这种具有信息资源特征的描述记录，就可以突出信息检索入口，从而产生系统中各种信息检索的途径。

描述控制包括：

(1)描述项目控制。根据信息资源特点选择具有组织和揭示价值的特征作为描述项目。项目通常有题名、责任者、出处、内容摘要、分类号、主题词等。

(2)描述文字控制。

(3)描述级别控制。根据检索系统的特点和需要，规定描述记录内项目的详略程度，满足不同系统要求、不同检索需求。

(4)描述格式控制。具体有描述项目次序、描述标识、描述表达形式等。

3. 词汇控制

词汇控制是指根据信息资源标引与检索的需要，对自然语言中的词汇进行选择、规范，并揭示词汇间的相关性。

信息资源的组织和有序化是建立在信息资源的外表特征以及内容特征基础上，而这两种特征的选取与确定都建立在自然语言上。外表特征主要是信息资源的题名、责任者、出处等，内容特征主要是分类法、主题法。题名、责任者、出处与自然语言的关系密不可分，而作为内容特征的分类类目(概念标识系统的组成部分)、主题词也以自然语言为基础。但是，自然语言时常有语词与概念不是一一对应现象，表现为一词多义、一义多词以及词义含糊。此外，自然语言词汇间的关系也往往具有不确定性和多元性。自然语言的这些情况很难适合检索系统中对特定事物的正确表达，也难以显示概念间的联系，进一步影响用户检索的正确性。解决这种情况只有对词汇进行必要的选择、处理以及规范控制。

词汇控制包括：

(1)词义控制。即对同型异义词和语义含糊的词进行控制，使词义明确，一个词语只表达一个概念。

(2)同义控制。即对字面形式不同、含义相同的词进行控制，使一个概念只用一个语词表达。

(3)词间关系控制。即通过控制能揭示词汇之间的各种联系,使之成为一个语义相关的系统,以满足检索时实现扩检、缩检、改变检索方向的需要。

4. 句法控制

句法控制是指依据信息资源组织对信息进行标引以及用户检索的需要,根据一定的构词与语义原理以及组词的规则,对标引与检索所用语词的组合方式作出规定。

在信息组织处理过程中,对信息内涵的表达有时需用语词来表达信息的主题概念,以产生标引词。同样在检索时也是用词语来表达欲检索的信息的主题概念,以组合产生检索策略。如此,需要对词汇进行一定的控制,以统一的、规范的方式揭示信息资源的主题特征。然而在词汇使用上仅有一定量的词汇是不够的,要对信息的复杂主题概念进行确切的表达与揭示,必须有词汇的组合方法,通过相应的语词组合与组配实现信息内涵中复杂概念的表达。在信息组织与检索中的"主题法"就是以这样的方法实现信息标引与组织。通过组配表达信息资源主题内涵的语词,形成一定的概念表达,如此的组配与所形成的词语间的关系称为句法关系。句法关系是需要进行科学合理的控制,这种句法控制与合理使用是正确揭示检索语言含义的重要手段。

在自然语言句子中句法具有多种组合,有很大的灵活性。同一个意思的句子,可以有多种表达法,如"用 GPS 技术对船舶进行定位"与"船舶的 GPS 定位"这两句话的句义是相同的。

但自然语言句法的这种灵活性特点是不符合检索语言的需要的。它不利于以明确的、统一的方式对信息资源进行组织,也不利于明确表达组配的含义。因此,应根据检索系统的特点,对主题词的组配与所形成的词语间的关系加以控制,即句法控制。这种控制须在一定方式的基础上,采用相应的句法措施实现。常见的方式包括:

(1)组配次序控制

组配次序也称引用次序,是指复合主题标引和检索时各个主题因素的组合次序。在分类法中指划分类标准使用次序或不同分面被引用的先后次序。而在主题法中特指字顺标题检索系统的主副标题使用的次序。采用这种控制的作用是能根据用户的使用需要组织检索系统,提高检索系统的通用性;保证复合主题处理的一致性,避免相同学科与主题的文献资源的分散;使标引结果含义明确,提高标引的准确性。

(2)辅助符号选择控制

辅助符号也称组配符号,是供检索语言揭示学科与主题概念之间关系、意义之用。在检索系统中,辅助符号是进行句法控制的重要手段。一般根据检索系统的特点和使用需要设置,分别用在先组式与后组式检索系统中。辅助符号常有关系符号、联系符号、职能符号、逻辑组配符号、逻辑位置符号等。

(3)句式转换控制

句式转换的目的是通过对词语中语词位置的变动,增加检索入口,使用户可以从不同的角度检索出相关信息。因为在复杂主题语句的检索中,往往只有一个检索入口,如用户检索的角度与词序与检索系统提供的引用词序不一致,就会发生检索错误或检索效果减弱。句式转换常有轮排转换、链式转换、分拆转换等。

另外,在现代信息技术条件下,网络技术日臻完善,各种网站与网页中的信息组织与发布都是采用超文本这种特殊的信息组织方式将网络信息组织起来。超文本信息组织原理的主要技术内涵是超链接技术。

2.2 信息描述

2.2.1 信息描述的含义与作用

信息描述是指根据信息组织和检索的需要，对信息资源的学科与主题特征、形式特征、物理形态等进行分析、选择和记录。在传统的文献检索系统的建立中，信息描述又称文献著录。信息描述的结果是获得描述记录，描述记录用做信息资源的替代物组织信息检索系统。即信息描述是信息组织、形成检索系统的基础。

信息描述的对象包括各种不同类型的信息资源，可以是图书、期刊、会议文献、专利文献、声像文献等；也可以是单篇论文、科技报告、某一文献中的章节；还可以是网络信息资源、数字化文献。描述的内容是从信息资源中抽取的用于说明这些信息资源特征、内容的数据，这些数据构成一个信息资源的基本数据，也是检索系统的基本构成单元，代表信息资源实体用来组织目录、索引、数据库、搜索引擎等。

信息描述的作用主要表现为：

(1)对所要进行组织的信息资源进行个别化描述，使用户能识别被组织的信息资源对象。

(2)提供信息资源位置的信息，以便用户访问。位置信息包括传统文献集合中信息资源的排列位置、信息在数据库中的位置、网络信息在网络中的地址等。

(3)提供被描述信息数据中的检索点，以便用户对资源的检索。

(4)通过描述，产生信息资源的特征，供用户对信息资源的使用价值进行判断，决定信息资源的使用与否。

2.2.2 信息描述范围

信息资源的描述，通常依据相应的信息描述规范进行，主要选择信息资源的基本特征，以科学、合理的方式实现信息描述。信息描述规范一般规定了基本描述项目、描述项目标识、描述级次的信息资源的基本事项。

信息描述项目的内容用以揭示信息资源的内容特征和外表特征的记录事项，一般这些事项应能根据信息资源的特点和信息组织的需要，有效揭示出信息资源的基本特征。描述项目可分为基本描述项目和描述子项两部分。本节对描述子项部分的介绍略去。

一款基本描述项目由若干描述大项构成，一个大项又可根据需要划分为若干小项，组成一个完整的描述结构。不同信息资源类型以及不同形式检索系统中的信息资源描述各不相同。这些大项的内容在每个国家的标准中规定略有差异，但均能将信息资源的内外特征加以确切的描述。大项一般有信息资源的题名和责任者、版本、出版、载体形态、提要、资源格式、资源标识、来源、语言、主题和关键词、关联等项目。各个项目为用户识别信息内容、了解信息更新程度、掌握信息资源位置、选择信息载体、把握信息主题内容等提供依据。同时，这些描述内容也能对用户在了解网络信息资源的特点、网络信息格式、网络信息间的关系时产生积极效果。基本描述项目完整地概括了信息资源的基本信息，是识别信息资源、对其进行组织和检索的基本依据。

描述项目标识是指在描述以上项目时，使用专门的辅助符号将各个项目加以分类。例如，“.—”代表大项符号，“//”符号后面代表文献出处，“/”符号后面代表责任者等。一般这种分隔符采用统一标准，以能通过辅助符号克服语言障碍，方便地识别不同项目的含义，有利于信息组织和检索的现代化与计算机处理。

目前，在计算机信息检索系统中，数据库一般由文档构成，文档是数据库内容的组织形式。而文档由记录集合构成，由信息记录来实现信息描述项目。在每条记录中又以组成记录的字段来描述信息资源特征的各个项目的内容。描述项目的标识是以字段代码来表达，而且字段代码一般用的是自然语言或自然语言缩写，所以对项目含义的反映更加明了、直接，对信息的内容特征和外表特征的描述更直观。

2.2.3 检索点

信息检索系统中的检索点特指信息资源所使用的题名、责任者、出处、分类号、主题词等各种供检索使用的数据。

如前所述，信息描述的最终目的是为了识别信息资源、提供内容概要，并进行组织信息和检索信息。一般情况下，组织信息所使用的信息特征点也是检索时的检索点。因此，要根据组织信息、检索需求以及检索设备条件确定检索点，并进行相应处理，以形成检索系统。检索点是在信息资源描述过程中，以检索系统特点与检索需求、检索途径为目标而形成，即信息资源的标引结果，形成检索点。一般来说，任何检索系统都存在检索点的选择问题。检索点通常应具有价值、适用、规范、一致等特点。

在手工检索工具中，因考虑到最终形成的工具的规模、检索点使用频度、经济性等因素，信息检索点的选择范围较少。

在手工检索系统中，一般根据检索系统的特点，以文献资源特征为标目，编制相应款目，作为建立检索系统的基础。此处的标目就是手工检索系统中的检索点，是系统中用来作为文献信息记录的排序与检索依据的资源特征。即标目或检索点作为文献信息资源的排检的依据，确定款目记录在检索系统中的位置，供检索查找之用。标目的不同，所形成的款目不同，最终形成的检索系统类型也不同。在手工检索工具中，特别是书本式检索工具中，往往只以一种标目形式作为款目，并以这一标目排列，其余检索途径只在辅助索引系统提供。

而在计算机检索系统中，因为数据库中的主要信息集合（文档）只需一个，而根据其记录中的每个字段就能很容易形成信息检索点，进而形成多个倒排档。并且在计算机检索系统中，一个检索界面就能充分显示多点检索途径，所以计算机检索系统中检索点就相对较多。

在计算机检索系统中，不用将这些信息资源特征分别形成不同的标目，形成不同检索途径，而是将所有信息资源形成一个集合（主文档），在这个集合里每一信息资源（文献）包括特征、内容等的描述就是一条记录，所有的记录形成主文档。在记录里，有不同字段内容，各条记录应有相同字段。从计算机技术来看，这些字段就可以形成系统的检索点，不同检索点还可以形成关联检索途径进行检索。因此，在计算机检索系统中，信息资源的排序不同于手工检索系统的标目排序，一般以记录号作为主文档中信息资源的排序依据。检索时所用的检索点是记录的字段，从记录的字段形成的倒排档（类似于手工检索工具中的辅助索引）实施信息检索。

2.2.4 信息描述的具体内容

信息描述，亦称信息资源编目或元数据创建，是依据信息资源描述规则，对信息资源的特征与特点进行分析、选择和记录。这种描述记录的结果称为款目或元数据。据此，信息资源的描述主要有以下这些具体的内容：

1. 我国《文献著录总则》描述项目

(1)题名与责任项

(2)版本项

(3)文献特殊细节项

(4)出版发行项

(5)载体形态描述项

(6)丛编项

(7)附属项

(8)文献标准号与获得方式项

(9)提要项

以上各项中，根据一般检索时识别信息资源的要求，仅介绍大项，对大项目下的小项目内容不进行介绍。

2. 网络资源描述

描述网络上信息资源的具体项目一般以《都柏林核心集》为标准，项目有：

(1)题名(Title)

(2)作者或创作者(Author or Creator)

(3)主题和关键词(Subject and Keywords)

即资源的主题。通常以描述资源主题或内容的关键词或短语表达。鼓励用控制词表或正式的分类法。

(4)描述(Description)

资源内容的文字描述，一般以文献对象的文摘进行内容描述。

(5)出版者(Publisher)

(6)其他参与者(Other Contributor)

对资源作出重要贡献的个人和组织。

(7)日期(Date)

资源创建或提供日期。

(8)资源类型(Resource Type)

(9)格式(Format)

指资源的数据格式或大小、持续时间等。

(10)资源标识(Resource Identifier)

用来识别资源的字符串或数字。例如，网络资源 URL、ISBN、ISSN 等。

(11)来源(Source)

用来识别该资源的来源以及派生出来的资源的信息。

(12)语言(Language)

(13)关联(Relation)

指明另一信息资源的标识符与当前资源的关系，用于揭示相关资源之间的联系。

(14)覆盖范围(Coverage)

指资源内容覆盖的空间和时间特征(注意是资源内容发生的空间和时间)。

(15)权限管理(Right Management)

权限管理说明是一个联结与权限管理说明的标志符，是提供资源权限管理信息机构的标志符。

上述两种描述项目是针对不同信息资源而设立的。前者是传统文献类型的描述，而后者是根据网络信息资源的特点和网络环境下的描述要求而设立的项目。虽然两者项目设置数量存在不同，但都完整概括了书目数据的基本信息，是识别信息资源、并对信息进行组织与检索的基本依据。

2.3　信息组织方法

2.3.1　传统型信息资源的组织方法

从具体的信息资源描述来看，主要是描述出信息资源内容特征和外表特征，而这些特征也往往是用户在分析信息资源时所关注的。那么，组织这些信息资源时就可以从这些特征入手，对信息进行组织，以取得信息组织与信息检索目标的一致性。

用外表特征来组织时可有字顺组织法、代码法等。用内容特征来组织时可有分类组织法、主题组织法。

1. 字顺组织法

字顺组织法是历史悠久、使用广泛的一种信息组织方法。它的意义在于从字、词角度集约有关信息，满足用户一般的检索要求。具体的做法有音序法(读音顺序)和形序法(笔画、字母顺序)。

2. 代码组织法

代码组织法是指以某些信息资源特征用代码作为特征且代码能区别不同信息的情况下，进行信息资源的组织方法，如专利号、商品代码、标准号等。代码一般用拉丁字母和阿拉伯数字表达。

3. 分类组织法

分类组织法是根据信息资源内容特征中具体涉及的学科，将信息资源依据这些特征的学科属性进行信息组织的方法。文献与信息的分类组织以学科、知识分类为基础，并结合信息资源实体属性和信息利用的实际情况来实现。

4. 主题组织法

主题组织法是字顺法在语义信息中的特殊应用。主要是从信息资源内容所涉及的主题特征出发，并以表达这些主题特征所用的自然语言的字顺来组织信息资源。常有标题法、叙词法、关键词法等。

2.3.2　计算机数据库以及网络环境下的信息资源组织方法

一般而言，计算机数据库主要是对传统检索工具进行数字化。传统检索工具中的信息资源的特征在计算机数据库中表现为数据库记录中的字段内容。只有利用了先进的计算机技术,用字段内容表达信息资源的特征的项目才可以实现更多。计算机数据库信息组织的主要依据是主文档内每条信息资源的记录号。而对倒排档中记录的排序和组织的方法如同传统检索工具,即字顺法、代码法、分类法、主题法等。由计算机数据库技术将倒排档与主文档联系起来,实现检索。

网络环境下的信息资源的组织方法与传统的信息资源的组织方法有很大的不同,它与一般意义上的计算机检索数据库的组织方法也不同。网络环境下的信息组织的对象已显现其多样性,范围也随之扩大,不再停留在文献特征的描述,而是深入到信息的知识单元、信息单元,所以组织方法也有很多种。

1. *超文本方法*

这种方法是网络环境下信息组织的基础,其特点是将欲组织的信息进行非线性排列,它以节点为基本单位,节点间以链接点相连,将信息组织为某种网状结构。超文本方法是模仿人类所具有的跳跃式思维形式所设计出来的文本组织形式,符合人类联想思维方式,比传统的信息组织方式更加灵活方便。

2. *自由文本方法*

这种方法是对非结构化文本信息进行组织和处理的一种方式。它不是对文献特征的格式化描述,而是用自然语言深入揭示文献的知识单元,根据文献全文的自然状况直接设置检索点。这种组织方式通常由计算机自动进行,将文献中任意字符作为检索标识,未经标引的文献可直接进行检索。

3. *搜索引擎方法*

这种方法是通过自动搜索软件,在网络上对每一个公开区域的站点内的信息资源进行搜集,然后进行自动标引,组织和创建一个详尽的 Web 页索引数据库。

4. *主题树方法*

这种方法是将信息资源按照某种事先确定的概念体系分门别类地逐层加以组织,形成较完整的范畴体系。

第3章

信息检索语言

我们已经知道,信息资源的组织主要以信息资源的特征为依据,以一定的方法来进行。即按照信息资源特征的表现形式,按序组合信息资源,使其成为信息检索系统。对系统而言,其中一定存在着一些因素,并且这些因素间还存在着一定关系和联系。就信息检索而言,在信息检索系统中主要表现为信息特征因素的存在。信息资源的特征因素间所存在的关系和联系构成了对不同信息的组织关联和信息检索需求的关联。特别是在以内容特征为依据的信息组织和信息检索中,这些内容特征间的关系决定了整个检索系统的检索性能和最终的检索效果。

在检索用户实施信息检索时,用户一般依据自身的信息需求,对信息资源或信息内容做出一定的描述和表达,以实施检索。但往往用户对信息资源与信息内容的组织方式、组织特点不甚了解,对信息需求的描述与表达不尽合理,极大地影响了检索的效果。这就需要信息检索组织者、信息检索系统与信息检索用户之间建立一种有效的关联,检索语言就是起这种关联作用的。

3.1 检索语言基础

3.1.1 检索语言的概念

检索语言是一种人工创立的语言,专指为实施信息组织与信息检索而编制和使用的一种语言。检索语言产生的目的是描述信息特征,进行信息组织,实施信息检索,在信息检索系统里建立起系统与用户间特定的对应关系或通讯联系。

信息资源的种类有多种形式,文献信息数量浩如烟海,各种载体中的信息内容包罗万象,信息用户对信息的需求也因人而异,对各类信息内容的理解又各不相同,千变万化。信息检索的最终目标是满足检索用户对于特定信息的需求。因此,在检索系统与用户间建立起特定关系和通讯联系就必须依赖于统一而正确的"交流语言",来描述文献信息外表与内容的特征,来描述用户文献信息需求的特征。只有信息检索系统与信息检索用户两者都采用这种统一、共同的"语言",才能将信息资源以及信息内容的特征标识与需求特征标识彼此对应,才能将系统与用户相互联系起来,完成检索系统中信息资源、信息内容的特征标识与检索用户需求标识的比对与匹配过程,实施信息的检索与信息的交流。

在这种信息交流过程中，对系统与用户间共同一致产生作用的，将系统中信息内容与用户需求联系在一起的语言，就是检索语言。检索语言就是根据信息组织的需求与信息检索的目的而设立的一种语言。依据这些需求与目的，在充分考虑信息资源的各类特征以及信息内容间相互联系的条件下，产生了各类检索语言。检索语言是用来体现信息特征以及表达检索意图与策略的。

检索语言的实质是表达一系列概括信息资源、文献信息内容与外表特征的概念及其相互关系的概念标识。

3.1.2 检索语言的作用

信息检索语言的作用主要表现在不同的层面上。

第一，在信息组织、建立信息检索系统的层面上，检索语言被用来描述信息资源、文献信息外表与内容的特征，将信息资源、文献信息转换为特定的标识，即用特定的检索语言来表达信息的属性与特征，从而赋予信息资源检索标识，也就是信息资源的标引。将经过标引并产生标引标识的信息资源、文献信息内容组织起来，就形成了检索系统。从这一层面来看，信息检索语言是起到信息的标引与组织的作用，检索语言在信息组织中起到逻辑语义的工具作用。

其次，用检索语言对信息描述并产生标引标识的结果是在信息检索工具与系统中产生信息检索的检索点、检索途径。那么，在用户检索层面上，用户在进行信息检索时检索语言被用来描述检索提问以及信息需求的特征。把检索提问转换为一定的提问标识，组织形成检索策略，以能用这些提问标识与检索策略从检索系统的检索点、检索途径中正确实施检索。因此，在信息组织、形成检索系统与用户信息检索这两个层面的综合结果来看，检索语言的作用是将系统与用户联系在一起，建立系统与检索用户之间的关系与通讯联系。所以从这一层面上看，检索语言在信息检索中起到语义交流的工具作用和对各种语义进行沟通的作用。

3.1.3 检索语言的特质

检索语言的特质主要应该围绕信息组织与信息检索的要求与需求来展现，也就是说信息组织与信息检索的要求与需求是检索语言功能的根本体现。

信息检索语言在要求特质上主要体现在两个层次上。

1. 检索语言性质

检索语言是一种概念标识，那么，其应该能够胜任并满足对信息资源、文献信息内容的各种特征概念的描述，能满足对信息检索时各种提问特征的表达与转换。检索语言要有充分的表达能力，全面、正确地描述任何复杂的信息以及提问概念。因此，一般有下列要求。

(1)专指性

检索语言中的词汇和词汇组合都应具有足够的专指度和语义区分能力，能识别和区分不同的信息内容。

(2)唯一性

检索语言中的词汇和词汇组合在表达信息资源、文献信息的各种内外概念、意义时应能达到唯一对应，尽量减少词汇与词组对这些概念表达时的同义和多义现象，以免不能一一对应，造成表达概念含糊而引起组织信息和检索信息的失误。

(3)灵活性

检索语言的基本词汇总是有限的,不可能用这些基本词汇来表达信息的所有概念,应尽可能充分利用词汇之间的灵活组合,创造出更多的表达能力。

(4)易用性

检索语言是信息组织者、信息检索者双方都要使用的,因此,在检索语言的使用上一定要做到方便使用、方便识别。在此基础上才能保持对信息概念描述与提问概念描述的一致性,才能保证两者取得共同的理解与沟通。反之,使用上的复杂必定会造成信息交流的失败。

(5)严谨性

为能保证检索语言的专指、唯一,检索语言应该具有语法措施以及使用规则,对词汇及其词汇组合在使用中实现正确性加以适当的控制。

2. 检索语言"词表"的特质

作为组织信息、检索信息的检索语言,如同任何种类的自然语言一样,检索语言在词汇的构成和词汇的控制(包括形、义控制)上也要有自己的"词典"、"词表"。这是检索语言最为重要的特质,这样就可以对检索语言所表达的各种信息概念、意义及其使用进行规范与控制,起到检索语言的典范和依据作用。因此,检索语言的词表是检索语言构成的主体。

从语言学角度看,检索语言的词表构成有三部分:

(1)用于组成词汇的形式化符号,一般有字母、数字与文字等。

(2)基于组织信息、检索信息所需要表达信息概念意义的词汇。

(3)能形成对检索语言进行词形、词义控制,对检索语言使用语法与规则控制。

目前,随着信息技术的发展与信息环境的变化,全文数据库、网络超文本检索的采用,检索语言呈现出自然语言化趋势。因此,对检索语言的认识与研究要有新的思想,要对检索语言在新信息环境下的使用给予充分重视,要研究在新的信息环境条件下检索语言新的表示方法与使用原则。

3.1.4　检索语言的种类

从信息组织与信息检索要求以及现有信息检索语言的表现形式看,检索语言主要有外表特征检索语言和内容特征检索语言两大种类。

外表特征检索语言从信息表现出的外在特点对信息资源进行描述,从外表途径对信息资源进行组织。用户根据所能感知到的信息资源外在特征进行信息的检索。此种语言重点是将信息资源的外表特征给予充分的描述与表达。

内容特征检索语言主要从信息的内容着手,对信息资源、文献信息内在的内容特征进行描述,对信息资源、文献信息从内容角度上进行组织。用户从所需信息的内容入手,用内容特征检索语言表达信息内容特征概念,形成内容特征的检索策略,并实施以信息内容特征为途径的信息检索。

就检索语言使用的科学性与广泛性以及揭示信息资源、文献信息特征深度和检索效果来看,内容特征的检索语言是两种检索语言中更为重要的检索语言,也是较难掌握的。由于外表特征检索语言在对信息资源的表达、理解和使用过程中往往有歧义与偏差现象,有时对检索结果会失去合理、正确的控制,所以,外表特征检索语言在信息检索中一般作为辅助性检索,外表特征检索语言在许多检索系统中仅处于次要地位。但对于一般用户,由于对检索语言掌握有限,更多的是从信息外表特征了解与检索信息,导致信息检索效果不甚理想,这就需要用户对检索语言的选择引起更多的重视。

信息检索语言主要有以下几类:

1. 分类语言

其中最为常见的是等级体系型分类语言。就其对信息组织的功能而言,体系分类语言被广泛应用于手工检索工具中对信息所含学科内容特征的组织。就其分类思想而言,体系分类语言在计算机检索系统里形成数据库中的分类检索途径的倒排文档。

2. 主题语言

其中常用的有标题词语言、叙词语言、关键词语言。主题语言可以用来进行信息主题内容的组织,形成信息主题索引等。在计算机检索系统里形成数据库中主题检索途径的倒排文档。

3. 自然语言

目前用自然语言作为信息检索语言被越来越多地使用,特别在网络信息组织与检索以及在全文检索的信息组织中,都用自然语言深入揭示文献的知识单元,由计算机自动根据文献全文的自然状况直接设置检索点,进而组织信息。

4. 引文语言

利用文献信息间引用与被引用的关系作为检索中文献主题之间的相关关系,用这种引用关系标识将信息从相互引用的关系上组织起来。

检索语言的种类如图 3-1 所示。

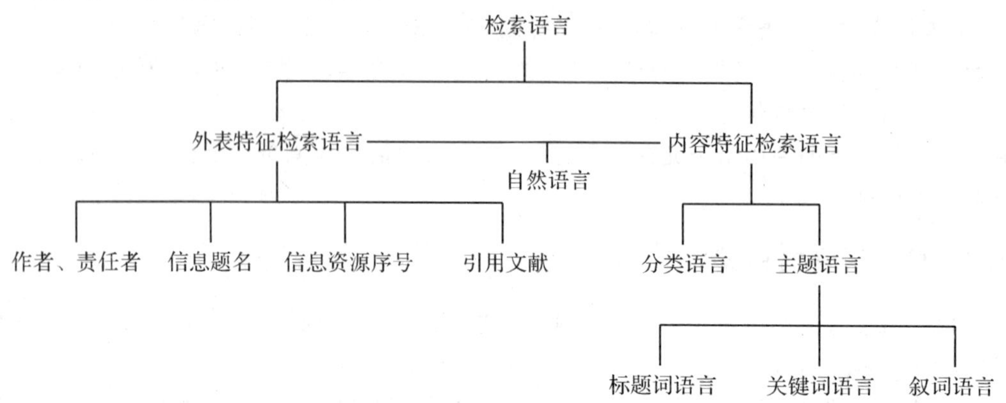

图 3-1 检索语言的种类

外表特征检索语言在描述信息资源时,通常情况下不涉及信息内容,仅对信息资源的外在特点进行揭示,用户用外表特征检索语言来描述信息资源、检索信息也比较容易实现,也是用户较容易掌握的。另外,使用外表特征检索语言进行检索的条件是必须知道和了解信息资源的外在特点,如作者、责任者、篇名、引文篇名、引文出处等,所以使用外表特征检索语言就有很大的限制。

而内容特征检索语言观察的是文献信息内容,对信息资源文献信息内容特征进行描述。用户有检索需求时,更多关心的是信息内容,也非常容易对自身所需的信息进行内容上的表达与阐述。因此,在检索语言中对内容特征检索语言的研究、掌握是重点。

3.2 检索语言相关知识

检索语言是用来描述、揭示文献信息内容特征的概念标识系统。所以,概念的逻辑关系被广泛地应用在检索语言系统中,概念逻辑是学习检索语言必须了解的知识。同样,用户将所需信息内容用检索语言转换为检索的概念标识,实施信息检索。因此,在信息检索中也时常用到概念间的逻辑关系,利用概念逻辑运算、逻辑关系的变化实施信息的扩大与缩小检索。概念逻辑是揭示概念及其相互关系的规律的知识。

3.2.1 概念及其内涵和外延

人们对事物的一般探知、认识上升到对事物的理性认识后,产生了对事物特有属性、本质属性、事物相互联系等的认识。所谓概念,就是在人们在思维活动后,产生对事物本质属性的概括。概念也是检索系统交流的内容,是反映事物本质属性的思维形式。

一个概念,一般包括内涵与外延两方面。内涵指概念的含义,即概念反映事物对象的本质属性的总和。外延指具有概念内涵的事物对象,适合概念内涵的所有范围。如"交通运输工具"这一概念,它的内涵是指能承载物品,并将物品从一个地方向另一个地方转移的工具的总称。其外延则是所有符合这一含义的工具,如船舶、飞机、汽车等等。一般来说,对事物概念的了解,必须明确概念的内涵与外延这两方面。

概念及其内涵与外延的知识是各种信息组织方式、信息检索系统进行信息标引和检索的基本依据,同时也是检索语言编制时词汇选择的依据。对检索语言中含义不明确的语词、词汇,通常要进行明确内涵的处理。

概念的内涵与外延相互间还存在一定的关系。首先,内涵有深浅,即所指事物的本质属性的多寡。内涵深,表示事物本质属性较多,反之表示事物本质属性少。其次,外延(范围)有宽窄。外延宽,表示适合内涵所指的事物多(范围大),反之表示所指事物少。内涵与外延的关系是当概念的内涵深,概念的外延就窄;而当概念的内涵浅时,概念所适用的范围大。概念内涵与外延的动态理解是增加内涵(事物属性),外延(范围)就变小;减少内涵,外延就增大。

对信息的组织、实施信息检索时,都用到了概念内涵与外延的这种关系,以实现对信息的泛指与专指的描述,扩大与缩小检索对象的范围。如在使用"交通运输工具"这一概念检索时,为了检索的专指度提高,可以在这一概念中增加"水上运输"的概念属性,以专指"船舶"这一概念。

3.2.2 概念与概念之间的关系

根据概念与概念之间有否共有概念外延的原则,可以确定概念间存在相容与不相容两大类关系。

1. 相容关系

相容关系是指至少有部分外延相同的概念之间的关系,包括下列三种关系。

(1)同一关系

这种概念间的关系是指具有相同外延而又有不同内涵的两个概念的关系。有时也指具有相同外延、甚至内涵也相同的两个概念(仅是文字表达不同)间的关系。

(2)属种关系

这种概念间的关系是指一个概念的外延完全在另一个概念的外延的包围中,是另一个概念的组成部分。这种有属种关系的两个概念往往存在着密切联系,彼此存在上下位关系。上位概念称为属概念,下位概念称为种概念。属概念的属性延续到种概念里,种概念的属性要多于属概念。如"船舶"为属概念,而"集装箱船舶"就为种概念。

(3)交叉关系

这种概念间的关系是指两概念间,其中一个概念的部分外延与另一个概念的部分外延重合。如"集装箱运输"与"船舶运输",两者就有部分外延相重合。重合部分产生的新概念专指"船舶集装箱运输"。需指出的是,新概念分别与这两者概念的关系是"属种关系"。

2. 不相容关系

不相容关系是指不存在共有外延的概念之间的关系。这里的不相容关系主要指相同领域中的同一属概念下的概念间关系,包括下列三种关系。

(1)矛盾关系

指外延之和等于上位概念的两个不相容概念的关系。如"液体货物运输"、"固体货物运输",两者之和等于上位概念"货物运输"的全部外延,两者又不存在共有的外延。

(2)反对关系

指外延之和小于上位概念的两个相互对立概念之间的关系。如"水面作业"与"潜水作业",两者外延小于上位概念"水上作业"(还有半潜作业)。

(3)并列关系

指一个属概念下几个不存在共有外延的并列种概念之间的关系。如在"船舶"概念下,可以分出"油船"、"集装箱船"、"散货船"、"客船"等。并列不相容关系概念之间既有同一上位概念的共同属性,又是相互排斥的。

检索语言在表达各种概念及其相互关系时,普遍运用了概念的逻辑原理。检索语言对词汇进行规范化处理和词间控制时,一般均以上述概念关系为基础进行。

概念之间的关系如图 3-2 所示,A、B、C 分别表示不同概念。

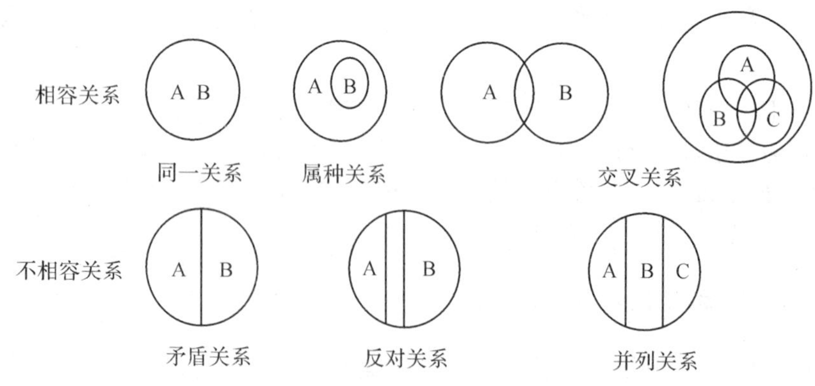

图 3-2 概念之间的关系类型

3.2.3 概念的限制与概括、分析与综合

概念的内涵与外延之间的动态关系是一种反比关系。即若需要缩小概念所指的外延,那么就必须在此概念中增加概念的新的属性。增加概念的属性,概念的外延就变小;反之,

概念外延就变大。例如“船舶”这一概念，如果增加“用途”属性，就产生“货船”、“客船”、“作业船”等。就“货船”概念来讲，其概念的外延要远小于“船舶”的外延。但“货船”概念的内涵却比“船舶”概念的内涵深。当然，如果在“货船”概念之上再增加属性，那么可以得到更小外延的概念，如“散货船”。

加深概念的内涵、缩小概念适用外延(范围)的过程，称为对概念的限制。而相反过程称为对概念的概括(对多概念进行共同属性的概括)。对概念的限制与概括是对概念范围进行调整、明确概念的方法，同时也是用来作为进行信息组织的依据。而用户在实施信息检索时，同样可以用这种概念的限制和概括的方法，进行检索范围的扩大与缩小，以达到信息检索的最佳效果。

另外，在概念的交叉关系里，两个概念的外延重合部分会形成一个新的概念。这个新的概念的内涵等于两个概念内涵之和，即这个新概念与原来交叉的两个概念在概念的关系上是隶属的。那么将一个类似的复杂概念分解为两个或两个以上内涵较浅的概念，我们称这个过程为概念的分析。如将“集装箱船舶”这一概念分析为“集装箱”、“船舶”这样两个概念。反之，我们称为概念的综合。即将两个内涵较浅的概念综合成一个内涵较深的概念。

概念的分析与综合，可以根据概念的构成将复合主题概念分解成若干个简单概念，也可以通过对简单概念的综合(组配)，表达复合主题概念。如此进行概念的逻辑运算，是信息资源的组织与信息的检索中经常使用的逻辑方法。分类语言的建立、主题词的复合组配、高级检索中的逻辑检索，都是在此基础上实现的。

3.3 分类语言

在信息组织中，如果从内容特征途径对信息进行组织，常用方法之一就是信息的分类组织。分类是从文献信息的学科内容角度组织和揭示信息资源的一种方法。在信息检索中，从内容特征途径、从学科角度检索信息，也同样用分类方法检索信息。在检索语言中，分类语言也是主要的语言之一。

3.3.1 分类的概念

分类是人类思维活动的基本形式，是人们认识客观世界、区分客观事物的基本科学方法。现在，分类已经成为信息工作领域中文献信息处理、描述信息资源与信息内容特征的重要方法手段。

分，即划分、区分。从概念逻辑来看，如果在反映客观事物的概念中，依照某一属性标准，可以将概念的外延区分成若干不同的部分。这就是概念划分的重要逻辑方法，也是分类的基础思想。如前所述，在“船舶”概念下，依照“用途”属性，可以将“船舶”概念的外延区分成“货船”、“客船”、“工作船”等若干不同部分。

类，即类聚、类集。应用概念逻辑中，概念外延的各个部分的属性都应隶属于概念的内涵这一原理，依照某一概念属性标准，将具有这一相同属性、能共同隶属于这一属性的各个概念外延类集在一起，组成一个具有共同属性的大的外延体。如“船舶集装箱运输”、“铁路集装箱运输”、“公路集装箱运输”等概念，都具有“集装箱运输”属性，那么根据这一属性，可以将这些概念外延类聚成“集装箱运输”这一简单概念的外延，组成大的外延集合。所以，类也可以理解为具有某种共同属性的事物组成的总体，或是具有某些相同特征的事物构成的集合。

总体上理解，分类是指依据事物属性或特征，对事物加以区分和类聚，并将区分的结果依照一定的次序进行组织的活动。

一般一个完整的分类应该包括两个方面，其一，依据事物的属性区分或分组，把具有相同属性或特征的对象集中在一起以及与不具有这些属性或特征的对象分开。其二，按照区分出来的对象集合的关系排列次序，并在这些类中进一步按照其异同点进行区分和组织。

3.3.2 文献信息、信息资源的分类

在信息组织原理与内容中已经提到，从内容特征角度对信息组织的重要方法之一是文献信息资源的分类组织。文献信息、信息资源的分类，严格地说应该是对文献信息、信息资源所承载与体现的内容特征以及某些属性为依据进行的分类。文献信息、信息资源的分类着重点是信息内容，而非信息的载体。但为了满足更好地组织信息的需要，有时可适当考虑载体形式。任何信息资源、文献信息经过分类后，就可以显示出每种信息的内容性质、学科属性和它们之间的关系。性质相同的就聚集一起，反之予以分开，并且用排列的顺序体现它们之间的内在联系和相互关系，使之组织成为一定的逻辑系统，以便用户按这样的系统有效利用信息。

文献信息、信息资源的分类一般有如下特点：

1. 以信息资源内容特征的相关性、学科属性加以组织

通过区分和类聚，将各种门类的文献信息、信息资源按照类目之间的关系加以组织，形成一个具有等级性、次第性的逻辑系统。

2. 从一定的学科角度出发组织信息资源

文献信息、信息资源之间的学科联系是多方面的、多维的。而分类方法作为一种从内容角度揭示信息的方法，一般只能有选择地揭示其主要学科内容与学科联系的关系。如此，对文献信息、信息资源的分类组织往往会使同一对象涉及各个学科方面的资源分散组织。例如，与“集装箱”有关的各个方面的文献信息，譬如“集装箱运输”、“集装箱制造”、“集装箱市场”的信息内容分散在“交通运输业”、“水路运输经济”等类中。但在目前的网络信息的分类中，采用“对象”、“问题”集中揭示信息资源。

3. 采用标记符号作为信息资源的排检工具

分类检索语言中的分类体系都用标记符号系统表示各种类目的对应位置、相互关系，利用分类系统中的这种符号对信息资源进行标引，进而进行信息资源的排序组织。同样，检索用户用代表学科概念的这种符号进行信息检索。在网络信息检索中，由于采用的是计算机技术，分类体系的展开非常容易实现，且相当直观。所以网络信息检索一般在分类体系中不用符号作类目的标记。

4. 用类目名称索引提供从字顺角度查找类目的途径

这种索引查找的对象是语词对应的类目分类号，而不是直接的信息资源、文献信息本身。这样通过从词语查找类号，可以方便确定学科内容在分类体系中的位置，便于有效地使用分类体系。如英国的《科学文摘》。

3.3.3 分类语言的概念

依据检索语言的定义与以上的阐述，我们能够清晰地看到，检索语言中的分类语言是一种按照知识体系、主要依照学科属性标准并兼顾其他属性，对知识与学科进行分类，以符号标识系统表达学科概念的体系语言。

分类语言中应用了分类知识与概念逻辑方法，以学科属性与逻辑分类的原理将学科概念作多层次的划分，从而形成一个能充分体现事物的隶属、并列、派生关系的严格有序的知识体系。也就是说，在这样的一个体系中，依据学科属性，运用概念逻辑原理，对知识与学科的概念进行从一般概念到具体概念、简单概念到复杂概念、低级概念到高级概念、总概念到分概念等层层、逐级划分，形成科学合理的类目体系。

在这样的体系中，存在着逐级划分的"节点"，每个节点代表着一个知识与学科内容的概念。该节点用自然语言来表达，就成为学科类目名称，学科类目的概念是组成分类语言的基本单元。但分类语言是具有等级、隶属、并列、派生关系的体系语言，自然语言在表达学科概念时不能充分揭示与反映这种关系。所以在分类语言中，通常使用特定的标记符号作为学科概念的标识，自然语言的类目名称只是起到说明这些符号所代表的学科内容的作用。也就是说，在分类检索语言中，知识与学科概念是用符号来表达，每个符号标识代表了一个具体的知识与学科概念。

为反映分类语言的体系，并且在这样的体系中充分揭示学科概念之间的逻辑关系，分类语言采用建立"分类表"的方式，以达到反映体系、揭示关系的功能。在分类表中，用标记符号代表学科概念、自然语言辅助反映类目名称，按照概念的逻辑关系进行体系排列，并且在分类表中配附分类语言使用规则等，从而构成了真正的"分类语言"。

目前，我国常用的分类语言就是这种等级列举式分类法。它按照知识、学科分类体系编制的，所以称为体系分类法。这种分类法通常将类目体系组织成一个树根状结构，按照划分的层次，逐级列出详尽的类目、子类目，并以线性方式显示分类表。如图 3-3 所示。

A 马克思主义、列宁主义、毛泽东思想

B 哲学

C 社会科学总论

D 政治

E 军事

F 经济

……

R 医药、卫生

S 农业科学

T 工业技术

U 交通运输

……

其中交通运输类如下：

U 交通运输

U1 综合运输

U2 铁路运输

U4 公路运输

U6 水路运输
U61 航道工程
U64 通航建筑物与助航设备
U65 港口工程
U66 船舶工程
U69 水路运输技术管理
……
U695.2 货物运输
U695.21 组织与管理
U695.22 集装箱运输
U695.23 成组货物运输
……

图 3-3 等级体系型分类语言与部分示例(中图法)

3.3.4 分类语言的种类

分类语言主要可分为等级体系型分类语言和分面组配型分类语言两种。

等级体系型分类语言作为一种传统的分类语言,是一个直接体现知识与学科分类、概念逻辑的标识系统。所有类目,按照学科属性的等级,层层划分,一一列举,构成一个体系。由于体系分类语言的这种结构符合人们通常的思维习惯,对于系统地利用和掌握学科专业领域的信息是十分有效的,所以这种分类语言在信息组织与信息检索被广泛使用,具有普遍影响。

分面组配型分类语言,是在体系分类语言的基础上,吸收概念分析与综合的方法而发展起来的。分面分类语言的发展,主要在于它的分类标识可以进行灵活组合,即在文献信息组织标引时,可以灵活利用分类标识的组配,以表达文献信息内容及其特征,而体系分类语言对此是无法实现的。但这种语言在使用上有较大的难度,所以在实际的信息组织与信息检索中并不常用。

3.3.5 分类语言的使用

分类语言是按文献信息的学科属性集中信息资源,这决定了利用分类语言进行信息组织与标引以及信息检索时,对信息资源、检索需求分析的重点在于辨别、确认信息资源和检索提问的学科属性与性质。在确定了学科属性后,进一步确定具体的类目归属。此时,必须依据分类词表,通过类目体系、类目的相互关系以及上下位学科概念之间逐层鉴别,确定适合的类目符号标识。在取得合适、合理的标识符号后,将标识符号标引在信息资源、文献信息的载体上,进一步依据这些标识符号对信息进行组织。检索时,同样根据确定了的标识符号,在检索系统的分类目录、分类索引系统中,对已经被标引的信息进行比对与匹配,实施检索。

3.4 主题语言

主题语言同分类语言一样,也是一种从信息内容角度对信息资源、文献信息进行标引、组织与检索的方法。它们的区别在于，分类语言关注信息的知识、学科属性，而主题语言关注内容的主题。主题语言从主题角度组织和揭示信息资源，从主题角度来检索信息。

主题，在不同使用环境中可以有多种不同的理解。就本节而言，主题主要指信息资源、文献信息内容中所论述的主题对象，包括事物、问题、现象、方法、手段、目的、学科等。经过选择，用来表达这些主题的语词，称为主题词。

3.4.1 主题语言的概念

主题语言，一般是指直接以表达信息主题内容的语词作为主题概念的标识、以字顺为主要途径对信息资源、文献信息进行标引与组织，对信息进行检索的语言。在主题语言中通常用参照系统等方法揭示主题词之间的概念逻辑关系。

3.4.2 主题语言组织与检索信息的特征

1. 直接用自然语言的语词作为组织与检索信息的标识

主题语言不同于分类语言用符号作为标识，而是以选用的自然语言语词进行信息的标引，以语词组织信息以及检索信息。如“集装箱航线”这一主题，在《中图法》分类中应为“F5 交通运输经济”下的“F551.41 ”，或者为“U692.33 ”。而在主题语言下，可以用“集装箱运输 * 航线”、“集装箱航线”直接组织与检索信息。

2. 以字顺作为主要组织与检索途径

在主题语言中，以自然语言作为主题概念标识，从自然语言的字顺对信息进行排列、组织以及检索。

3. 以特定的事物、问题、现象、方法、目的等主题为中心，集中信息资源

分类法在组织信息时主要考虑信息内容的学科，是学科集中原则。而主题语言是主题集中原则。那么在检索时就能在同一主题下，检索到涉及不同方面的信息。如“港口管理”、“港口经营”、“港口设备”、“港口安全”等在分类语言中分属于不同学科，这些信息分别组织在不同的学科下，必须从多学科进行对信息检索。而主题语言条件下，这些信息可以集中在“港口”这一主题下，并在这一主题下集中检索信息。

4. 通过详尽的参照系统方式揭示主题词之间的关系

主题词系统采用参照系统揭示主题概念之间的逻辑关系，反映主题词的相互联系。例如设置用、代、属、分、参等参照内容，反映主题词与其他主题词的关系。检索用户也可以在了解这些关系后检索到与之关联的信息。

3.4.3 主题语言的种类

1. 标题词

标题词语言是一种以标题词作为主题标识，以词表预先确定的组配方式标引和检索信息的语言。所谓标题词，是指经过词汇控制、经过规范化处理的名词术语等自然语言，用来标引与检索文献信息的词或词组。

标题词语言主要以主标题词、副标题词为基本单元构成。主标题词是用来表达信息内容与提问内容的主题，以经过规范化的名词术语为标识。副标题词也是经过规范化处理的自然语言，用来修饰、限定和细分主标题，起到主题概念的组配作用。

标题词的规范化处理，主要通过编制标题词表，在词表内对选用的标题词进行规范化。

标题词的规范,主要是对词的词形、词义的规范与控制,在词表内对主标题词与副标题词之间的关系进行预先组配。所以,标题词语言是一种先组配式语言。

标题词组织信息与检索信息的特点是:

(1)采用列举式词表,形式直观,便于信息组织与检索时对标题词的选择。

(2)定组式标题结构固定,含义明确。

(3)按照词表列举的主标题词和副标题词进行信息标引与检索,操作简便。

(4)通过参照系统对词汇关系进行控制,揭示标题词之间的相关性,起到标引与检索时选用相关主题概念词功能,使标引与检索更加准确。

2. 叙词

叙词语言是一种从自然语言中精选出来、并经过严格处理的语词作为主题标识,通过概念组配方式表达信息主题、标引信息和检索信息的语言。叙词是指经过规范化处理的以基本概念为基础的自然语言,用来标引与检索文献信息的词或部分词组。

叙词语言是在吸收与发展单词组配、标题词的词汇规范和参照系统以及分类语言中的知识分类原理的基础上产生的语言。在吸收众多原理和方法后,概念的组配原理决定了叙词语言是一种后组式语言的特点。

概念组配的原理在根本上不同于自然语言的字面组配。字面组配是指词语的字面拆分与组合,是一种字符层次上的组配,就是将字与字组合起来。而概念组配是用词语所代表的概念意义的分拆与组合,是语义、概念层次的组合。如“航运政策”用字面组配时,就采用“航运”、“政策”两词进行字面组配而成。而在概念组配条件下,须用“船舶运输”、“运输政策”两个词语组配。

叙词语言同样需要编制一个词表,将从自然语言中优选出的词汇列在词表内。一般能够入选叙词表中的词汇主要是一些在概念含义上不能再细分的基本概念词,即单元概念词,但考虑到对文献信息的专指度,也有部分复合概念的词汇列在表中。这些基本概念与复合概念的词汇能够表达信息内容的概念与检索提问时的概念,并且能用于信息标引与检索。叙词的语词控制与规范化处理,也是在叙词词表内实现的。

叙词组织信息与检索信息的特点是:

(1)结构完备,词汇控制严格,可以根据检索系统的需要对词汇进行有效控制。

(2)组配性能强。通过组配,能对新出现的复杂概念用组配后的词汇进行表达、标引与检索。

(3)标引能力强,能够准确、专指地标引和揭示各种主题内容。

(4)检索效率高。通过灵活组配方式进行多种途径的检索,达到很好的检索效果。

(5)对检索系统适应能力强。可以同时适用于标识单元和文献信息单元的检索方式,既能较好地适应计算机检索系统的要求,又能适应手工检索系统的需要。

3. 关键词

关键词语言是为了适应目录索引的编制过程自动化的需要而产生的。与标题词、叙词一样,同属于主题语言。但它不像标题词、叙词语言那样需要对词汇作处理与控制,关键词基本上不作规范化处理,或者仅是极少量的规范化处理。

关键词,是指那些出现在文献信息的标题、摘要、正文中,对描述文献信息主题内容具有实质意义的词语,亦即对提示和描述信息主题内容是重要的、带关键性的词语。

关键词语言的基本原理是直接以自然语言的单词作为表达文献信息和提问标识。因而当关键词确定时，不必编制专门的词表，既不用词表确定与显示词汇，也不进行词汇控制，不显示词间的逻辑关系，很适合计算机自动抽取词汇。由于词间不存在逻辑关系，所以关键词相互之间是一种平等的关系。

关键词组织信息与检索信息的特点是：

(1)直接在文献信息的题名、正文、摘要中选用关键词，组织与检索时不必受词表的限制。

(2)没有词表控制，任何有实质意义的词，都可以作为组织时的标引词与检索时检索词。

(3)词间是平等关系，且以字顺排检关键词以及多种形式的轮排，增加了信息检索的入口点。

(4)由于没有词间的逻辑关系控制，对关键词的掌握相对容易，但也带来检索效果欠缺与检索正确度较弱等问题。

3.5　其他检索语言

3.5.1　自然语言

自然语言在信息检索中大致经历了关键词(本书将其归入主题语言中)、自由文本、全文本、超文本检索等阶段，并正向自然语言的理解发展。随着计算机信息组织与检索技术的不断发展，用自然语言作为检索语言越来越受到重视。其种类有如下三种。

1. 自由文本检索

在联机检索系统中，系统拥有许多数据库，每个数据库都由海量的文献信息记录组成，每条记录包含文献信息的题名、作者、文摘、概念、标识等内容。对这种数据库进行检索时，文献信息记录中的所有项目的每个词都可以自由检索，从而实现对所有文本的自由检索。目前，自由文本检索包括单词检索、词组检索、布尔检索、词间位置检索、截词检索等。

2. 全文本检索

它是在自由文本检索基础上发展起来的一种检索技术。全文本检索的对象是计算机可读形式的文献全文文本。全文本检索一般有两种，第一种是分步完成，先进行自由文本的直接检索，后进行全文本的字符串扫描检索；第二种是一步完成，即把自由文本检索范围扩大到全文本，布尔检索与全文检索同时进行。

3. 超文本检索

互联网上的超文本检索，突破了以文本文献为单位、检索以文献为单位对象的限制，深入到文献内部的信息单元，以有关的信息单元为检索操作的对象。

在超文本中，通过预先对文本中的有关词汇进行索引链接(超链接)，使这些链接指针的词汇或短语指向文本中的其他有关段落、注解和内容。对这些经过超链接处理的部位，用一定的方法显示，如颜色、粗体、下划线等。用户只要点击这些部位，超文本就能立刻显示链接后的内容。在新显示的文本中，用户可以看到新的链接部位，如此，沿着超文本中的索引链接便能不断检索新内容。

自然语言在信息组织与检索中的特点是：

(1)自然语言是一般用户使用最方便的检索语言，它适合人们的语言习惯。

(2)自然语言存在大量同义词、多义词、同形异义等现象,会对检索结果产生负面影响。

(3)无需编制词汇表,但受自然语言语种的限制。

3.5.2 引文语言

文献信息,特别是科学技术类文献,在文献末尾都附有参考文献或引用文献,这也是文献的外表特征之一。利用文献之间的引用与被引用的关系,作为文献内容主题标识,并以此标引和检索文献的语言,就是引文语言。

第 4 章

信息检索原理

4.1 信息检索原理

在前述章节中，我们已经知道了信息检索是建立在信息组织的基础上，任何信息组织的最终目的都是为了使用户能够在信息检索系统中快捷而方便地检索到信息。也就是说，从广义的角度上讲信息检索一定包含信息的组织（存储）与信息的查找这两个过程。

信息组织过程，是指根据组成信息检索系统的目的、范围、适用用户的需求等，对纷繁、凌乱、无序的信息进行针对性的搜集，进而分析所搜集的文献信息，使之有序化，集中揭示信息，形成信息检索系统。即根据信息资源具有的内外特征，对信息资源进行必要的组织与处理，即在规范条件下进行信息资源的分析、归纳、选择、记录，形成信息资源的内容与外表特征，再根据信息组织的需要和信息资源的特点预先所确定的信息组织规则、方法，对这些特征进行描述、对信息资源进行标引，进一步转化为信息资源的描述记录，并在此基础上将描述记录组织为信息资源集合和检索工具。

信息检索过程，是指检索用户在对自己研究的课题、对信息需求进行必要的分析基础上，根据信息组织的原理以及依据所要查找的信息的外表特征、内容特征，在信息检索系统中检索出特定的信息的过程。

从这两个过程看，它们的任务各不相同，信息组织的任务是形成信息检索系统，而信息检索的任务是在检索系统中将信息查找出来。因此，检索的原理主要体现在对检索系统的信息查找上。

在信息组织过程中，人们主要是对信息资源进行分析、描述，并对信息资源实施标引，进而产生信息资源的标引标识。信息标引标识是组织信息的依据，更是用户检索信息时获取信息资源的依据。如同给每类商品标上商品标识，形成商品特征，供人获取商品时查找商品之用。用户检索信息时对信息分析后，也形成了信息需求的提问特征，并用检索语言对信息特征进行转换，组成检索提问标识。当检索提问标识产生后，用户在信息检索系统中用检索标识对信息记录的标引标识进行比对与匹配，如果匹配的结果是检索标识与标引标识相同，或部分相同，那么就表明包含有该标识的文献信息与用户提问相符合，该文献信息记录被作为检索命中记录而进行检索输出。如果检索提问标识与标引标识不相同，则表明没有相应的信息可被检索。

需要说明的是，在计算机检索中，以上两种标识的比较、匹配的过程是由计算机自动完成的，每次匹配过程时，检索用户都不能随意修改检索策略，只能在完成一次检索过程后进行检索策略和检索对象的调整，再实施第二次检索。而手工检索过程中，用户可以随时对检索提问标识、检索对象、所检索到的信息内容进行审核、判别、转换，以求得检索效果的最大化。

简单描述检索的原理与实质就是检索提问标识与在检索系统中信息记录的标引标识的比较、比对、匹配，两者一致或部分一致时，信息检索就得到实现。

4.2 信息检索干扰

基于信息检索原理，在实施信息检索时会有许多因素，对检索效果产生很大的影响。其中有信息组织时的各种不利因素，也有用户检索时产生的不利因素，两者只要有一方面的不利因素存在，就会使信息检索的最终结果受到影响。在信息组织中，主要工作是将信息资源进行分析、描述，进而产生信息的标引标识。而在信息检索过程中，用户对信息需求进行分析，产生所需信息的特征，进而产生提问标识。将这两种标识进行匹配与比较，完成信息检索，这是检索的基本原理。因此，在信息检索中影响检索效果的根源主要表现为这两种标识的产生、转换时的误差，使信息检索的结果出现偏差。

图 4-1 表示信息组织、信息检索过程的简单流程，其中细尖头线表示两个过程中可能存在的相互影响的因素，也是容易产生对信息检索干扰的因素。

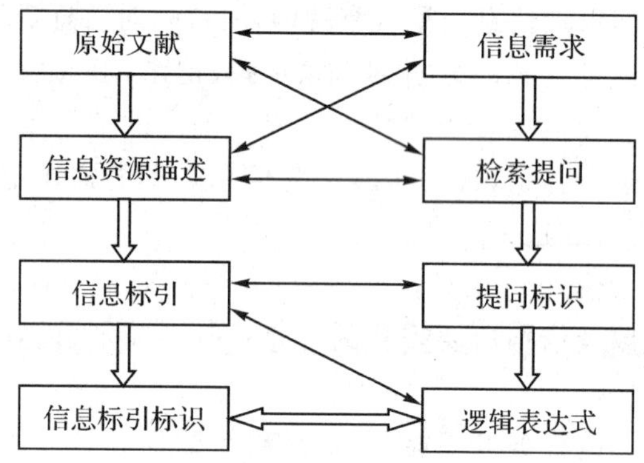

图 4-1 信息系统与检索间存在影响关系

4.2.1 标引对信息检索效果的影响

1. 标引标识与提问标识匹配问题

由于组织信息与形成信息检索系统的范畴、性质、任务各有不同，所以每个检索系统都根据系统要求设立标引策略与方针。一般而言，在用主题词标引时，标引方针有全面标引与重点标引之分。全面标引是指将信息论述的所有主题特征全面转换为信息资源的标识。而重点标引则仅是将信息内容所涉及的重点主题特征转换为信息资源的标识，对相对次要的主题不进行标引。另外，在用分类方法进行信息资源的标引时，按照分类语言使用原则，通常只能用一个分类语言的标识作为某一信息资源的标引标识，而对这一信息资源涉及的其他学科内容，分类语言一般不能对此进行充分的揭示与反映，也不能进行多学科同时标引。因此就产生如下几个问题。

第一，在主题全面标引的条件下，信息检索的用户使用的提问标识正确，就能对信息进行检索。即在确定提问标识时，只要满足全部主题标引标识中的任一标识就能检索出信息。此时，检索出的信息内容只是与检索需求的相关度大小的问题。如果使用的提问标识恰好与全面标引中的重点标识相吻合，则检索的相关度大，此次检索的效果就较好。相反，如果使用的提问标识对应次要标引标识，则检索的相关度小，检索效果较弱。此时，检索上就产生一定量的“检索噪声”，用户检索满意度较低。

第二，在重点标引的条件下，用户如果使用的检索标识也是系统中对信息资源重点主题进行标引的重点标引标识，那么检索效果就十分理想。如果用户使用的提问标识是标引标识中的次要标识，那么就不能检索出相应的文献信息。此时尽管与需求相关度较低，但对全面掌握信息有作用的文献信息，由于如此的原因而未能检索出，进而影响信息检索中的查全率。

第三，在分类标识标引过程中，因为分类语言对信息资源特征表达与标引的原理，在标引时由于只能用一个分类标识符号对信息资源所涉及的主要学科特征进行标引，而信息资源的学科内容不可能只涉及一个学科，有时学科内容处于同等地位，有些相关学科特征处于一个从属地位，但标引过程却不能对此进行全面标引。即某一信息资源、文献的分类标识符号只有一个。所以，用户在用分类途径检索时就有选择学科分类符号的问题。当用户对信息需求分析中所决定的学科类别与信息系统中存储学科类别相吻合，检索结果符合检索需求。但系统中那些处在从属地位学科内容，虽然与用户需求具有很大相关性的，同时又是用户主要检索的学科，并不能检索出来。也就是说，分类标引同样会发生提问标识与相关信息标引标识不匹配，对相关学科信息的检索不全面，甚至检索不出信息的问题，导致检索的查全率不高的问题产生。应该说，这种问题不是检索系统不完善所造成的，也不是用户选择使用提问标识错误所造成的，而是分类标引中固有的问题。在目前的分类标引原理与活动中，这样的问题暂时无法克服，只能要求用户在检索时对可能出现相关内容的其他学科类别再次进行检索，以尽可能提高查全率。

2. *标引误差问题*

在信息组织中，通常采用检索语言对信息资源进行标引，产生信息资源的标引标识。标引时必须由标引员对信息资源的学科概念、主题概念进行必要的分析，依据分析出的学科与主题概念，从检索语言中选择相应的分类标识与主题标识，作为信息资源的标识。由于这样的过程主要是人工完成的，因此标引人员的知识结构、对信息内容的理解、对检索语言所代表的概念的理解以及标引经验的差异会对信息资源的标引产生一定的偏差。例如，学科分析错误、主题确定偏差、重点主题析出错误等，都会使标引员决定与选用的标引标识发生偏差。这种情况下，检索用户使用的提问标识正确与否，都不能检索出正确的信息，都会对检索效果产生较为严重的干扰。这种信息内涵与标引标识所代表的概念不相一致，对信息检索效果的干扰，是用户无法控制和排除的，并成为检索系统的质量问题。

在对网络信息组织中，通常用计算机来完成网络信息的自动标引。即对确定信息范围，如在标题、摘要以及正文中，将所有的文献中的词语自动转换为标引标识。这样的自动标引一般没能考虑信息内容的主次，抹杀了主题之间的重要性程度以及地位差异，难以反映信息内容的主题结构。有时自动标引也会产生一定的标引错误，这些情况就会对信息检索的效果产生一定的影响。

4.2.2 提问标识对检索效果的影响

当用户产生信息需求时，一般有两种方法产生信息需求的提问标识。其一是用户向专业检索工作人员表述信息需求的内容，形成检索提问，经过检索人员的分析与理解，进行需求转换，得到提问标识。其二，由检索用户自行分析，根据检索系统的特点产生检索提问，转换为检索提问标识。检索时由这两种情况产生的提问标识在检索系统中与标引标识进行匹配与比对，实施信息检索。此时会产生提问标识表达错误，检索结果与效果受到干扰。

1. 用户对信息需求表达错误

在有检索需求时，许多用户对自己信息需求的表达时有不足，表现为信息需求描述不全面，只是传递出大致的需求；对相关问题没有阐述，相关主题内容与学科内容遗漏或缺少；表达笼统而概要性需求，造成内容大于真实需求；需求范围的阐述过于狭小，使真实需求大于内容的表达。造成这些现象主要是用户对自己的检索需求分析不足，对检索行为的需要缺乏理解，当然也有专业检索工作人员与检索用户的交流不够等问题。如此产生出的提问标识一定与在真实需求条件下产生的提问标识间存在着差异。这种差异的结果使检索效果受到干扰，检索结果一定不甚理想。

2. 检索人员对信息需求转换错误

当检索用户表达了其信息需求之后，还需要专业检索人员对用户的需求有正确理解，必要时还应该与用户进行充分的交流、了解，进行提问内容的学科、主题分析。在此基础上检索人员将检索提问转换为与系统匹配的提问标识，以及根据需求将这些标识用一定的逻辑表达式对检索的逻辑概念进行表达，以实施最终的信息检索。但这个过程并不是非常容易实现的，从而很难检索到真正对应需求的信息。此过程如同对信息资源进行组织、标引过程，只是对象不是信息资源，而是用户已经表达出来的信息需求，即检索提问。在信息资源标引过程中发生的错误，同样会在此处产生与存在。因此，检索人员将用户的信息需求转换为提问标识时产生的错误与问题，会造成对真实信息需求的检索干扰，检索效果受到影响。另外，在对信息需求的综合理解上，因工作人员的原因，在检索概念的逻辑表达式的组织时发生产生错误，即标识没错，而是检索逻辑表达式出错，检索效果同样受到影响。

3. 用户自身需求转换错误

许多情况下的检索行为是由用户自己完成，此时用户对真实的信息需求一定是清楚的，但在用一定的检索语言将自己的信息需求转换为提问标识时，由于对信息组织的原理、信息检索系统、检索语言等都不够了解，造成转换出错。如对主题词与关键词的区别不了解、分类原则与分类标识不清楚，使用错误的提问标识进行检索等。最终信息检索受到干扰，查准率与查全率的效果都不好。即使是标识没有用错，但在对需求的综合组织上出现问题，如概念的逻辑关系表达出错，使检索逻辑式组织上存在问题，检索的效果同样不理想。

从检索原理与本质来看，信息检索能够完成的关键是信息资源、文献的标引标识与信息需求的提问标识的匹配，以及信息内容、学科主题概念间的逻辑关系与信息需求中逻辑关系的一致性。如果两种标识能够匹配、需求的逻辑关系与信息内容真实的逻辑关系一致，则检索效果达到最佳。只要文献信息转换为标引标识、信息需求转换为提问标识、标引标识与提问标识的匹配比对以及逻辑关系的匹配等的过程中存在错误与不一致，检索的结果就不可能完全满足用户的需求，就会影响到检索的效率。要使信息检索不受到干扰，产生最高的检索效率，以下因素(见表 4-1)需要予以重视。

表 4-1　影响检索效果可能的因素

标引人员	检索人员	信息用户
• 信息资源描述与内容是否符合 • 标识与学科、主题内容是否符合 • 不同标引人员标引是否一致 • 标引的深度是否恰当 • 标引的范围是否合适与正确 • 标引规则能否正确执行	• 与用户能否深入讨论 • 提问的分析与用户的要求是否相符 • 提问的学科与主题内容与提问标识是否相符 • 使用的提问标识与标引标识是否一致 • 逻辑表达式与用户需求中逻辑关系是否一致	• 需求能否正确表达 • 需求与提问标识转换正确与否 • 检索语言能否正确使用 • 能否正确制定检索策略与逻辑表达式

4.2.3　影响检索效果因素分析

在影响检索效果的诸多因素中，有些因素能够在检索活动中加以注意并去除，从而通过检索实践，不断提高检索效率。有些因素是难以克服的，并对检索效果产生一定的影响。

1. 内容特征标识问题

首先，依照信息组织与检索的原理在对信息资源的描述、标引时，一定要对信息资源进行全面的描述，对信息内容实施正确的分析，用合适的标识符号对信息、文献进行标引，做到信息资源的标引标识所代表的学科概念、主题概念与信息资源中存在的学科概念、主题概念完全等同，即标识代表的概念与真实的概念不存在任何偏差。那么，在信息检索时，因为标识所代表的概念与实际概念不符从而影响检索效果的问题就可以避免。其次，在用户检索方面，检索提问需要检索人员、检索用户共同分析与把握，或者用户自行确定。只有对检索提问分析透彻，检索需求的范围与要求确定正确，才能最终将检索提问正确、合理地转换到检索提问标识，才能用正确的概念标识用着提问标识。如此，信息检索也得以顺利进行，检索结果也更显合理与正确。

以上的分析应该只是理想中的，做到这些也只能得到检索效果趋于合理的可能性。原因是信息内容的多样性与复杂性，如内容涉及的主题广泛、学科交叉，使标引人员对信息的标引不能做到完全正确，产生的标引标识所代表的概念与信息实际的概念之间总是存在一定的差异。从内容角度出发，信息组织中对信息资源的合理编排永远是相对的，存在不足是绝对的，信息检索效果的不足也是一定存在的。同样原因在信息检索时也是存在的，对信息需求的转换也只能做到相对合理，检索效果同样有不理想现象存在。检索原理告诉我们，检索的结果与效率达到理想化，还必须是以上两方面同时合理与正确才可以，只要有一方面存在错误，检索结果与效率就受到影响。况且单一方面无法完全正确与合理的现象总是存在的，更难做到两个方面同时最佳。所以，从内容角度进行信息检索只能是相关性检索，人们所能做的只是求取相关性尽可能大。

2. 检索语言表达问题

在信息检索中，信息检索语言起着决定性作用。检索系统的性能是否优良，有检索语言的因素，用户的检索效果同样有检索语言的因素。检索语言在整个信息检索系统中，起着信息存储、组织与信息查找的沟通和桥梁作用，联系信息资源的标引标识与提问标识两个过程。因此，检索语言对于信息内容(学科、主题)和信息需求表达能力，包括对一个学科、主题表达的准确性或专指度，以及把不同学科、主题信息进行区分的分辨能力，对检索效率起着决定性的影响。

然而，在实际的信息检索系统中，需要对检索语言的专指度与语言词汇的量进行必要的与合理的平衡。因为信息检索语言对概念表达的专指度越高，就越能对信息资源内容与检索提问进行准确表达，信息检索的准确度相对来说也就越高，错误检索就越少。但要实现高专指度，就必须要求检索语言具有更多数量的词汇（标识），而检索语言词表中的词汇量受到词表编制的制约，受到社会信息环境的影响，词汇数量不可能做到足够的多。另外，对检索语言既存的词汇进行必要的更新与增添也是相当有难度的。因此，这些就造成信息检索准确性只能是相对的，不准确现象是绝对存在的。

在检索语言中，分类语言存在对信息内容涉及的相关学科表达不清的问题。这不是检索语言标识的专指度问题，而是因为用分类语言表达学科概念时，只能用一个分类标识来表达概念，一个概念标识代表一个学科，所以分类语言并不能反映信息内容中的相关学科特征的问题，分类语言检索也就存在信息检索不能查全以及漏检问题。

3. 检索的二值相关判断问题

信息检索是建立在检索语言的逻辑基础之上，存在二值相关性判断的问题。按照检索原理，信息资源的内容与检索提问只有两种关系：信息的标识与提问标识要么相同，要么不相同。相同就表示信息与提问相吻合，具有直接相关值。不相同则表示信息内容与提问不相吻合，不具有相关值。

显然，这种非“正”即“负”的判断标准不能反映信息内容与提问之间真实关系。实际上，信息内容与提问之间的关系是相当复杂的，相关与不相关不存在明显的界限，只存在相关与不相关的过渡，存在相关性大小的变化。在信息检索中，二值相关性的判断的根源在于信息内容标引与提问标识只能揭示内容与提问包含哪些学科、主题，却无法反映这些学科与主题在内容与提问中的重要程度与地位。据此，信息检索的效果必定受到影响。

这种二值相关性的判断对检索效果的影响在计算机检索中表现得尤为突出。因为在计算机检索中，标引标识与提问标识的比对与匹配是由计算机根据系统设置、程序安排自动完成的，检索过程中无法由检索用户或专业检索人员对信息内容进行即时的判断。在手工检索过程中也有二值相关性问题，但由于是人工检索，每次检索都可以对内容进行一定的判断，及时做出取舍的决定，所以影响相对来说小些。

4.3 检索效果评价

从以上内容的阐述与分析来看，建立在检索原理基础上的信息检索一定会存在检索得到的结果与用户需求信息间的差异，产生检索效率不能最佳化的问题。所谓检索效果就是利用检索系统检索时，最终所获得的有效结果与有效的程度。对检索效果的评价可以评判系统的检索性能以及提示检索者可能需要注意的问题，以使用户在未来的检索活动中改进检索策略，变化检索提问等。用户在进行实际的信息检索时，检索者总是希望将检索系统中与需求相关的信息和记录全面地检索出来，以获得最好的效果。但这种检索效果并不能轻易判断，而是需要依据一些评价指标，对实施信息检索活动所取得的结果进行客观科学的评价，此时方能对检索行为进行必要调整，以进一步完善检索工作，提高检索水准。

信息检索的评价指标有许多种，有些指标在实际检索过程中容易得到，并用来评价检索效果。有些指标仅在理论上有意义，实际的评判中却很难得到，也就不能最后用来评判检索效果，或者仅用来作为检索效果评判的估计值。

4.3.1　检索评价指标

信息检索领域中常用的评价指标有：查全率、查准率、漏检率、误检率、检索响应时间、信息输出形式等。主要指标的含义如下。

1. 查全率

在检索系统中具有一定量的信息记录，这些记录构成信息检索系统的集合体。其中对应每次检索需求，在系统中一定有确定的量且与信息需求吻合的相关信息存在。那么，每次检索得到的相关信息数量与系统中存在的相关信息总数量之比，就是"查全率"。用下式表示：

$$查全率(R)=\frac{检出相关信息量}{系统内所有相关信息量}\times 100\%$$

2. 查准率

每次信息检索，如果有信息输出，说明检索有结果。但此处的结果不一定全部满足用户需求，可能会有一些无用信息同时输出。那么，检索出与信息需求相关的信息数量与本次检索输出信息总量之比，就是"查准率"。用下式表示：

$$查准率(P)=\frac{检出相关信息量}{检出信息总量}\times 100\%$$

3. 漏检率

"查全率"的补数为"漏检率"。即检索系统中原有存在的且与信息需求相关的信息总量减去检索输出与需求相关的信息数量，与检索系统中原有存在的且与信息需求相关的信息总量之比。漏检率＝ 1－查全率。

4. 误检率

"查准率"的补数为"误检率"。即检索输出与信息需求无关的信息量(检索输出的信息总量减去输出的且与信息需求相关的信息量)，与检索出与信息需求相关的信息数量之比。误检率＝ 1－查准率。

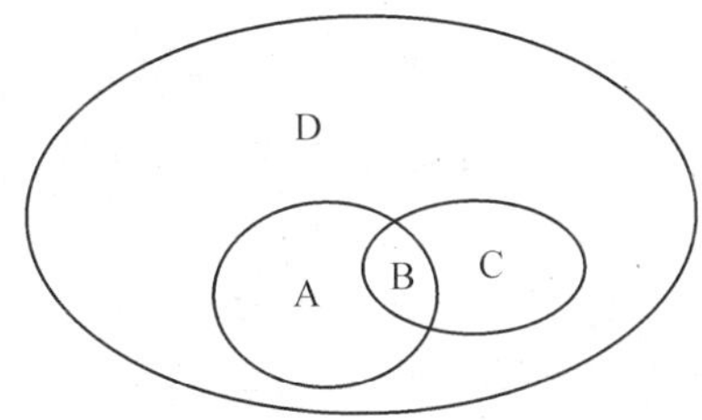

图 4-2　检索系统对应检索时的信息分布集合图

在信息检索系统中，每次信息检索，就可以将系统中所有的信息记录量分成四个集合部分(A、B、C、D)，每一集合部分都代表不同信息记录(如图 4-2 所示)。

其中 A 表示在系统中存在着且能满足信息检索需求的相关信息总量；B 代表本次检索输出的且与需求相关信息数量，$B=A\cap C$，即合理命中的信息量；C 代表本次检索输出信息量；D 是检索系统中所有信息的总量。

那么，查全率、查准率、漏检率、误检率的计算公式分别表示如下：

查全率 ＝ $B / A\times 100\% =(A\cap C)/ A\times 100\%$；

查准率 ＝ $B / C\times 100\% =(A\cap C)/ C\times 100\%$；

漏检率 ＝ 1－查全率；

误检率 ＝ 1－查准率。

例如，在某次信息检索中，共检索出信息记录 100 条，其中与需求相关的信息为 60 条，其余 40 条为不需要的信息，那么本次检索的查准率为(60 / 100)×100%，即 60%的查准率。假如检索系统中还有 60 条与需求相关的记录，但因各种原因未被检索出，那么查全率为 60 /(60 ＋ 60)×100%，即 50%的查全率。同理，得到漏检率 ＝ 1－查全率 ＝ 1－50%，而误检率 ＝ 1－查准率 ＝ 1－60%。对此次检索的最终评价是：符合信息需求的信息检出率达到了 50%，还有 50%的相关信息未能被检索出。而对本次检索而言，本次所检索出来的信息量有 60%达到需求，不符合需求的信息检出率为 40%。

4.3.2 评价指标分析

在进行检索效率的评价时常用到以上几个指标，这些指标简单明了，对检索效率的评判科学合理。但通过进一步讨论可以看到，有些指标容易在实际的检索中计算出，但有些却不能。

先来看查准率。每次检索，如果检索人员或用户只要选用的提问标识合理、正确，以及提问标识的逻辑组配正确，同时检索系统中确实存在相应的信息，那么检索的结果总是有与需求相关的信息输出。但由于系统组织时对信息描述、标引等原因，也由于检索的提问标识可能存在不足，检索的结果也可能带来无用信息的输出，所以计算查准率也就可以实现，每次检索结果存在的不足同样可以计算出，即能够评判出误检率。也就是说，查准率与误检率都是容易得到的，检索效率的准确性可以得到评价。

其次，在计算查全率时我们发现，检索系统中真正应该具有的且与信息需求相关的信息总量是无法预先得到的。那么，查全率也就无法计算出来，更无法以“还有多少信息未被检索出来”进行观察，从而进行检索效果的评判。同理，系统中被漏检的相关信息有多少同样不知道，所以漏检率也无法计算。也就说，以查全率、漏检率指标为标准，评价检索效率在一般情况下很难实现。如果一定要求以这两个指标来评判，那么，对漏检信息采用近似估计方法，可以估计出漏检信息的量。

估计漏检的方法一般是利用其他同类检索系统，进行相类似的检索，分析检索出来的信息，用命中结果与第一个系统检索的命中结果进行比较、分析，推断哪些信息漏检了，从而近似估计漏检率。另外的方法是：①仍然使用原来的检索系统，扩大检索范围，进行新的检索，然后对检索命中的结果分析，查看是否还存在与需求相关的、但在第一次检索时未被检索出来的信息，据此判断和估计漏检信息的量。②对原系统第一次检索出的信息用缩小范围的方法，进行“二次检索”，得到漏检量的估计。例如，第一次用“航运经济”进行检索，得到 500 条信息，那么，在这 500 条信息的基础上用“上海”进行“二次检索”，假如得到 80 条关于“上海、航运经济”的信息，同时查看第一次检索结果，如果其中有 100 条关于“上海、航运经济”的信息，据此大致判断关于“上海、航运经济”信息的漏检率为 20%，用这 20%漏检率的值作为第一次“航运经济”检索信息的漏检率的估计值。用分类方法同样可以进行类似的估计，只要在第一次检索后，在第一次命中的信息里用缩小学科范围的方法进行“二次检索”，分析推断漏检率的估计值。应该说，用这种估计方法判断查全率与漏检率有一定的合理性，但不能进行绝对的判断。因为如果在扩大检索范围时所选用的提问标识不恰当，可能造成范围扩大不当，检索出的信息不一定存在新的且与需求相关的信息，也就无法判断漏检值。而缩小检索范围“二次检索”时，如果检索出的新信息与第一次检索出的信息在数量上不存在差异，那么也难以查看漏检量。特别是检索系统原本在标引、组织信息时就存在系统错误，如对某些信息标引时标引标识给错等，用扩大与缩小检索范围的方法是无法正确判断出漏检值的。

4.3.3　查准率与查全率关系

在评价检索效率的指标中，检索的查准率与查全率是评价检索结果最为重要的指标。考察与讨论查准率与查全率的目的是为了认识信息检索效果与效率，更好改善检索系统检索性能、改变检索策略、提高检索技术。从检索需求而论，用户总是希望检索结果的查准率与查全率取得最大值，这意味着信息检索的需求得到了最佳的满足。然而，这两个检索指标是否能同时得到最大值？如果改变检索策略，意欲让查准率提高（查全率），查全率（查准率）又是如何变化的呢？查准率与查全率之间的关系是怎样的？因此，要观察这两个指标的相互关系。学术界有以下几种论述。

1. 英国学者观点

英国学者克里维顿（C. M. C1everdon）在他著名的 Cranfield Ⅰ试验中首次将查全率和查准率作为信息检索系统效率的评价指标。之后，这两个指标就一直成为信息检索领域中对检索系统进行评价和试验的重要指标。他在 Cranfield Ⅱ试验中发现了查全率与查准率之间存在着互逆关系。即当检索查准率向较高（较低）值变化时，查全率却出现反向的下降（上升）变化。同理，而当查全率向较（较低）高值变化时，查准率却出现下降（上升）变化。查准率与查全率互逆变化的理论，引起了信息检索界广泛的研究。但多数的研究仍倾向于互逆关系的结果。

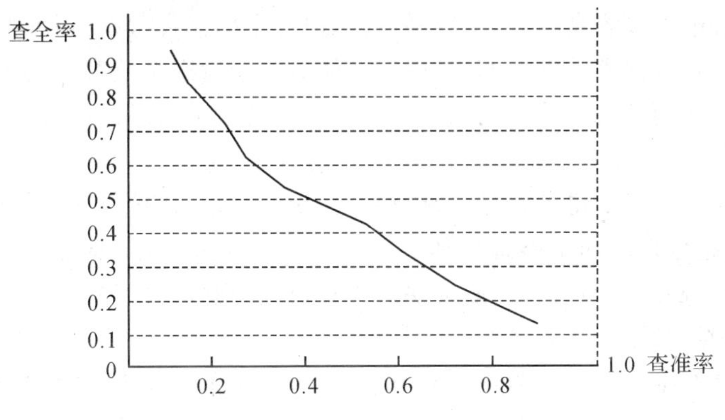

图 4-3　信息检索性能曲线

在这个试验的结果中，我们得到这样的结论：检索查准率与查全率的提高是有条件的，如果要提高其中一个指标就必须以另一个指标下降作为代价。因此，提高检索性能与效率应该在相对的水平上进行，不能片面追求其中某一个指标。

2. 我国学者主要观点

我国邓汉成在 1999 年使用美国 EI 数据库进行检索试验，对查准率与查全率进行观察，得出这两个指标相互关系的结论：信息检索中，查全率与查准率之间的关系与检索提问的结构有关。在选择检索实例研究两者关系时应该排除对信息“相关性”定界判别的主观因素，应该选择那些表示外表特征的提问进行检索，并在尽可能小的相关性判别不利条件下研究两者关系。

查全率与查准率之间可以存在如下五种基本关系：

（1）查全率与查准率都保持不变；

（2）查全率保持不变，查准率上升或下降；

(3)查准率保持不变,查全率上升或下降;

(4)查全率与查准率之间呈互逆关系;

(5)查全率与查准率之间呈互顺关系。

在随后的理论研究中,邓汉成又从查准率与查全率计算公式中导出“全中比”(查全率R与检索输出的信息总量C之比)概念。考察“全中比”的变化情况与查全率、查准率变化关系的各种情况,用数学方法证实了上述查全率与查准率之间可以存在的五种基本关系。

3. 评价指标关系的简单分析

在讨论英国学者克里维顿关于查准率与查全率关系的论述时,已经知道他关于两者关系的观点。互逆关系的理论如果成立,说明信息检索时不能追求信息检索效果中查准率、查全率的最佳。而邓汉成对此的研究结果表明,两者关系未必一定互逆,而是有可能“不变”、“互顺”。应该说邓汉成的研究对信息检索效率的评判理论作出了贡献,对查准率与查全率的研究使我们对信息检索效率的评价有了新的认识。即查准率与查全率的关系不是简单的“互逆关系”,不能认为查准率(查全率)提高就一定会产生查全率(查准率)的下降。这一理论告诉我们,在信息检索中追求查准率(查全率)提高的同时,也可以追求查全率(查准率)的提高,检索效果与效率可以得到最大限度的提高。因为最佳的检索效果应能使信息获取全面,同时准确度高,不产生或尽可能少地产生无用信息。

查准率与查全率是信息检索效率评价的量化指标,其对检索效率评价的意义与内涵也是非常明确的。但在实际的使用中,局限性也是存在的,表现为以下几个方面。

(1)检索的查准率较容易得到,也容易评判,但查全率在几次检索行为中是难以得到的,而需要多次检索,且对检索系统要相当熟悉,才能对整个检索系统存在的一般情况下的查全率有一个估计值,进而对自身检索的查全率有一个推断。所以利用两者关系来诊断检索的效率对一般用户而言的确比较困难。

(2)即使是两个指标都得到,但这只能评判检索的水平、评价检索系统的性能,而对为什么会产生如此的检索效率却不能指出其存在的原因。那么,用户要改善检索效率的具体措施和因素就难以得到。即两者关系所反映的检索效率问题对检索系统构成的技术要求而言更有研究内容存在。

(3)使用这两个指标对检索效率进行评价,是建立在信息检索的相关性判断的基础上。在检索时对相关性的高与低的判断受到其他因素的影响,这种影响进一步影响指标值的确定。例如,对某次检索来说,查得的信息,检索用户对此判断会有某一个相关性信息的数量存在,可能还是这些信息,在以后查看时,由于知识结构的改变、其他信息对自身的影响等,相关信息的数量就发生了变化,那么,查准率、查全率也就发生变化。所以评价指标相互关系的利用,只能是相对的,不能以此作为信息检索效率决定性的评判。

需要强调一点,检索效率问题受到两方面因素的影响,第一是检索系统本身的检索性能、检索效果问题;第二是具体实施检索时的策略、方法、措施、手段等因素。一般而言,在初始检索阶段,如果检索的查准率或查全率非常低,只要检索系统性能不存在大的问题,在检索时就比较容易对这两个指标实施同时的提高。因为此时所发生的问题一般由检索策略、方法的不足造成检索效率低下,而此类问题较容易克服。但如果是检索系统性能所造成的,那检索效率的提高就显得难以改善。就目前普遍的检索系统情况来看,系统性能问题造成的检索效率损失一般较少,而大多数检索效率不高的问题主要是检索者检索上的问题。重视对检索效率的研究、提高检索技巧,是检索用户亟须认真对待的。

第 5 章

信息资源与检索系统

5.1 信息资源

有文献认为，人们为满足情报需要而获得情报的来源是信息资源。也有认为，产生消息或为了传递而持有情报的任何系统是信息资源。因此，信息资源包括产生原始情报的情报发生源，也是用户赖以获得信息、知识、情报的任何信息渠道和信息载体。信息资源，通常是指以一切记录形式存在的信息载体，比较而言，只是更侧重于对新型媒体形式的强调，同时也更强调存在于媒体中的内容对科学技术发展的有用性，可被人们所利用。就本节任务而言，将信息资源等同于文献。

信息检索的任务主要是获取信息，满足各种信息需求。而信息的传播主要是依赖信息资源，但信息资源有许多种类，认识、区别信息资源对信息检索与科学合理地获得信息非常有益与重要。区别与认识不同种类的信息资源，一般讲，目的在于认识各类信息资源在传播信息时的特点，即对各类信息资源所承载的信息量（密度）的多寡的认识，信息传播速度的快慢的认识以及获取信息资源时采用不同方式、方法、系统的认识。

信息资源范围广泛、种类多样，认识信息资源的标准不同，所区分的信息资源的种类也就不同。以传统出版形式划分，信息资源有书籍、期刊、报纸、论文、标准、专利、报告、会议文献资源等；以存在的形式划分，有传统印刷型资源、缩微型资源、声像型资源以及数字化型（计算机型）资源；以信息流与信息链的演变划分，有零次信息资源、一次信息资源、二次信息资源、三次信息资源等；以信息资源的利用率标准划分，信息资源又可以分为核心信息资源、相关信息资源、边缘信息资源。

5.1.1 按传统出版形式划分的信息资源

1. 书籍

书籍是历史最悠久的信息资源，按功用性质一般可分为教科书、专著、文集等。书籍的出版周期较长，从作者完成书稿到书籍最终在用户手中通常需要两年时间。而当今科学技术的快速发展与社会进步的加快，书籍出版相对长周期以及形成书籍内容的一般规律，导致了书籍在传递信息、情报时所产生的特点是：依赖书籍而传播的信息，其信息传播的速度较慢，书籍传播的信息的新颖程度略显不够，但信息内容全面、系统、成熟、可靠。就信息内涵层面来看，书籍内容所反映的信息主要是系统化知识，是获取系统知识的良好载体。

2. 期刊

期刊也称为连续出版物，一般有固定的名称，定期或不定期连续出版。期刊因其出版周期非常短，科学活动所产生的科技情报与信息内容表达规律以及构成期刊内容的文献大都篇幅不长的特征，期刊在信息传播中的特点是：在各类纸质文献中，期刊对信息的传播速度最快，内容专深、情报含量大、内容新颖、存在一定的争议以及不够成熟等。期刊内容所反映的信息，就期刊内单篇文献而言，主要是专业、单一内容，而非系统性内容，是知识体系内某点问题的阐述与表达。因而期刊是科学技术领域中传播信息、知识、情报的最为重要的信息资源。

3. 专利文献

专利文献是专利申请人向知识产权组织、专利机构请求获得专利权时向这些组织与机构提交的说明该项发明的目的、技术梗概和专利权限的书面文献。当这样的专利请求获得批准后，知识产权组织或专利机构即将请求人提交的文献予以公开，这就是专利文献。就专利文献产生的条件以及文献内容形成机制来看，专利文献在信息传播中的特点是：内容具体、新颖、可靠、详尽、专门性强，内容都可归为科技情报。但相对来说，在现今整个社会环境下，专利文献可获得性远不如书籍、期刊，所以专利文献传播信息的速度也不如书籍与期刊。专利文献上的内容一般只能用作参考，而不能不加约束地随意引用和用于生产，因为专利文献中的内容是受到法律保护的。

4. 会议文献

会议文献是指在各种学术会议上交流、发表的学术论文、报告。学术会议的任务主要是围绕当今科学技术领域中的热点、难点问题进行学术交流与讨论，会议中所产生的交流论文、学术报告都是对这些热点、难点问题的研究、判断以及提出论述。所以就产生会议文献的条件与机制来看，会议文献在信息传播中的特点是：内容的情报含量大、新颖、针对性强。而会议文献的传播上，因为其不是由一个专门的出版机构对会议文献进行出版，而是以单独的会议文集（书籍）形式出版或以此类会议的连续出版物形式出版，且出版数量也不多，甚至有些学术会议以自编的会议论文集形式向社会、与会者发放。因此，会议文献对信息传播的速度是比较慢的。

5. 科技报告

科技工作者受他人委托或自我申请立项，对某一问题开展深入细致的研究，科技报告就是这些科学研究工作成果的正式文献表达形式、研究工作的记录。科技报告因其这样的产生原因，其特点是：信息内容极其重要、情报含量大、专门性强、完整可靠。科技报告的信息传播由于这类文献产生的原因决定了其有许多报告处于保密状态，即研究成果最终所有权是委托方，研究人员不具有成果的拥有权，所以科技报告在信息传播速度是比较慢的，甚至是不可获得的。有些科研项目的研究内容会以节选形式在科技期刊中给予发表，但也只能是整篇研究报告的部分内容，这也说明科技报告在信息内容、情报内容的获取上受到很大的局限。

6. 标准文献

国际、国家、行业、企业对工农业产品、零部件和工程质量、规格、性能、成分、生产过程以及检验方法所作技术规定的文献，其内容是人们在设计、生产和检验过程中共同遵守的技术依据。技术标准的产生有着自身特点，即许多标准在产生时，标准内容经过广泛讨论（国际上、行业内），有些是在企业标准的基础上升格为国家标准。因此，当记载这些标准的文献产生时，许多内容已被广泛了解，一般也就不是反映有关领域的最新信息，所以这类文献的情报含量并不高。但这类文献的内容是规章性文件，体现了法律约束力，是生产活动、科研活动必须注重的信息资源。标准文献的产生有着自己的渠道，信息的传播速度较期刊为慢。

7. 学位论文

高等学校、科研单位的相关学生为了获得学位资格而撰写并提交的学术研究论文是伴随着学位制度的实施而产生的。高等学校、科研单位的学生，特别是各级研究生，他们在导师的指导下，在学习过程中带有很强烈的研究性质，或广泛阅读文献信息，或深入调查研究，对某些问题做出深刻的探索与研究，最终在完成学位论文时将这些研究内容记录在学位论文中。因此，学位论文的内容通常来说比较系统、详细，有专业深度与学术水平，情报含量极高。学位论文并不是针对出版、发表而写，仅是为获得学位而产生，通常情况下学位论文不在信息流通系统中流通，即不公开发表与出版，获得学位论文的难度较大，这是学位论文的最大特点。尽管目前已经有专门计算机数据库对各级学位论文进行收藏、报道，可供检索，但与其他文献信息资源相比较而言，学位论文很难在一般场合下获得，依靠学位论文传播的情报、信息的速度较其他信息资源来说显得较慢，其信息用户特别要引起重视。

8. 政府出版物

政府出版物是指各国政府部门及其所属机构出版或发表的文献，一般分为行政性与科技性两类。此类文献的特点是政策性、综合性和指导性极强。与其他文献信息资源作用比较，掌握此类文献对于了解国家、地区的方针政策、经济发展状况、科技水平与动态、社会发展动向等具有更高的价值，是其他文献所不可替代的。此类文献一般以独立的渠道公开出版，可获得性较强，目前在各级政府的各类网站上常能查阅到。

9. 报纸

报纸作为一种新闻媒体，出版周期极短，信息量巨大，能够迅速反映最新信息。从学科角度看，在社会科学领域中的报纸，常有学术研究的文献产生，如对经济、政治、社会等问题研究，是获取社会科学领域中学术研究信息的较好的渠道。而在自然科学领域中，报纸常常对科技信息进行动态的报道，专门性的研究较少见。

5.1.2　按情报含量与加工程度划分的信息资源

在信息活动、信息转化以及信息资源的加工过程中，通常将文献信息资源划分为三个不同级别。

1. 一次文献

一次文献也称一级文献或原始文献。通常指以作者本人生产与科研成果为依据、具有创新知识为内涵的原始创作并公开发表的文献。一次文献的内容详尽，且情报含量极高，具有极强的学术价值、参考与利用价值。如期刊论文、会议论文、学位论文、科研报告、专利说明书以及部分原创性专著等。这些文献不管最终的载体形式如何，都是信息、情报检索的主要对象。这类文献信息资源的传播速度各有不同，获取的方式、方法、场合也不尽相同，用户必须充分注意这点。

2. 二次文献

二次文献是对一次文献进行搜集、加工、整理、浓缩、标引、描述、著录，并予以有序化编排而成的结果，是信息组织的主要产品。此类文献具有报道、检索一次文献的功能。如印刷型的书目、索引、文摘，计算机型的书目数据库、文摘索引数据库以及与全文数据库系统匹配的题录、摘要数据库等。二次文献又称二次信息源，但它对一次文献检索的功能远大于对信息报道的功能，即二次文献主要用来检索信息、检索一次文献，所以也称二次文献为检索工具。它的产生是以一次文献有序化为目的，因此在从一次文献转化为二次文献的过程中，对一次文献的情报内容进行浓缩为主，并不改变一次文献的原有价值。尽管二次文献以信息检索功能为主，但在组织与检索层面理解，二次文献也有信息报道作用，但通过二次文献传播的信息，其传播速度显然在一次文献之后。

3. 三次文献

三次文献是就特定专题，对大量一次文献和二次文献所提供的信息进行检索、筛选、吸收，并加以综合分析而形成的结果，主要指手册、指南、年鉴、百科全书、教科书、一般图书以及综述、述评性文献。此类文献主要对大量的一次文献、其他信息的内容进行研究、分析与综合，从内容上对信息予以融合。从情报演变角度来看，三次文献所承载的信息内容是对原始情报的演绎与组合，是原始信息系统化过程的产物，更多地表现为对知识的传播。

总体说，一次文献是首创性文献，具有大量新内涵的情报，也是信息交流中被检索的对象。二次文献是对大量的、无序的一次文献进行整理与组织而成的文献，是检索工具。三次文献则是对一次文献的内容进行研究、组合，并使信息、知识系统化后产生的文献。三种文献的产生条件不同，产生的目的不同，文献最终的功能与作用也不同。

5.1.3 按载体形式划分的信息资源

1. 印刷型信息资源

即以纸张为信息存储介质，以油印、铅印、胶印、静电复印等印刷技术为记录方式将信息内容固化在纸张上的信息资源。此类信息资源已具有较长的历史，因此也被称为传统型信息资源。印刷型信息资源在存储与传递信息时的特点是存储密度比较低，存储大容量信息的成本与代价很高，而传播信息的速度相对较慢。但这类信息资源非常适合人们的阅读习惯，也能适合人类跳跃性思维方式下的信息抓取，另外，这种信息资源比较容易携带与交流。一般包括书籍、报纸、期刊等。

2. 缩微型信息资源

即以感光材料为信息存储介质，以光学原理与成像技术为记录方式将信息内容记录在此类载体上的信息资源。缩微型信息资源在存储与传播信息的特点是存储密度较之印刷型信息资源而言有了很大的提高，同样大小面积的缩微型与印刷型信息资源在存储密度上的比较，前者比后者一般要大几百到上千倍，而传播速度却相差不多。但这类信息资源必须借助专用设备来阅读其中的信息内容，因此阅读的方便程度相对较差。

3. 数字化型信息资源

即以磁带、磁盘、磁鼓、光盘为信息存储介质，以计算机技术为记录方式将信息内容记录在此类载体上的信息资源。数字化信息资源在存储与传播信息时的特点是存储密度极大，信息的存取速度极快，在计算机与网络条件下，这类信息资源的信息复制相当方便，信息传播的时空观相当大(速度极快、无空间限制)。随着计算机与网络设施的普及，数字化型的信息资源的使用成本也变得较小，性价比极高。相对印刷型资源而言，数字化信息资源也不太适应人们的阅读习惯，同时还必须借助计算机设备进行阅读。但由于其信息存储的密度与传播的时空观的巨大优势，这类信息资源已有取代印刷型、缩微型信息资源的趋势，也是未来信息资源发展的主要类型。目前的计算机技术与信息技术已能将传统的多种媒体形式

(文字、图像、声、光、电)的信息资源合而为一,形成计算机数字化多媒体信息资源,更加突显出这类信息资源对信息传播与获取的优越性。

5.2　信息检索系统

我们已经知道,从广义上信息检索一定包含信息的组织(存储)与信息的查找两个过程,那么为实现信息检索而建立的信息检索系统,必定围绕这两个过程而实现。信息检索系统就是信息储存和信息查找的系统,就信息检索任务来论,信息检索系统的核心是信息检索工具或计算机检索系统。

5.2.1　信息检索系统的发展

从 20 世纪 30 年代起,信息检索工作与对信息检索的研究开始从科学研究中独立出来,逐渐发展成为独立的工作与研究的体系。随着科学技术的发展以及对信息检索研究的深入,信息检索系统不断地产生与发展(见表 5-1)。

表 5-1　信息检索系统的发展

时　间	信息检索系统	时　间	信息检索系统
20 世纪 40 年代前	手工信息检索系统	20 世纪 70 年代	国际联机检索系统
20 世纪 40 年代	半机械化检索系统	20 世纪 80 年代	光盘信息检索系统
20 世纪 50 年代	脱机信息检索系统	20 世纪 90 年代	网络信息检索系统
20 世纪 60 年代	联机信息检索系统		

从表中我们清晰地看到,信息检索系统的发展与科学技术的发展密切相关,科学技术的发展需要信息的支持,同时,科学技术的进步又促进了信息检索技术与系统的进步,产生出能满足更大的信息需求的检索系统,从手工检索系统到网络信息检索系统,信息检索系统的容量与检索速度都得到了发展与提高。

5.2.2　信息检索系统的结构

依据信息检索广义理解,信息检索系统的广义结构主要有以下几部分组成:

1. 文献遴选子系统

此子系统的工作目标是从大量的原始文献中遴选出符合检索系统要求的文献。主要考虑的内容是文献的学科与主题内容、类型、语种、时间,从而保证整个系统对信息检索内容的支撑。

2. 检索语言子系统

此子系统的工作目标是在整个系统中建立信息标引与检索所用的检索语言使用规则、语言库等。更广义地讲,检索语言的子系统是在信息检索领域共同研究与建立的子系统。在组成检索系统时,系统工作人员可根据本系统的要求进行选择与变通利用。

3. 文献标引子系统

此子系统的工作目标是标引工作人员对所收集的文献进行学科与主题概念的分析,并根据检索语言以及信息标引规则,对文献信息资源进行必要的描述以及给出标识。在计算机信息检索系统中,标引系统可由工作人员完成,也可以由计算机自动标引系统来完成。

4. 信息查找子系统

此子系统的工作目标是检索用户或检索工作人员依据信息需求确定检索提问要求，并根据检索语言转换为标识，进而制定检索策略，实施信息检索。

5. 匹配子系统

此子系统的工作目标是实现信息检索的具体工作，即用信息检索提问标识，依据检索策略与信息库中的信息资源的标引标识进行比较与匹配，实现信息的检索与信息输出。

5.2.3 信息检索工具的结构

信息检索工具是信息检索全部系统的核心和概括，主要由文献信息资源库和资源索引构成。

文献信息资源库即文献信息资源描述体序列，由文献信息资源描述体按照一定的描述规则描述信息资源以及按照一定的顺序对信息资源排列组成文献信息资源集合。在手工检索工具中，文献信息资源库一般以第二章中所介绍的规则对资源描述，描述后依据分类检索语言，作为信息资源的检索标识，进一步对资源进行分类排列组成库的。也有个别检索工具是依据主题语言来对文献信息资源组成库的。在计算机检索系统中，文献信息资源库主要是以主文档来构成的。

文献信息资源索引即文献信息资源标识序列，由文献信息资源的标引标识按一定顺序排列而组成的集合。一般而言，只要文献资源的描述体中能够作为检索点的内容都可以构成文献信息资源索引序列。在手工检索工具中，常用作者、主题词等作为文献信息资源索引的排列顺序序列。在计算机检索系统中，同样用这些检索点来构成倒排档，建立信息库的索引系统。

5.2.4 信息检索系统的类型

按照文献遴选子系统任务来看，检索系统可以分为综合性检索系统、类综合性检索系统、学科专业性检索系统、专题性检索系统。

按照信息检索语言子系统任务看，检索系统可以分为采用控制词汇（主题语言、分类语言）的检索系统以及非控制词汇（自然语言、引文语言）的检索系统。

按照文献标引子系统任务来看，检索系统可以分为人工标引检索系统与自动标引检索系统。

按照信息查找子系统任务来看，检索系统可以分为布尔逻辑检索系统、模糊逻辑检索系统、加权检索系统。

按照匹配子系统的任务来看，检索系统可以分为手工检索系统与计算机检索系统。

按照文献信息资源库中资源描述结果和形式来划分，信息检索系统可划分为全文检索系统以及书目检索系统。其中书目检索系统又可分为文摘检索系统、题录（索引）检索系统、目录检索系统。

按照信息检索系统的载体形态划分，主要有印刷型检索系统、计算机检索系统两种。

5.2.5 构成信息检索系统的条件

为能实施信息检索，信息检索系统或工具必须具备如下条件：

- 详细描述与著录文献信息资源的外部与内容特征；

- 具有既定的检索标识,可以是检索点中任何内容,作为检索标识;
- 依据已经描述出的信息资源的标识,对信息资源进行科学合理的排列,形成文献信息资源库;
- 依据信息资源的描述结果与检索点,提供各种检索途径。

第6章

信息检索过程

6.1 信息检索的途径

信息资源的检索，必须依赖于实施检索前已经掌握的线索，依赖于现有可供使用的检索系统或检索工具的具体情况。依据这些线索与情况，再有针对性地选择合适的信息需求、符合检索系统和工具的途径，进行信息资源的检索。检索途径是用户与检索系统、用户与工具建立联系的中介，是信息检索的角度与渠道，所以检索途径也称为检索点、检索入口。按照检索途径与信息内容、信息资源相关的方面、程度以及鉴于信息资源包含信息资源内容特征与外表特征两个方面，检索途径一般分为反映信息内容特征的途径与反映信息资源外表特征的途径。

采用不同的检索途径，信息检索的效果与性能是不同的。在信息组织中我们已经了解到，信息资源的特征点也是信息资源的检索点，信息组织中产生的外表特征主要是作者、题名、出处、引用标识、序号等，这些特征点就构成信息检索中外表特征检索的途径。在信息检索中，这些外表特征与信息资源处在一一对应的状态，如果采用一组外表特征进行检索，往往检索到的信息比较明确、专指，特别是与信息需求中外表特征的关系非常直接，可以认为利用外表特征检索途径的检索是确定性检索。而信息资源的内容特征主要是信息涉及的学科范围、主题内容等，这些内容特征与各信息资源同样处于对应状态，但每一信息内容与需求的关系可能紧密抑或松散。采用内容特征途径进行信息检索，能被检索到的信息内容与信息需求的关系存在模糊性，表现为与信息需求的相关性，检索出的信息与用户的需求不一定完全一致，满足需求的程度各不相同。即使是采用高级检索方式，检索出的信息也同样与需求可能存在差异。所以，具有内容特征检索途径的检索是相关性检索。用内容特征途径检索信息后，必须对信息进行审视，判别检索到的信息与信息需求和检索词代表的概念的相关性程度，根据进一步的需要，进行必要的检索策略的调整。采用两种途径进行信息检索，其各自的检索特点揭示了检索途径组合使用的必要性，组合使用外表与内容检索途径可以提高信息检索的效果。当然，这种组合使用的前提条件是掌握信息资源的外表特征，因为从某种意义上讲，掌握外表特征的难度更大。

这两种检索途径在不同的检索系统或检索工具中，应用的程度有较大的差异。在手工检索工具中，内容特征检索途径都予以采用，而外表特征检索途径就有很大的不同。在有的检索工具中甚至不具有某些外表特征的检索途径，如果有外表途径，多为作者途径或会议名称途径等。在计算机检索系统中，每种系统的检索特性不同，检索途径完备程度差异也较大，但在外表途径的采用上，比手工检索工具要详细得多。外表途径的检索字段越多，利用外表途径检索的方法可以检索到的信息越多。

6.1.1 内容特征检索途径

1. 分类途径

在信息组织原理中，以内容特征角度对信息组织的方法中，是文献信息资源的分类组织。在这样的组织方法里，依据信息涉及的学科内容检索语言，给信息资源标引上分类标识，产生信息资源的特征点。利用这样的特征点进行信息检索，就是分类途径检索。

运用分类检索途径检索信息，必须依据组织信息时采用的分类语言，利用检索系统或检索工具中的分类目次表、分类索引、分类字段等，实施具体的信息检索。一般的过程为：当有信息需求时，首先对信息需求所涉及的学科内容进行分析，得出信息需求中学科范围的检索提问，并且转换为学科概念；根据检索系统或工具采用的分类语言，将学科概念转换为分类语言的标识符号；然后，按照分类语言的分类标识，在检索系统或工具的分类目次表、分类索引中进行比对与查找相应的标引标识，进而检索到对应的信息记录或文献信息。

如果利用计算机进行信息检索，则要根据系统提供的分类检索方法，进行分类途径的信息检索。计算机检索系统中的分类途径检索信息的处理方法有两种：第一种是在检索界面内设置分类类目的大类，通过点击这些大类的类名，可以逐级查找下位类类名，并点击最后一层下位类的链接，指引到相应的下位学科概念，在这下位分类概念下，组织有相应的文献信息，进一步可以查看和获取与需求相关的信息。在这样的方法里，用户无需详细了解分类标识与不同类别间的逻辑关系，只需按照相应的链接步步深入检索，就能得到需求的文献信息。第二种是在检索字段中列有分类字段，利用分类字段途径实施检索。这种方法需要用户输入分类标识符号或分类类名，因此对用户的要求较高。用户必须了解本检索系统使用的分类标识系统、具体代表的学科内容以及类目名称，同时为了检索的准确性，用户还需了解本系统的分类逻辑关系，才能成功完成分类途径的检索。

在利用分类途径检索时，使用一个分类标识符号进行检索，能够检索到的信息都是属于这个学科，所以是学科族性检索。这种检索途径主要用于能够明确分析出信息需求对应的学科，并且能够将学科概念转换为分类标识。对研究课题较大、且需要全面了解某一学科及其相关知识时，或难于判定研究课题所属主题范围，分类途径检索具有一定的优势。但分类途径检索对用户的检索知识，特别是分类知识的要求较高。

2. 主题途径

在信息组织原理中，以内容特征角度对信息进行组织的另外一种方法，是文献信息资源的主题组织法。在这样的组织方法里，依据信息涉及的主题内容和检索语言，给信息资源标引上主题标识，产生信息资源的特征点与检索入口。利用这样的特征点与入口进行信息检索就是主题途径检索。

主题途径检索信息，则需要依据主题检索语言，利用检索系统或检索工具中主题索引、关键词索引等实施检索。一般的过程为：当有信息需求时，首先对信息需求涉及的主题内容进行分析，得出信息需求中主题范围的检索提问，并且转换为主题概念，根据检索系统或工具采用的主题语言将主题概念转换为主题语言的标识；然后，按照主题语言的标识在检索系统或工具的主题索引中进行比对和查找相应的标引标识，进而检索到对应的信息记录或文献信息。

如果利用计算机进行信息检索,则要根据系统提供的主题检索方法进行主题途径的信息检索。在计算机检索系统中,在检索界面内设置各种检索字段,在检索字段中通常列有主题词字段、关键词字段。在用户检索时,选用主题检索字段,并在检索对话栏内输入主题词、关键词就能实施检索。这种方法需要用户输入主题词,因此用户必须了解本检索系统使用的主题词系统的类型。如果是关键词,用户可以根据主题内容,自主确定符合主题范畴的关键词进行检索。如果是主题词,一般系统提供对应的主题词表,用户在检索时必须核对词表,选用正式的词进行检索。如果在检索前能对信息需求分析得非常透彻,并得出所需信息的多主题,那么进行多主题检索。此时,需要利用计算机检索系统中高级检索方式,选用多项主题检索字段,将各个主题词依据需求进行逻辑组合并检索信息。

在有些计算机数据库检索中,检索字段列有文摘字段、全文字段,利用这两个字段检索时,所输入的词也是符合内容特征的主题检索,受检词在所检信息的文摘与全文中出现。但需要引起注意的是,文摘与全文字段的主题检索与主题词、关键词字段的主题检索有所不同,他们的区别是,主题词与关键词字段检索所用的词是所检信息的主要主题对象,也是进行信息组织的特征点与检索点。而文摘与全文字段检索所用的主题词或关键词不一定是该信息的主要主题对象,只需在文摘与全文中具有与输入相匹配的词。因此,对检索出的信息记录与内容,还需要鉴别是否符合信息需求。

6.1.2 外表特征检索途径

1. 著者途径

在信息需求的分析中,如能对所需信息的外表特征进行分析,并能了解或掌握某些特征,就能利用外表途径检索信息。著者途径是根据已知信息的作者或机构名称,以此进行信息检索的途径。著者途径检索可以包括对个人著者、团体著者、编者、责任人、专利权人等的信息检索。检索时,用分析出的著者名称与检索系统或工具中的著者索引的标识进行比对,进而检索信息。在计算机信息检索中,著者途径的检索需要利用系统提供的字段检索方式、在著者字段中输入著者名称,由计算机自动检索信息。

著者途径检索信息可以迅速检索到对应的信息。这种途径的检索尽管是确定性检索,但也需要对检索到的信息作深入的判断,这是因为有同名同姓的著者的信息存在。另外,此种途径的检索在一定意义上可以理解为是对同学科、同主题的信息检索。因为在某一时期内,该著者所产生的信息在内容上常常集中在同一学科或同一主题范围内,利用著者途径检索信息也是对学科、主题检索信息的补充。

2. 题名途径

题名途径是根据已知信息或信息资源的题名检索信息的途径。题名途径可以包括信息资源中的篇名、刊名、信息题名、会议名以及其他信息资源的题名等。一般使用题名索引、题名目录检索信息。在计算机信息检索中,使用题名途径检索信息的效果尤为突出,检索时需要利用系统提供的字段方式、在题名字段中输入相应的题名,由计算机自动检索信息。在有些计算机题名字段检索中,能对检索方式作匹配选择,即可以选择精确检索,也可以选择模糊检索,因此检索方式具有外表特征检索意义,也有内容特征检索意义。当采用全题名精确匹配检索时,就表现为典型的外表特征检索。而当采用一些词或短语在题名字段中用模糊匹配方式检索,就表现为类似内容特征检索中的主题检索,检索到的信息相对也就多些。

3. 序号途径

有些文献信息具有独特的编号或标识号码，如报告号、专利号、登记号、标准号等，都是信息资源的外表特征。利用这些序号特征同样能检索信息。某些检索系统或检索工具中编制有序号索引，在信息检索时利用这些索引，就能方便地检索到对应的信息，这种检索也是确定性检索。序号途径的信息检索在计算机相关的数据库检索中除了以上各类序号外，一般还有信息资源出版号等，检索时可以在检索字段中选用序号字段，并在其中输入检索序号，即可检索到信息。

4. 引文途径

信息内容的演变常有信息间的相互引用，以构成科学研究的进步与发展，这种信息间的相互引用同时也构成了信息链。这类信息的相互引用实质上是信息内容的变化，但表现形式是信息资源外在特征的相互指引，即由相互引用的信息资源间通过外表特征建立了关联。因此，在信息组织中可以根据信息的引用关系、引用特征，对信息资源进行组织管理，信息检索中可以依据信息引文途径进行检索。

使用引文语言检索信息，一般可以采用两种方法：一是根据信息资源相互引用而建立的检索系统或工具进行信息检索。在这样的检索系统或工具中，通常通过被引用信息入手，检索引用信息内容。二是通过引用文献入手，直接利用文献末尾所附的参考引用文献，检索被引用文献信息。这种方式中又分为两种：其一是不借助检索工具，直接通过查看文献后所附被引用文献的外表特征，用手工方式获取被引用文献信息。其二是借助于计算机检索系统建立的文献引用链接，获取被引用文献信息。在这种系统中，首先根据信息需求检索到相关信息，在这些相关信息的记录中列出了被引用的参考文献，系统对这些被引用信息建立了检索链接，用户可以点击链接，检索到与引用文献密切相关的被引用文献信息。

一般被引用文献信息给出的是其外表特征，所以，引文途径检索是外表特征的检索，但由于信息间的引用原理，使检索到的信息与原先的信息需求在内容关系上表现为极其密切的相关性。这种检索方法可以实施信息的扩大检索。

6.1.3　各类检索途径的组合选择

依据前述我们已经知道，信息资源的特征是实施信息组织与检索的关键点，就单一信息资源而论，外表特征仅反映某一信息资源的外表情况，内容特征反映的是这一信息资源的内容情况。但在实施信息检索时，特别是在计算机检索系统中，往往将两种检索途径结合使用，其检索效果表现更佳。

1. 内容特征结合外表特征的扩大检索

当用户有信息需求而实施信息检索时，一般情况下绝大多数表现为选择从内容特征途径入手，这是因为用户不太容易掌握或了解信息资源外表特征，而更多的是从内容上描述信息需求，即比较容易从内容上产生检索提问。此种情况下，选择内容特征检索途径检索，无疑是正确的。但检索系统对信息资源的描述是全方位的，既有内容特征，也有外表特征，因此在用内容特征检索后，应该注重从被检索到的信息资源的外表特征再次实施信息检索，以获取信息检索效率的提高。例如当用户检索到A信息时，可以了解到A信息的作者、作者所在单位、出处、所引用的信息资源等外表特征，而这些外表特征的背后隐藏着与检索用户信息需求相关内容。因为某一作者在一段时间内研究的范围具有较强烈的学科稳定性，而作者所在单位也往往与这些学科有着密切的联系，作者在完成A信息时所引用的其他文献信息与A信息本身在学科与主题内容上更具有密切的相关性,A信息的出处也可能是A信息内容的主要载体。那么,检索用户可以利用A信息作者、作者单位、引用文献、信息出处等这些外表特征实施外表特征途径的新的一次检索,如此,检索用户实现了由外表途径对原信息需求的相关性检索。

2. 外表特征结合内容特征的扩大检索

检索用户在开始检索时可能主要掌握信息资源的外表特征,那么在实施信息检索时只能从外表特征入手检索。当用户从外表特征途径检索到信息资源后,在阅读信息内容时,用户常可以发现所检索到信息内容中还有原先所没有掌握的内容特征,即检索系统对被检索到的信息资源的内容特征的描述,如主题词、关键词等,并且这些内容特征也是用户信息需求的一部分。那么,用户可以进一步利用这些内容特征,实施从内容特征途径的检索,以扩大检索与提高检索效率。这种方式在计算机检索系统中更容易实现,因为目前有些数据库检索系统在主题词、关键词、分类号字段中对这些相关的主题词、关键词以及分类号等从技术上保证了相关检索,即只要点击这些主题词、关键词与分类号就能实现新的相关性检索。这种方法对初始检索中从内容特征开始检索的情况同样适用。

6.2 信息检索的方法

为了迅速、准确地查找到所需要的文献信息,有必要了解和掌握一定的检索方法。检索方法一般可以分为两种:其一是不借助信息检索工具或系统的传统方法;其二是利用检索工具或系统进行信息检索的方法。采用何种方法,应该根据自身的条件、研究课题的性质以及检索工具与系统的特点而决定。

6.2.1 浏览法

这种方法不借助于检索工具或系统。该方法具体地说就是检索用户根据信息需求,对符合信息需求的信息资源,如科技期刊、会议文献、专利文献等核心信息资源进行定期或不定期的浏览阅读。通过对信息资源的查阅浏览,可以获得一定量的信息,进而可以利用信息的引用关系,再进一步获得相关的信息。该方法的优点是:能直接获得所需的信息,能对信息原文进行阅读,避免因不能很好地掌握信息检索工具或系统而使信息的获取产生障碍。但这种方法的缺点也非常明显,那就是:检索用户必须对信息资源了解得非常清楚,特别是一些与信息需求关系非常密切的核心信息资源的掌握,才能检索到信息。其次,检索的范围不够宽,受现有的信息资源的限制,对相关信息漏检率也非常高。再次,因为用这种方法检索信息,并不是建立在已经组织过的信息系统上,所以检索花费的时间也相当多。

6.2.2 常用法(工具法)

所谓常用法,顾名思义是信息检索中最为常用的方法,指利用对信息组织而成的检索工具或计算机检索系统查找文献信息的方法,也称工具法。

常用法检索可分为顺查、倒查、抽查三种方式。

1. 顺查法

根据信息内容、检索课题的起始年代,利用检索工具或计算机检索系统,由远及近地进行信息检索，即依据所需的信息内容可能产生的年代开始往现在进行检索。这种按照学科起始年代逐年往现在检索的方法可能花费的检索时间较长，但检索的全面性和系统性相当好，漏检的可能性较小。同时，在检索过程中可以根据初步的检索结果，不断地调整检索策略，尽量减少误检，提高检索的准确性。顺查方式的信息检索适合在对学科内容有全面掌握与了解的信息需求条件下进行，也适合于检索范围较大、时间较长的复杂课题。因检出的文献信息的全面性高，可用来满足综合分析、学科综述、决策依据等信息需求。使用这种检索方法的条件是必须掌握、了解学科与课题的起始年代，而一般情况下这点较难真正做到，给这种检索方法的普遍采用带来一定的障碍。

2. 倒查法

与顺查法相反，倒查方式利用选用的检索工具或计算机检索系统，由近及远（由现在往过去）地进行逐年查找信息，直到在内容上、信息的数量上都满足检索者的信息需求为止。这种与年代顺序相反的逐年检索的方法，一方面由于检索的内容是最近、最新的文献信息，新颖性和及时性好，而且已经包含和吸收了过去文献信息的内容；另一方面，由于一旦基本掌握所需信息，或检索出的文献信息已经能满足用户需求，即可随时终止检索。所以，此类检索方法的信息检索可以节约大量时间和精力，能依据需求调节检索进程。这种检索方式检索速度较快，检索出的信息的准确性和对口性较高，适用于满足对检索准确性要求较高的检索需求。但这种检索方法的不足也是很明显的，那就是信息检索的全面性、系统性不够，漏检的可能性较大。

3. 抽查法

抽查法检索信息是针对受检学科的发展特点、学科内容变化特征，重点抓住学科专业发展兴旺、文献信息数量产生较多的年代，抽出若干时间段进行逐年的检索。利用这种检索方法可以用较少的时间获得较多的文献信息，检索工作效率较高。但是，采用这种方法检索信息必须对受检学科进行全面了解与掌握，否则时间段掌握与选择不当，可能发生漏检，产生不利的检索效果。

6.2.3　追溯法（引文法）

追溯法，也称引文法，这种方法是利用已有文献末尾所附参考文献、引用文献，进行信息追踪检索的方法。这种方法进行信息检索的原理简单，但与科学技术发展的规律却十分相关。科学技术的进步和发展与各类科学技术的相互影响、彼此渗透密切相关，也是建立在科学技术的相互推动与利用的基础上。科技文献、信息资源正是记录这种科学技术相互关系的媒体，文献信息资源对这种相互影响、彼此渗透直观的反映表现为文献信息内容上的相互引用与参考，而文献末尾的参考文献正是文献彼此引用的直接描述。文献信息资源的这种特点为信息检索提供了一种追溯渠道，即可以利用文献信息内容的相互关联与引用，对信息进行寻源、追踪检索。

这种方法可以从已经掌握的文献信息资源入手，查找被其引用、参考的文献信息，检索与之有关的信息。同时，根据追溯检索到文献信息再次进行引用文献的追溯检索，如此反复，即可获得大量的相关信息。由于科学技术发展规律、文献信息间的引用规律，用追溯法（引文法）检索信息实质是一种内容关联性质的检索。

利用引文的追溯检索可以摆脱各种符号或词语标识的限制，检索极为明确，也容易掌握。在信息流的演变过程中，重要的信息内容往往大量被引用与参考，这种以引文关系作为内容相关关系进行信息检索，就检索实践而言也是非常有效的，学科与主题内容也较为切合，能检索到较为直接且重要的文献。

这种检索方法同时也存在一定的不足，那就是文献信息的引用有多种缘由，有时彼此有相互引用关系的文献信息之间不一定能完全反映内容上的密切关联的关系，因此，采用引文法检索信息可能存在一定的误检。追溯法检索信息能检索到的信息是被引用的文献，检索效果完全受制于原始文献所引用的文献上，不管是引用的文献信息的数量还是质量，选择余地并不大，容易产生漏检。另外，由于信息流演变规律和引用规律，追溯检索是在时间上进行信息的逆向检索，即由现在往以前进行检索，所以检索到的信息一定会有趋于陈旧的现象，检索的轮次越多，陈旧现象越明显，检索到的信息与现在的信息需求在内容上容易产生一定的偏离，关联度趋于发散。

在缺乏检索工具或系统时，追溯检索方法便成为唯一的检索方法，不失为一种好的检索方法。即便是在拥有检索工具或检索系统时，也可用此种方法进行必要的补充检索。

与之对应的是逆向追溯检索方法。依据信息流演变规律和引用规律将彼此有引用关系的文献信息资源进行揭示，进一步产生描述相互引用现象的工具。此时，可以利用已建立了引文关系的工具进行文献信息的追溯检索。如利用《科学引文索引》(SCI)，从被引用文献入手，检索引用文献。这类检索工具依据信息流演变规律和引用规律，将被引用文献作为主要特征，进而产生检索入口，去检索主动引用的文献信息，因而是由过去往现在进行的检索，所以能克服上述追溯检索的不足。此种方法所检索到的信息体现出越来越新的特点，在内容关联度上相对提高。

不管是正向追溯检索还是逆向追溯检索，都可以将已经检索出的文献信息再作为检索入口进行检索，只是要掌握各自的检索特点，加以区别对待。

6.2.4 循环法(分段法)

循环法是综合常用法和追溯法的一种检索方法。这种检索方法既利用检索工具或系统，又利用原始文献信息资源后所附的参考文献(引用文献)进行追溯检索，分段周期地交替使用，也称为分段检索法。循环法的优点是能够综合常用法和追溯法的优点，实施信息检索。

循环法的具体实施，可以采用两种方式：

1. 首先使用常用法，然后使用追溯法，不断循环交替检索

即首先利用检索工具，采用倒查法，从最新的时段入手，检索到一批相关文献信息，然后利用检索到的文献所附的参考文献(引用文献)进行由近及远的追溯检索，获得更多的文献。此时，利用追溯法检索到的文献信息一般有一定的时间分布，因此可以跨过这段时间利用检索工具再进行常用法检索，所得到的文献再进行追溯检索，如此循环反复，直到满足信息需求为止。就检索实践而言，如果以常用法、追溯法作为一个交替轮次，一般最多循环使用两轮，因为这样两个轮次检索的时间跨度一般会超过十年，再往以前追溯检索，文献信息内容就过于陈旧，与原始信息需求存在很大的偏差。

2. 首先使用追溯法，然后使用常用法，不断循环交替检索

即首先利用已经掌握的原始文献的引用文献、参考文献进行追溯检索，然后依据追溯检索到的文献信息的各种外表特征，如著者、序号、文献出处以及题名，利用检索工具或计算机检索系统对这些特征进行检索，进一步了解这些文献信息在检索工具或检索系统中分类与

主题处理情况，找出分类标识和主题标识，并利用这些分类与主题标识在检索工具与检索系统中有针对性地实施新的检索。随后跳过若干年，再次利用追溯法和常用法检索，如此循环检索。这种检索方法对初始检索时不能很好掌握检索工具与计算机检索系统的用户，特别是对所需的信息内容在检索工具或检索系统中相应的组织方法与特征不太了解的用户，不失为一种特别有效的方法。通过这种方法检索，可以检索到所需的信息，同时也能掌握对检索工具与检索系统的了解，以利于以后的信息检索。

6.3　信息检索步骤

信息检索过程，从检索需求开始，到信息最终的获取，一般有检索前的准备、信息检索的实施、信息检索结果的获取等阶段。

6.3.1　信息检索前的准备

当有信息需求时，检索者在进行信息检索前，需要对信息需求的内容、目的、要求等作出合理的分析，以制定科学而合理的检索提问与检索策略。检索的实施者可能是专业的检索人员，也可以是用户自己。如果是用户自己作出检索行为，那么在检索之前用户还需进一步了解检索系统、检索工具的性能等。

1. 准备工作

在检索之前，用户需要对自己的信息需求进行合理的疏理，明确信息需求的目的、范围、大致的内容以及具体的要求，对信息资源的类型、信息内容的类型、信息产生的时间等作出合理的判断。对信息检索系统的性能、检索途径等进行必要的了解，熟悉系统收入信息范围、类型、特点。如果委托检索人员实施检索，用户还需对信息需求的表述进行整理，以使专业检索人员正确理解自己的信息需求。

2. 信息需求分析

在以上的了解与分析中，用户所需信息特征的分析最为重要。用户在信息检索时，由于对信息特征分析不足，导致在信息检索初始阶段就无从入手，也就检索不出所需信息。信息特征分析主要是明白所需信息内容特征、外表特征。分析出信息特征，才能决定检索途径，才能制定检索策略与检索逻辑表达式。特征分析主要有以下 3 种方法。

(1)信息学科特征分析

一般情况，信息内容会涉及多种学科，许多学科产生关联组成信息内容。其中在信息涉及的学科内容中一定存在一个主要学科，其他学科只是与之具有相关性。那么，分析出所需信息的主要学科特征之后，转换为检索语言以表达学科特征的提问标识，作为从分类途径检索信息的依据。其他相关学科特征可以作为在相关学科类别中扩大检索的依据。另外，在信息内容中可能几个学科处于并列地位，分析不出哪个学科更为主要，即信息内容由几个学科组合而成，那么在检索系统性能不是非常了解的条件下，这几个学科特征都必须进行检索。信息的学科特征的分析是分类检索过程中必须首先完成的。

(2)信息主题特征分析

这里主题特征分析是指对信息主题内容的分析，如信息涉及的问题、现象、目的、手段、方法等主题。在所需的信息中通常会涉及几个主题，可能这些主题之间还存在一定的概念间关系，如某一主题是另一主题的方面等。检索前应该认真分析多主题现象，每个主题特征都用主题语言加以转换，产生主题检索标识，进一步建立主题概念检索的策略，实施检索。主题范围分析得越明确，检索的效果也就越好。在主题检索条件下，特别是用关键词检索以及在计算机数据库的检索里，几个主题概念都能实施简单检索与逻辑检索。

(3)信息的外表特征分析

通常情况下信息的外表特征是比较明确的，即信息资源的作者、出处、信息资源的标题以及其他外表特征等。如果检索前通过对这些特征的分析得到外表特征，可以从信息资源的外表特征途径进行信息的检索，也可以在分析出外表特征之后，结合内容特征实施对信息的逻辑组配检索，提高信息的查准率。但用户对信息的外表特征不了解，也就无法实施信息资源外表特征检索，也同样无法实施与其他特征结合的逻辑检索，只能从内容特征进行信息检索。所以，用户在对信息的需求上应尽可能做到对所需信息资源的外表特征进行分析，以提高信息的查准率。

3. 信息的其他方面分析

其他方面的分析包括信息资源内容所处的时间和范围、信息资源的类型、信息资源的语种、信息内容的背景情况等。

(1)确定时间范围

应该根据用户的信息需求来确定。如果是对某一内容需要全面掌握，信息的时间范围应该从该信息内容产生之初直至现在。如果仅需要掌握目前信息内容，时间范围可以限定在最近时间段。在特殊需要情况下时间范围还可以确定为学科发展的高峰时期。在信息检索中，对时间范围的确定就可以确定使用何时段检索数据库、检索工具，提高检索的效率。

(2)分析信息资源类型

信息资源的类型的分析包括对信息资源载体类型的分析、出版形式的分析。载体类型有很多种，包含传统印刷型、数字化型等。各种载体类型的信息资源传播信息的方式不同，获取的途径不同，信息的检索方式也不同。而在出版形式上，各种信息资源传播信息内容具有明显的差异。书籍主要传播知识，科技期刊传播最新研究成果，专利文献是最新技术与产品传播媒体。信息资源类型不同，决定了信息内容不同，满足信息需求的目标也就不同。另外，不同出版类型的信息资源，使用的检索系统或工具存在差异，要根据不同类型的信息资源选择相应的检索系统或工具。这类分析主要从信息内容着手，考虑信息资源可能的载体形式与出版类型。

(3)语种分析

信息资源存在许多不同语种的形式，不同语种又有不同的检索系统，针对不同语种选择相应的检索系统或工具，才能检索到所需的信息。

(4)各信息资源间的相关性分析

在信息检索时，有些检索系统对本系统内的各类信息资源的组织时，对具有内容与外表相关的信息资源给出了相关性检索的途径，因此在检索时充分分析信息资源的相关性(内容或外表)可以最大限度实现相关性的再检索。

4. 检索系统与工具的了解

专业工作人员依据信息组织原理、检索系统的工作目标，将信息资源组织成检索系统、检索工具。尽管信息组织原理有许多相同性，但每种系统的组成原理都存在许多差异。这是因为在组成检索系统时所采用的技术不同、工作目标不同、对信息内容与特征的描述深度不同、标引信息的方式与深度不同、收入信息的范围与时间不同，甚至检索系统表现方式与形式(检索界面等)也不同，都使得各类检索系统与检索工具存在着明显的差异。检索系统与工具的这种差异造成用户在检索信息时检索的效果存在差异，使检索效率不能处在一个相对高的数值上。针对各种检索系统与检索工具的这些差异，用户在信息检索之前首先应该结合自身的信息需求，对检索系统与工具进行熟悉与了解，特别是对检索系统的检索性能的了解。在此基础上实施信息检索可以最大限度地满足检索需求，使检索效果与效率达到一个相对高的水准。对检索系统与工具的了解是任何种类的检索都必须具备的。

一般而言，检索的目的可分为三种：第一种是为了获得一定时期内有关某一学科或主题的所有文献信息，特别强调检索的全面性，检索时要特别注意信息的漏检问题。在上述分析中，除了学科、主题分析外，对时间范围、各类型资源的分析尤其要特别关注。第二种仅仅是为了获得相关文献信息，强调的是准确性，有时获得一定数量的相关信息即可，那么，在分析中仅是强调对学科、主题的分析，而对信息产生的背景、时间、资源类型等可以相对忽视。第三种是介于前面两种之间的需求，既要强调相关信息资源的全面性，又要做到准确性，也就是对检索的查准率与查全率都有要求，因此，以上的分析必须认真执行，偏重任何一种分析都可能对检索效率产生影响。

6.3.2　信息检索的实施

信息检索的实施，首先要根据用户检索需求以及可供使用的检索系统或检索工具的特点，选定合适的检索系统或工具，并确定适当的检索途径、检索标识、检索方法，据此进行信息的具体检索。在检索过程中不断地对检索出的信息进行分析，判断信息内容与需求的相关度，依据这些分析与判断，必要时对检索策略、检索标识以及检索措施进行调整，直到检索到合适信息，满足数量的需求(如图 6-1 所示)。

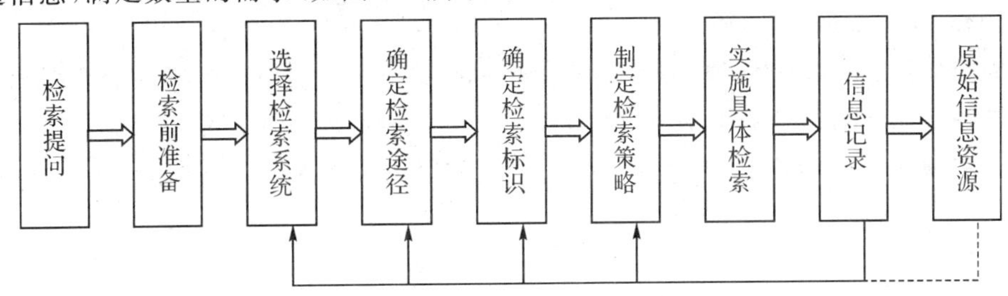

图 6-1　信息检索的一般过程

1. 选择信息检索系统或检索工具

根据检索前对信息需求的分析与要求，从所需信息的学科内容、主题内容以及其他特征出发，从信息检索需要达到的深度与范围考虑，对信息检索系统或检索工具进行了解，以现有检索系统或工具对信息收录的范围、信息的内容、报道的倾向以及信息组织的方式等为条件，选择符合自身检索需求的系统或工具。

(1)在信息需求中，仅需了解信息内容的一般情况，不要求对信息内容深入解读，则可以利用书目类检索系统或检索工具，即利用文摘型检索系统进行信息检索，通过所检索到的信息记录，阅读信息的文摘内容，以能够满足信息需求的一般要求。这类信息需求情况对检索系统或工具的选择，使得在信息检索的实践中常能取得较好的效果。

(2)如果对所需信息内容的了解有较高的要求，特别对他人研究内容的背景情况、具体研究方法、讨论问题的过程、研究的结论等都需要全面掌握的，在选择检索系统时应该选择计算机全文数据库，进行信息检索，并可及时查看信息的原始文献。也可以选择那些信息记录描述、款目著录详细的索引类检索工具，以能在获得信息线索后用手工方法再获取信息原文。

(3)如果存在专业性检索系统或工具和综合性检索系统或工具的，首先应该选用专业性检索系统或工具，其次才是选用综合性检索系统或工具。因为专业性检索系统或工具对专业领域内的信息收录较权威、全面，信息的针对性强，信息内容与其他相关信息内容的组织上更能符合从事此专业的人员的习惯。就检索效率而言，使用专业性检索系统比使用综合性检索系统或工具来得更高。而综合性检索系统或工具对信息收录的综合范围考虑较多，但每个专业领域内的信息收录数量比起专业性检索系统相对会少，深度也较弱，且在组织信息时主要从更大范围考虑信息组织的体系，对某专业信息与相关性信息的关系揭示相对较弱，在检索时对不同学科的查询跨度较大，检索的效率相对会低些，特别是在检索所花费的时间上，专业性检索系统或工具具有明显的优势。

(4)从检索系统或检索工具对信息揭示程度出发，文摘型检索系统或工具对信息内容的揭示较索引型检索系统或工具来得深，而全文检索系统能在信息检索的同时查阅原文，比文摘型系统更能揭示信息的具体内容。所以，只要条件允许，首先选择全文检索系统，其次才是文摘型系统，最次是索引型检索系统或工具。在使用性能上应尽可能选择使用方便、组织完善、信息存储与保存容易以及检索响应频率高的检索系统或工具。

2. 确定检索途径

确定检索途径应根据已有的条件确定。不同的需求、不同的已知条件以及不同的检索系统应该使用和可供使用的检索途径各不相同。

(1)在检索前的分析中，如果信息需求的提问表达只是对信息涉及的学科、主题进行表达，而对信息的外表特征不能掌握，应该且只能确定以内容特征为主的检索途径，如学科分类检索途径、主题词检索途径。

(2)如果分析中能掌握所需信息的外表特征，如信息的出处、作者、单位、题名等，可以利用检索系统或工具对应的索引系统、检索字段，从这些外表特征进行信息检索。这种途径检索信息一般属于确定性检索，查全率较高，甚至查准率指标也有不错的反映。

3. 确定其他检索的限制条件

在计算机检索系统中，由于检索技术的提高，系统建立了许多有利于提高检索查准率、查全率的检索条件。合理地使用这些条件，并在检索信息之前作好这些条件的限制，对信息检索的效果具有决定性的作用。检索条件一般有以下几种。

(1)受检信息的时间限制

在需求分析与需求提问中，常有对信息出现时段的要求，如学科发展高峰期的信息需求、某种信息初始出现时段的信息需求、要求检索最新若干年的信息需求等。在检索时依据系统提供的时间选择，或者依据时段不同的数据库，将信息检索限制在相应的时段内以及在相应时段数据库内检索信息。确定检索时间条件可以缩小检索信息的时间范围，提高检索效率。

(2)检索词匹配方式限制

一般在中文计算机检索系统中常有对检索词匹配上的限制条件，即所谓检索词的精确匹配与模糊匹配。当使用精确匹配时，表示检索出的信息中一定存在与输入的检索词完全相同的词，即词序、词与词之间的距离等与检索词完全相同。例如，输入的检索词为“航运政策”(用题名字段检索)，检索结果为“再论欧美国家航运政策的变化”。当使用模糊匹配检索限制条件检索时，表示检索出的信息中一定存在有所需的检索词，但所存在的检索词的词序和词与词之间的距离并不一定与检索词完全相同。例如，在模糊检索条件下，输入的检索词为“航运政策”(用题名字段检索)，检索结果为“欧美航运国家船员劳务政策的异同分析”或“宏观经济政策条件下的中国航运”。

精确匹配检索，其实就是检索系统对所输入的词以复合名词的方式进行匹配，而模糊匹配检索时，检索系统对输入的复杂名词进行解析，以几个简单名词来进行共同匹配。因此，“模糊匹配”检索可以扩大检索范围，但检索的准确度下降。而精确匹配的结果是检索的专指度高，但能检索出的信息相对较少。

检索词匹配方式限制还有所谓的“前方一致检索”、外文检索系统中还有“W”、“N”、“?”等检索词匹配算符的应用，其主要目的也都是为了扩大或缩小检索范围，以提高检索的效率。检索词匹配方式限制的具体用法在计算机检索中再阐述。

(3)受检信息查询范围限制

为了使检索用户方便使用检索系统与检索信息，有些数据库在构成信息集合时，根据信息的学科范围、特点范围、信息资源类型范围、来源范围建立了不同的信息集合或子数据库，以方便用户缩小检索范围，提高检索的查准率。因此，检索用户应根据系统提供的条件，将检索内容、类型、特点、来源等限制在自己需求的检索范围内。对这些范围的确定，需要检索用户在检索前对信息需求进行认真的分析，如果强调检索的查准率，范围可以限制小些，若强调查全率，范围的限制可以适当扩大，进行几个库、多范围同时检索。

(4)受检信息语种与地区限制

有些数据库在建立时考虑到不同用户的不同需求，对不同地区、不同语种的信息都加以搜集，以满足个性化检索。用户在实施信息检索时，应根据自身的需求与偏好对检索对象与检索输出的信息作出地区、语种的限制，这也是提高检索效率一种手段。

(5)受检信息格式限制

目前，有些计算机数据库收录有不同格式类型的信息，当检索到信息时，输出文献信息的格式会有区别。如信息的简单记录格式、全记录格式；图像文件格式；HTML 文件格式；DOC 文件格式；PDF 文件格式等。检索时，也应该根据信息需求对信息输出格式作出限制。在搜索引擎的信息检索中，文献信息格式限制的特点显得尤为突出，是查准信息必须考虑的条件。另外，在计算机数据库信息检索中，系统一般都以默认格式对检索出的信息记录加以显示。但有些系统可以依据需求选择其他显示格式，也可以自定义显示格式来显示信息记录。检索用户在有需求时，可以对信息记录显示格式作出限制。信息记录的不同显示格式可能揭示信息特征、内容的详略程度存在不同，对研判信息具体内容也有影响，所以要根据自身检索需求决定显示格式。

(6)输出信息排序限制

在计算机信息检索中，当检索成功时，计算机自动输出信息。输出信息时，计算机有默认排序方式输出信息，也可以选择信息的排序方式，一般按照时间排序方式对检索到的信息排序输出。如果用户希望查看最新信息，可以选择这种排序方式。另外还有以相关性的排序方式，对检索到的信息排序输出。即系统可以依据检索提问标识代表的概念与检索到的信息内容的相关程度对检索到的信息进行排序输出，相关性最密切的排序在最前面，相关性较弱的次之。如果用户欲查看相关度最大的信息，可以选择这样的信息输出排序方式。

4. 确定检索提问标识

信息检索前对信息需求分析的目的在于明确信息需求的学科特征、主题特征,同时尽可能掌握信息资源的外表特征,以能实施检索,满足自身的信息需求。在需求分析中尽量将这些信息需求转换为适合信息检索的检索提问,并根据检索提问产生各种检索提问概念。当检索提问概念产生后,通过进一步分析来确定概念之间的逻辑关系,要根据这些概念的内涵与外延、概念的逻辑关系组合产生适合检索系统与工具检索的提问标识。具体做法有:

(1)如果在信息需求的分析中已经分析出所需求的信息的学科内容,并且信息内容涉及的相关学科明确,同时检索系统或工具具有分类检索途径,那么可以以分类方法进行信息检索。此时需要依据信息分类组织的原理将学科概念转换为分类概念标识,形成分类的检索提问标识。

在形成与确定分类概念标识之前,必须先了解所使用的检索系统或检索工具组织信息时采用的分类思想、分类语言的形式、分类的规则等。用户检索使用的分类标识必须与检索系统和工具相匹配,必须是系统与工具采用的分类思想、形式、规则。必要时应该查看与选用检索系统或工具提供的分类表中的分类语言标识符,以此作为信息检索的提问标识。这个过程在手工检索中必须认真执行。

另外,在计算机检索中的分类检索分为两种,第一是用分类标识符在分类检索字段中检索;第二是直接使用系统给出的分类链接,进行检索。第一种情况检索信息时也要用到分类提问标识,确定分类标识同样需要。应该说这种情况主要用在已知分类标识符的条件下,核对与选用分类标识,就如同手工检索。第二种情况是相对来说的,检索用户对分类标识确定的要求不一定非常高,因为在计算机信息检索中,系统的检索界面内已经将分类途径、分类表、分类标识(学科名)予以逐项列出,并且做好链接,用户可以较方便地对照选用,并直接实施分类途径的检索。这种情况对不太了解分类方法、难以确定分类标识的用户使用分类途径检索会有很大的便利。

(2)如果在信息需求的分析中已经分析出所需求的信息的主题思想、主题内容以及主题范围,同时也分析出所需信息的相关主题,那么可以用主题途径检索信息。此时需要将信息主题内容转换为主题概念,形成主题检索提问标识。

与分类标识的确定一样,在确定主题概念检索提问标识前,必须了解检索系统主题检索途径中所用的主题词类型,根据主题词类型与信息主题组织原理,确定符合信息检索需求所用的主题词。在主题检索中如果检索系统或检索工具采用的是标题词或叙词的,确定的主题词要做到与系统或工具所用的主题词类型吻合,必要时查看主题词表,选用主题词。如果是一般的关键词,那么可以由用户自主决定检索时是否用关键词。

在计算机检索中,有些检索系统在系统内配备检索用主题词表,用户应该根据主题分析,核对词表中给出的主题词,选用合适的主题词进行检索。如果没有配备词表,应该尽量用一些规范化的语词作为主题词,以保证检索的准确性。

检索标识是构成检索策略的关键,标识的准确选用是检索准确性、查全信息内容的保证。检索标识应满足标识形式匹配与内容匹配的要求,唯有如此检索才能成功。形式匹配强调的是检索标识(分类、主题)与检索系统或检索工具使用的检索语言一致。内容匹配强调是检索标识代表的内容概念与信息需求的一致。

(3)外表特征检索的提问标识相对比较容易确定,只要根据已知的外表特征,如作者、文献信息名称、信息来源名称等,作为检索的提问标识。

5. 制定检索策略

所谓检索策略就是检索前制定的检索概念组配和执行顺序的方案，检索策略是表达用户具体的检索思想与检索要求。信息检索成功与否，检索的查准率与查全率能否实现，都与检索策略的关系极其密切。在计算机检索中，检索策略具体表现为检索式。检索式将各个检索概念、提问标识之间的逻辑关系、位置关系等用检索系统规定的各种组配算符连接起来，成为计算机可识别和执行的检索命令形式。在手工检索中，检索策略相对简单，只是用确定的分类与主题提问标识，逐步检索，概念的组配尽管与计算机检索类同，但只存在于检索用户的思想中，是无形的组配。

6. 实施具体的检索

在完成以上各步骤之后，就可以使用检索系统或工具进行具体的检索了。在手工检索中，就是将确定的提问标识与检索工具的分类目录表、辅助索引的主题词索引、关键词索引中的标引标识进行比对、匹配，也可以将提问标识与主题组织方式中信息的主题标引标识进行直接比较。而在计算机检索中，则将确定的提问标识与制定好的检索策略输入到对应的检索字段、检索项中，由计算机自动进行提问标识与标引标识的比对与匹配。

7. 读取与研判信息记录(全文)

当提问标识与标引标识的匹配与比对完成后，就可以得到一定的信息记录。在手工检索中，信息记录的表现形式主要有题录、文摘。在计算机检索中，信息记录也主要是题录、文摘等，但在计算机全文数据库检索中还能进一步依据信息记录，获取信息的全文。在读取信息记录或信息全文时，检索用户需要认真审视信息记录或全文中的信息内容，判断是否与信息需求相吻合，研判与信息需求的相关性，为进一步检索作铺垫。

8. 检索策略的调整

在检索过程中，根据读取的信息与需求间的相关性，检索策略可能要经过多次调整。检索策略的调整可以使检索的深度、检索范围、检索到的信息数量得到变化，使检索出的信息尽可能与需求吻合，直至得到比较满意的结果。检索策略的调整主要通过对选用的学科分类级别与范围的调整、主题词的更改以及主题词的概念组配的调整、检索式的优化等实现。必要时可以对检索途径、检索标识符作出调整，也可对检索限制的条件进行改变。

6.3.3　信息检索结果的获取

信息检索成功后，获取信息资源的原文是信息检索最后一步。目前，较多的检索系统和工具属于书目检索工具，检索到的信息记录表现为题录、文摘。而题录与文摘往往不能满足用户的需求，用户在阅读信息记录后常会有进一步了解信息原文的需求。

原文获取的依据是检索得到的信息记录中对信息资源的描述内容，如出处、类型等，检索用户需要认真识别。根据描述内容中的信息出处判断信息资源的出版类型；根据信息出处研判出处的全称或原刊、会议录等名，根据信息资源的出处、名称、类型的条件了解有关信息收藏目录以及通过对信息收藏单位访问、联系，获取信息资源的原文。获取原文的途径有：信息收藏单位的信息资源互借；与信息资源出版商联系；与组成信息检索工具的机构联系以及网上订阅、电子邮件传输等。如果是计算机全文数据库检索，可以对检索到的信息记录，直接点击相关链接，调取信息原文。

第7章

一般文献的手工信息检索

7.1 手工检索概述

7.1.1 手工检索的起源和含义

手工检索是检索发展历程中的最初阶段。检索起源于参考咨询工作，正规的参考咨询工作是由美国的公共图书馆和大专院校图书馆于19世纪下半叶首先发展起来的。参考咨询工作产生的标志是1876年召开的美国图书馆协会第一届大会，起初的手工检索仅仅是利用图书馆的书目工具帮助读者查找图书、期刊或现成答案。随着文献信息数量的飞速增长和读者需求多元化、专业化的增强，手工检索也逐渐发展到从多种文献中查找、分析、评价和重组信息。

手工检索又称手检或书本式检索，指使用书本型检索工具和参考工具书，经过分析、比较和选择，结合手工操作来完成的信息检索。如今对于一些专指性咨询问题和普通的检索课题，无论从检索过程的灵活性还是检索结果的准确性，检索工具体系的完整性以及价格的低廉性，手工检索相对于其他检索方式来说仍然具有较大的优势。

7.1.2 手工检索的特征

手工检索具备以下几个特征：

(1)从出版形式上看，一般是一种连续出版物。

(2)从文献的加工程序上看，是属于二次文献和三次文献。

(3)从检索过程上看，检索者可以边查边考虑，非常灵活。

(4)从检索查准率上看，检索者采取人工匹配的方法，可以及时调整检索策略，检索结果准确率高。

(5)从检索查全率上看，文献的标引深度较低，检索点较少，检索的全面性较难得到保证。

(6)从检索的速度上看，检索者须人工查询检索工具，其速度明显不及机器检索，在较复杂的检索课题中效率不高。

7.1.3 手工检索工具和检索方法

检索工具是指用于存储、报道和检索文献的工具。手工检索工具包括目录、索引、文摘、字(词)典、百科全书、年鉴、手册、类书、政书、名录、表谱、图录、丛集汇要、产品目录、产品样本和产品说明书等。手工检索方法是指为实现检索目标所采用的具体操作方法。通常采用的手工检索方法有追溯法(包括有近及远追溯法和由远及近追溯法)、工具法(包括顺查法、倒查法、抽查法)和循环法(综合法)。

7.2　手工检索工具类型

手工检索的工具有多种形式,从文献的加工层次上看,可分为二次文献类型检索工具和三次文献类型检索工具。目前,许多著名的手工检索工具除了有印刷版外,还发行电子版,以满足不同层次的需要。

7.2.1　二次文献类型手工检索工具

二次文献是指对一次文献信息进行加工、提炼、浓缩而形成的工具性文献。它的主要作用是提供检索原始文献的线索。二次文献类型手工检索工具主要包括目录、索引、文摘等其他指示线索型的检索工具。

1. 目录

目录亦称书目,是对一批单独出版文献的记录和揭示,并按一定的方法加以编排的检索工具。它一般以整体的图书、期刊等作为报道单元,注明具体的出版或收藏单位,著录出版物的外表特征,按类编排,主要用于查找出版物的出版或收藏单位。目录对文献的描述比较简单,每条记录的字段主要包括:文献题名、责任者、出版事项、分类号、主题词等,有的附有十分简单明了的内容摘要。根据编制目的和其社会职能,目录可以分为国家目录、馆藏目录、联合目录、专题目录、地方文献目录和出版社与书商日录等。

2. 索引

索引是将文献所含的篇名、主题、人名、地名等具体内容分析摘录出来,注明出处,并按一定的方法编排起来的检索工具。索引向用户提供知识单元,指示其在原文献信息中的位置,主要是示位作用,因而一条索引款目是否注明原文出处至关重要。索引可分为篇目索引和内容索引两种。篇目索引主要报道期刊、报纸、会议等论文,把他们按主题、作者、篇名的字顺排列出来,以供查找各篇论文,摘录项目包括论文题目、作者、出处(所在期刊的名称、卷、期、页等)。一般无简介或摘要的也称之为题录。内容索引是指图书、论文等文献中所包含的事物、人名、地名、艺术名称等内容要项摘录出来而编成索引。它是揭示文献内容的钥匙,比篇目索引更深入、更新提供文献中包含的情报。索引对文献的揭示无论是在广度上还是在深度上都比目录来的广泛和深入具体。

不同的标识系统构成不同的索引,常见的索引有以下几种:

(1)分类索引

分类索引是以分类号或类目名称作为索引标识,按照分类号排列形成的索引。它提供分类检索途径,适合于族性检索。

(2)主题索引

主题索引是以主题词(叙词或关键词)作为索引标识,按其字顺排列形成的索引。它提供主题检索途径,适用于特性检索。

(3)著者索引

著者是以文献上署名的著者、译者、编者等责任者的姓名或机关团体名称作为索引标识,按其字顺排列形成的索引。它又可分为个人著者索引和团体著者索引。它提供著者途径检索,适于检索某人、某机构发表的文章。

(4)专用索引

专用索引是以某些领域专用的名词术语或符号作为索引标识编排形成的索引。它通常只从属于某专业的信息集合,提供特殊的检索途径。如分子式索引、生物属名索引、地名索引、报告号索引、专利号索引、标准号索引等。

(5)引文索引

引文索引是以引文著者和引文的其余题录部分作为标识编制成的索引。它是建立在文献的引证和被引证关系之上,揭示文献之间相互联系的。它可用于了解某人的某篇文章被引用的情况以及检索相关文献或进行引文分析。

3. 文摘

文摘是把文献资料的内容加以浓缩,概括其主要论点、原理、重要数据、结论等,并注明其出处,按一定的方式编排起来的检索工具,其实际上就是索引加内容摘要。文摘的主要作用是快速而准确地阅读和检索,节约用户的时间和精力。文摘所含的信息量远高于目录和索引,按其摘要的详简程度可分为指示性文摘和报道性文摘。指示性文摘也称简介,介绍文献资料讨论问题的范围和目的,一般100字左右。指导性文摘是对原文内容的高度浓缩,报道论文的论点、方法、结论、有关数据等,一般200～300字。

7.2.2 三次文献类型手工检索工具

三次文献主要指各种形式的参考工具。参考工具是指根据一定的社会需要广泛汇集某一范围知识的文献信息,并按一定的方法编排,专为人们解决疑难或检索有关信息的数据型、事实型的工具。三次文献类型手工检索工具主要包括字(词)典、百科全书、年鉴、手册、类书、政书、名录、表谱、图录、丛集汇要、产品目录、产品样本和产品说明书等。利用参考工具可以帮助解决有关字词、文句、人名、地名、机构名称、各类文献、法规、条约、统计资料、纪年、典章制度、技术数据等各类问题。

1. 字(词)典

字(词)典是以字(词)为标目,着重解释字(词)的读音、形体、意义及其用法,并按一定次序(通常为字顺)编排形成的工具。它主要回答有关词的读音、意义、用法、来源、演变以及同义词、反义词、缩写等方面的问题。词典一般可划分为语文词典和专科词典两大类。语文词典主要收录普通词语,兼收少量专科词语。专科词典是专收某一或若干学科的专业词汇、术语等的词典,它又可再分为百科词典(包括所有学科)、多科词典和单科词典。

2. 百科全书

百科全书是荟萃人类一切门类知识或某一门类知识,以概述方式介绍为主的大型参考性工具书。它收录各种专门名词和术语,按辞典形式分条编排,对每一学科都提供定义、原理、方法、历史及现状、统计数据和参考书等多方面的资料,并侧重最新成果的反映。有的百科全书内容专深,卷帙浩繁,具有释疑解惑,扩大知识视野,帮助人们系统求知的作用。百科全书以其内容的概述性、知识的科学性、编辑出版的权威性、数据事实的精确性、编制体制的完备性在学术界被称为“工具书之王”、“没有围墙的大学”。

3. 年鉴

年鉴是汇集一年内各方面或某一方面重要文献资料，按年连续出版的工具书。其功能类似于百科全书，只是所收记录仅限于一年之内的最新资料。年鉴主要提供各种事实、概况和统计数据。一般设有大事记，可查一年内的重大事件；统计资料，可用于查询相关数据；人物传记，可用于查找重要人物事迹以及学术活动；各学科的专题综述和述评，可获取某学科领域内上一年的新成果。由于年鉴年年更新，能及时反映上一年度的新情况、新成就，资料来源可靠，可以弥补百科全书不能及时修订的缺陷，因此世界著名百科全书出版机构都同时编有自己的年鉴。作为一种年度出版物，年鉴还能连续地反映事物的发展、停滞甚至倒退的趋势。

4. 手册

手册也称指南、便览、大全、必备、入门、须知等。手册是汇集一学科或某一主题的基本知识和资料，系统地加以编排的实用性检索工具。手册包含的信息密，针对当前实践中的需要，以简明扼要的方式提供具体、实用的资料，供随时翻检查阅。手册按内容不同，可分综合性手册和专门性手册等。

5. 名录

名录是专门收录有关人物、地名、机构信息的工具。词典、百科全书、年鉴、手册等工具中也有大量的人名、地名和机构资料，相对它们而言，名录汇集的有关信息更为广泛、全面，而且针对性强，检索方便。名录按收录的具体内容又可以分为人名录、地名录、机构名录。在互联网上有大量的名录数据库，如在Dialog系统、万方数据资源系统中都有许多名录数据库。

6. 表谱

表谱是按事物类别或系统编制的反映时间和历史概念的表册工具书，是年表、历表和其他历史表谱的总称。表谱简明扼要，提纲挈领，以简驭繁，将纷繁复杂的历史人物、事件、年代用简明的表格、谱系等形式表现出来，一般按年代顺序编排，具有精要、便览、易查等特点，便于系统了解历史人物、事件发展演变情况，并有助于对中外历史进行横向比较研究。

7. 图录

图录是收录有关地理、人物、艺术、文物等方面图像的工具。按收录内容分为地图和图谱。

8. 类书和政书

(1)类书。类书是我国古代百科全书式的汇编式的工具书。它辑录各门类或专类的资料，按一定的方式编排供查检、征引之用，其内容广泛，综合众类之全面，资料之丰富在世界书籍发展史上是罕见的。类书可用来检索诗文语句、典故、校勘古书等等。类书保存了不少古籍，为后来失传著作的整理提供了大量资料。

(2)政书。政书是一种具有文化性质的专史，属于历史著作的一个门类。它是专门记载典章制度的沿革变化和各项政治、经济、军事、文化制度的演变和发展的书籍，具有资料汇编的性质。因而也成为阅读古籍、研究历史时需要翻检的一类工具书。

9. 产品资料

产品资料主要指产品样本、产品目录和产品说明书。产品样本和目录是公司或厂商用作宣传及推销产品的资料，是沟通厂商和用户的重要媒介之一。它的内容包括产品名称、型号、外观造型、外部尺寸、主要性能、参考价格及其他简要的说明。产品说明书则是公司和厂商用来说明产品性能及使用方法随产品附上的技术资料，其内容包括产品的性能、规格、用途、结构或电路工作原理、操作方法、安装维修方法、零部件目录等，并附有产品的照片及必要的技术数据或其他内容。

7.3 常用中文二次文献手工检索工具介绍

7.3.1 《全国报刊索引》

1. 概况

《全国报刊索引》创刊于1955年，月刊，上海图书馆编辑出版，每月分为哲学社会科学版(简称哲社版)和自然科学技术版(简称科技版)两个版本出版，是检索国内报纸、期刊学术论文的大型综合类题录式检索工具，是中国有史以来连续出版时间最长、收录报刊最多、最全面的报刊索引，也是全球唯一有影响的综合性中文报刊检索类刊物。它的特点是收录范围广、报道量大、报道速度快，时差仅为1～3个月。

2. 编排结构

《全国报刊索引》由编辑说明、分类目录、题录正文、辅助索引、引用期刊一览表五部分组成。

(1)编辑说明。简要介绍该索引的出版情况、收录范围、编排结构、著录规则、使用方法及其附表等情况。

(2)分类目录。分类目录由类号、类名和页码三部分组成，读者可以利用分类目录直接查阅本刊。采用《中国图书资料分类法》(第四版)进行分类标引和计算机编排。

(3)题录正文。正文由文献资料的题录形式按学科分类顺序排列而成，是该索引的主体部分。

(4)辅助索引。由著者索引(分为个人著者索引、团体著者索引)、题中人名索引组成。按汉语拼音顺序排列组。读者除了从分类目录查阅本刊外，辅助索引还可以帮助读者从其他途径进行检索。

(5)引用期刊一览表。每期期末附“引用期刊一览表”，各种报刊按报刊名笔画先后排列。

3. 正文著录格式

根据国家标准GB3793－83《检索期刊目录著录规则》，结合报刊文献的特点进行著录。

4. 检索途径

《全国报刊索引》的检索途径有分类途径和著者途径两种。

(1)分类途径。按分类目录指引直接查找所需文献信息所在正文中的页码，然后在正文中进行检索、选择。

(2)著者途径。首先确定著者的名称，然后利用辅助索引中个人著者索引、团体著作索引标明的顺序号在正文中进行检索选择。

需要说明的是，《全国报刊索引》题录性检索工具只能找到文献信息的线索，要查找文献信息的原文，须从所查到题录中的报刊或期刊名称进一步索取。

7.3.2 《全国总书目》和《全国新书目》

1.《全国总书目》

(1)概况。《全国总书目》是我国现行的国家综合性图书目录。1949 年创刊，年刊，现由新闻出版署信息中心和国家版本图书馆合作编辑，中华书局出版。该目录是根据全国出版单位缴送的样本书编成的，收录公开出版发行或具有正式书号(ISBN)的图书，比较全面、系统地反映了历年我国图书出版的概貌，是具有年鉴性质的综合性、系列性的中国国家书目。

(2)编排结构和著录项目。有分类目次、专题目录、附录三部分。分类目次是本目录的主体部分，收录中文版的目录，按《中图法》类目编排。专题目录收录技术标准、盲文书籍、翻译图书、丛书等。附录包括国内报纸、期刊目录、出版社一览表、书名索引、各类图书分类统计表等。著录项目有书名、作者、译者、出版时间、装帧、定价、现版图书的说明。

(3)检索方法。检索方法单一，只能从分类角度检索图书。

2.《全国新书目》

(1)概况。1950 年创刊，月刊，现由新闻出版署信息中心主办，《全国新书目》编辑部出版。及时报道全国每月出版的图书，包括新版、重版和重印图书。

(2)编排结构和著录项目。编排结构和著录项目与《全国总书目》相同。每期报道约 15000 条书目。《全国新书目》是配合《全国总书目》编辑出版的，两者是相辅而行的。前者的职能在于及时报道，而后者是前者的累积本。书目按 22 个学科类编排，每条书目有内容概要、介绍和评论，对新书起到特别的推荐作用。

(3)检索方法。从分类角度检索图书。

7.3.3 《中文科技资料目录》和《国外科技资料目录》

1.《中文科技资料目录》

(1)概况。《中文科技资料目录》是我国出版的大型题录型科技专业文献检索刊物。目前近一半的报道采用题录、简介、文摘三结合的形式。收编的文献有国内公开出版和内部发行的期刊、各大学学报、专业学术会议论文、科技报告、图书及标准文献等。学科范围包括：测绘、船舶工程、海洋与航天、电力、公路运输、环境科学、建筑材料、农业、气象学、水利水电、水路运输、铁路、医药卫生、中草药等 31 个分册。《中国科技资料目录》的出版，对充分发挥中文科技文献的作用作出了重要贡献。

(2)编排结构。《中文科技资料目录》各分册编排结构基本一致，有编辑说明、分类目次、正文题录、本期学科分类类名索引、主题索引、附表(包括本期引用期刊一览表、本期引用汇编一览表、本期引用学术会议资料一览表)等。

(3)正文著录形式。采用国家 GB3739-83《检索期刊条目著录规则》统一规定进行著录。

(4)检索途径。有学科分类检索和主题检索两种途径。

2.《国外科技资料目录》

(1)概况。《国外科技资料目录》是专门报道国外科技文献的一种检索期刊，由若干个图书馆、信息加工等单位分学科编辑。该刊近年来变化较大，有些分册陆续改为文摘刊物，有些分册已经订刊或与其他期刊合并。目前全套刊物由 17 个分册组成，包括测绘学、海洋与航天、电力、光学与应用光学、航空与航天、科学技术、机械工程、计算机、建筑材料、农业科学、气象学、水利水电、法学、生物化学、分子生物学、药学等。

(2)编排体例和著录格式。编排体例、著录格式基本与《中文科技资料目录》一致,在此不再说明。

(3)检索途径。分类检索。

7.4 常用三次文献手工检索工具介绍

7.4.1 《中国大百科全书》

1. 概况

《中国大百科全书》是我国各学科最著名的专家学者共同编写的第一部大型的现代综合性、学术性百科全书。由中国大百科全书出版社出版。《中国大百科全书》编纂工作始于1978年,1993年全部出版齐全,共74卷,其中正文73卷,索引1卷,内容涵盖哲学、社会科学、文学艺术、文化教育、自然科学、工程技术等66个学科领域,包括:数学、物理学(2卷)、力学、化学(2卷)、天文学、地质学、固体地球物理学、测绘学、空间科学、大气科学、海洋科学、水文科学、地理学、中国地理、世界地理、生物学(3卷)、现代医学(2卷)、中国传统医学、农业(2卷)、水利、交通、矿冶、机械工程(2卷)、土木工程、建筑、园林、城市规划、电工、电子学与计算机(2卷)、自动控制与系统工程、航空、航天、化工、轻工、纺织、环境科学、经济学(3卷)、财政、金融、税收、物价、哲学(2卷)、宗教、心理学、政治学、社会学、法学、军事(2卷)、民族、中国历史(3卷)、外国历史(2卷)、考古学、中国文学(2卷)、外国文学(2卷)、美术(2卷)、音乐、舞蹈、戏剧、戏曲、曲艺、电影、教育、语言、文字、新闻、出版、文物、博物馆、图书馆学、情报学、档案学、体育。总条目77859条,总字数12568万字,表49765幅,是世界上最大的百科全书。1996年中国大百科全书出版社出版了该书的简明版,正文11册,索引1册,共收录条目31000条,2000多万字,同时每年出版《中国百科年鉴》1卷作为该书补充。

1995年,中国大百科全书出版社开始进行《中国大百科全书》电子版的研制工作。1999年《中国大百科全书》图文数据光盘面世,共24张。光盘(1.2版)提供10种检索方式,并增加全文检索、检索结果打印等功能,为用户检索大百科全书带来了极大的方便。

2. 编排结构与检索途径

(1)编排结构。由前言、范例、分类目录、条目正文、索引、附表等六个部分组成。

前言:主要介绍《中国大百科全书》的编制情况、收录范围等内容。

范例:主要介绍《中国大百科全书》的编制情况以及标题、详文、插图、参考书目和索引等部分的情况。

分类目录:在各学科卷均列由本学科全部条目的分类目录,在分类目录之前一般都有一篇介绍本学科内容的概况性的文章,在分类目录中反映出条目的层次关系。

条目正文:这是全书的主体部分。按标题的汉语拼音字母顺序排列,并辅以汉字笔画起笔笔形顺序排列法。

索引:各学科卷均附有全体条目的汉字笔画索引、外文索引和内容索引,包括《外国人名译名》附表。

附录:附有《繁体字和简化字对照表》。

(2)检索途径。可以从分类途径、主题途径以及汉字笔画顺序途径进行查找。分类目录检索步骤:确定有关课题的大小类目→找到类目所在页码→查阅条目正文中有关条目的全部信息。

7.4.2 《新不列颠百科全书》

1. 概况

《新不列颠百科全书》(The New Encyclopedia Britannica,简称 EB)也称《大英百科全书》,是英语世界著名的 ABC 三大百科全书之一,创编于 1768 年,1771 年在苏格兰的爱丁堡首次出版,最新版本于 1999 年出版。它是世界历史上影响最大、最常用、最著名的一部综合性百科全书,内容侧重人文、社科,但近几年科技方面的内容有所增长。其第 15 版全书共分为 32 卷。1994 年出版全文型《新不列颠百科全书》的 CD-ROM 版本《Britannica CD》,并提供网络版本检索《Britannica Online》,其网址为 http://www.eb.com。

2. 编排结构与检索途径

(1)《新不列颠百科全书》由《百科前编》、《百科简编》、《百科详编》和《索引》四大部分组成。其结构如下所示。

《百科前编》,以分类的形式介绍人类知识体系及其相互关联,并设有"知识纲要"副标题,是《百科简编》和《百科详编》的论题分类目录。人们可通过《百科前编》所提供的知识分类途径查阅 EB 中的有关资料信息。检索步骤是通过《百科前编》确定检索课题的大小类号→查阅《百科简编》或《百科详编》的正文→获得有关条目的资料信息。

《百科简编》,共 12 卷,副标题为"便捷参考和索引"。它既是一套简明百科全书,又是《百科详编》的索引。《百科简编》将《百科详编》中数万个可专立条目的资料,如大部分传记条目和世界各国的基本情况纳入,每一条目有主要内容的介绍和与《百科详编》的参见,均采用小条目的形式编写。《百科简编》既能作为独立的信息资源为读者所用,又能对《百科详编》中相关大条目发挥支撑作用。《百科简编》现有两种中译本:《简明不列颠百科全书》(10 卷),由中国大百科全书出版社 1985 年翻译出版;《简明大英百科全书》(20 卷),由我国台湾中华书局 1989 年翻译出版。

《百科详编》,共 17 卷(1985 年版),副标题为"知识深义"。各卷以阿拉伯数字排列。继《百科简编》12 卷的序数以后,从第 13 卷开始,排列到第 29 卷为止,即《百科详编》第 1 卷的序数为《新不列颠百科全书》的第 13 卷,第 17 卷为全书的第 29 卷。《百科详编》将 1974 年收选的 4207 个大条目归并成 681 个更大的条目,在每一大条目下又排列若干个节次目录。每一大条目的字数从 750 字到数十页不等,其内容结构由引言、节次目录、正文和参考书目四个部分组成。各条目的撰写人均是各方面知名专家。大条目论述问题更为详细和深入,不愧"知识深义"的美名。

(2)检索途径。《新不列颠百科全书》的《索引》共 2 卷,收录 172400 条信息、条目,按主题词和人名混合排列,指向 411500 项正文出处,提供检索《百科简编》和《百科详编》的主题或人名途径。

《索引》的检索步骤:已知某一人名(主题词)→检索有关索引款目→检索所在《百科详编》或《百科简编》的卷号、页码和位置号→检索《百科详编》或《百科简编》正文中有关条目的全部资料。

7.4.3 《美国百科全书》

1. 概况

《美国百科全书》(Encyclopedia Americana,简称 EA)创编于 1829 年,它以德国著名的《布洛克豪斯社交辞典》第 7 版为范文编成,是美国出版的第一部大型综合性百科全书。《美国百科全书》是英语世界著名的 ABC 三大百科全书之一,当前版本共 30 卷,前 29 卷为正文,第 30 卷是索引。从 1923 年起,每年出版《美国百科年鉴》一卷,逐年记录并评说世界政治、经济、科技与文化发展中的各项大事。

EA 的主要内容是反映美国和加拿大的社会、政治、经济、科技等各方面的资料信息,全书共收条目 60 多万个,插图约 20000 幅,在各条目之间设有大量的参照系统(see、see also 等)。EA 采用中小条目编写,文笔流畅,简明易懂,并注重事实说明。Grolier 公司于 1996 年推出该书的全文光盘,现已有 1999 年的最新版本。1997 年又推出联机网络版 Encyclopedia Americana Online。

2. 编排结构与检索途径

《美国百科全书》主要由正文和索引等七大部分组成。

第一部分为编辑概况,主要记录了编辑人员、顾问编辑及撰稿人名单。

第二、三部分为发音指南和条目正文中使用的缩略语表。

第四部分为 EA 条目正文部分:从第 1 卷到第 29 卷均为条目正文,以英文字母顺序连贯排列,提供一条知识主题的检索途径。在每一大条目之前列有目次表,帮助读者了解该论题的内容范围。

第五、七部分是在使用字顺索引的时候提供检索方法、注意事项以及索引中缩略语的查阅。

第六部分是索引的主体部分,按物名(主题)、人名、地名、机构名等的英文字母顺序混合排列。其检索步骤是先确定检索课题中的已知主题→根据索引提供的卷号和页码→查阅 EA 有关条目正文的全部信息。

7.4.4 《科利尔百科全书》

《科利尔百科全书》(Collier's Encyclopedia,简称 EC)由 Collier 公司(现已并入麦克米伦教育出版公司)出版。该书于 20 世纪中期才出版,全书共 24 册,第 24 册为索引,它和以上 EB、EA 两本百科全书一起并称英语世界著名的 ABC 三大百科全书。《科利尔百科全书》内容更新及时,其参考书的选目为各百科全书之首,索引条目众多,为正文条目的 16 倍,内容配合美国大学和中学的全部课程。虽然资料的深度和广度均不如 EA 和 EB,但注重事实,理论性阐述较少,是一部适合于非专业人员、青年学生阅读的百科全书。25000 个条目中社会科学、人文科学各占 20%,科技占 15%,地理和地区研究占 35%,并着眼于普通人日常感兴趣的主题以及实用的现代题材,它被美国图书馆界视为百科典范。该百科全书的缺陷是有关东方的资料很少。

7.4.5 《美国学术百科全书》和《麦格劳-希尔科学技术百科全书》

1.《美国学术百科全书》

《美国学术百科全书》(Academic American Encyclopedia,简称 AAE)由美国 Grolier 公

司于 1998 年发行新版。它涉及广泛的领域，包括科学技术、人文艺术及人物传记等。全书共分 21 卷，最后一卷是索引。它是中小条目型百科全书，其中有词条 3 万，照片、地图 300 幅。该百科全书在 1994 年开始出版光盘版，1998 年出版的多媒体光盘“1998 Grolier Multimedia Encyclopedia”中增加了“Webster's Collegiate Dictionary”和“Academic Press Dictionary of Science & Technology”以及很多文章、图片，包括视频、动画、声音、音乐和地图等。

2.《麦格劳-希尔科学技术百科全书》

《麦格劳-希尔科学技术百科全书》(McGraw-Hill Encyclopaedia of Science and Technology)由 McGraw-Hill 公司于 1962 年出版，每五年修订一次。它是当前世界上在科技方面最具声誉和权威的百科全书，汇集了基础学科和技术学科的基本概念、基本原理以及新兴科学技术的进展和应用。全书 20 卷中前 19 卷为正文部分，最后一卷为索引。现收录条目有近 8000 个，正文条目按其名称字顺编排，大部分条目除注释外还附有书目，书中有许多插图和照片。索引部分包括分析索引、主题索引和研究指南。

McGraw-Hill 公司于 1994 年起开始出版多媒体光盘《McGraw-Hill Multimedia Encyclopedia of Science and Technology》，每年更新。

7.4.6　其他常用三次文献手工检索工具介绍

1.《中国百科年鉴》

《中国百科年鉴》由中国大百科全书出版社编辑，1980 年起出版，是新中国成立以来第一部大型综合性年鉴。全书由专栏、概况、百科和附录等部分组成，逐年收录报道国内外重大事件和政治、经济、科技、文化等各个领域的新情况、新成果、新知识、新资料，涉及范围很广。其中“百科”栏目是主体，每年度分为 16～20 个大类不等。书前设分类目录，书后附内容分析索引。全书具有收录齐全、学术性强，图文并茂和查检方便等特点，权威性较高。由于年鉴按年出版，弥补了中国大百科全书不能及时收入新资料，不能及时修订的不足，从一定意义上说起到了大百科全书补编的作用。

2.《世界经济年鉴》

《世界经济年鉴》由中国社会科学出版社 1997 年出版(总第 13 卷)，主要反映世界各国和地区经济概况，考察世界经济发展动向，追踪世界上各经济部门的发展状况，介绍中外企业经营情况。包括 15 部分：①世界经济综合性报告；②国家和地区经济；③世界工业；④世界农业；⑤世界贸易；⑥国际金融；⑦各国商业；⑧世界科技；⑨世界旅游业；⑩世界环境保护经济；⑪国际经济组织与会议；⑫世界经济活动分类纪要；⑬中外工商企业；⑭世界经济统计汇编；⑮中国经济建设。该年鉴的资料来源具有权威性，主要采用联合国和世界银行有关机构的出版物、各国政府的有关经济报告和官方统计资料、各国报刊、年鉴等。全书引用的系统资料及主要资料均注明了出处。

3.《世界学术机构指南》

《世界学术机构指南》(The World of Learning)原为《欧罗巴年鉴》的一部分，1947 年起单独出版，每年出一版。新版介绍约 2.6 万个教育、文化和科研机构的情况，其中包括 400 多个国际组织和世界各国的大专院校、图书馆、博物馆、美术馆、学会和科研机构，内容包括：机构名称、地址、创办年份、组织情况、宗旨和规模、出版物、学术活动、图书期刊收藏量、学校的教职员人数、学生人数以及所设置的专业和院系等。先介绍国际组织，然后按国名字顺分别介绍各国的教育、文化和科研机构。卷末附有机构名称的原文字顺索引。

4.《世界大学名录》

《世界大学名录》(World List of Universities)包括世界上 154 个国家的 8500 多所大学的名称,国家性和国际性高等教育组织的名称,专门负责大学间协作、促进各校师生学术交流的机构名称及其情况的介绍。全书共分两部分:①大学、高等学院、国家学术和学生团体的情况;②国际性和区域性高等教育组织的情况。书末附有大学假期表、国际大学协会、分国索引、国际性和区域性组织索引。

第 8 章

国外重要文献信息检索工具

国外的文献信息检索服务经过一个多世纪的发展，在各学科领域已经形成一些综合的、全面的和大容量的检索刊物，这些检索工具有的已有上百年的历史，在国际上有着很高的声誉和权威性。目前我们经常使用的国外文献信息检索工具有几十种，它们大多由专门的出版公司或各学科的学会组织编辑出版，下面介绍几种重要的国外文献信息检索工具。

8.1 《工程索引》

8.1.1 概况

《工程索引》(The Engineering Index，简称 EI)创刊于 1884 年 10 月，现由美国工程信息公司(Engineering Information Co.)编辑出版，它是目前世界工程技术领域著名的综合检索工具。它名为“索引”，实际是一种文摘性检索工具。EI 具有很高的使用价值和权威性，受到各国工程界和科技界的普遍重视，也是我国工程技术人员常用的一种检索工具。

1. EI 的特点

(1)EI 报道专业范围全面，其学科内容涉及工程技术的各个领域以及一些新兴尖端科学技术。它全面报道美国工程协会图书馆所收藏的工程技术文献以及某些科学管理方面出版的文献资料，与工程技术相关的财会贸易、运筹学、工程卫生、优选法等文献资料。它内容涵盖土木工程建材、材料性能与测试、运输、水利、环境保护、海洋与水下技术、工程地质、采矿石油、燃料技术、冶金、机械技术、力学、热力工程、航天技术、自动化、电工、电子与通信技术控制工程、声学技术、激光技术、核工程、化学等多个领域。

(2)EI 收录文献的地理覆盖很广，它收录了美国、英国、德国、日本、法国等 48 国家 15 种文字的报道，4500 多种科技期刊和 1000 多种国际会议以及协会、高等学院、实验室、研究所、政府机关的报告和标准等文献，其中以美国工程技术方面的文献收录最全。

(3)EI 只收录具有永久性收藏价值的文献，但不收录纯基础理论方面的资料和专利文献，报道重点随当代科技发展有所不同。

2. EI 的出版形式

EI 有多种出版形式，传统的印刷版包括《工程索引月刊》以及《工程索引年刊》两种。《工程索引月刊》(The Engineering Index Monthly)，其特点是报道迅速，可查确定课题的最新资料，报道时差为4～8周；《工程索引年刊》(The Engineering Index Annual)，其特点是将每年12期月刊报道的文摘重新按主题字顺编排，内容完全一致，适合于回溯性检索。除传统的印刷版外，另有缩微版(EI Microfilm)、光盘版(Dialog OnDisc Compendex Plus)、联机版(EI Compendex Plus)、网络版(EI Compendex Web)。

8.1.2 编排结构

EI月刊由使用指南(A Guide for Using)、文摘(Abstracts)、著者索引(Author Index)、主题索引(Subject Index)、机构名称字首缩写表(Acronyms, Initials and Abbreviations of Organization Names)组成。EI年刊有使用指南、文摘正文、5种索引和附表组成。5种索引是：主题索引、著者索引、著者所在单位索引(Author Affiliation Index，1988年取消)、文摘号对照索引(Number Translation Index，1987年取消)和工程出版物索引(Publication in Engineering, 简称PIE)。两个附表是机构名称字首缩写表(Acronyms, Initials and Abbreviations of Organization Names)和缩写字、单位与略语表(Abbreviation, Units and Acronyms)。另外1989年增设"新增连续出版物一览表(Publication List of Serial Title)"以及当年收录的会议出版物列表(Publication in Engineering Conference Covered in)。

无论月刊还是年刊，正文文摘是EI的主体部分。它按主题词的英文字母顺序编排。1993年以前EI的主题词表为《工程标题词表》(Subject Headings for Engineering，简称SHE)，由于其不能满足EI检索的需要，其后被《工程叙词表》(EI Thesaurus)取代。

8.1.3 附表

EI的附表有《工程出版物索引》、《机构名称字首缩写》和《缩写字、单位和略语表》。

1.《工程出版物索引》(Publication Index for Engineering)

按照每年所引用的期刊、会议录、年鉴以及团体、学会等出版物的英文字母顺序排列，用以查询EI所引用的出版物全称，查取原始文献。

2.《机构名称字首缩写》(Acronyms, Initials and Abbreviations of Organization Names)

按机构名称缩写形式的字母顺序排列，用以查询EI中某个机构的全称。

3.《缩写字、单位和略语表》(Abbreviation, Units and Acronyms)

EI文摘为节约篇幅，使用了大量缩写字和由字首组成的略语以及工程计量中常用单位的缩写。按缩写字、单位和略语的字母顺序排列，后附它们的全称，以方便了解其含义。

8.1.4 检索途径

EI检索途径主要有三种，即主题途径、著者途径、机构途径，其中常用的是主题途径。

检索途径与检索步骤如图8-1所示。

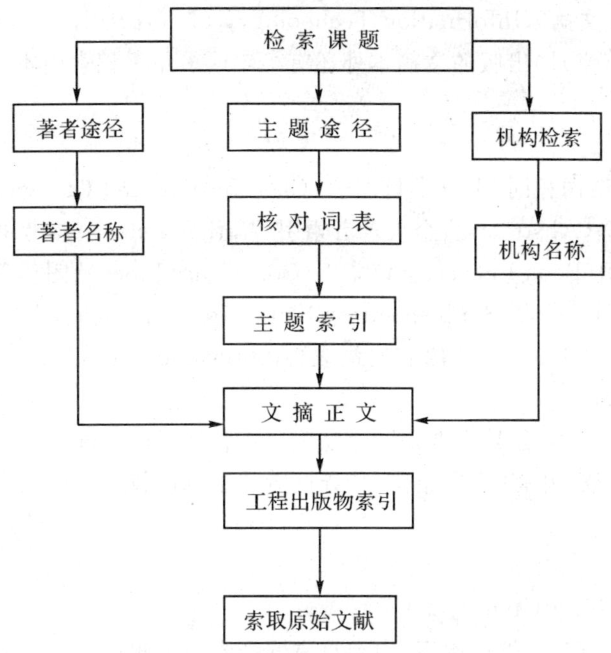

图8-1 EI检索途径与检索步骤

8.2 《科学文摘》

8.2.1 概况

《科学文摘》(Science Abstracts，简称SA)创刊于1898年，由英国电气工程师学会(IEE)和美国电气与电子工程师学会(IEEE)联合出版，它是检索世界范围物理学、电子工程、电子学、计算机科学以及信息技术领域文献的权威性的文摘型检索工具。

1. SA的特点

(1)文献的地域广阔，文献种类齐全。包括英、美、德、法、加等50多个国家，大约4200多种科技期刊和1000多种世界范围会议记录、图书科技报告和学位论文，目前不再报道专利文献。

(2)辅助索引系统完备。除有主题、著者索引外，还有参考文献索引、图书索引、会议文献索引和团体著者索引等小索引，提供多种检索途径。

(3)正文质量较高。

2. 出版形式

SA的出版形式有多种，包括印刷型(Science Abstracts)、缩微版(INSPEC)、联机版(ISPEC)、光盘版(INSPEC OnDisc)以及网络版(INSPEC)。

目前SA分为四个专辑出版：

A辑:《物理学文摘》(Physics Abstracts，简称PA)，半月刊。

B辑:《电气与电子学文摘》(Electrical & Electronics Abstracts，简称EEA)，月刊。

C辑:《计算机与控制文摘》(Computer & Control Abstracts，简称CCA)，月刊。

D辑:《信息技术文摘》(Information Technology, IT),月刊。

SA各辑除每月(半月)出版的文摘本外还有半年或多年累积索引本。

8.2.2 编排结构

SA各辑的编排结构相同,由分类目次表(Classification and Contents)、主题指南(Subject Guide)、正文文摘(Abstracts)、个人著者索引(Author Index)、参考书目索引(Bibliography Index)、图书索引(Book Index)、会议索引(Conference Index)、团体著者索引(Corporate Author Index)和期刊增补表(Supplementary List of Journals)组成,半年与多年累积索引另编有主题索引(Subject Index)、缩语和略语表(Abbreviation and Acronyms)以及引用期刊一览表(List of Journals)。

正文文摘按分类编排,分类标准是国际物理与工程情报服务部(INSPEC)和美英物理学会等单位合编的分类表,并有"主题指南"指导读者从主题词找到合适的类。

8.2.3 辅助索引

1. 主题指南(Subject Guide)

这是一个期索引,按"分类目次表"中类目主题概念的主题词子顺排列,每个主题词右边列出相应的分类号。它的主要用途是帮助读者查找有关主题词的分类号,再转查"分类目次表"即可找到有关主题的页码而查询有关文摘。

2. 主题索引(Subject Index)

主题索引只出现在SA的累积本索引中。它按叙词字顺排列,叙词来自于INSPEC词表,它可以满足从主体途径查找文献的要求。

3. 著者索引(Author Index)

著者索引按著者姓名字顺排列,每位著者姓名后指出当年文摘号。该类索引有期索引和累积索引,适用于著者途径查找文献。

4. 专用索引

在SA的各辑以及累积索引中都设有以下几种专用索引,它们是"参考书目索引"(Bibliography Index 1994年起不再出版)、"会议索引"(Conference Index)、"团体作者索引"(Corporate Author Index),以满足用户不同的检索需要。

5. 引用期刊一览表(List of Journals)

它是各辑文摘引用期刊的总目录,附在半年度累积专用索引之后。它提供本辑所摘引的全部期刊的名称、国别、出版者及其地址等,它是查找核对来源出版物确切名称的工具。每个款目按所写刊名(黑体字)的字顺排列。如果某一期文摘摘引了一些新刊,则在该期后附一个"期刊增补表"(Supplementary List of Journals)。

8.2.4 检索途径

SA现刊检索以分类途径为主。用户可利用分类表和主题指南查找分类号,然后转查每期分类号目次表找到该分类号所在的页码,再逐期按号查询,从中选取有关文献,最后从文献出处找到原始文献。

回溯性检索以主题索引为主,利用主题词表确定主题词,再按主题词字顺查累积索引中的主题索引,以文摘号阅读文摘,最后根据文献出处查找原始文献。由于主题索引是累积本，用此可获取半年或多年的检索结果。

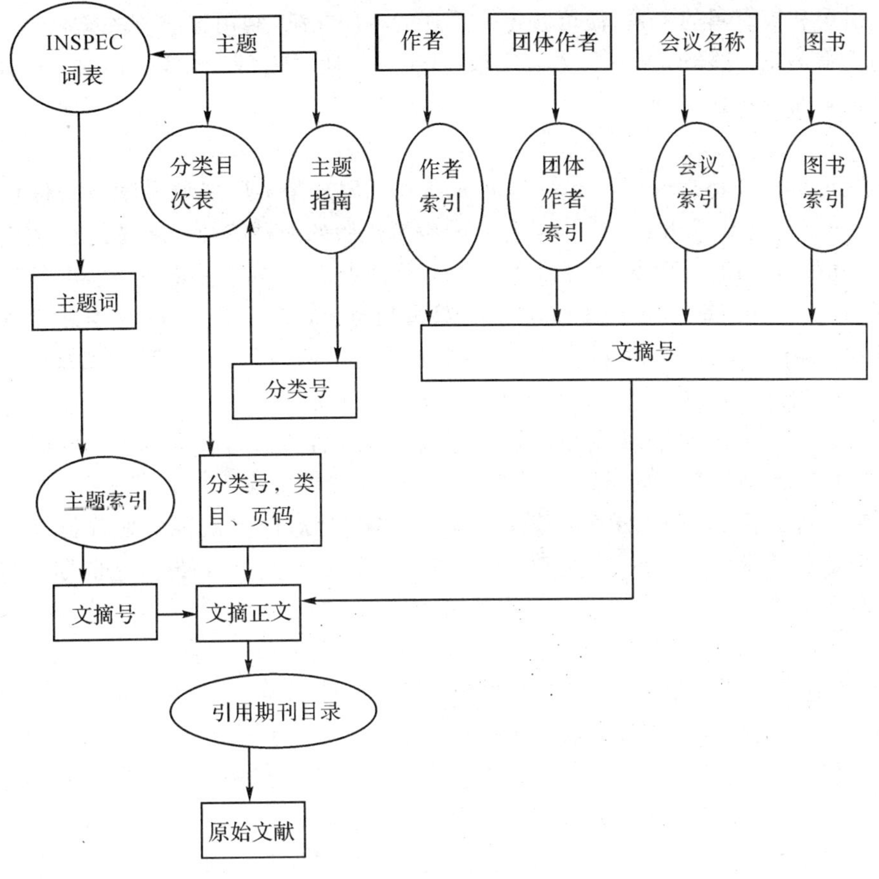

图 8-2　SA 的检索途径

8.3 《科学引文索引》

8.3.1 概况

1. 引文的概念

所谓引文，就是通常所说的参考文献，即著作在著述活动中曾经参考并引用的文献资料。

例如，有文献 A、文献 B 和文献 C，文献 B 和文献 C 在文章里引用了文献 A，则称文献 A 为文献 B 和文献 C 的“参考文献”或“被引文献”，简称“引文”(citation)；称文献 B 和文献 C 为“引用文献”或“来源文献”(Source Document)；称文献 B 著者和文献 C 著者为“引用著者”或“来源著者”，因为文献 B 和文献 C 都引用文献 A，故称文献 B 和文献 C 为“相关文献”或“相关记录”(Related Record)，称文献 A 为文献 B 和文献 C 的“共享参考文献”(Shared Reference)。如果这两篇文章的“共享参考文献”越多，说明这两篇文献的相关性越强。

传统的检索系统是从著者、分类、主题等角度提供检索途径，而引文索引却是从另一角度，即从文献之间的相互引证的关系角度提供新的检索途径。引文索引是以文献所附的参考文献为线索检索相关文献。引文检索一般是以已掌握一篇重要的早期相关著作为检索起点，利用引文索引查出所有引用过这篇著作的人及其文献的出处，从而得到与课题相关的文献。通过引用和被引用的关系，便可获得一系列的相关文献，利用这些相关文献又可以获得一些新的文献信息，这样形成一个文献信息网，有利于跨越时间和学科的限制，对某一主题的文献进行全面的检索。

2.《科学引文索引》概况

《科学引文索引》(Science Citation Index，简称 SCI)，是美国费城科学技术信息所(The Institutes for Scientific Information，简称 ISI)编辑出版的一种综合性题录式检索工具，也是目前世界上最权威的通过引文检索和评价论文及其期刊的参考工具书。SCI 创刊于 1961 年，原为年刊，1966 年起为季刊，1979 年改为双月刊至今，按 A、B、C、D 四卷出版，并编有 5 年累积本和 10 年累积本。SCI 对世界上 3200 多种常用期刊、1800 余种会议录以及大量专利文献进行引文分析，其内容涉及数学、物理、化学、生物、医学、农业及工程技术等学科领域。收录文献以类期刊为主，兼及会议录、专利、科技报告、图书，收录的引用文献主要是当年的，少部分是上一年度的，而被引文献则包括历年发表的文献。

SCI 专门制定了一套以"加菲尔德文献集中定律"为理论依据科学地选择高质量期刊(即核心期刊)的质量评价体系，虽然 SCI 收录的期刊数量不是很多，但入选的期刊每年都以此进行评价和调整。

3.《科学引文索引》的作用

(1)通过追溯查阅一篇文献发表后的引用文献，可以了解一项研究发表之后的发展变化情况。诸如该项研究得到肯定，文章被评论或方法被采用等等。

(2)通过引用率的高低，可以衡量一篇论文或一种期刊的质量以及一项研究的水平高低。一篇被人们广泛引用的论文通常是高质量的论文。我国教育部、科技部对科研单位和高等院校学术研究情况进行评估时，其主要依据之一就是统计 SCI 收录相关单位的论文情况及其被引用情况。

(3)SCI 将同一作者或同一主题分散于不同学科、不同文献类型的文献串联起来，提供查询学科动态及文献发展趋势，以利于做专门科学情报分析和预测。

4. 出版形式

SCI 有印刷版、光盘版、联机版和网络版。

8.3.2　编排结构及著录格式

SCI 主要由引文索引、来源索引和轮排主题索引三部分组成。

1. 引文索引部分(Citation Index)

引文索引是以 SCI 所选用期刊论文的引文文献为主编制的索引，根据索引标题的不同，又可分为著者引文索引、匿名引文索引与专利引文索引。

(1)著者引文索引(Author Citation Index)

该索引按引文著者姓名字母顺序编排，同一著者的各篇引文文献再按发表时间的先后顺序排列，其后列出引文文献的出处。在引文索引中，无论引文著者还是引用著者都是取第一著者。其著录格式如下：

```
BECHER AM①                                      vol    PG    YR
    99 A BIOCHEM  5  1183②
        CHAMOROV. SK  BIOCHEM-MOS               65     541   01③
        ……
BECHMA AV①
        ……
```

说明：①引文著者姓名（用黑体字印刷）；②引文的著录项，包括年代号，刊名或书名缩写、卷号或章节号，最后的是起始页码（用黑体字印刷）；③引用著者姓名和引用文献的著录项，包括引用著者姓名、出版物名称缩写、卷号、页、年代以及该文的体裁代号（例如 R 是评论；W 是对计算机硬件、软件、数据库等的评论；L 是通信；B 是图书评论；无代号则表示是论文、科技报告等，该例无体裁代号）。

(2)匿名引文索引(Citation Index Anonymous)

该索引编入来源文献中未注明引文著者的文献，按出版物名称字顺排列，放在引文索引后。

(3)专利引文索引(Patent Citation Index)

该索引按被引用专利号顺序排列，放在匿名引文索引之后。

2．*源索引部分*(Source Index)

包括来源索引、来源出版物目录、团体索引。

(1)来源索引(Source Index)

来源索引是《科学引文索引》的主体，是根据 SCI 选用的出版物上刊登的文献著者的姓名字顺编排的一种索引，在著者姓名之下列出引用文献的篇名及出处（只反映在第一著者之下）。在合著者姓名之下给出第一著者姓名。若无著者姓名的文献，则按出版物名称字顺排在来源索引的前面。

著者著录格式如下：

```
CHEN ISY②
See ROSENBL  A  JD  BLOOD①     76   409   90
CHEN  JE①
• LEE CL SHEN WZ②-MY BOX REPRESENATION FOR FAULTY CMOS CIRCUITS③
  DE  420④
    IEE PROC-G⑤   137(3):225-232 90⑥   19R⑦
  NATL  CHIAO  TUNG  UNIV  INST  ELECTR HSTN CHU  TAIWAN⑧
```

说明：①来源文献的第一著者姓名（大号黑体字）；②合著者姓名（姓名前用“•”表示）；③文献题名（非英文题名意译成英）；④ISI 期刊登记号；⑤刊登该篇文献的期刊缩写；⑥期刊的卷（期）、页码、年份；⑦参考文献篇数；⑧第一著者的工作单位及地址。

(2)来源出版物目录(List of Source Publication)

该目录附在来源索引之前，由来源出版物缩写与全称对照号(Source Publication Abbreviation and Full Title)和新增来源出版物(New Title Added)组成。来源出版物缩写与全称对照按出版物缩写名称的字顺排列，缩写后给出其全称，是还原 SCI 中所用的刊名缩写的工具。新增来源出版物列出该刊当年新收录的出版物的缩写和全称。

(3)团体索引(Corporate Index)

团体索引是反映某一机构的工作人员在学术出版物上发表文章的情况，又分为地区部分和机构部分。

地区部分(Geographic Section)按来源著者单位所在地的刊名(或国名)和城市名的字顺排列,其后列出机构名称及其发表文章的人员姓名(第一著者)和原文出处。

机构部分(Organization Section)按机构名称字顺排列,其后列出机构所在的国家和城市,然后转查"地区部分",就能获得该机构发表的论文情况。

著录格式如下:

JAPAN①
NIGATA②
• **NIGATA UNIV**③
KOMISI Y ⑤ ANN ALLERGY ⑥ 153 119 92⑦
• ***DEPT INFORMAT ENG***④
KIRYU T ⑤ IEEE BIOMED⑥ 39 105 92⑦

说明:①国家名称(大号黑体字印刷);②城市名称(用小一号黑体字印刷);③机构名称(用再小一号黑体字印刷),其前标以小圆点;④机构下属部门,也以小黑圆点起首,用斜黑体字印刷;⑤来源者姓名;⑥来源刊物缩写;⑦来源刊物的卷、页码、年份。

3. 轮排主题索引部分(Permutern Subject Index)

轮排主题索引(Permutern Subject Index)实际上是篇名关键词索引,即将来源索引报道的论文篇名中的两个或两个以上的实质性词相互组配轮排,在其后列出著者姓名,可以从多个主题查出同一篇文献。

8.3.3 SCI 检索途径和方法

SCI 检索途径有主题途径、著者途径和机构途径。检索方法如图 8-3 所示。

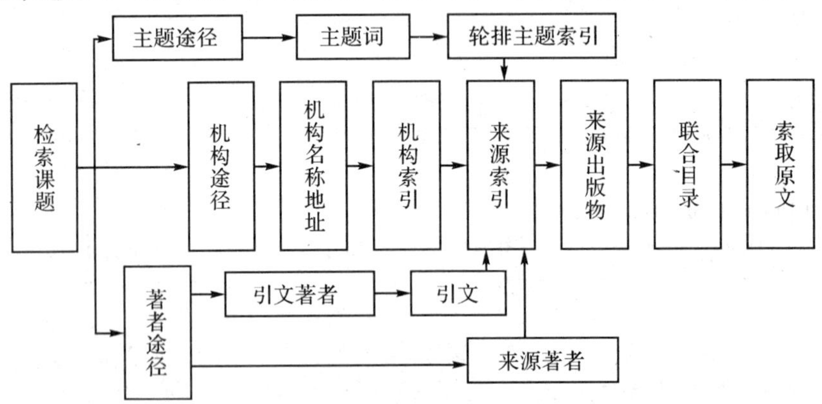

图 8-3 SCI 检索方法

第 9 章

特种文献的信息检索

特种文献是专利文献、标准文献、会议文献、科技报告和学位论文等的总称。它们的发行渠道特殊、形式各异，具有其他文献所不能取代的价值，在信息检索方法方面也稍有别于图书报刊的检索工具。它们在传递科技信息方面发挥的作用往往比常规文献还要大。下面介绍几种主要的特种文献及其检索。

9.1 专利文献检索

在掌握专利文献检索之前，有必要了解一下知识产权的基本知识，这样才能更好地理解专利文献及其检索。

9.1.1 知识产权的基本知识

1. 知识产权的概念

知识产权，概括地说是指公民、法人或其他组织对其在科学技术和文学艺术等领域内，主要基于脑力劳动创造完成的智力成果所依法享有的专有权利。

广义概念上的知识产权包括下列客体的权利：文学艺术和科学作品，表演艺术家的表演以及唱片和广播节目，人类一切领域的发明，科学发现，工业品外观设计，商标，服务标记以及商品名称和标志，制止不正当竞争以及在工业、科学、文学和艺术领域内由于智力活动而产生成果的一切权利。

狭义概念上的知识产权只包括著作权、专利权、商标权、名称标记权、制止不正当竞争，而不包括科学发现权、发明和其他科技成果权。

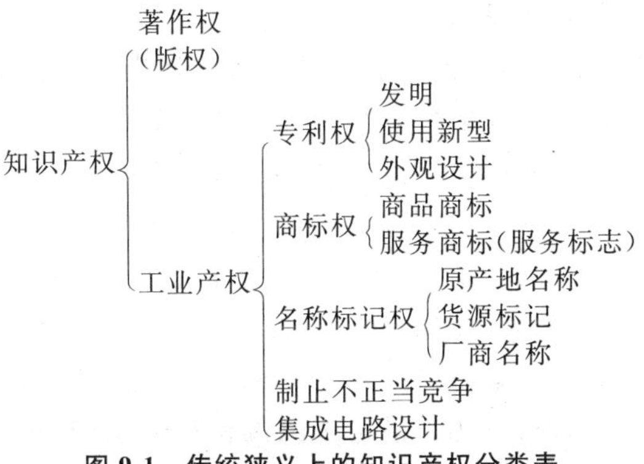

图 9-1 传统狭义上的知识产权分类表

其中工业产权是人们依照法律对应用于生产和流通中的创造发明和显著标记等智力成果在一定期限和地区内享有的专有权，包括专利权、商标权、名称标记权等。

专利权是指国家专利主管机关依法授予专利申请人及其权利继承人在一定时期内实施其发明创造的独占权。我国专利法意义上的发明创造包括发明、实用新型和外观设计三种。

发明是指对产品、方法或者其改进所提出的新的技术方案。

实用新型是指对产品的形状、构造或者结合所提出的适于实用的新的技术方案。

外观设计是指对产品的形状、图案、色彩或者结合所做出的富有美感并适用于工业上应用的新设计。

可见专利法所保护的发明创造有其特定的含义。发明和实用新型专利只保护技术领域的发明创造，对于纯粹的科学理论、教学方法、计算机方法，人为的规则等都不能申请专利。专利法规定：发明专利可以分为产品发明专利和方法发明专利两大类。实用新型专利不保护方法发明，它的保护对象只限于产品发明中的一部分，即具有一定形状或结构的产品。外观设计保护的是产品的外形特征。

2. 知识产权的产生及其制度的国际化发展

(1)知识产权的产生

1474 年，在当时欧洲工商业盛极一时的威尼斯共和国颁布了世界上第一部专利法。它以明文规定给机器和技术的发明人授予十年的特权，在这十年期限内，未经发明人的同意和许可，禁止其他任何人再制造与发明相同及相似的装置；若他人贸然仿制，将赔偿专利权人金币百枚，仿制品也将立即销毁。1623 年，英国为了引进国外先进技术和人才，建立新工业，发展本国经济，其国会又颁布了“垄断法”，它是世界专利制度发展史上的第二个里程碑。它明文规定了发明专利权的主体、客体、取得专利的条件、专利的有效期以及在什么情况下专利权将失效等等。1709 年，英国又制定了《安娜女王法》，这是世界上第一部版权法。这部版权法第一次确认了“作者”为法律保护的主体，规定了 21 年的保护期，到期还可以续延 14 年。1803 年，法国颁布了《关于工厂、制造场和作坊的法律》，该法第 16 条将假冒商标定为私自仿造文件罪，这是世界上第一部商标法律。1967 年，在斯德哥尔摩签订的《建立世界知识产权组织公约》，第一次以公约的形式采用了“知识产权”这一概念 。1986 年至 1993 年，在《关贸总协定》乌拉圭回合第 8 轮谈判中，知识产权被列为重要议题。1994 年，世贸组织在乌拉圭回合谈判结束后签订的《与贸易有关的知识产权协议》(TRIPS 协议)中，知识产权成为三大支柱之一。目前，除少数国家外，无论是发达国家还是发展中国家，都建立了知识产权制度。

(2)知识产权制度的国际化发展

世界各国知识产权制度在实质内容和申请审批程度上逐步简化趋于一致和统一，并日渐国际化。知识产权的地域性、无形性和易传播性在一方面使得本国产生的智力成果在国外不能取得当然的保护；另一方面，由于传播媒体、通讯工具的迅速发展和国际交流的日益频繁，大量的智力成果十分容易越过国界而进入他国。如果不对这些智力成果进行有效的国际保护，势必会影响和阻碍国际贸易及科学技术和文化的正常交流与合作。知识产权制度的国际化发展反映了科技和经济国际化发展的客观要求。正因为如此，1883 年世界各国就在巴黎缔结了《保护工业权巴黎公约》，并于 1884 年正式生效。我国于 1985 年 3 月 19 日正式加入了《巴黎公约》。此外，我国目前已加入的保护知识产权的国际性公约还包括：《商标国际注册马德里协定》、《保护文学艺术作品伯尔尼公约》、《世界版权公约》、《专利合作条约》等。

3. 知识产权的特征

(1)知识产权的专有性

专有性也称独占性或垄断性，知识产权同所有权一样，具有排他性和绝对性的特点。即这种权力为权利人专有，权利人垄断这种专有权并受到严格保护；非权利人不得侵犯这种权利，未经权利人的同意不能享有或使用该项权；权利人对这种权力可以自己行使，也可转让给他人行使，并从中获取报酬。

(2)知识产权的地域性

一国所确认和保护的绝大部分种类的知识产权，只在该国的地域范围内有效，对其他国家不发生法律效力。

(3)知识产权的时间性

各国法律对知识产权的保护都有规定的期限，期限届满，知识产权的保护自行终止，成为社会公有财富，任何人均可无偿使用。各国关于有效期限长短的规定不完全一致。

(4)知识产权的无形性

知识产权与有形财产不同，没有具体的形态，它是依附于有形载体而存在的。知识产权保护的对象是人的治理创造成果，在商品社会中具有商品的属性，即具有价值和使用价值。但这种商品与不动产(如土地、房屋、机器)或动产(如股票、现金、存款)等不同，它没有一定的形态，不占空间，难于实际控制。对知识产权的侵犯，表现为剽窃、仿制或假冒等形式，且不易判别，因此，必须给予必要的特殊保护。

(5)知识产权的法律确认性

绝大部分种类的知识产权的取得一般要履行相应的行政审批程序。

4. 知识产权制度的作用

(1)对知识创造的激励作用。

(2)具有调节公共利益的作用。

(3)具有保护投资的作用。

(4)有利于促进国际经济技术的交流与合作。

知识经济的发展为各国企业参与国际市场的竞争创造了条件，而在激烈的国际市场中要保持企业的竞争优势、保护企业自身的合法权益，也越来越离不开知识产权制度。美国等一些发达国家在我国申请的专利数量迅速增长，经济发达国家囊括了在中国申请专利的前10名。外国专利申请几乎占中国专利的20%。我国企业要想走上国际市场并保持自己的竞争优势，在致力于开发生产高新技术及其产品的同时，也必须拿起知识产权法律这一有力武器。

9.1.2 专利及专利文献的概述

1. 专利的概念

专利是一种为了促进、鼓励和保护发明制造的法律制度。它是用法律保护发明人(或涉及人)在一定时间内对其发明创造享有独占创造、使用和销售的权利。它包括以下三方面的含义。

(1)专利权

它是指国家专利主管机关依法授予专利申请人及其权利继承人在一定期间内实施其发

明创造的独占权。专有性和排他性是专利权特有的特征。专利权受时间和空间的限制,在一个国家或地区批准的专利仅在该国或地区有效,专利有效期限一般为5～20年。在专利保护的国家或地区外,或者在专利期满以后,其他人则可以不受约束地使用该项发明。

(2)专利技术

专利技术是受保护的技术发明。在一项技术申请专利时,申请人必须将该项技术的内容详细记载于说明中,专利说明由各国专利局公开出版发行。因此,专利技术是不保密的。

(3)专利文献

专利文献是实行专利制度的国家及国际性专利组织在审批专利过程中产生的官方文件及其出版物的总称。

2. 专利的类型及其特点

(1)专利类型

在专利类型的划分上,各国专利法的规定不尽相同。我国专利法中所规定的专利类型有三种。

● 发明专利。从广义角度讲,发明就是利用自然法则在技术上的创造,就是创造新事物、新的制作方法。它与发现有着本质的不同,发现是指人类对自然界早已存在的规律或现象的认识。我国专利法规定的发明专利是指对产品、方法及其改进所提出的新的技术方案,保护期为20年。

● 实用新型专利。我国专利法规定的实用新型专利是指对产品的形状、构造及其结合提出的新的技术方案。相对于发明专利,其创造性水平较低,保护期为10年。

● 外观设计专利。外观设计专利是针对产品形状的外观美感,不涉及技术效果而进行的设计。我国专利法所规定的外观设计专利是指对产品、图案、色彩及其结合所做出的富有美感,并适于工业上应用的新设计,保护期为10年。

(2)专利的特点

一项发明创造要想获得专利权,必须具备以下特点:

● 新颖性。它是指在申请日之前没有同样的发明或者实用新型在国内外出版物上公开发表过、在国内公开使用过或者以其他方式为公众所知,也没有同样的发明或者实用新型由他人向专利主管部门提出过申请并且记载在申请日以后公布的专利申请文件中。

● 创造性。它是指同申请日以前已有的技术相比,该发明有突出的实质性特点和显著的进步,该实用新型有实质性特点和进步。

● 实用性。它是指该发明或者实用新型能够制造或者使用,并且能够产生积极效果。

3. 专利文献和专利文献检索的概念

(1)专利文献的概念

专利文献是实行专利制度的国家及国际性专利组织在审批专利过程中产生的官方文件及其出版物的总称。广义的专利文献包括申请说明书、专利说明书、专利公报、专利分类表等;狭义的专利文献指的是申请说明书和专利说明书。中国专利文献有三种类型,即发明专利文献、实用新型专利文献和外观设计专利文献。在专利文献的各种出版物中,专利说明书出版量最大,是专利文献的主体,也是专利文献检索的主要对象。世界上每年出版的专利说明书约为100万～110万件,目前专利说明书总累积出版量约为4000多万件。

专利说明书是记载着发明创造的详细内容和受专利法保护的技术范围。目前各国专利说明书的内容已逐渐趋于一致,并形成了固定的格式,一般可由三部分组成:

● 扉页——专利文献著录项目

专利文献著录项目包括全部专利信息的特征，有表示法律信息的特征，如专利申请人(或专利权人)、申请日期、申请公开日期、审查公告日期、批准专利的授权日期等；有表示专利技术信息的特征，如发明创造的名称、发明技术内容的摘要以及具有代表性的附图或化学公式等。对享有优先权的摘要以及具有代表性的附图或化学公式等。对享有优先权的申请，还有优先权的申请日、申请号及申请国等内容。

为便于公众认识专利文献著录项目，也为便于计算机管理，巴黎联盟专利局与情报国际合作委员会(ICIREPAT)为专利文献著录项目制定了统一代码(INID)。

● 发明内容

包括权利要求，一般有以下几部分：

发明背景。用以指出本发明所属的技术领域，提出现有技术水平的不足之处。

发明的概述。介绍本发明的概况及如何实现本发明，概要地说明组成本发明各要素的功能、发明创造的效果。

附图的简述及最佳方案的叙述是详细叙述发明内容，如有图，则结合各种立面图、剖面图加以说明。这是说明书中最重要的部分，它提供了解决技术问题最佳方案的情报。

权利要求。列述申请人要求保护的范围，它用词严谨，是专利局审查时确定授予专利权的主要依据，也是重要的法律性情报，即判定是否具有专利性的法律依据。

● 附图

附图的作用是进一步解释发明内容，以便理解和实施。附图只是发明构思的示意图，绘制尺寸无严格的比例要求。能用文字表达清楚发明专利申请说明书的，可以不带附图，一般实用新型专利申请说明书必须带附图。

上述三部分的顺序尚无统一国际标准。中国专利说明书由扉页、权利要求、发明内容和附图组成。

(2)专利文献检索的概念

专利文献检索是指人们根据一定的检索目的，借助一定的检索工具，通过一定的检索途径，从大量的专利文献或专利数据库中挑选符合某一特定要求的专利文献或信息，加以分析处理和利用的过程。

4. 专利文献检索的作用

专利文献是集技术情报、法律情报和经济情报于一体的实用知识，在人类技术进步和社会经济发展的历程中一直起着非常重要的作用，随着知识经济的崛起，人们更加充分地认识到专利文献检索的重要价值，主要可应用在以下几个方面。

(1)申请新专利，分析现有技术

通过专利文献检索，将准备申请的发明创造与已有的专利进行比较分析，一方面可以避免重复申请或无效申请；另一方面可以从中确定新申请专利的保护范围。因为在专利申请中，最佳保护权项对于确保专利有效性及专利侵权诉讼中的胜诉，使自己的发明创造得到最大限度的保护是极为重要的一环。

(2)开发新产品，寻找技术方案

开发的新产品在投入新项目之前，通过相关专利的检索对比，不仅可以避免重复研究，另一方面可以吸取他人专利中的精华，确定新的技术方案，有效提高新产品的技术含量。

(3)摸清行业动向,洞察发展趋势

商场如战场,及时获取本行业竞争对手现有专利技术动态及发展趋势,对企业制定研究开发方向,确定市场竞争对策和保护获得预期的经济利益十分重要,它使企业在激烈的市场竞争中永远占据主动权。

(4)避免技术诈骗,确保企业利益

在技术引进、技术合作和技术贸易中,如能通过专利检索,了解其技术内容及法律状态,不仅能在谈判中做到知己知彼,争取主动,确定一个合理的价格;还可以识别失效专利、假冒专利、冒充有效专利等欺诈行为,确保企业的利益。

(5)帮助寻找证据,处理专利纠纷

由于我国实用新型和外观设计专利只作形式审查,不进行实质审查,必然产生与国外专利甚至与国内专利相互重复不具有新颖性的情况。专利文献检索往往可为当事人否定竞争对手的专利提供证据;同时也为反诉他人专利无效并与之抗衡提供了依据。

9.1.3 专利文献的分类与国际专利分类法

各国都有自己的专利分类法,各自采用的分类原则、分类体系和标识符号也都不相同。按各种不同的专利分类表进行检索极为不便。目前,大多数国家都已废弃本国的专利分类表,改用《国际专利分类表》,只有英、美两国仍在采用自己的专利分类表,但在其专利文献上也都同时注有国际专利分类号。

《国际专利分类表》(International Patent Classification,简称 IPC)于 1968 年正式出版并使用,每五年修订一次,以适应新技术发展的需要。在使用《国际专利分类表》时,要使用与所查专利年代相对应的分类表版本。如检索 1993 年的专利文献要使用第五版分类表。《国际专利分类表》被简写成"Int. cl",并且将它加在所有的根据分类表分类的专利文献的分类号前面。

IPC 采用功能(发明的基本作用)与应用(发明的用途)相结合,以功能为主的分类原则。

IPC 采用等级形式,将技术内容按部(Section)、分部(Subsection)、大类(Class)、小类(Subclass)、主组(Main group)、分组(Subgroup)逐级分类,形成完整的分类体系。

IPC 将全部科学技术领域分成 8 个部,分别用 A～H 中的一个大写英文字母表示:

A 部:人类生活必需(Human Necessities);

B 部:作业、运输(Operations、Transporting);

C 部:化学、冶金(Chemistry、Metallurgy);

D 部:纺织、造纸(Textiles 、Paper);

E 部:固定建筑物(Fixed Construction);

F 部:机械工程(Mechanical Engineering);

G 部:物理(Physics);

H 部:电学(Electricity)。

分部只有标题,没有类号。如 B 部下设有分离、混合、成型、印刷、交通运输四个分部。

每一个大类的类号由部的类号及在其后加上两位阿拉伯数字组成,如 B02、D03 等。大类下设小类,每一个小类类号由大类类号加一个英文字母组成,但 A、E、I、O、U、X 六个字母不用。

每一个小类细分成许多组,包括主组和分组。主组类号由小类号加上 1～3 位数字,后再加/00 来表示,如 F01N3/00。分组类号由主组类号加上一个除 00 以外的至少两位的数组成,即用斜线后面的2～5位数字表示。分组是主组的展开类目,但斜线后的数字在分类表中不表示任何进一步细分类的等级关系。

国际专利分类号由五级号组成,五级以下的各级分组,类号按顺序制编号,其类目的级别用类名前的圆点"·"表示。

例如,A21B1/02 以加热装置为特征的食品烤炉

一级	二级	三级	四级	五级
A	21	B	1	/02
部	大类	小类	主组	分组

为了方便查找IPC分类号,每一版的国际专利分类表都配有一本单独出版的《IPC关键词索引》(Official Catchword Index to the International Patent Classification)。通常,检索者在不熟悉所查技术领域的分类情况下,可以借助《IPC关键词索引》并结合使用IPC分类表,确定分类范围和准确的分类号。索引按关键词字顺排列,每个关键词条目后标有IPC分类号。

9.1.4 专利编号与专利文献种类代码

1. 专利编号的种类

专利编号是指各国专利局为每类专利申请编制的在不同场合下使用的各种序号,它包括:

(1)申请号。它又可细分为临时申请号和申请号两种。

(2)文献号。它又可分为公开号、公告号和专利号三种。其中公告号的构成较复杂,它由申请公告号和审查公告号组成。审查公告号又表现为公告号、展出公告号、审定公告号三种形式。公告号的种类主要受专利种类、专利审批制度等因素的影响。

2. 专利编号方式

(1)申请号的编号方式。编制申请号主要有两种方式,一是按年编号,如CN85100463.6、JP53/003514等;二是连续编号,如US4243663等。

(2)文献号的编号方式。主要编号方式也有两种,一是沿用申请号,包括一号多用、延迟审查制中的公开号沿用申请号等多种情况;二是重新编号,包括连续编号、按年编号、混合编号三种,如SU3276099、WO83/03394等。

3. 我国专利说明书上的编号

我国专利说明书的编号体系于1989年和1993年分别作过修改,因而分成以下三个阶段:

(1)1985—1988年的编号体系。

(2)1989—1992年的编号体系。

这一阶段编号体系发生了以下变化:

● 三种专利申请号由八位数字变成九位,小数点后的第九位数是计算机校验码。

● 公开号、审定号、公告号分别采用了七位数字号码,按流水序号重新编排,七位数字的首位仍代表专利种类,后六位数字为文献序号,它为用户索取说明书提供了准确依据,四种新编号的起始号分别是:

* 发明专利申请公开号CN1030001A;

* 发明专利审定公告号CN1003001B;

＊实用新型申请公告号 CN2030001U；

＊外观设计申请公告号 CN3003001S。

(3)1993 年以来的编号体系。

随着专利法的修改，专利编号出现新的变化，即发明专利、实用新型专利、外观设计专利的审定公告号或申请公告号改为授权公告号，编号序列沿用原审定号或公告号，但文献种类代码分别改为 C、Y 和 D，如 CN1020584C、CN2131635Y。

4．专利文献种类代码

由于各种专利审查制度存在差别等因素的影响，专利说明书的种类相当繁多，为了便于识别和管理，国际上通用一系列代码作为专利文献种类代码。主要有以下几种：

(1)用于原始发明说明书的种类代码。

用 A 代表第一次出版物，如美国专利说明书、中国发明专利申请公开说明书；用 B 代表第二次出版物，如中国发明专利申请审定公告说明书；用 C 代表第三次出版物，如中国发明专利说明书。

(2)用于实用新型说明书的种类代码。

用 U 代表第一次出版物，如中国实用新型专利申请说明书；用 Y 代表第二次出版物，如中国实用新型专利说明书；用 Z 代表第三次出版物。

(3)用于特殊种类专利说明书的代码。

用 E 表示第一次出版物，如美国的再版专利说明书。

(4)用于特定的专利说明书的代码。

用 M 代表医药专利；用 P 代表植物专利；用 S 代表外观设计专利。

(5)用 N 代表非专利文献；用 X 代表专利局内部使用的文献。

以上各种文献种类代码一般出现在专利文献号末尾，如 WO9417742A、EP337797B。

9.1.5 中国专利文献检索

检索中国专利文献最有效的专利工具是《中国专利索引》和《专利公报》，其他检索工具有《专利文献通报》和《专利文摘》等。

1．中国专利索引

该索引为年度累积索引，分为《分类年度索引》和《申请人、专利权人年度索引》两分册。两个分册均包括发明专利、实用新型专利和外观设计专利三部分，以题录形式进行编排。

(1)《分类年度索引》

每部分按 IPC 号编排。每条索引由分类号、申请公开号(或公告号、审定号、专利号)、申请号、申请人(或专利权人)、发明名称、刊载专利文摘的专利公报的卷期号六项组成。可根据课题的 IPC 号查阅该索引，得到有关专利信息的线索后，再查阅专利文摘或直接索取专利说明书。

(2)《申请人、专利权人年度索引》

每部分按申请人或专利权人姓名或译名的汉语拼音字顺编排，每条索引的组成与《分类年度索引》相同。可根据已知的申请人或专利权人查阅该索引，得到有关专利信息的线索后，再查阅专利文摘或直接索取专利说明书。

2．专利公报

专利公报分为《发明专利公报》、《实用新型专利公报》和《外观设计专利公报》三个分册，周刊。

(1)《发明专利公报》

主要有以下五部分:①发明专利申请公开(文摘);②发明专利权授予(题录);③发明专利事务;④申请公开索引(包括 IPC 索引、申请号索引、申请人索引、公开号/申请号对照表);⑤授权公告索引(包括 IPC 索引、专利号索引、专利权人索引、授权公告号/专利号对照表),其中前两部分按 IPC 号编排。

(2)《实用新型专利公报》

主要有以下三部分:①实用新型专利权授予(文摘);②实用新型专利事务;③授权公告索引(包括 IPC 索引、专利号索引、专利权人索引、授权公告号/专利号对照表)。第一部分按 IPC 号编排。

(3)《外观设计专利公报》

主要有以下三部分:①外观设计专利权授予(题录及设计图);②外观设计专利事务;③授权公告索引(包括分类号索引、专利号索引、专利权人索引、授权公告号/专利号对照表)。第一部分按国际外观设计分类号编排。

《中国专利索引》和《专利公报》可或单独或配合使用,检索途径及检索步骤如图 9-2 所示。

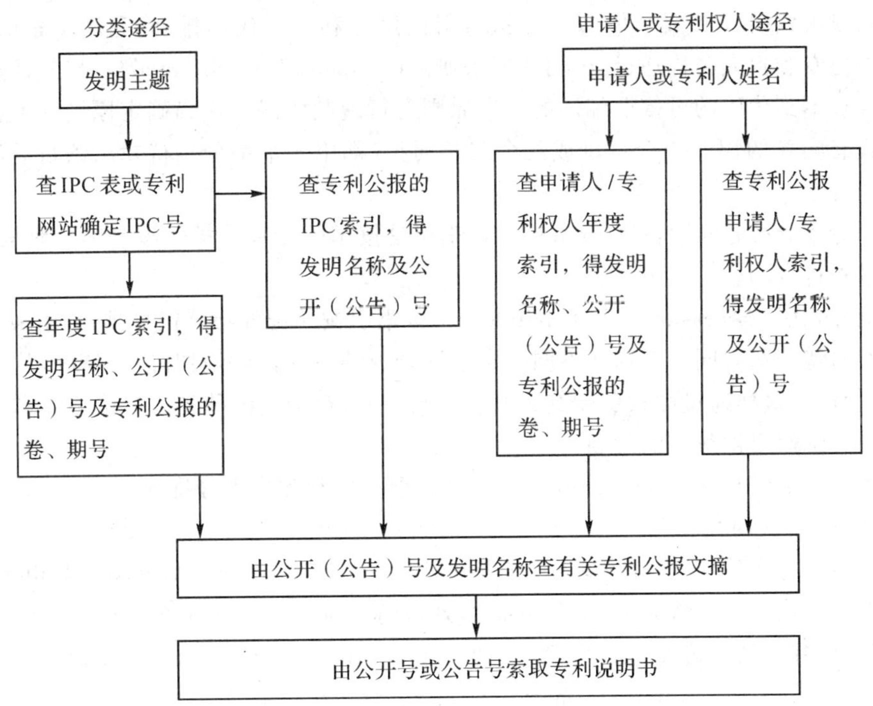

图 9-2　《中国专利索引》和《专利公报》检索途径及检索步骤

9.1.6　德温特专利文献检索

1. 概况

德温特公司出版社(Derwent Publication Ltd.)是英国一家专门用英文报道和检索世界各主要国家专利情报的出版公司,于 1951 年成立。它以题录和文摘两种形式对世界上 30 多个国家和地区、2 个国际专利组织及 2 种国际专利出版物中的专利信息分门别类进行报导。目前德温特的一系列出版物已成为查找主要国家专利文献的最权威和最系统的检索工具,所报道的专利信息量约占世界专利公布量的85%左右。出版形式有印刷版、光盘版、国际联机版、网络版。

德温特专利出版物主要由题录和文摘两大系列组成:

(1)题录系列,包括《世界专利索引公报》、《优先案索引》和《累积索引》。

(2)文摘系列,包括《综合与机械专利索引》(GMPI)、《电气专利索引》(EPI)和《化学专利索引》(CPI)。

题录系列和文摘系列既独立使用,又可相互配合使用,其中使用最广泛的是《世界专利索引公报》(WPIG)。

2. 德温特系列出版物索引体系

德温特系列出版物体系中,《世界专利索引公报》和《累积索引》的各个分册每期都有四种索引:专利权人索引、IPC分类索引、登记号索引和专利号索引。GMPI、EPI、CPI的各分册每期也都含有上述索引中的一些索引。另外,还有单独出版的"优先案索引"。从而构成了德温特系列出版物的索引体系。几种出版物的同类索引,其作用和使用方法基本相同,著录项目也大同小异。

(1)WPI索引周报

专利权人索引(Patentee Index)。该索引按照专利权人代码排列,利用本索引查阅时,须将待查的专利权人名称通过《公司代码手册》(Company Code Manual)查出代码后方可进行查阅。查不到代码的可依照编码的基本原则自行编制代码。代码确定原则一般都是取其名称中具有实意的词的4个字母或几个实意词头(都用4个字母),待找出条目后注意核对全称是否符合。

国际专利分类号索引(IPC-Index)。该索引是按国际专利分类号编制的一种索引,用于从分类号查得专利。

登记号索引(Accession Number Index)。该索引按照德温特登记号排列,用来查找同族专利。德温特公司对同一专利在不同国家申请,或在同一国家不同时期申请的,均统一编在一个登记号下,这样通过此索引能查到所有相同专利,对调节语种和了解该项专利的申请范围和评估其价值提供很大的便利。

专利号索引(Patent Number Index)。该索引按国别和流水号排列。

(2)WPI文摘周报

文摘周报有多种形式,以内容分,有快报型文摘周报(Alerting Abstracts Bulletins)和基本专利文摘周报(Basic Abstracts Journals,现改称 Documentation Abstracts Journals);从编排形式分,有按国分编和按类分编两种形式(Alerting Abstracts Bulletins Country Order 和 Alerting Abstracts Bulletins Classified)。

文摘周报中的文摘方式视专利种类不同而稍有变化。对《化学专利索引》(CPI,以前称 Central Patent Index《中心专利索引》),文摘的排列先按德温特分类号(如A11)排列,再按国家(先排主要国家,再在"Other"条下排其他国家)排列,再按专利号排列。对其余分册,先按德温特分类号大号排列(如P1,Q2,S,T等),再按国别和专利号排列。

3. 检索途径

德温特世界专利信息检索体系提供了分类、专利权人和序号三大检索途径,各种检索途径的检索步骤如图9-3所示。

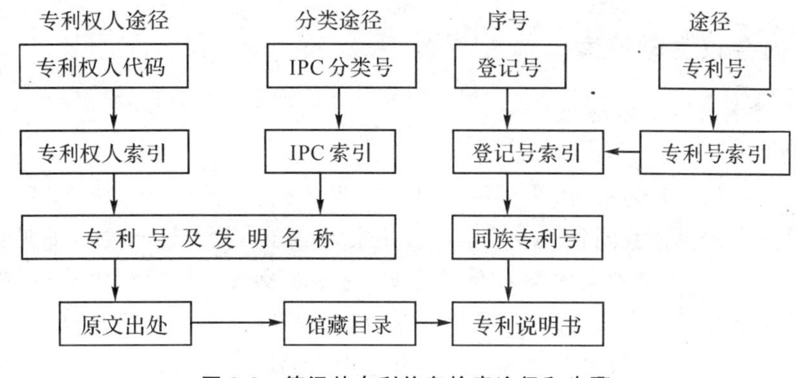

图 9-3　德温特专利信息检索途径和步骤

9.2　会议文献检索

9.2.1　概况

会议文献检索是指在各种学术会议上宣读的论文、产生的记录及发言、论述、总结等形式的文献，包括会议前参加会议者预先提交的论文文摘；在会议上宣读或散发的论文、会上讨论的问题、交流的经验和情况等经整理编辑加工而成的正式出版物。

会议文献按出版时间主要可分为会前文献、会间文献和会后文献。

会前文献(Pre-conference Literature)是指在会议前预先印发、出版的会议资料，主要包括会议论文预印本(Preprint Advance Conference Paper ，简称 Paper)、会议论文摘要(Advance Abstract)和会议预告(Forthcoming Conference)。会间文献(Literature Generated during Conference)是那些开会期间发给与会者的文献，包括开幕词、闭幕词、演讲稿、讨论记录、会议决议等会议资料。会后文献(Post-conference Literature)是指会议结束后，经会议主办单位等机构正式出版的会议论文集(Colloquium Papers)，也称会议记录。

会议文献主要以图书和期刊方式出版，部分会议文献也被编入科技报告。会议常有届次，因此就有定期或不定期出版的连续性出版物。这些图书通常以会议名称作为书名或副书名，并按会议届次编号。会后文献有不少发表在有关学会的期刊上，有些学会如 IEEE 等出版有固定的期刊，专门用来刊登科技会议论文，有的以汇刊(Transaction)命名。另外，还有不少期刊通过出版专辑(Special Series)或增刊(Supplement Series)来报道有关会议的重要文献。期刊的报道速度比图书快，但内容不如图书形式的会议录集中、系统和完整，但从期刊来检索会议论文不失为一种方法，有 40%的会议论文会出版在期刊上。

会议文献的检索工具包括预告性的检索工具如《世界会议》、《会议论文索引》等，正式出版物检索工具如《中国学术会议通报》、《科学会议录索引》等，收藏单位检索工具如《西文科学技术会议录联合目录》等。

9.2.2 国内会议文献检索

1.《中国学术会议文献通报》

(1)概况

《中国学术会议文献通报》由中国科技技术情报研究所编辑出版，于 1982 年创刊，目前为月刊，是目前全面报道我国各类专业学术会议文献的唯一检索性刊物。每期以题录、简介或文摘形式报道该所收藏的国内学术会议论文，内容涉及数理科学和化学、医药卫生、农业科学、工业技术、交通运输、航天航空、环境科学及管理科学。会议文献来自全国重点学会举办的各种专业会议。每期报道文献 2000 条，其中以文摘居多。它也预报一些即将召开的学术会议，旨在征集论文，促进交流。

(2)内容编排

通报由目次、文摘(题录)和年度主题索引组成。目次以《中图法》大类为序给出本期报道的会议名称和所在页次，正文文摘在会议名称下按《中图法》类号顺序排列文献篇名和文摘。

(3)索引和利用

《中国学术会议文献通报》在每年年末附年度主题索引，主题词按拼音字顺排列，其后给出文摘号，使用时可根据主题词下的文摘号，逐一回查正文中的文摘以确定是否正确。

2. 国内检索会议文献的其他检索工具

(1)《西文科学技术会议联合目录》

它由国家图书馆联合目录编辑组编辑，书目文献出版社出版，收录了全国 94 个图书馆入藏的西文科技会议录，约 7200 种。它分为征文和索引两部分，正文按《中图法》类号编排，同类号下按字顺排列，同一会议届次的按时间先后排列。索引按会议名称和机构名称字顺排列。没有正式会议名称和机构名称的会议按书名字顺，会议名称和机构名称混合排列。该目录是目前国内查找西文学术会议的主要工具。

(2)《国外科技新书简报》

它由中国图书进出口总公司出版，报道以图书形式出版并通过图书贸易渠道获得的科技会议文献。

9.2.3 国外会议文献检索

检索最新国际会议信息的专门刊物主要有美国的《世界会议》，检索国外会议文献的主要有《科技会议录索引》，另外还有介于两者之间的《会议论文索引》。下面对这些刊物进行介绍。

1.《世界会议》

(1)概况

《世界会议》(World Meetings，简称 WM)是由美国世界会议信息中心(World Meetings Information Center Inc.)编辑，麦克米兰出版公司(MacMillan Publishing Company)出版，于 1963 年创刊，季刊，专门预告未来两年内将要召开的国际学术会议信息。报道会议名称、内容、召开日期和地点、主办机构及提交论文期限等。内容涉及自然科学、工程技术、医学和社会科学等学科，是科技人员了解有关国际学术会议的主要检索工具。它共有 4 个分册：《世界会议：美国与加拿大》(World Meetings：United States & Canada)，于 1963 年创刊，只预报美、加两国当年和次年将要召开的各种世界性会议;《世界会议:美国与加拿大以外国家和地区》(World Meetings:Outside United States & Canada),于1968年创刊,专门预报美、加两国以外国家和地区当年和次年将要召开的各种世界性会议;《世界会议:医学》(World Meetings:Medicine),于1978年创刊,专门报导医学方面的国际会议;《世界会议:社会和行为科学,教育与管理》(World Meetings:Social & Behavioral Science,Education & Management),于1971年创刊。这4个分册都是季刊,而且编排方法和著录格式都相同。

(2)编排体系

《世界会议》每期都由正文(Main Text)和6个索引构成。正文部分按照会议登记号的顺序排列,较详细地著录了即将召开的各种会议消息,每个会议消息将在《世界会议》中连续报导3次,这3次包括修改、增删的次数。《世界会议》的内容每年更新一次,每期则把内容已重复报道了3次的会议消息删除,补入最新的消息。这样动态地构成其报道内容的主体。

(3)索引系统

关键词索引(Keyword Index),关键词索引是将会议名称中有实质意义的词抽出,并按字顺排列。关键词索引的著录格式:关键词(地点,日期)……会议登记号。

日期索引(Date Index),会议日期索引首先按年、再按月份编排。其著录格式:会议日期(地点)(关键词)……登记号组成。

地址索引(Location Index),按照会议召开国的字母顺序排列,同一个国家的会议按城市名字顺序排列,同一城市的会议又按关键词的字顺,后面依次列出关键词(地点,日期)……会议登记号。

出版物索引(Publication Index),按关键词字顺排列,在关键词后的括号中注明该会议出版物类型,包括文摘(Abstracts)、论文(Papers)、会议录(Proceedings)、录音带(Audio Tapes)或录像带(Video Tapes)等。其著录格式:关键词(出版物类型)……登记号组成。

截止期索引(Deadline Index),这是按照会议提交论文或论文摘要的截止期限的时间顺序编排的索引。日期后有该会议的关键词和登记号。其著录格式:日期 关键词……登记号组成。

会议主办单位索引(Sponsor Directory and Index),按会议主持者(或主办者)的单位名称排列。

(4)检索方法

《世界会议》检索方法是通过以上六个索引查找到会议登记号,然后根据会议登记号查找相应的正文款目,从而得到会议消息。

2.《科学技术会议录索引》

(1)概况

《科学技术会议录索引》(Index to Scientific & Technical Proceedings,ISTP)创刊于1978年1月,月刊,由美国科学信息研究所(ISI)编辑出版,是一种多学科会议文献检索工具,有年度累积索引。据统计,全世界有70%~90%的重要科技会议文献被该刊收录,目前每年报道的会议有4000多个,报道会议论文20万篇左右,涉及的学科包括生命科学、临床医学、工程科学、应用科学、物理和化学、生物学、环境及能源科学等。ISTP不仅报道会议录的出版情况,也报道会议录中各篇论文的题录。由于报道及时,学科覆盖面广,辅助索引完备,所以该刊是当前报道国际重要会议论文的权威性刊物。同时它不仅是一种经典的检索工具,也是当前世界上衡量和鉴定科学技术人员学术成果的重要评价工具,在我国学术界得到广泛重视，并作为文献收录评价依据的四大检索系统之一。ISI 出版《科学技术会议录索引》(ISTP)的光盘版和网络版。

(2)编排体系与索引系统

ISTP 有月刊本和年度累积本。月刊本每期由正文部分(会议目录 Content of Proceeding)和索引部分组成。正文部分报道以图书或期刊形式出版的会议录，按会议录登记号顺序排列；索引部分共有 6 种索引。每期按照刊载的前后顺序依次为类目索引、会议目次(正文)、作者/编辑者索引、会议主办单位索引、会议地址索引、轮排主题索引、团体机构索引。

(3)检索方法

《科学技术会议录索引》的检索途径多，使用方便，检索者可根据自己掌握的线索来选择索引，查到会议录登记号，然后根据会议录登记号查阅正文。此外，还可利用年度累积索引做回溯性检索。

3.《会议论文索引》

《会议论文索引》(Conference Papers Index，简称 CPI)是由美国数据快报公司(Data Courier Inc.)于 1973 年创刊(现在属于美国剑桥科学文摘社)的月刊型检索工具，主要报导会议论文。这些论文可能已经收集在会议录中，也可能还只是一个预告，不过都有论文的标题，因此是一种题录式报导工具。CPI 报道的会议文献时间上介于《科技会议录索引》和《世界会议》二者之间，能同时拥有“过去”和“将来”，既比《世界会议》“实在”(有论文)，又比《科技会议录索引》新和快，年报道量达 10 万，因此是检索最新研究成果的好工具。该工具也有年索引，查法大致相同。此外在 DIALOG 系统(BRS 和 ESA/IRS 中也有)收录自 1973 年至今的全部文献，便于机检。

9.3 科技报告检索

9.3.1 概况

科技报告(Scientific & Technical Report)是对科学、技术研究结果的报告或研究进展的记录。它所涉及的研究课题可以分为生产技术和基础理论两个方面，其中大量是国家部署重点支持的高技术研究项目。许多最新的研究成果，尤其是尖端学科的最新探索往往出现在科技报告中，它是当代科技人员的一种重要信息资源。由于大多数科技报告为内部发行，外界较难获得，故报道这种报告的检索系统就显得更加重要。

科技报告起源于 20 世纪初，开始只是一种向研究机构的上级主管部门的汇报，包括研究任务的进展、完成情况及经费使用等。二次世界大战后，世界各国政府对科技的投入增加，科研项目、研究成果越来越多，科技报告的发展随之加快，逐步形成科技文献的一大门类。据统计，全世界每年出版的科技报告数量达 100 万件以上。其中，最多的是美国，约占 83.5%，其次为英国，占 5%，德国、法国各占 1.5%。此外，日、苏、加等国也都有一定数量的科技报告。我国从 1963 年开始了科学技术研究成果报告的出版工作。这些代表了我国科学技术水平的科技报告内容十分广泛，它们有“内部”、“秘密”和“绝密”之分。

9.3.2　国内主要科技报告文献检索

1.《科学技术研究成果》和《科学技术研究成果公报》

《科学技术研究成果》是代表我国科学技术研究水平的正式科技报告。内容涉及机械、电机、计算机技术、冶金、化学化工、医药卫生、农林等领域。分为“内部”、“秘密”、“绝密”三个保密级别，由内部控制使用。

《科学技术研究成果公报》是专门报道和检索《科学技术研究成果》的工具。由中国国家科委科学技术研究成果办公室主办，由科技文献出版社出版，于 1963 年创刊，月刊。它报道我国较大的科研成果，由国务院有关部门推荐、经国家科委科学技术成果管理办公室正式登记、以摘要形式在《公报》上公告。著录内容包括科技成果名称、登记号、分类号、部门或地方编号、基层编号及密级、完成单位及主要人员、工作起止时间、推荐部门、文摘内容。期刊按分类编排，有五个大类：农业、林业，工业、交通及环境科学，医药、卫生，基础科学，其他类。每大类中按《中图法》分类号顺序编排，每年第 12 期是年度分类索引。检索途径有“分类索引”和“完成单位索引”等。中国科技信息研究中心已开发了电子产品——中国科技成果库。

2.《中国国防科技报告通报及索引》

该刊原名为《国防科技资料目录》，它是由中国国防科技信息中心编印的，报道与检索该所收藏的中文国防科研、实验、生产和作战训练中产生并经过加工整理的科技报告和有关科技资料。

3.《中国机械工业科技成果通报》

该刊报道内容包括基础理论研究成果、科研成果、新产品研制成果、软科学成果、专利成果等，按类编排。

9.3.3　美国四大科技报告

科技报告的数量很大，在世界各国数量庞大的各类科技报告中，美国占了 80%以上，其中历史悠久，影响广泛，报告量多，比较系统，参考价值大的主要有四大报告——AD、PB、NASA 及 DE。这四种报告的累积量都在几十万篇以上，占全世界科技报告的大多数，国内收藏单位也较多。

1. PB 报告

PB 报告产生于二战结束之后，当时美国政府为了整理和利用从战败国获得的数以千吨的秘密科技资料，于 1945 年 6 月成立了一个专门的出版局，即美国商务部出版局(Office of the Publication Board，U. S. Department of Commerce)，负责收集、整理、报导利用这些资料。每件资料都先编上顺序号，这些报告统称 PB 报告，PB 二字取自美国商务部出版局的首字母。而从 1970 年 9 月开始由美国商业部国家技术情报服务处(NTIS)负责管理这批报告，并继续使用该报告号。1980 年使用新的编号(PB＋年代－顺序号)，其中年代用公元年代后的末 2 位数字表示。例如 PB97－127866。PB 报告早已编完战时资料，但其机构仍然存在，后来的报告来源转向美国政府机构、军事科研和情报部门、公司和国家合同单位、高校、研究所和实验所的科技报告等。从 20 世纪 60 年代开始，报告的内容才侧重于民用工程技术，如土建、环境污染、城市规划、生物医学、社会科学等。PB 报告均为公开资料，无密级。

2. AD 报告

AD 报告最早是美国军事技术情报局(Armed Services Technical Information Agency,

简称 ASTIA)出版的科技资料,即 ASTIA Document,用其两个首字母 AD 来命名。它收集报道的文献多为国防部所属的军事研究机构和合同单位的科技报告。ASTIA 于 1951 年成立后几经改组易名,现称国防技术信息中心(Defense Technical Information Center,简称 DTIC),报告名仍沿用 AD,其含义已转为入藏文献(Accessioned Document)。AD 报告的来源单位有美国军事部门的研究单位、政府的科研部门、公司企业、大专院校以及一些国外和国际组织,报告内容不仅包括军事科技的,也涉及民用技术。

3. NASA 报告

NASA 报告是美国国家航空和航天局(National Aeronautics and Space Administration,简称为 NASA)出版的科技报告,现也简称 N 报告。NASA 的前身是 NACA(National Advisory Committee for Aeronautics)。

NASA 报告是一种综合性科技报告,除航空航天科学技术外,它还涉及电子、机械、化工、冶金、天体物理等各相关学科。NASA 报告中还包括专利文献、学位论文和专著,也有外国的文献、译文。年报告量约 6000 件。

4. DOE 报告

DOE 报告是美国能源部(Department of Energy, 简称 DOE)发行的科技报告。DOE 报告由 AEC(Atomic Energy Commission)和 ERDA(Energy Research and Development Administration) 报告演变而来。DOE 报告的内容主要是原子能及其他能源领域,也涉及其他各学科。其文献主要来源于能源部所属的技术中心、实验室、信息中心,也有一些来自国外。

9.3.4 美国科技报告的检索

美国四大报告的检索工具主要有《美国政府报告通报与索引》(主要检索 PB 报告、AD 报告),《航空和航天科技报告》(主要检索 NASA 报告),《能源研究文摘》(主要检索 DOE 报告),三种检索刊物的使用方法十分相似,下面介绍这三种检索刊物。

1.《美国政府报告通报与索引》

《美国政府报告通报与索引》(Government Reports Announcements and Index,简称 GRA & I)自 1946 年创刊以来,在名称、刊期、卷号和报道内容等方面都曾发生多次重大变化。目前由美国商务部国家技术信息服务处(National Technical Information Service ,简称 NTIS)主办,半月刊,以摘要形式报道全部的 PB 报告、所有公开和解密的 AD 报告、部分的 NASA 报告和 DOE 报告及其他类型的报告,同时也报道美国政府主管的科技译文及某些外国的科技报告。每年约 7 万件,其中研究报告 5.5 万件。外国报告主要来自加拿大、英国、德国、日本和东欧各国,约占 20%。

每期《美国政府报告通报与索引》由文摘和索引构成,另外单独出版卷累计索引。GRA & I 正文的全部文摘款目按分类编排。1987 年以前所用分类表附在每期刊物的前面,共设 22 个大类,177 个小类。1987 年起按 NTIS 的新分类表编排,该分类目次表共包括 38 个大类、363 个小类,不再使用类号,先按大类(Subject Category)和小类(Subcategory)的名称字顺排序,再按订购号顺序排列。

GRA & I 的检索途径有分类途径、主题途径、著者途径、序号途径等。

2.《宇宙航行科技报告》

《宇宙航行科技报告》(Scientific and Technical Aerospace Reports,简称 STAR)是美国

国家航空与宇宙航行局科技信息处编辑出版的专业性检索刊物。于 1963 年创刊，半月刊。该刊除收集和报道全部 NASA 报告外，也部分转载 PB、AD、DE 等报告。凡与 GRA 和 ERA 重复的内容，它只列出题录，而对文摘正文则注明见 GRA 或 ERA 的卷次和文摘号。STAR 的数据库名称是 NASA，由欧洲航天局的联机信息检索系统 ESA-TRS 提供联机检索。

STAR 每期附有 5 种索引：主题索引（Subject Index），个人著者索引（Personal Author Index），团体著者索引（Corporate Author Index），合同号索引（Contract Number Index）和报告号/入藏号索引（Report/Accession Number Index）。

3.《能源研究文摘》

《能源研究文摘》（Energy Research Abstracts，简称 ERA）由美国能源部技术信息中心编辑出版，于 1976 年创刊，半月刊。其前身是美国 ERDA 的《能源研究文摘》和 AEC 的《核科学文摘》（Nuclear Science Abstracts，简称 NSA）。ERA 收录美国能源部所属单位及其合同户以及联邦政府、政府的驻外机构、国内外大学和研究单位发表的科技报告，也收录与能源部活动有关的期刊论文、会议录、图书、专利、学位论文等。

ERA 文献按分类编排，分 38 个大类 313 个小类，每期附有 5 种索引，即主题索引（Subject Index），个人著者索引（Personal Author Index），团体著者索引（Corporate Author Index），合同号索引（Contract Number Index）和报告号索引（Report Number Index）。

9.4 学位论文检索

9.4.1 概况

学位论文是作者为获得的某种学位而撰写的研究论文。它是伴随着世界上学位制度的实施而产生的，在欧洲国家多称“Thesis”，美国称之为“Dissertation”。世界上连续地授予学位是从中世纪开始的。现代各国学位的设置尽管不尽相同，但多数国家采用的是三级学位制，即学士（Bachelor）、硕士（Master）和博士（Doctor）制度。通常情况下，所谓学位论文习惯上只限于硕士论文和博士论文。学位论文一般分为两大类型：一类是理论研究型的，作者通常在搜集和阅读大量资料之后，依据前人提出的论点和结论，再通过自己的深入研究或大量实验，进一步提出新论点和新假说；另一类是调研综述型的，此类论文作者主要以关于某一主题领域的大量文献资料为依据，进行科学的分析与综合后，对其专业领域的研究课题做出概括性的总结，提出自己独特的论点和新见解。因此，学位论文在科技文献中占有相当重要的地位。

9.4.2 国内学位论文检索

1.《中国学位论文通报》

《中国学位论文通报》是我国自然科学类学位论文的权威性检索工具。它于 1985 年创刊，原为季刊，1986 年以后改为双月刊。它以题录、简介和文摘结合的形式，报道我国高等院校和科研机构的博士和硕士论文。它收录范围包括基础科学、医药科学、农业科学、工业技术、交通与建筑以及科技管理学等。它每期内容包括分类目录、正文和索引。分类目录按

《中图法》分类，共设 9 个大类和 18 个子类；正文按《中图法》标引编排；索引部分有“机构索引”和“年度分类索引”。

正文款目的著录格式是：分类号、顺序号、论文题目、学位名称、文种、著者姓名、学位授予单位、总页数、发表年月、文摘、图表及中国科学技术情报研究所馆藏资料索取号等。

检索者可按分类途径或机构名称查找所需文献，按馆藏索取号向中国科学技术情报研究所借阅。由于种种原因，《中国学位论文通报》于 1993 年停止出版，代之以“中国学位论文数据库(CDDB)”软盘，1996 年由万方数据公司出版光盘版数据库。

2.《中国科学院博士学位论文文摘》

《中国科学院博士学位论文文摘》(年刊)收录中国科学院所属各研究机构和高校的博士研究生的学位论文。正文按《科图法》分类顺序编排，其后有“作者索引”、“导师索引”、“中图法分类号索引”和“授予学位单位”。

3.《中国博士学位论文提要》

《中国博士学位论文提要》由北京图书馆学位学术论文收藏中心编制，书目文献出版社于 1992 年开始以图书形式出版。社会学部分为 1 册，自然科学部分为理学、工学和农学医学 3 册，文献可回溯到 1981 年。

9.4.3 国外学位论文检索

1.《国际学位论文文摘》

(1)概况

《国际学位论文文摘》(Dissertation Abstracts International 简称 DAI)是当前检索国外博士论文比较具权威性的一种检索工具，在欧美国家享有较高的声誉。DAI 由美国 UMI (University Microfilms International)公司编辑出版，于 1938 年创刊，为月刊。自创刊 50 余年来，有过多次更名，总名称于 1969 年改为现名，各分册名称自 1989 年以来也未再做调整。DAI 共收录北美和世界各国 550 多所著名大学和研究机构的博士论文，每年约报道 45000 篇学位论文文摘，每条文摘字数不超过 350 个词。

目前，DAI 共出版三个分册，各分册的名称及报道内容如下：

A 辑：人文和社会科学(The Humanities and Social Sciences)，月刊，报道美国和加拿大 450 余所大学及研究机构提供的人文和社会科学方面的博士论文。

B 辑：自然科学与工程技术(The Sciences and Engineering)，月刊，报道美国和加拿大 450 余所大学及研究机构提供的自然科学和工程技术方面的博士论文。自 1969 年起，增收欧洲一些大学的学位论文，当时收录欧洲各国的大学 20 所左右。

C 辑：世界各国(Worldwide)。C 辑的前身为“欧洲学位论文文摘”(European Abstracts)，季刊，报道奥地利、荷兰、比利时、法国等 16 个欧洲国家约 70 所大学的博士论文。1989 年 50 卷起，C 辑收录学位论文扩大到世界范围，名称也改为“世界各国”(Worldwide)，由 UMI 设在伦敦的分公司出版，收录除美、加之外的世界各国著名大学和研究机构的博士和博士后论文。

(2)检索途径

《国际学位论文文摘》的检索途径有分类途径、主题途径、著者途径。

分类途径。可使用目次表查找所需的类别，然后根据类别所在的页码，逐篇逐期查找。

主题途径。可使用关键词索引，根据关键词和篇名选择所需文献，再根据所指引的页码查阅文摘决定取舍。

著者途径。须知道确切的著者姓名，用法与其他工具的著者索引相同。

2.《美国博士学位论文》

《美国博士学位论文》(American Doctoral Dissertations)由 UMI 为研究图书馆协会每学年出版一次。《美国博士学位论文》是年度目录，包括美国和加拿大各大学接受的全部博士学位论文(收录有许多在 DAI 上未摘录的学位论文)。该目录是根据各大学发行的学位授予计划汇编的。著录项目则按题目分类和学位授予单位排列。

3.《学位论文综合索引》

《学位论文综合索引》(Comprehensive Dissertation Index，简称 CDI)于 1973 年首次出版，共 37 卷，报道了 1861—1972 年 110 余年间美国近 400 个大学和研究机构所拥有的约 40 多万篇学位论文，加拿大和其他国家的许多学位论文也作了索引。1975 年又出了 5 卷增刊，增收了 36760 篇学位论文索引，以后始终坚持出版年度增刊，以保持其报道的及时性。该索引以论文主题分类编排，并附有论文作者索引。CDI 正文的著录条目包括论文题目、作者、学位名称、授予学位日期、授予学位单位、学位论文页数、《国际学位论文文摘》、《美国博士学位论文》或其他信息源的参照号以及向 UMI 索取原件时的订购号等。可以说 CDI 完全代替了早期学位论文累积索引，是一种系统追溯检索美国学位论文的工具。

4.《硕士论文文摘》

《硕士论文文摘》(Master's Abstracts)于 1962 年创刊，为季刊，由美国 University Microfilms International 出版。本文摘报道美国 70 多所大学的硕士论文，文摘很简短(约 150 个字)，每期文摘杂志均有主题和著者索引，并在每卷末期附有累积索引。每隔 5 年单独出一次累积版。

9.5 标准文献检索

9.5.1 标准文献概述

1. 标准和标准文献的概念

什么是标准？按照我国国家标准 GB3935.1－83《标准化基本术语 第一部分》的定义：“标准是对重复性事物和概念所做的统一规定。它以科学、技术和实践经验的综合成果为基础，经有关方面协商一致，由主管机构批准，以特定形式发布，作为共同遵守的准则和依据。”除通常所称的“标准(standard)”之外，在实际中遇到的诸如“规格/规范(specification)、规程(code)”等等词语，也都含有类似的意思。它不仅是从事生产建设工作的共同依据，而且是国际贸易合作、商品检验的依据。

标准文献是按照规定程序编制并经过一个公认的权威机构(主要机关)批准的，供在一定范围内广泛而多次使用，包括一整套在特定活动领域必须执行的规格、定额、规划、要求的技术文件。简而言之，标准文献是标准的文字载体和表现形式。技术标准是标准文献的主体。标准文献与图书、期刊、专利、学位论文、技术报告、会议文献等完全不同，标准文献的制定要通过起草、提出、批准、发布等，并规定实施时间与范围。标准文献是标准化工作的产物。

标准文献有利于企业或生产实现经营管理统一化、制度化、科学化。标准文献反映的是当前的技术水平，国外先进的标准可以为我们提高工艺技术水平、开发新产品提供参照。另外，标准文献还可以为进口设备的检验、装配、维修和配置零部件提供参考，是人们从事科研、生产、设计、检验和贸易中重要法律性技术依据。因此，标准文献可以说是重要的情报资源，它为整个社会提供了协调统一的标准规范，起到了解决混乱和矛盾的整序作用，作为科技工作人员，一定要十分重视标准文献。

2. 标准文献的类型

标准文献的类型可按其使用范围、内容和性质、成熟程度来划分。

(1)按使用范围，可分为以下五种：

● 国际标准

国际标准是指由国际上权威组织制定并为国际上承认和通用的标准。国际标准化组织(International Organization for Standardization，简称为 ISO)和国际电工委员会(International Electrotechnical Commission，简称为 IEC)是世界上最大最具权威性的标准化组织。此外，联合国的有关组织机构，如世界卫生组织(the World Health Organization，简称为 WHO)及一些世界性专业团体也参与制定国际标准。

● 区域标准

区域标准是由世界某一地区标准化团体及参与标准化活动的区域团体所制订并通过的标准。国际上有权威的区域性标准化组织有：欧洲标准化委员会(European Committee for Standardization，简称为 CEN)，欧洲电工标准化委员会(European Committee for Electrotechnical Standardization，简称为 CENELEC)，经济互助委员会标准化常设委员会(Standing Committee for Standardization of Council for Mutual Economic Assistance，苏联和东欧国家间的经济合作国际协议机构)。

● 国家标准

国家标准是指国家标准化主管机构批准、发布、在全国范围内统一实施的标准。《中华人民共和国标准化法》(以下简称《标准化法》)规定我国国家标准分为强制性与推荐性两种。

● 行业标准

我国行业标准是在没有国家标准而又需要在全国某个行业范围内统一技术要求而制定和实施的标准。行业标准不得与有关国家标准相抵触，在相应国家标准实施之后，原行业标准即行废止，《标准化法》规定行业标准分为强制性与推荐性两种。在《标准化法》实施之前，我国标准分级中曾设有部标准、专业标准。所谓部标准，是指国务院下属各部(委、局)制定，在部门范围内统一实施的标准，《标准化法》规定标准分级中不再存在部标准，部标准要逐渐向行业标准过渡，并对原来部颁标准进行了整顿。专业标准则是原国家标准局在 1984 年发布的《专业标准管理办法(试行)》中设立不宜定为国家标准而又必须在某一专业范围内全国统一的标准为专业标准。并规定部标准应向专业标准过渡，由于障碍较大，只出现了为数不多的专业标准。

● 企业标准

企业标准是对企业范围内需要协调、统一的技术要求，管理要求和工作要求所制定的标准，是企业组织生产、经营活动的依据。我国鼓励企业制定严于相应国家标准或行业标准的企业标准，在企业内部采用，以提高产品质量，增强企业竞争力。

另外还有地方标准，《标准化法》规定对没有国家及行业标准而又需要在省、自治区、直辖市范围内统一要求的,可以制定地方标准。

(2)按标准的内容,可分为以下四种:

● 基础标准

基础标准是在一定范围内作为其他标准的基础被普遍使用,并具有广泛指导意义的标准。如名词、术语、符号、代号、标识、方法、模数、公差与配合、优先数系、基本参数系列、产品系列型谱、产品环境条件、可靠性要求等。此类标准的有效期较长。

● 产品标准

产品标准是为保证产品的适用性、以产品必须达到的某些或全部要求所制定的标准。其范围包括品种、规格、技术性能、试验方法、检验规则、包装、贮藏、运输等。

● 方法标准

方法标准是以试验、检查、分析、抽样、统计、计算、测定、作业等各种方法对象制定的标准。

● 安全与环境保护标准

安全与环境保护标准以保护人、物、环境的安全或利用而制定的标准。

另外,还有工艺装备标准、原材料标准等。

(3)按标准的性质,可分为以下三种:

● 技术标准

技术标准是对标准化领域中需要协调统一的技术事项而制定的标准,它主要是事物的技术性内容。

● 管理标准

管理标准是对标准化领域中需要协调统一的管理事项所制定的标准。它主要是规定人们在生产活动和社会生活中的组织结构、职责权限、过程方法、程序文件以及资源分配等事宜,它是合理组织国民经济,正确处理各种生产关系,正确实现合理分配,提高生产效率和效益的依据。

● 工作标准

工作标准是对标准化领域中需要协调统一的工作事项所制定的标准。工作标准是针对具体岗位而规定人员和组织在生产经营管理活动中的职责、权限,对各种过程的定性要求以及活动程序和考核评价要求。

(4)按成熟程度,可划分为正式标准和试行标准两类。

3. 标准文献的特点

(1)编排格式、叙述方法严格统一。标准文献的主要特点是有固定的代号和专门的编写格式。

(2)时效性强。为了保证标准的先进性,能指导和促进生产实践,必须对标准进行修改、补充或废除以及更新换代。这就是说,标准具有一定的有效期。为此,我国规定国家标准、行业标准和地方标准的有效期一般不超过 5 年,而企业标准的“标令”一般不能超过 3 年。

(3)具有法律约束力,要求人们自觉遵守。标准在一定条件下具有法规性质,这是其他文献所没有的。

(4)有明确的适用范围和用途,通常一件标准只解决一个问题。

(5)新陈代谢频繁,各种标准都将随着科学技术的发展而不断地修订和补充。

(6)可靠性和可行性。标准文献中所记录的情报只能是经过严格的科学验证和精确的数学计算，并以现代科学技术的综合成果和先进经验为基础而取得的。因此，它在科学上是可信的，技术上是可行的，经济上是合理的。

9.5.2 国内标准文献的检索

1. 国内标准及其编号

依据1989年4月1日起正式开始实施的《中华人民共和国标准化法》，中国的标准分为四级：国家标准、行业标准、地方（省、自治区、直辖市）标准和企业标准。我国标准的代号一般用两个大写汉语拼音字母表示，标准的编号结构采用“标准代号＋发布顺序号＋发布年代号（即发布年份的后两位数字）”的形式。

(1)国家标准

根据我国“国家标准管理办法”规定，强制性国家标准用“GB”为代号，推荐性国家标准用“GB/T”为代号。如GB/T 11197－2003为海上船舶无线电通话标准用语。

(2)行业标准

根据我国“行业标准管理办法”规定，强制性行业标准的代号用行业名称的两个汉语拼音字母表示；推荐性行业标准的代号，则在该拼音字母后加斜线“/”加“T”表示。如CB/T 3951－2002为船用阻燃橡胶地板。

(3)地方标准

在《标准化法》实施之前，地方标准代号用原省（直辖市、自治区）代号加Q组成。现在强制性地方标准的代号用“DB”加省、市、自治区代码前两位数加斜线“/”表示，推荐性地方标准的代号在斜线后再加上“T”表示。如DB31/T 208－2002为小包装蔬菜（上海市质量技术监督局）。

(4)企业标准

根据我国“企业标准管理办法”规定，企业标准的代号用“Q”加斜线“/”加企业的数字代号表示。如京Q/JB1－89为北京机械工业局1989年颁布的企业标准。

2. 国内标准分类

《中国标准文献分类法（修订本）》(CCS)发布于1989年，是我国对标准文献进行分类的依据，类目设置以专业划分为主，分类体系由二级组成。其一级类目共24个，用拉丁字母表示，二级类目用双位数表示，每个大类下设00～99共100个二级类目。

3. 国内标准文献检索工具

检索我国各类标准既有标准目录、汇编、年鉴等各种专门的手工检索工具，也有计算机网络检索，下面介绍几种主要检索工具。

(1)《中华人民共和国国家标准目录》

该目录原由国家标准局编，现为国家技术监督局标准化司编，中国标准出版社出版。1991年版收录了1990年底前全部现行的国家标准16000个，以后逐年出版的国家目录只收上一年度公开发布的国家标准。内容包括现行国家标准外，还列出了行业标准。目录由正文和标准号索引组成，正文按《中国标准文献分类法》分类，对每个标准著录格式为：专业分类号，标准号，标准名称，制订日期，实施日期。如E92 GB 9710－88 固井水泥车技术条件 88－09－05 89－03－01。

国家标准目录信息已建立计算机数据库，进行实时维护和管理。

(2)《中国标准化年鉴》

该年鉴原由国家标准局编，现为中国国家技术监督局编，中国标准出版社出版，于1985年创刊，1985年的年鉴收集了截至1984年9月底国家标准的全部信息，以后每年一册。正文按专业分类编排，并附有标准号索引。

(3)《中国国家标准分类汇编》

该汇编由中国标准出版社编辑出版。这是一部大型国家标准全集，收集全部现行国家标准，按专业类别分卷汇编，共有15卷。1993年开始陆续出版。该汇编按《中国标准文献分类法》分类，其一级类设定为卷(有些一级类合并出版)，二级类按类号编成若干分册，二级类号下按标准号排列。

(4)《中国国家标准汇编》

该汇编由中国国家标准出版社出版，自1983年至今已出版近200卷，收录了公开发布的全国现行的国家标准，其各卷及正文按国家标准号顺序排列，在已知标准号情况下，可直接查到标准全文。

(5)《标准化通讯》

该通讯为双月刊，由中国标准化协会编辑出版，刊载新发布和批准的国家标准和部标准。著录项目包括标准号、标准名称和被代替标准号三项。

(6)《中华人民共和国国家标准及行业标准目录》

该目录1997年由国家技术监督局标准化司主编，由中国标准出版社出版。

(7)《世界标准信息》

该刊由中国标准信息中心编辑出版，为月刊。该刊以题录形式介绍最新国家标准、行业标准、我国台湾标准、国际和国外先进标准，以及国内外标准化动态。

4. 国内标准文献检索方法

标准文献的检索方法大都是从标准目录中查找。由于标准目录编排方法大致相同，所以检索途径也基本相似，主要有分类、标准号两种途径。检索方法如图9-4所示。

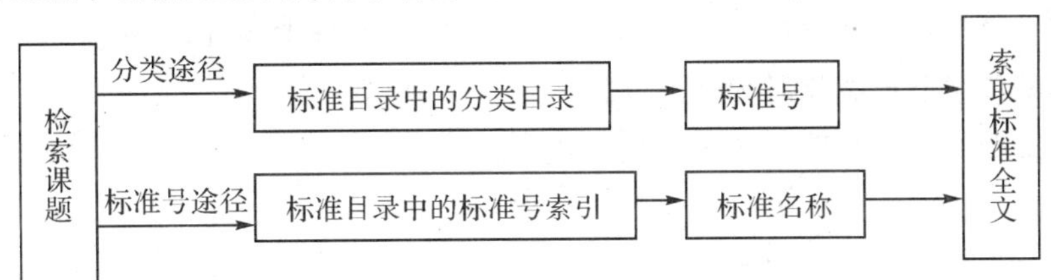

图9-4　中国标准文献检索方法

9.5.3　国外标准文献的检索

国际标准是指国际标准化组织(ISO)、国际电工委员会(IEC)和国际电信联盟(ITU)所制定的标准，以及ISO为促进《关贸总协定——贸易技术壁垒协议》即标准守则的贯彻实施所出版的《国际标准题内关键词索引(KWIC Index)》中收录的其他国际组织制定的标准。1989年KWIC索引(第二版)，共收录了ISO与IEC制定的800个标准，以及其他27个国际组织的1200多条标准。这里我们主要介绍国际标准化组织(ISO)和国际电工委员会(IEC)的标准文献检索。

1. 国际标准化组织及其标准文献检索

(1)概况

国际标准化组织(International Organization for Standardization,简称 ISO)是当今世界最大的最权威标准化机构。它是非政府性的,由各国标准化团体(ISO 成员团体)组成的世界性联合会,它成立于 1947 年,其宗旨是在全球范围内促进标准化工作的开展,其主要职能是制订 ISO 国际标准,协调世界范围内的标准化工作。其制定标准范围除电气和电子领域外的其他学科,电工标准由国际电工委员会(IEC)专门负责,电子电信标准由国际电信联盟(ITU)专门负责。到目前,该组织已有 90 余个成员国。ISO 下设技术委员会(Technical Committee,简称 TC),在每个技术委员会下设置了一些分委员会(Sub-Committee,简称 SC)和工作小组(Working Group,简称 WG)。ISO 国际标准均由 TC,SC 和 WG 负责制订,其标准制订审批程序十分严密。我国以中国标准化协会(China Association for Standardization,简称 CAS)的名义于 1978 年加入 ISO,1982 年当选为 ISO 理事会成员。为了迎合各国标准并向国际标准靠拢,目前,我国规定国家标准向国际标准靠拢。ISO 标准每隔 5 年就要重新修订和审定一次,使用时应注意最新版本。

(2)编排结构与检索工具

ISO 的标准编号结构形式为"ISO+顺序号+制(修)定年份"。ISO 标准的分类按制定标准的技术委员会(TC)的名称设定类目,共 146 类,类号由"字母+数字"构成。

ISO 标准的检索工具主要有《国际标准化组织标准目录》(ISO Catalogue)和《ISO 技术规则》两种。《ISO 技术规则》由国际标准化组织编辑出版,年刊,报道 4000 多份可视为国际标准的文件和已达到委员会草案(CD)阶段和国际标准草案(DIS)阶段的全部文件。《国际标准化组织标准目录》是检索 ISO 标准的主要工具,该目录为年刊,英、法文对照,由七个部分组成:

①分类目录。它采用国际标准分类表(International Classification for Standards,简称 ICS)。

②主题分类目录。它是目录的正文部分,按 ICS 标准分类编排,著录有标准号、版次、页数、价格代码、技术委员会代码和标准题目。

③英文主题索引。它按英文字母顺序排列。

④法文主题索引。它按法文字母顺序排列。

⑤标准号索引。它按 ISO 标准号顺序排列。

⑥作废标准与代替标准对照索引。它按作废标准号的顺序排列。

⑦国际十进分类号(UDC)与 ISO/TC 类号对照索引。它按 UDC 类号顺序排列。

此外,《国际标准化组织标准目录》每年还有四期补充目录,可供查找最新标准。中国标准出版社还不定期将《国际标准目录》主要部分翻译成中文后出版。内容包括两部分:一是按 206 个 TC 序号编排,二是按 ISO 标准号与 TC 号对照排列。

(3)检索途径

《国际标准化组织标准目录》的检索途径有主题途径检索、标准号途径检索及分类途径检索等。检索方法如图 9-5 所示。

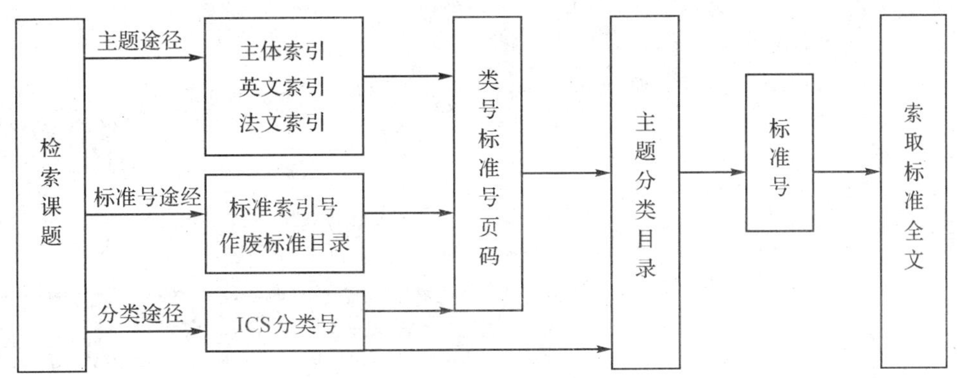

图 9-5 《国际标准化组织目录》检索方法

2. 国际电工委员会(IEC)及其标准文献检索

(1)概况

国际电工技术委员会(International Electrotechnical Commission,简称 IEC)主要负责电工方面的国际标准化活动,它制定标准的范围大致分名词术语、电路用的图形、符号、单位、文字符号等。在试验方法方面制定产品质量或性能指标,以及有关人身安全的技术标准。与 ISO 一样,IEC 的标准由其专业委员会(TC)及下属的分委会(SC)、SC 下属的工作组(WG)负责制定。目前,已发布电子电工国际标准近 3000 件。我国于 1957 年 8 月加入该组织。

(2)编排结构与检索工具

IEC 标准编号的基本结构为"IEC+标准序号+发布年份"。IEC 标准的检索工具主要是《国际电工委员会出版物目录》(Catalogue of IEC Publications)。该目录为年刊,由 IEC 中央办公室以英法文对照的形式编辑出版。它的正文之前是目录表,按 TC 号顺序编排,TC 号后列出标准名称和页码,页码指引到正文的相关标准。正文部分是"IEC 出版物序号表"(Numerical List of IEC Publications),按 IEC 出版物序号编排。条目著录有 IEC 标准号,、标准名称、所属技术委员会的 TC 号和文摘简介。正文后是"主题索引"(Index of Subject Matter),著录有 IEC 标准号和说明语。

《国际电工委员会出版物目录》对应的中文版《IEC 国际电工标准目录》,由电机部机械标准化研究所出版,其检索方法与《国际电工委员会出版物目录》相同。

(3)检索途径

IEC 标准的检索途径有主题和标准号两种,和 ISO 标准类似。

3. 其他国外标准文献检索

除了 ISO 及 IEC 外,国际上比较有权威性的区域标准制定机构如欧洲标准化委员会(CEN)等也参与标准的制定,另外,一些发达的西方国家制订的国家标准也有很大参考价值,如美国国家标准学会(American National Standards Institute,简称 ANSI)标准、英国标准协会(British Standards Institution,简称 BSI)标准、日本工业标准调查会(Japanese Industrial Standard ,简称 BSA)标准、前苏联的 ГОСТ 标准等等。查找国外标准文献还可以利用中文版的《美国国家标准目录(ANSI Catalogue)》、《美国材料与试验协会标准目录(ASTM)》、《英国标准目录(BSI)》、《法国国家标准目录》、德国《技术规程目录》和《日本工业标准会(JIS)标准目录》等检索工具。

第 10 章

计算机信息检索

利用计算机进行的信息检索称为计算机信息检索。计算机信息检索主要包括光盘数据库检索、网络数据库检索和互联网信息检索。在这一章里，我们将对普遍适用于这些信息检索系统的计算机检索原理、文献信息数据库知识、主要的计算机信息检索系统以及计算机检索策略作概要的介绍。

10.1 计算机信息检索概论

10.1.1 计算机信息检索的发展历史

计算机信息检索是对传统的手工检索的革命，美国海军军械试验中心（NOTS）于 1954 年利用 IBM-710 型计算机建立的科技文献检索系统是世界上第一个计算机信息检索系统。二战后，随着科学技术的迅猛发展，文献数量激增，文献老化速度加快，信息的产生愈加分散，如何准确及时地利用文献信息已成为人们十分迫切的需求。同时，随着计算机技术和网络通信技术的飞速发展，为文献信息的快速处理、存储和管理以及数据传输都提供了强大的技术支撑。

计算机信息检索的发展过程大致可以分为脱机检索、联机检索、光盘检索、网络数据库检索和搜索引擎主导下的互联网信息检索等几个阶段。

20 世纪的 70 年代至 80 年代是联机信息检索发展最快的时期，因为其具有交互性的特点，逐渐成为当时主流的计算机信息检索方式。进入 20 世纪 90 年代以后，光盘检索以其信息存储容量大、成本低廉、使用方便等特性占据了计算机信息检索的重要地位，90 年代中后期至今，随着互联网的迅猛发展，商业性的网络数据库和搜索引擎主导的网络信息检索已经成为计算机信息检索的最主要方式。

10.1.2 计算机信息检索的原理

计算机信息检索是指人们利用计算机并结合特定的信息需求，使用系统定义的检索指令，运用合理的检索词和检索策略，从数据库中检索出需要的信息，并由终端设备显示或打印的过程。与手检比较起来，机器检索速度快，检索途径多，而且可以执行逻辑组配功能以及截词运算等其他检索技巧，查全率比较高。

计算机信息检索的原理的示意如图 10-1 所示。

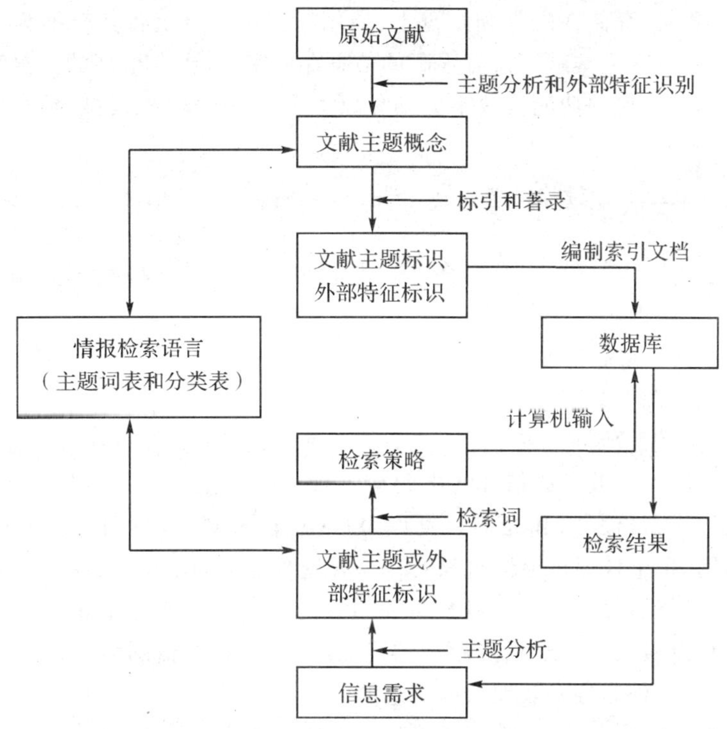

图 10-1　计算机信息检索原理

一般说来，计算机信息检索包括文献的存储和检索两个部分，即对应于文献检索系统的建立和文献查找两个部分。根据系统的性质，文献标引人员对收集到的文献内容进行主题分析，即把文献包含的信息内容分析成若干能代表文献主题的概念，并用主题词表、分类表等规范化标识的情报检索语言对文献主题进行标引，同时把文献中的其他外部特征标识（著者、文摘、原文出处、卷期等）也一起输入计算机数据库系统进行存储，每一篇文献在数据库中的表现形式都是一条数据库记录。

检索过程的主要步骤是：如果用户已知文献的外部特征，例如著者名称，则可以直接进行检索。否则检索者就要对检索课题进行主题分析、明确检索范围，形成能代表信息需求的若干主题概念，把这些主题概念转换成计算机信息检索语言，编制检索提问式，在检索系统中进行检索。检索系统对检索提问式进行特征识别，与数据库中存储的倒排文档的信息特征标识进行比较和匹配，凡信息特征标识与检索词一致且满足检索表达式的逻辑规则，检索系统就把相关记录作为信息检索的结果按照某种顺序显示输出。

10.2　数字化信息和数据库

随着计算机技术和网络通信技术的出现与发展，人们获取信息的方式和途径也随之发生了剧变。尤其是从 20 世纪 80 年代开始，以磁盘、光盘等载体形式来记载的“非纸质信息”数量剧增。

数字化信息亦称为电子信息，本节以下统称为数字信息或者数字型文献。数字型文献又称计算机可读文献，是以磁盘或光盘为存储介质，通过计算机或者其他数字处理设备对数字信息进行存取和处理而产生的文献。文献信息通过计算机的外部设备和软件系统转换为数字信号输入计算机，存储在磁带和磁盘上，使用时又由计算机将其转换为文字或图像，显示在终端屏幕上。数字型文献不仅有很高的信息存储密度，还有很高的信息存取速度，并具有数字加工、出版和传递的功能。数字信息资源实质上是一类“机读型”信息资源，是数字化的信息资源。

10.2.1 数字型文献的类型

数字型出版物内容丰富，类型众多，按照不同的标准可以将数字文献划分为不同的类型。

1. 按信息的载体及通信方式分类

(1)光盘信息资源

光盘是继纸张、缩微胶片、磁存储器之后的一种用激光束记录和再现信息的存储载体形式，是采用激光、计算机、数字通信和光电集成等现代高科技成果的结晶。光盘信息资源包括各种声像光盘、光盘出版物和光盘数据库，对信息检索来说，我们主要讨论光盘数据库。光盘数据库包括在单个计算机上同时只有一个人进行检索的单机版数据库和多人通过网络同时检索信息的网络版数据库。光盘数据库检索与网络数据库检索相比，其检索方法十分相似，但是光盘信息检索具有检索费用低的优点，特别是在通信网络不发达的地区，利用光盘信息资源检索是一种非常有效地获取信息的方式。

(2)网络数据库资源

它是由网络信息服务提供商提供的商业信息资源，资源一般多为公开出版的科学研究文献和有价值的研究信息。人们通过计算机网络，使用检索系统规定的检索语言和检索策略，从检索系统的数据库中检索出特定的所需信息，然后通过终端设备来显示或打印文本。

(3)互联网信息资源

互联网信息资源以超文本信息的形式来组织信息，而且存储信息的格式多种多样，不仅包括文本和图像，还包括其他多媒体形式，如动画、音频、视频等。超文本链接技术使得信息的组织方式发生了巨大的变化，它不仅以知识和信息作为基本单元，而且还能充分展示这些单元之间的逻辑关系，为网络环境下不同形式的信息资源的管理、开发和利用提供支持。其次，互联网信息资源具有能为用户提供更具及时性的信息服务的特点，使用费用也比较低廉，信息的超链接特性可随时让用户获得更多的相关信息。

2. 按照文献信息的组织形式划分

(1)文本信息资源

文本信息资源是按照线性顺序组织知识单元的文本性出版物，具有比较大的局限性和片面性。

(2)超文本信息资源

与文本信息资源不同，超文本信息资源是按照知识单元及相互之间的关系建立起来的知识结构和网络，其数据库由节点(node)和链接(link)组成。因此它便可以通过网络上各个节点的链接将相关的信息有机地联系起来。在利用超文本信息资源进行检索的过程中，用户可以以知识的片段或其相互关系作为检索的依据，从网络中的任何一个节点开始进行检索。

(3)多媒体信息资源

多媒体是多种媒体的综合与发展，它是一种数字化的视听媒体。除文字外，多媒体信息资源还包括图片、动画、音频和视频等各种信息形式，在内容的表述上具有直观性、多样性的特点，而且还具有人机交互的友好界面，因此人们从多媒体信息资源中所获得的信息是丰富多彩的。

(4)超媒体信息资源

超媒体信息资源是超文本和多媒体技术的结合，因此它具有上述两种信息资源的共同特点，具有更强的交互性。不同类型的媒体信息在超媒体系统中能够高度地综合和集成，使得超媒体信息资源图、文、声并茂。

3. 按数字出版物包含的文献类型划分

可分为电子图书、电子期刊、会议论文、电子报纸以及各种网络信息库和光盘数据库等。

10.2.2　数字信息资源的特点

与传统的印刷型文献相比，数字信息资源具有以下几个突出的特点：

(1)数字信息资源是以现代信息技术为记录手段，依托计算机和网络通信技术，数据可以进行高速处理，同时也可以借助通信网络进行远距离传输，从而达到全球信息资源的快速共享。

(2)数字信息主要存储在磁盘和光盘上，因此信息在存储、传递、查询等方面变得更加方便和快捷，而且同样数量的信息，数字信息文本所占的空间更小、密度更大，内容更丰富。

(3)数字信息资源的表现形式为文本、超文本、多媒体和超媒体。这就使得信息的组织方式发生了质的变化，由信息的线性排列转化为非线性和交互式的网状结构，更加便于用户检索和利用信息资源。

(4)使用数据库技术管理日益增长的海量信息资源，使得用户检索信息更加方便，效率大大提高，信息资源的收录范围更广泛，检索系统的功能更丰富。

(5)数字信息资源的发布速度很快，相对于传统出版业来说加工环节更少，信息更新非常方便，数据的复制和传播也非常容易，不受时间和地域的限制。

(6)用户使用数字信息资源检索系统之前需要掌握一定的计算机操作和信息检索知识。

10.2.3　文献信息数据库

根据 ISO/DIS5127 号标准(文献与情报工作术语)，数据库(database)的定义为：至少有一种文档组成，并能满足某一特定目的或某一特定数据处理系统需要的一种数据集合。通俗地说，数据库是存储在计算机存贮设备上的数据记录的集合，通常由多个相互关联的文档组成。数据库是计算机信息检索的核心组成部分，是检索操作的直接对象。不同类型的数据库，存储的信息内容、形式各有差异，检索方法也有所区别。

1. 文献数据库的类型

以数据库所含信息内容的表现形式作为分类标准，可以将文献数据库划分为书目型数据库和源数据库。

(1)书目型数据库(Bibliographic Database)

书目型数据库存储二次文献信息，其显著特征是向用户提供文献的主要特征，一般包括原文的标题、主题词、文摘、著者、出版商和参考文献等。因不含全文，书目型数据库一般称为文摘数据库或者索引数据库，但现在不少大型的二次文献数据库都提供了全文的链接地址，以方便用户进一步获取全文信息。世界上著名的四大检索系统 SCI(科学引文索引)、EI(工程索引)、ISTP(科技会议录索引)、ISR(科学评论索引)都属于二次文献检索系统，可见书目型的信息检索系统在信息检索业界具有相当重要的地位。

(2)源数据库(Source Database)

源数据库是能够直接为用户提供原始文献或具体数据的数据库。目前源数据库提供的信息内容主要包括电子图书、论文全文(期刊、学位、会议)、标准与专利、新闻信息、数据信息、法律案例、评论与报告等。

随着科学技术的飞速发展,研究人员对科学文献信息的获取不仅要求内容新颖、准确快速、范围齐全,还希望尽快得到详细的原文信息,因此以文献全文数据库(Full-text Database)为主的源数据库由于直接提供全文信息,越来越受到用户的欢迎。

随着经济的发展,各种统计数据、市场行情数据、调查分析数据等大量数值数据的不断涌现,使得数据信息类型的数据库迅速发展起来,其作用和地位日益突出,已成为科学研究、工程设计、定量分析、管理决策和预测的重要工具。

还有为了适应经济发展而涌现出来的大量的各种信息数据库,为用户提供参考信息。它包括技术标准和发明专利、公司名录数据库、人物数据库、企业产品数据库等。

2. 数据库的结构

从用户的观点来看,数据库主要由"文档—记录—字段"三个层次构成。

(1)文档(File)

从数据库内部结构来看,文档是数据库内容的基本组成形式,是由若干个逻辑记录构成的信息集合。一般地说,一个数据库至少包括一个顺排文档(Linear File)和一个倒排文档(Inverted File)。顺排文档也称主文档,是将数据库的全部记录按照记录存取号的大小排列而成的信息集合,如表 10-1 所示,它构成了数据库的主体内容。但是,顺排文档因主题词等特征标识的无序性,决定了直接用于检索时对记录的存取只能按存取号进行,从而导致系统开销过大而不实用。倒排文档正是为解决顺排文档的这个问题而编制的。在倒排文档中,是按照字段属性列出具有同一属性的所有记录,如表 10-2 所示,以记录的特征标识作为排列依据,其后列出含有此标识的记录号,也就是把记录中的可检字段(如题名、著者、主题词、刊名等)按照某种顺序加以组织后得到的一种文档。按照不同的字段组织可以得到不同的倒排文档。

表 10-1 顺排文档的记录排列示意

记录号	主题词
07	博客、RSS、安全
08	播客、视频、安全
09	视频、安全
……	……

表 10-2 倒排文档的记录排列示意(主题词为例)

主题词	记录号
博客	07
播客	08
视频	08,09
安全	07,08,09
……	……

在实际运行的数据库中，倒排文档通常不止一个，因为不同性质的标识词需要分别建立不同的倒排文档。顺排文档和倒排文档的主要区别在于顺排文档以信息的完整记录为检索和处理的单元，而倒排文档则以文献信息的特征标识为处理和检索的单元。

倒排档中"倒排"二字含义是相对于顺排而言的。在计算机存储器中，倒排档也能够以顺序文档方式存取。倒排挡由大量索引记录组成，每条记录主要包括特征标识，含有该特征标识的记录号以及该标识在该记录中所处的字段及其位置。

(2)记录(Record)

记录是文档的基本单元，是作为一个单位来处理的信息单元的有关数据的集合，它是对某一实体的全部属性进行描述的结果。在数据库中，每一条记录都对应有一个唯一标识的记录存取号，数据库通过记录存取号来查找和调用相关记录。例如在书目型数据库中，一篇文献的特征信息包括题名、著者、来源、主题词、出版年等属性信息，即构成了文档中的一条记录。

(3)字段(Field)

字段是记录的基本单元，它是对某一实体的具体属性进行描述的结果。字段与信息的著录项目相对应，每个字段都可以成为信息的检索途径。一般的信息检索系统里的数据库包括题名、著者、来源、主题词、文摘、出版年等多种字段。

10.3　三种主要的计算机信息检索系统

10.3.1　光盘数据库信息检索系统

光盘是 20 世纪 80 年代信息技术领域发展起来的一种新型数字信息存储载体，它与计算机的结合为人们提供了一种崭新的检索环境。一张 4.75 英寸的 CD-ROM 光盘可以存储 640M 字节的信息，相当于十几万页印刷页的文字容量。而现在普遍流行使用的 DVD 光盘按不同规格则可以单张存储 4.7G、8.5G、9.4G 和 17G 的字节容量。

光盘检索系统的优点有：信息存储量大，检索信息不需要涉及通信费用，存储介质成本较低，而且便于保存和携带；光盘购买以后，可以不限时间无限次使用；光盘检索一般采用菜单驱动方式进行操作，使用简便直观，界面友好，检索功能比较强大。光盘检索系统的局限性在于数据更新周期比较长，一般都是季度更新信息，使用的灵活性和时效性不如网络数据库检索系统，海量数据的存储能力有限，所以光盘数据库一般选择某专业为主建库，保证信息的专业性和专一性。因此光盘检索系统特别适用于开展专题检索和定题检索服务。

光盘检索系统的服务模式可以分为单机检索和网络检索。单机检索不需要特定的计算机设备，普通安装有 CD-ROM 驱动器的 PC 机即可完成信息检索，方便快捷。光盘数据库的网络模式，即用户可以在局域网乃至广域网上检索光盘数据库，从一定程度上来说，这和网络数据库检索系统有些类似，方便了多个用户通过通信网络同时利用检索系统进行检索。

随着计算机硬盘成本的进一步下降，网络的使用越来越普及，超大容量的存储系统迅速发展，光盘会逐步淡化它所具有的提供信息检索的功能，而主要体现它大容量、易保存、易携带、成本低廉的优势。

10.3.2 网络数据库检索系统

网络数据库检索系统，是指用户利用计算机等终端设备，通过国际互联网，从连接在网络上的信息检索系统中查找出所需信息的计算机检索系统。网络数据库检索系统自20世纪70年代投入商业运营以来，检索技术发展得较为系统和完善，并主要以提供有价值的科学文献信息为主，已经成为科学研究人员为获取文献资料而使用最广泛的信息检索方式。

1. 网络数据库检索系统的结构

我们分别从物理方面和逻辑方面来分析网络数据库检索系统的结构。从物理结构来看，网络数据库检索系统主要包括主机系统、通信网络和终端设备。

主机系统包括计算机硬件、软件和数据库系统。硬件包括计算机和外部设备，软件包括信息检索系统软件和相关文档以及其他相关的应用软件、操作系统等。数据库存储了检索系统提供的相关数据信息集合。

通信网络是网络数据库检索系统发展的基础。它依靠网络通信设备和网络通信协议将大型计算机和用户的个人计算机连接起来，从而为数据信息的快速共享提供了保障。

终端设备现在一般指个人计算机和相关软件。用户利用计算机和相应的软件，通过检索系统提供的检索界面使用规定的检索语言来获得需要的信息。

网络数据库检索系统主要包括以下功能模块：

(1)信息源选择与采集子系统。其任务是根据检索系统的经营策略和服务对象，连续不断地采集各种信息源。不同类型的数据库，采集的信息源有所差异。一般来说，采集的信息主要来自有价值的公开出版的文献。

(2)标引子系统。其任务是分析文献的内容特征信息和外部特征信息，按照一定的规则和程序对文献进行标识，作为存储和检索的依据。

(3)建库子系统。建立和维护能直接应用于信息检索的数据库，包括数据的输入、错误检查和处理、格式转换等。

(4)词表管理子系统。其功能主要是管理维护系统中已有的主题词表，控制标引用词和检索用词的一致性，提高检索的相关度。

(5)用户接口子系统。作为面向用户的人机界面，该子系统负责系统和用户之间的交互通信，理解用户信息，识别相关的信息输入设备(键盘、鼠标等)。

(6)检索处理子系统。该系统负责处理用户的检索指令，返回检索结果。

2. 网络数据库检索的过程

网络数据库检索系统的提供商按照一定的需求、标准和方法，选择合适的文献信息建立数据库。用户对自己的情报需求进行主题分析，制定合理的检索策略，通过检索系统的界面(现在多以网页的形式来表现)提交符合检索系统规定的检索提问式。检索系统针对用户的检索提问，与文献的标引过的特征信息进行匹配比较，输出相关记录信息。

3. 网络数据库检索系统的特点

(1)信息资源丰富且质量较高。网络数据库检索系统的提供商不仅提供信息检索服务，同时也是数据库的生产者，所提供的一般是各学科领域的权威数据和文献信息。大型的网络数据库信息服务提供商往往能够基本囊括全球出版的权威信息数据，因此信息资源非常丰富，质量可靠，而且数据经过严格的挑选、加工处理和组织。

(2)检索速度快，检索效率高。随着个人计算机设备和网络通信技术的快速发展，以及分布式计算和数据库技术的研究进一步深入，网络数据库检索速度和效率都有了非常大的提高。普通的检索课题均可在几分钟内完成检索过程，且能在正确的检索策略下保证查全率和查准率。

(3)检索信息不受时间和空间的限制，检索系统提供全天候的服务，用户可以随时随地获得需要的信息。

(4)信息更新周期短，及时提供最新信息。随着商业竞争的加剧，一些大型网络数据库检索系统加快了内容更新速度。不同信息内容，更新速度有所差异。新闻信息类的内容普遍做到了日更新，期刊文献可以做到周更新、月更新。

(5)检索费用相对较高。网络数据库检索的费用包括通信费用和数据库使用费用及其他的一些隐性成本(例如文献的打印)。另外，在使用不同的网络数据库检索系统之前，需要用户事先熟悉系统的检索功能和检索语言规则以及系统的其他服务功能。

10.3.3　互联网信息检索

互联网信息检索是利用检索工具在互联网上搜索信息资源的检索方式。其检索对象是存在于互联网信息空间上的各种类型的数字资源。因为搜索引擎已经成为互联网上最为普遍使用的信息检索工具，所以我们讨论的互联网信息检索系统即是基于搜索引擎的信息检索系统。

搜索引擎是一些在网络空间中主动搜索信息并将其自动索引的计算机软件系统，其索引内容储存在可供检索的大型数据库中，建立索引和目录服务。当用户输入关键词(keyword)查询时，该搜索引擎会返回给用户包含该关键词信息的所有网址的链接。

目前以超文本技术建立起来的万维网(Web)已经成为互联网信息资源的主要形式，搜索引擎也以Web形式提供服务。搜索引擎不仅可以检索以文本信息为主的网页内容，而且可以检索图像和音视频等多媒体信息。如今根据用户不同的需要，出现了各种搜索引擎，除了普遍使用的Web页搜索引擎以外，还包括FTP搜索引擎、元搜索引擎、科学信息门户等。但是这些搜索引擎的原理和结构基本一致，基本结构包括自动索引程序、数据库和检索代理三部分组成。

互联网上每天都有成千上万的新网页和信息加入，靠人工来收集加工这些信息是难以胜任的。搜索引擎使用Robot(一种网络自动跟踪索引程序)穿行于网络空间，访问各个公共站点，记录其网址，标引其内容，并组织建立索引文档，形成供检索使用的数据库。Robot具有不定期察看网页信息是否失效的功能，自动进行信息更新。

Robot将采集和标引的信息汇集成数据库，作为搜索引擎提供信息检索服务的基础。早期的搜索引擎只标引网页地址、标题和关键词，目前大部分的主流搜索引擎都可以标引网页全文内容。数据库的记录内容一般包括网站名称、标题、网址URL、内容简介、相关网页的链接等。目前，世界上最优秀的搜索引擎服务商Google的数据库包含了80亿以上的网页和超过10亿张图片信息。

当用户在Web页面上输入检索要求时，搜索引擎系统的内部由检索代理识别用户的需求，在数据库中进行信息检索。搜索引擎普遍支持用户使用关键词来进行检索提问，即允许用户使用自然语言的形式输入检索提问式。检索代理根据关键词的语义关系进行分析、判断后形成检索策略。检索代理综合运用多种算法(词频、位置算法等)来对检索结果进行排序处理，将最相关的信息内容排在最靠前的位置，提高用户检索的命中率。

搜索引擎的工作原理可以概括为：自动索引程序 Robot 定期搜索并更新互联网信息资源，经过选择、标引、加工、分类和组织后形成供检索用的数据库。用户通过检索界面，输入检索提问式，搜索引擎通过内部的检索代理完成数据库信息搜索，按信息的相关度排序输出相关信息。

10.3.4 计算机信息检索系统的选择

计算机信息检索的优势在于检索速度快、信息资料齐全、信息更新快、检索准确，而且检索途径很多，利用超链接特性容易构建知识网络。手工检索的优点是直观、灵活；缺点是检索速度慢、效率低、工作量较大。目前，信息检索已经形成以计算机信息检索为主、手工检索辅助的局面。

计算机信息检索存在着多种形式，用户在利用计算机系统进行检索之前，要先了解各种检索系统的特点，结合自身的信息需求，选择合适的计算机信息检索系统。

1. 信息内容方面

不同的检索系统提供的数据资源各有侧重，用户如果是要检索专业性很强的科学文献信息，则应该首先选择光盘数据库和网络数据库检索系统。例如，IEEE/IEE Electronic Library(IEL)数据库提供了自 1988 年以来美国电气电子工程师学会和英国电气工程师学会出版的 170 多种期刊、600 多种会议录和近 900 种标准的全文信息。IEL 网络数据库是世界上最权威的计算机科学的全文数据库。

互联网提供了世界上最丰富的信息内容，检索范围极大，随着搜索引擎技术的不断完善，检索的准确性有了很大提高。但是目前信息内容基本免费的互联网对有价值的科学文献的支持力度不够，互联网基本上以提供社会公开信息为主。虽然在专业信息的提供上有所欠缺，但是其海量的信息内容还是为用户的信息查找提供了极大的便利。

2. 检索性能和功能

光盘检索系统和网络数据库经过二十年左右的快速发展，检索功能已经非常强大。由于接入互联网网络速度的限制，光盘检索的速度要快于基于互联网的网络数据库检索，而目前普遍使用的在局域网内建立网络数据库镜像站的检索方式，克服了网速较慢的缺点。

互联网信息检索的功能不如商业性的网络数据库，因为搜索引擎基本上是免费提供给广大用户使用，由于数据信息过于庞大，数据的标引精确度不高(人工标引太慢，机器人标引精度有待提高)，所以检索的查准率不如商业网络数据库。

3. 检索费用

各种检索系统的收费方式有所不同，甚至相同的检索系统的收费方式也有差异。光盘检索系统不涉及通信费用，购买之后，可以无限次地使用。网络数据库的使用费用包括向电信公司支付的网络通信的费用和检索费用。不同的数据商有不同的定价策略，目前最主要的收费方式是每年收取固定费用，用户可以无限次地使用数据信息。还有就是根据用户的使用流量来划分几个收费段，按用量收费。互联网信息检索的费用相对比较低，用户只需要付出通讯费用，搜索引擎提供免费的信息检索服务。

4. 检索系统的易用性

不同的用户对计算机信息检索的使用有很大差异。光盘系统和网络检索系统正因为其检索功能的强大，使普通用户必须经过一段时间的学习和使用之后，才能熟练掌握。光盘检索系统通常采用菜单驱动，功能操作相对网络数据库来说比较容易。而互联网检索最容易使用，初学者可以使用“关键词”检索在搜索引擎里方便地找到需要的信息。但是，这并不代表搜索引擎的功能单一，要想成为搜索引擎的使用专家，仍然需要深入研究复杂的搜索引擎使用技巧和特性才可以。

10.4　计算机信息检索策略

10.4.1　计算机信息检索策略简介

所谓检索策略就是为实现检索目标而制订的计划，是对整个检索过程的谋划和指导。狭义的检索策略特指计算机检索时利用各种检索技巧拟定的检索式。在一定的检索工具或检索系统的质量前提下，检索策略的优劣直接影响最终的检索结果。要制订高水平的检索策略，不仅要对检索课题有深入的分析，熟悉检索系统，还要灵活运用各种检索方法和技巧。

明确信息需求是制订检索策略的依据。信息需求按范围和程度的不同，大体可分成三种类型。一种是普查型，侧重于查全，需要全面收集有关某一主题的文献资料，这类需求具有普查、回溯的特点，要求尽可能高的查全率。一种是查准型，目的是为了解决科研生产中的某个问题而查找特定方面的相关资料，不强调文献数量，但是要保证资料的准确性。还有一种是查新型检索，目的是为了掌握某一领域的最新研究成果，要求检索到的文献资料具有新颖及时的特点。接着要明确课题对信息的形式需求和内容需求。形式需求包括所需文献的类型、数量、语种、年限等。内容需求包括检索课题包含的学科主题和范围，有关的主题词和分类号以及它们之间的逻辑关系。在此基础上确定检索主题，制定检索策略。

10.4.2　狭义的计算机检索策略

狭义的计算机检索策略指进行计算机检索时构建的检索表达式。检索系统将检索表达式与系统中存储的文献信息特征标识及其逻辑组配关系进行类比、匹配，然后输出检索结果。

1. 布尔逻辑

规定检索表达式之间的概念逻辑关系的算符，称为布尔逻辑算符。布尔逻辑是计算机信息检索系统中最常用的一种方法，广泛应用于各种网络检索系统和搜索引擎系统中。布尔检索就是采用布尔代数中的“逻辑与”、“逻辑或”、“逻辑非”等运算符，将检索提问转换成逻辑表达式。检索系统根据逻辑表达式查找符合限定条件的文献。

(1)逻辑“与”(AND)运算符

逻辑“与”的含义是对两个检索集合进行“交”的运算，即检索结果必须同时符合运算符左右两边的检索表达式。逻辑“与”的作用是缩小检索范围，提高查准率。例如，若检索表达式为“信息 AND 营销”，检索途径为主题词，则检索结果的主题词必须同时包含“信息”和“营销”。

(2)逻辑“或”(OR)运算符

逻辑“或”的含义是对两个检索集合进行“并”的运算，即检索结果可以符合运算符左边的表达式也可以符合运算符右边的表达式，或者同时符合。逻辑“或”的作用是扩大检索范围，提高查全率。例如，若检索表达式为“信息 OR 营销”，检索途径为主题词，则主题词含有

"信息"或者"营销"或者两者都包含的记录都被作为结果输出。

(3)逻辑"非"(NOT)运算符

"非"运算符的作用是从某个检索范围中去除不需要的概念,作用是缩小检索结果的范围,增强检索的准确性。例如,若检索表达式为"(信息 AND 营销) NOT 营利",检索途径为主题词,根据这个检索表达式,系统进行的运算过程是先找到主题词含有信息和营销的记录,然后再排除掉主题词中含有"营利"的记录,最后输出结果。

2. 圆括号"( )"

检索表达式中的圆括号"( )"表示运算的最高优先级,即先做圆括号"( )"中的运算。

3. 截词符

截词符功能常见于英文检索系统,是系统将检索词和标引词进行比较和匹配的一种检索。截词检索的主要目的是为了简化检索步骤、扩大检索范围。截词的方式有前方一致、后方一致、中间一致和中间屏蔽四种方式。截词还可以分为有限截断和无限截断两种,有限截断说明了具体要截去几个字符,而无限截断则对截去字符数不做限制。通常用"*"表示无限截断,用"?"表示有限截断。

前方一致,允许词尾有所变化;后方一致,允许词头有所变化;中间一致,词头、词尾都可变化;中间屏蔽,允许词中间的某些字母有变化。对前方一致的使用作一例说明:输入"librar*",检索途径为主题词,则系统会返回含有主题词为"library"、"librarian"、"librarianship"等词的检索结果。输入"librar?",检索途径为主题词,则系统只返回含有主题词为"library"的检索结果。

4. 字段限制检索

字段限制检索是限定检索词在检索系统提供的可供使用的特定的检索途径下进行检索。对检索字段的选择已经成为数据库信息检索的必要步骤之一。检索系统提供的检索字段基本上包括主题词、文献题名、著者、文献来源、文摘、出版年等。为了方便专家级用户使用而设置的"高级检索",每个字段都有相应的字段代码来表示,通常是两个大写字母。例如多数检索系统都规定"TI"表示"文献题名"。

为了方便用户使用检索系统,检索系统提供让读者选择检索字段,而不用手工输入。而为了满足专家级的用户的使用需求,更加灵活快速地找到需求的信息,检索系统提供了使用字段代码来构建检索表达式的方法。例如检索表达式"TI=(安全) AND AB=(图书馆)"将返回文献题名中包含"安全"并且文摘中包含"图书馆"的文献。

注意到各个检索系统所设立的字段代码不尽相同,为了避免检索错误,在使用字段代码编制检索表达式之前应该先阅读检索系统的帮助文件,了解检索字段的代码表示。

5. 位置算符

位置算符又称位置邻接算符(adjacent operators),表示两个检索词以指定间隔距离或者指定的顺序出现在文献中的位置。不同的检索系统对位置算符的使用规定不同,因此要了解特定检索系统的位置算符的使用方法。下面以 EI Compendex 检索系统为例来说明位置算符的基本用法。

(1)"NEAR/x"算符

"NEAR/x"算符表示其两侧的检索词之间可以插入 0～x 个其他词,词序可以颠倒。当使用"NEAR/0"时说明运算符两边的检索词之间不允许有其他词。

(2)“ONEAR/x”算符

“ONEAR/x”算符表示其两侧的检索词之间可以插入0～x个其他词,但是词序不可以颠倒。

在EI Compendex系统里,位置算符“NEAR”不能与截词符、通配符、括号以及引号等符号一起使用。

6. 范围限制

范围限制的目的是提高检索的查准率,缩小检索范围,排除不需要的文献。检索系统中最常见的范围限制是文献出版年的限制。例如,在EI Compendex系统中,用户可以通过下拉菜单来限定文献的出版年限,可以选择查看近5年的有关文献。另外,用户还可以对数据检索中的文档类型、语言、处理类型(treatment types)进行范围限制。

10.4.3 广义的计算机检索策略

计算机检索实质上是由用户通过计算机输入的检索表达式与系统中的文献信息特征标识及其逻辑组配关系进行比对分析并输出的过程。要尽可能地使检索表达式和信息需求保持良好的一致性,从而从系统中得到满意的结果。

美国人鲍纳(Charles Bourne)提出的5种网络检索策略影响较广。

1. 最专指面优先策略(Most Specific Facet First)

最专指面优先策略是指检索时首先查找信息需求中所有主题概念中最专指的一个主题概念。然后依据检索结果和用户需求决定是否添加、如何添加其他主题概念进行检索。

2. 最低登录量优先策略(Lowest Posting Facet First)

所谓登录量,就是指一个索引词在标引中的使用次数。最低登录量优先,是指检索时首先查找所有主题概念中使用最少的一个主题概念。然后再依据检索结果和用户需求决定是否添加、如何添加其他主题概念进行检索。

3. 积木形策略(Building Block)

积木形策略是指检索时首先逐个检索相关的主题概念,然后合并检索结果。这种检索策略在理解和执行上都比较容易掌握,但是对查准率有一定的影响。

4. 引文珠形增长策略(Citation Pearl -Growing)

这种策略首先是以一个专指的主题概念进行检索,仔细浏览得到的检索结果,从符合信息需求的文献中选择更合适的检索词来构建检索表达式再进行二次检索,然后再浏览命中文献,选择新的检索词。如此反复操作,直到得到理想的检索结果。

5. 逐次分馏策略(Successive Fractions)

逐次分馏策略是指检索时首先建立比较大的初始文献集合,然后利用各种检索的限制条件,逐步缩小检索范围,直至找到符合用户需要的信息。这种策略可以保证文献信息的全面性,但是要防止分馏的过程中漏掉有用信息。

在进行信息检索的过程中,以上五种策略并不是绝对独立的,而是可以互相结合使用的。对于比较复杂的大型的检索课题,可以采取多种检索策略融合在一起使用,发挥各自的优势。

10.4.4 计算机信息检索策略的制订和实施

计算机检索策略的制订和实施包括分析检索课题、选择检索系统、构造检索策略、实施检索策略、修改检索策略等5个步骤。

1. 分析检索课题

分析检索课题是检索过程中最重要的一步,直接影响检索结果。在文献检索领域,进行情报检索课题的人员一般是具有专业背景的学科馆员(Liaison Librarian),同时需要学科专家协同分析课题,确定检索主题和策略。分析检索课题的主要任务包括:分析课题涉及的主要概念及概念之间的关系;确定课题的主要要求,对检索结果有没有时间限定、文献类型限定;列出相关检索词,初步拟定检索策略。

2. 选择检索系统

数据库类型多种多样,覆盖的专业学科内容不同,文献的出版类型也不同,文献收录时间和检索方法也有差异。针对具体信息需求,选择合适的检索系统,要考虑以下几个主要因素:

(1)数据库覆盖的学科范围是否满足检索课题的要求;

(2)数据库收录的文献出版类型是否合适;

(3)数据库中信息的权威性、完整性、及时性;

(4)针对回溯检索,数据库收录的文献信息是否符合年限要求;

(5)数据库的易用性,用户是否容易掌握检索方法,界面是否友好,帮助系统是否完善;

(6)如果有原文要求,是否容易获得文献原文,费用如何。

3. 制订检索策略

制订检索策略包括选择检索词和构造检索表达式。检索词是表达信息需求和检索课题内容的基本单元,检索词选择是否恰当将直接影响着检索结果。在计算机信息检索中,检索词从其性质来区分,主要可分为控制词汇和非控制词汇。

控制词汇来源于特定的受控检索语言,即规范化的主题语言和分类语言。利用数据库的主题词表(例如EI Compendex系统的Thesaurus主题词表)选择主题词进行检索需要注意充分利用词表所提供的词间参照系统进行主题词比较分析。

非控制词汇主要指关键词,关键词语言选自文献题目、文摘乃至正文中具有实质意义的语词。因为其极为灵活而且非常容易掌握,所以在计算机检索系统中,用户越来越多地利用关键词进行信息检索,尤其是用在互联网信息检索上。

构造检索表达式主要是确定检索字段,使用布尔逻辑算符进行检索词逻辑组配、附以位置算符、截词算符等其他检索技巧,准确表达课题需求的内容,保证和提高检索的查全率和查准率。

4. 实施检索策略

将构造好的检索表达式输入计算机检索系统,并指定结果的排序方法,系统返回相关结果。用户对结果进行浏览和筛选,选择所需信息。多数检索系统都提供对检索结果的打印、E-mail发送和以特定格式保存检索结果。设置了全文链接的书目型检索系统可以直接链接到相应的全文数据库,例如从SCI链接到Science Direct数据库,但是只有使用权限的用户才可以获取文献全文。

5. 修改检索策略

检索策略的构造失误会导致检索结果不能完全满足用户的需求,发生漏检或者误检。检索人员需要在分析原有检索策略的基础上,修改检索策略,重新进行检索,并且对检索过程进行记录,建立文档,为以后的检索提供分析依据。

第 11 章

中文网络数据库检索

11.1 中文科技期刊数据库(全文版)

维普资讯公司推出的《中文科技期刊数据库》(全文版)(简称中刊库或维普数据库)是一个功能强大的中文科技期刊检索系统。数据库收录了自 1989 年至今的 8000 余种中文科技期刊,涵盖自然科学、工程技术、农业科学、医药卫生、经济管理、教育科学和图书情报等七大专辑。

11.1.1 检索方式

1. 各种检索方式概述

各种检索方式详见图 11-1。

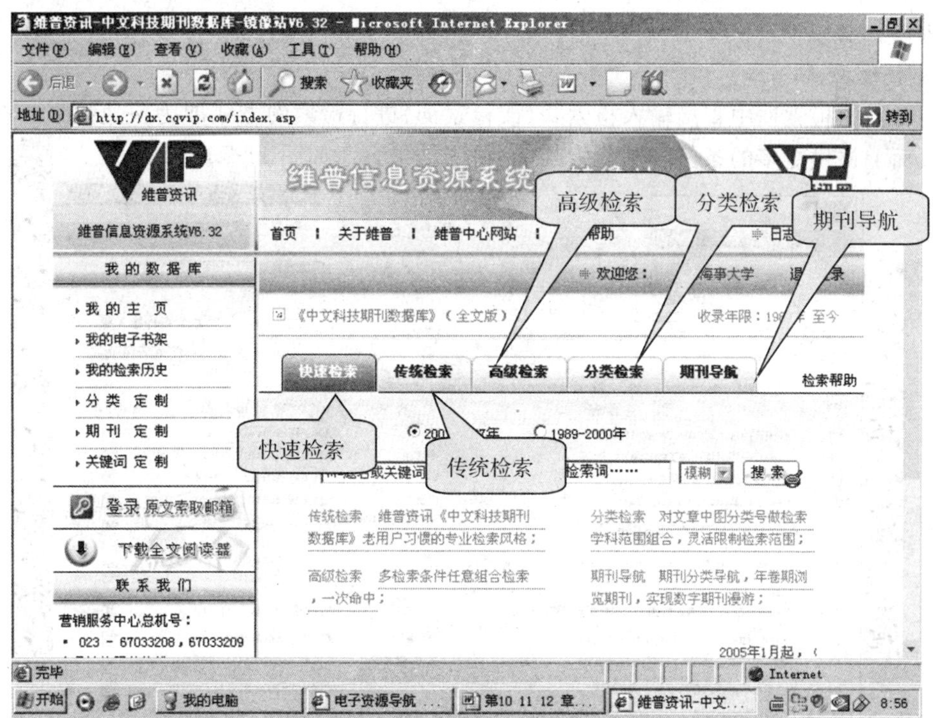

图 11-1 维普数据库检索界面

(1)快速检索

通过首页正中的输入框输入检索条件，进入结果显示页面，可实现题录文摘的查看或下载，以及全文下载功能，同时也可进行检索条件的再限制检索或重新检索。

(2)传统检索

传统检索是原网站的《中文科技期刊数据库》检索模式，经常使用该网站的老用户可以点击此链接进入检索界面进行检索操作，可进行中刊文章题录文摘浏览及全文下载。

(3)高级检索

高级检索是提供向导式检索和直接输入检索式检索两种方式。运用逻辑组配关系，查找同时满足几个检索条件的中文期刊文章。

(4)分类检索

分类检索是根据《中国图书馆分类法》(第四版)制定的，由维普公司专业标引人员对每条中文期刊数据进行分类标引，点击该链接，用户可按学科类别逐级进入，获取检索结果。

(5)期刊导航

期刊导航是根据期刊名称字顺或学科类别对维普公司收录的所有期刊进行浏览，或通过刊名或 ISSN 号查找某一特定刊，并可按期查看该刊的收录文章，同时可实现题录文摘或全文的下载功能。

11.1.2　检索方法

《中文科技期刊数据库》提供五种检索方式：快速检索、传统检索、高级检索、分类检索、期刊导航。其中又分别提供：题名、刊名、关键词、作者、第一作者、作者机构、文摘、分类号等检索入口。

1. 快速检索

在首页的检索框中直接输入检索式(或检索词)进行检索的方式即为快速检索。在检索结果页面上提供更多的条件限制检索功能，检索结果页面如图 11-2 所示。

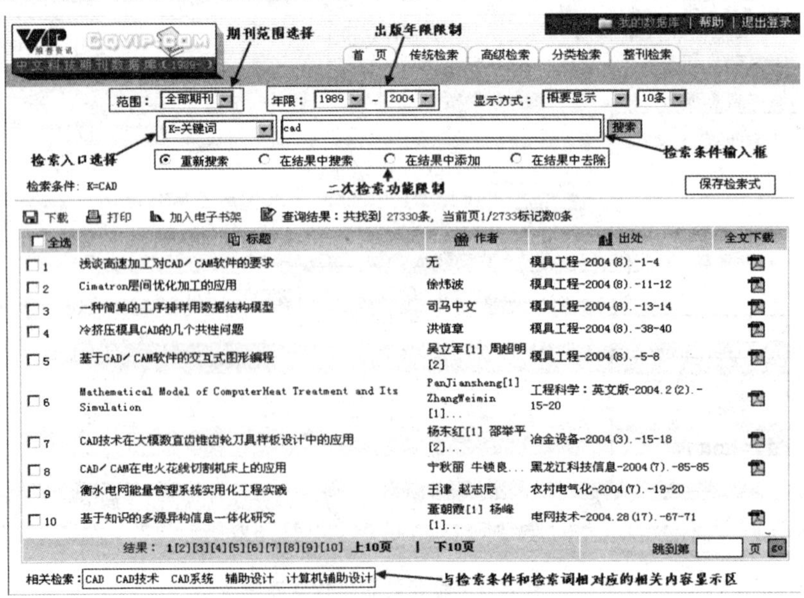

图 11-2　快速检索结果

(1)检索入口选择

提供多检索入口的检索,检索入口包括:题名、关键词、题名或关键词、作者、第一作者、刊名、作者机构、文摘、分类号、任意字段等。

(2)检索范围限制

在检索结果页面可进行期刊范围的选择(全部期刊、重要期刊、核心期刊)以及进行出版年限的限制。

(3)二次检索功能

在已经进行了检索操作的基础上,可进行重新检索或二次检索(在结果中检索、在结果中添加、在结果中去除)。

(4)相关检索

针对关键词、刊名、作者、第　作者等字段,提供相关检索的内容浏览,并提供相关检索内容的快捷检索(超链接)。

2. 传统检索

点击 传统检索 按钮即进入传统检索界面。传统检索提供以下检索功能:

(1)选择检索入口

提供题名或关键词、题名、关键词、作者、刊名、第一作者、分类号、文摘、机构、任意字段等 10 个检索入口,如下图所示:

检索入口 M=题名或关键词

(2)限定检索范围

数据库提供分类导航、期刊导航、数据年限限制和期刊范围限制。

①学科分类导航。以《中国图书馆分类法》(第四版)为依据,每一个学科分类都可以按树形结构展开,利用导航缩小检索范围,进而提高查准率和查询速度,如下图所示:

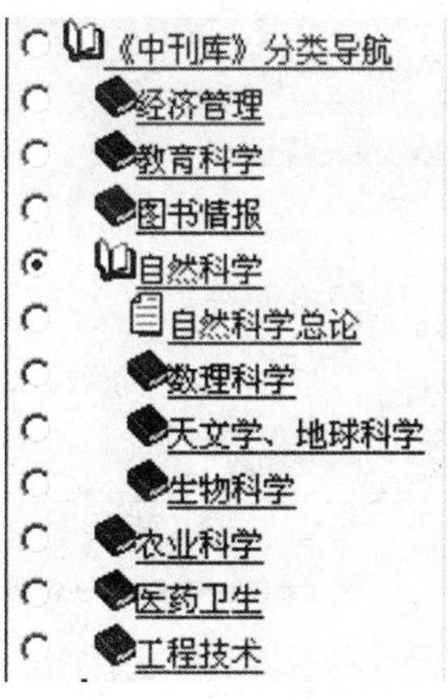

②期刊导航。以《中国图书馆分类法》为依据,将中刊库所收录的期刊进行分类,用户可根据需求将检索范围限定在某学科范围的期刊(或某一特定的期刊)内进行检索,如下图所示:

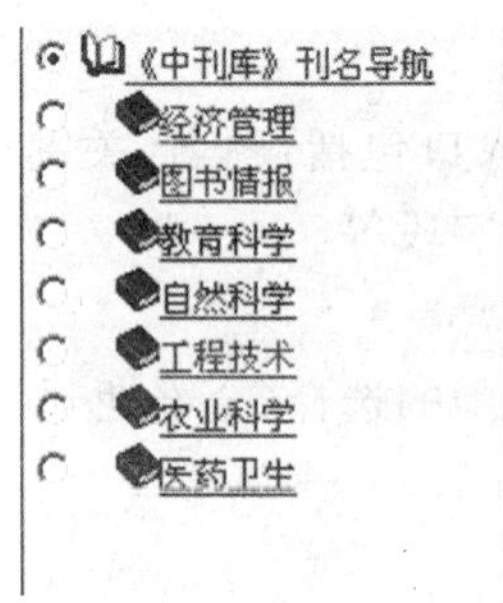

③出版年限限制。数据收录年限从1989年至今，检索时可进行年限选择限制(如选择从1989年到2004年)，如下图所示：年限 1989 – 2004

④期刊范围限制。本数据库的期刊范围包括：全部期刊、重要期刊、核心期刊，用户可以根据检索需要来设定适合的范围以获得更加精准的数据，如下图所示：期刊范围 全部期刊

(3)简单检索及复合检索

简单检索即直接输入检索词，限定检索范围进行检索。复合检索分为二次检索和直接输入检索表达式的检索。

①二次检索。用户在一次检索的检索结果中可能会遇到检索结果不理想的情况，这时就可以考虑采用二次检索。二次检索是在一次检索的检索结果中运用“与、或、非”进行再限制检索，以得到理想的检索结果。例如，需要查找关于“物流”的由作者“谢长青”写的文章，就可以采用二次检索的方式来实现，如图11-3与图11-4所示。

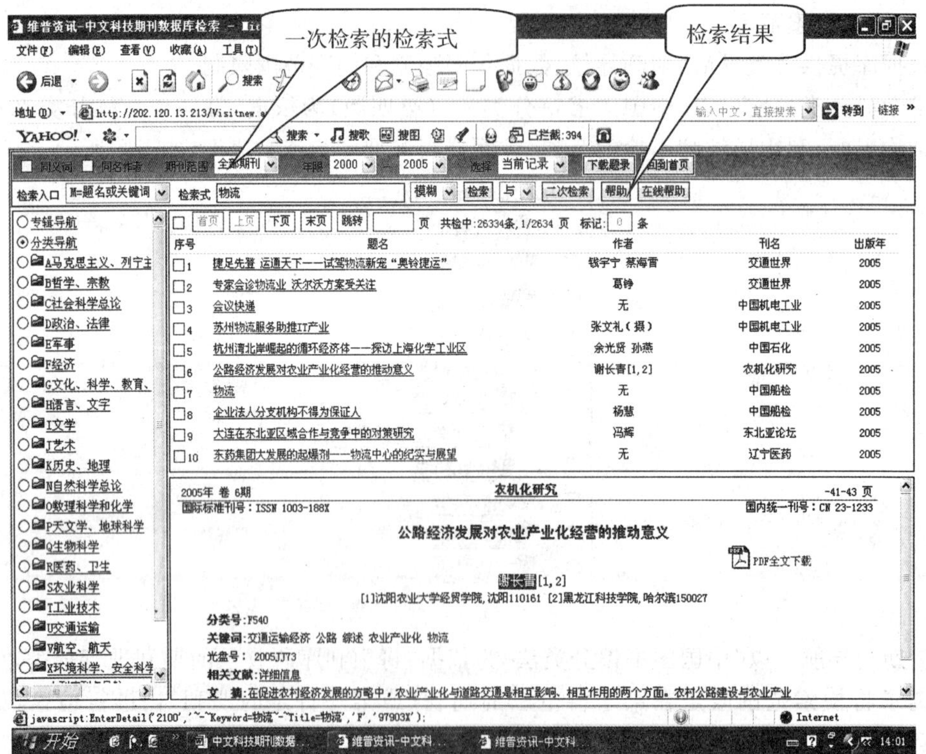

图11-3 一次检索图示

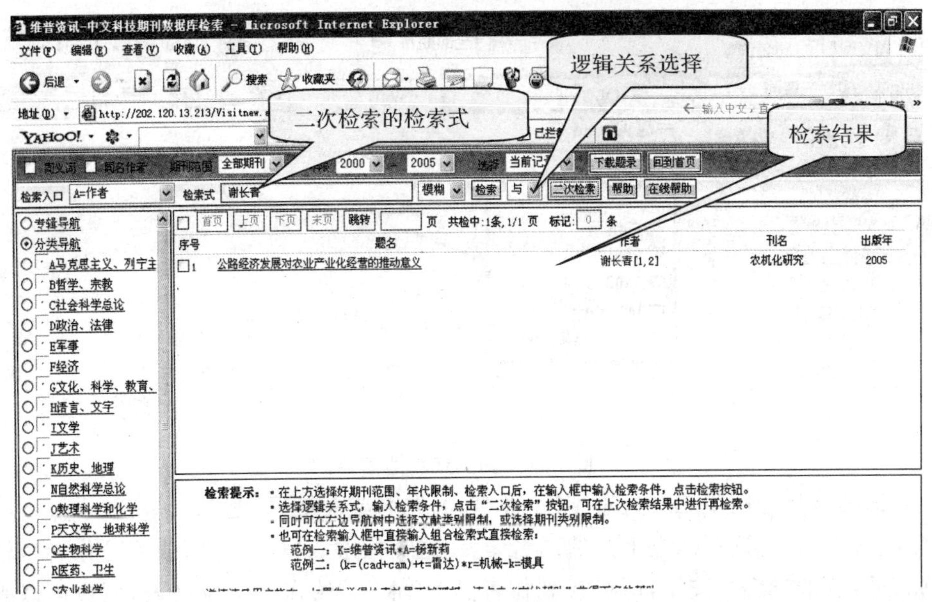

图 11-4　二次检索图示

②直接输入检索表达式。在清楚检索条件并能熟练组织检索表达式的基础上，可通过直接输入检索式的方式进行检索。例如，需要查找关于“物流”的由作者“谢长青”写的文章，可直接在任意字段中输入“K＝物流 * A＝谢长青”来得到检索结果，如图 11-5 所示。

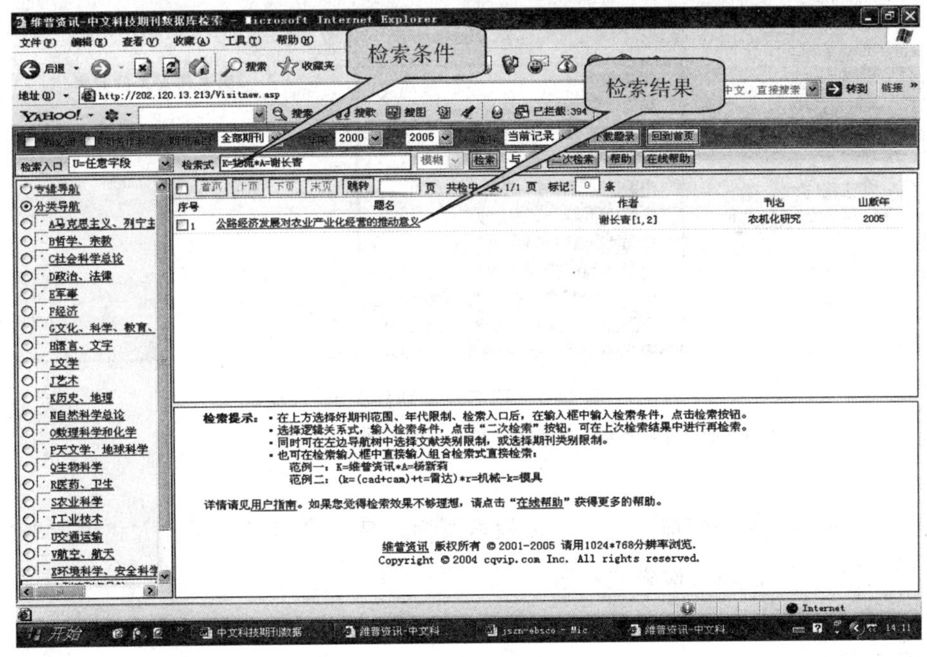

图 11-5　直接输入检索式图示

(4)辅助检索功能

①同义词。勾选页面左上角的“同义词”，选择关键词字段进行检索，可查看到该关键词的同义词。检索中使用同义词功能可增加检全率。例如，勾选同义词功能，在关键词字段输入“CAD”并点击“检索”按钮，可查看到“CAD”的同义词，勾选“CAD 系统”并点击“确定”按钮，即可得到“关键词＝CAD＋CAD 系统”的检索结果，如图 11-6 所示。

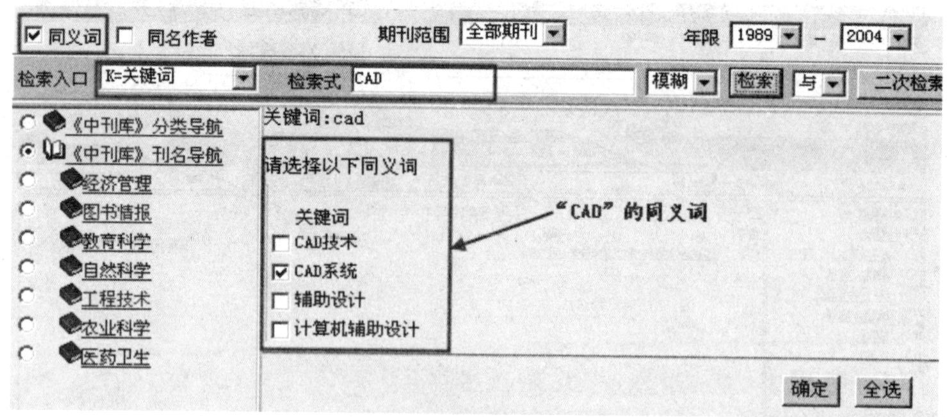

图 11-6 同义词功能图示

同义词功能只适用于三个检索字段:关键词、题名或关键词、题名。

②同名作者。勾选页面左上角的同名作者,选择检索入口为作者(或第一作者),输入检索词"张三",点击"检索"按钮,即可找到作者名为"张三"的作者单位列表,用户可以查找需要的信息以作进一步选择,如图 11-7 所示。

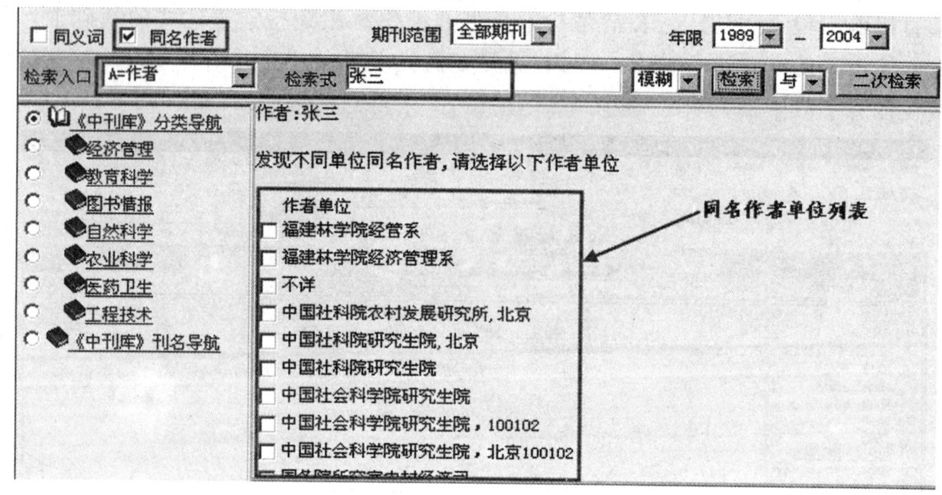

图 11-7 同名作者功能图示

同名作者功能只适用于两个检索字段:作者、第一作者。

3. 高级检索

点击 高级检索 按钮即可进入高级检索页面。高级检索提供两种方式供读者选择使用:向导式检索和直接输入检索式检索。

(1)向导式检索

①检索界面

向导式检索为读者提供分栏式检索词输入方法。可选择逻辑运算、检索项、匹配度外,还可以进行相应字段扩展信息的限定,最大限度地提高了检准率。

②检索规则

- 检索执行的优先顺序

向导式检索操作严格按照由上到下的顺序进行(见图 11-8),用户在检索时可根据检索

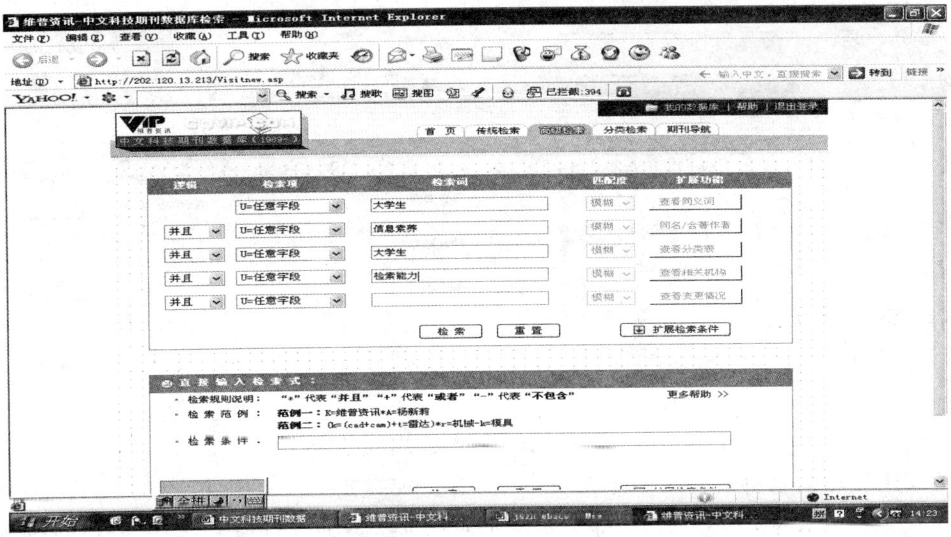

图 11-8　高级检索图一

需求进行检索字段的选择。

以图 11-8 所示为例进行检索规则的说明。图 11-8 中显示的检索条件得到的检索结果为:((U=大学生 * U=信息素养)+ U=大学生) * U=检索能力,而不是(U=大学生 * U=信息素养)+(U=大学生 * U=检索能力)。

如果要实现(U=大学生 * U=信息素养)+(U=大学生 * U=检索能力)的检索,可做如图 11-9 的输入,图 11-9 中输入的检索条件用检索式可表达为:U=(大学生 * 信息素养)+U=(大学生 * 检索能力)。

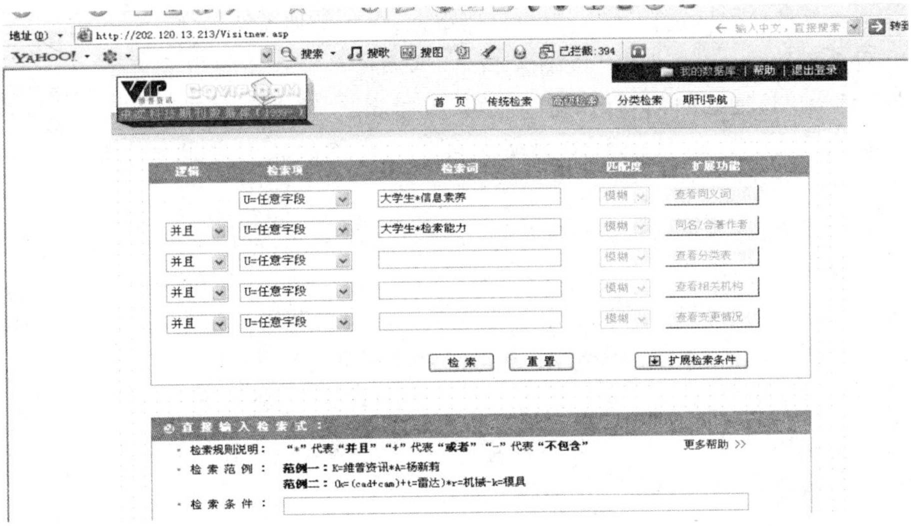

图 11-9　高级检索图二

要实现(U=大学生 * U=信息素养)+(U=大学生 * U=检索能力)的检索,也可用图 11-10 中的输入方式,图 11-10 中输入的检索条件用检索式可表达为:(U=信息素养+ U=检索能力) * U=大学生。

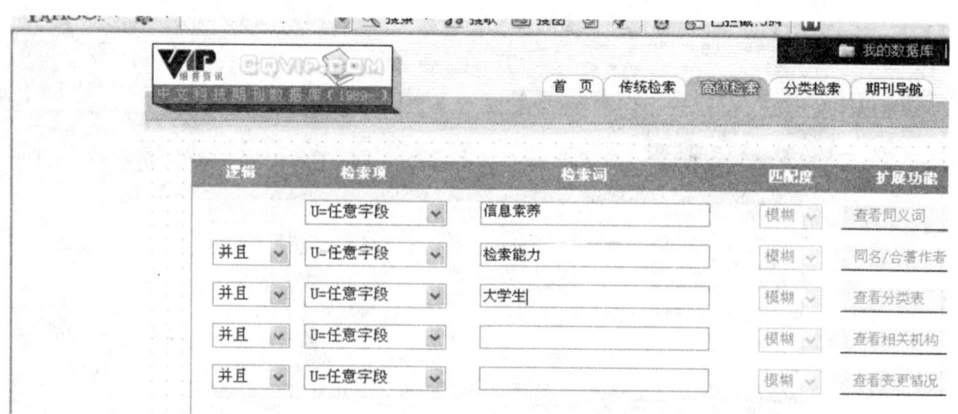

图 11-10 高级检索图三

● 关于逻辑运算符

在检索表达式中，“＊、＋、－”等运算符不能作为检索词进行检索，如果用户的检索需求中包含有以上逻辑运算符，请调整检索表达式，用多字段或多检索词的限制条件来替换掉逻辑运算符号。例如，如果要检索 C＋＋，可组织检索式“(M＝程序设计＊K＝面向对象)＊K＝C”来得到相关结果。

③扩展功能

右图中所有按钮均可以实现相对应的功能。读者只需要在前面的输入框中输入需要查看的信息，再点击相对应的按钮，即可得到系统给出的提示信息。

查看同义词
同名/合著作者
查看分类表
查看相关机构
查看变更情况

● 查看同义词：比如用户输入“土豆”，点击查看同义词，即可检索出土豆的同义词：春马铃薯、马铃薯、洋芋，用户可以全选，以扩大搜索范围。

● 查看变更情况：比如读者可以输入刊名“移动信息”，点击查看变更情况，系统会显示出该期刊的创刊名“新能源”和曾用刊名“移动信息新网络”，使用户可以获得更多的信息。注意：此处需要输入准确的刊名才能进行查看期刊的变更情况。

● 查看分类表：读者可以直接点击按钮，会弹出分类表页，操作方法同分类检索。

● 查看同名作者：比如用户可以输入“张三”，点击查看同名作者，即以列表形式显示不同单位同名作者，用户可以选择作者单位来限制同名作者范围。为了保证检索操作的正常进行，系统对该项进行了一定的限制，最多勾选数据不超过 5 个。

● 查看相关机构：比如用户可以输入“中华医学会”，点击查看相关机构，即可显示以中华医学会为主办(管)机构的所属期刊社列表。为了保证检索操作的正常进行，系统对该项进行了一定的限制，最多勾选数据不超过 5 个。

④检索词表

读者选择某一字段后，可查看对应字段的检索词表来返回检索词，如关键词对应的是主题词表，机构对应的是机构信息表，刊名对应的是期刊名列表。此功能正在完善中。

⑤扩展检索条件

用户可以点击“扩展检索条件”以进一步减小搜索范围，获得符合检索需求的检索结果。

检 索　重 置　扩展检索条件

在“扩展检索功能”部分，用户可以根据需要以时间条件、专业限制、期刊范围进一步限制检索范围，如图 11-11 所示。

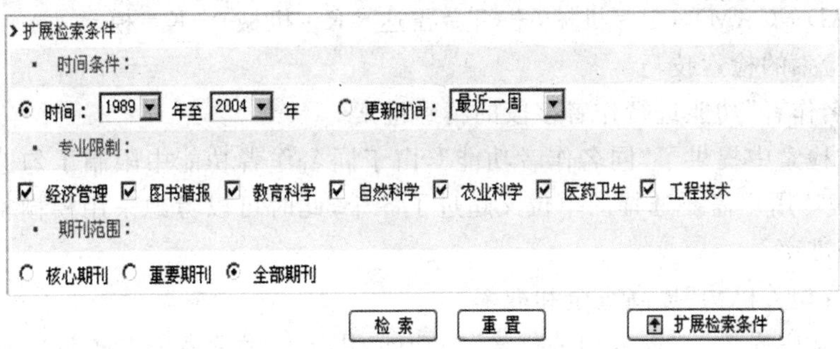

图 11-11　扩展检索条件界面

读者在选定限制分类并输入关键词检索后，页面自动跳转到搜索结果页面，后面的检索操作同一般搜索。

(2)直接输入检索式检索

①检索界面

检索界面如图 11-12 所示，读者可在检索框中直接输入逻辑运算符、字段标识等，点击“扩展检索条件”并对相关检索条件进行限制后点击“检索”按钮即可。

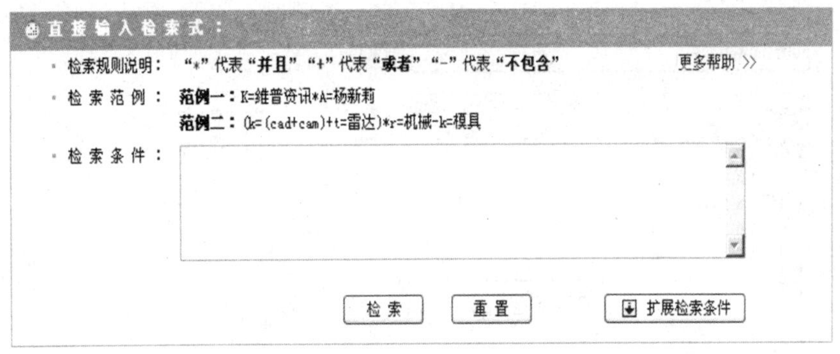

图 11-12　维普数据库直接检索界面

检索式输入有错时检索后会返回“查询表达式语法错误”的提示，看见此提示后请使用浏览器的“后退”按钮返回检索界面重新输入正确的检索表达式。

②扩展检索条件

与“向导式检索”中的“扩展检索条件”相同。

③检索规则

使用逻辑运算符、检索代码组成检索式。在检索优先级中，无括号时逻辑与“ * ”优先，有括号时先括号内后括号外。注意：括号“()”不能作为检索词进行检索。

④检索范例

范例一：K＝维普资讯 * A＝杨新莉。

此检索式表示查找文献：关键词中含有“维普资讯”并且作者为“杨新莉”的文献。

范例二：(K＝(CAD＋CAM)＋T＝雷达) * R＝机械－K＝模具

此检索式表示查找含有“机械”，并且关键词含有“CAD”或“CAM”或者题名含有“雷达”，但关键词不包含“模具”的文献。

此检索式也可以写为：

((K=(CAD+CAM) * R=机械)+(T=雷达 * R=机械))-K=模具，或者

(K=(CAD+CAM) * R=机械)+(T=雷达 * R=机械)-K=模。

(3)高级检索的检索技巧

利用“同名作者”功能进行作者字段的精确检索。

在向导式检索中提供了“同名作者功能”，由于同名作者功能中限制了勾选的最大数目(5个)，如果碰巧用户需要选择的单位又超过了5个，此时可以考虑采用模糊检索的方式来提高全率和查准率。

利用“查看相关机构”提高查全和准率。

向导式检索中提供了“查看相关机构”的功能，用于精确读者需要查询的目标机构。由于相关机构功能中限制了勾选的最大数目(5个)，如果碰巧用户需要检索的机构超过5个，在实际检索时就需要考虑采用模糊检索的方式来实现查全和查准率。

4. 分类检索

分类检索相当于传统检索的分类导航限制检索，不同之处在于这里采用的是《中国图书馆分类法》(第四版)的原版分类体系，分类细化到《中国图书馆分类法》(第四版)的最小一级分类，能够满足读者对分类细化的不同要求。

点击[分类检索]按钮可直接进入分类检索界面，如图11-13所示。

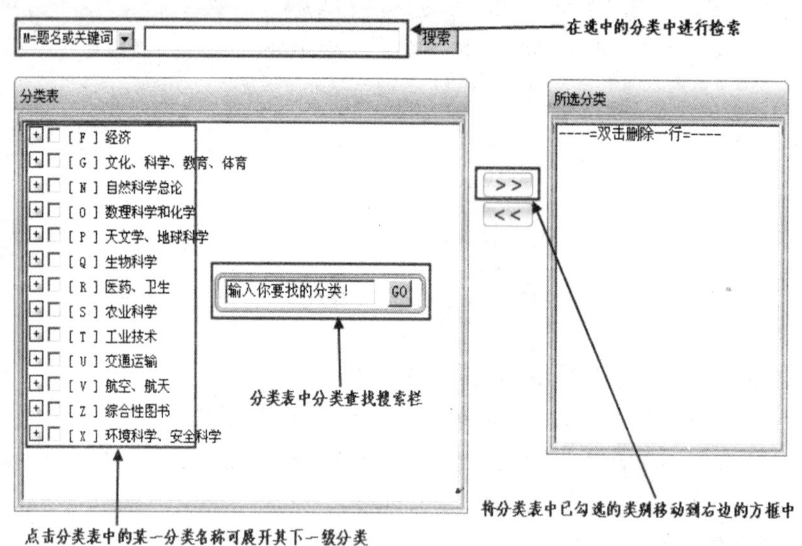

图11-13 分类检索界面

分类检索的操作步骤：

(1)学科类别选择

- 直接在左边的分类列表中按照学科类别逐级点开查找。
- 运用左边方框中的搜索框对学科类别进行查找定位。这里采用的是模糊查找，如果检索结果有多个，则定位在第一个类别上。

(2)学科类别选中

在目标学科前的□中打上“√”，并点击[>>]按钮将类别移到右边的方框中，即完成该学科类别的选中。

(3)所选类别中搜索

在选中学科类别以后,在页面上放的检索框处选择检索入口、输入检索条件,即可进行在选中学科范围内的检索操作。

5. 期刊导航

点击 期刊导航 按钮可直接进入期刊导航检索界面。

(1)期刊查找

● 按期刊名的第一个字的首字母字顺进行查找。

按字顺查: A B C D E F G H I J K L M N O P Q R S T U V W X Y Z

● 按学科分类进行查找。

点击学科分类名称即可查看到该学科涵盖的所有期刊。按学科分类还可限制“核心期刊”、“核心期刊和相关期刊”,选择“核心期刊”则只能查看到所选学科类别下涵盖的核心期刊。

按学科查: ○ 核心期刊 ◉ 核心期刊和相关期刊

经济管理 (1832种)

图书情报 (321种)

教育科学 (989种)

自然科学 (1432种)

自然科学总论 (689种)	数学 (56种)	物理学/力学(85种)
化学 (67种)	生物(131种)	天文学/地球科学(404种)

● 按刊名进行搜索查找。

期刊搜索提供刊名和ISSN号的检索入口,ISSN号检索必须是精确检索,刊名字段的检索是模糊检索,期刊搜索还提供二次检索功能。

期刊搜索: 刊名 ▾ [　　　　] 查询 ○ 在结果中查询 ◉ 重新查询

(2)期刊列表

期刊列表页面上提供的期刊信息有:刊名、ISSN号、CN号、核心期刊标记(有★标记的为核心期刊)。

在期刊列表中如果包含有核心期刊和相关期刊,点击 ★ 核心期刊 即可将列表中的核心期刊全部筛选出来,此时 ★ 核心期刊 变成黄色。

★ 核心期刊

序号	刊名	ISSN	CN	核心期刊
1	蚌埠医学院学报	1000-2200	34-1067	
2	北京中医学院学报	0258-0811	11-2299	★
3	北京生物医学工程	1002-3208	11-2261	
4	北京医学	0253-9713	11-2273	★

(3)文章检索

点击期刊列表页面上的期刊名称，进入单个期刊的整刊浏览页面。整刊检索提供跨年检索和某年内按期浏览两种方式。

● 跨年检索：限制出版年限、限制检索入口。提供的检索入口包括：题名或关键词、题名、关键词、作者、机构、第一作者、分类号、文摘、任意字段等。

● 某年内按期检索：选择出版年限、选择期数；限制检索入口，提供的检索入口包括：题名或关键词、题名、关键词、作者、机构、第一作者、分类号、文摘、任意字段等。

● 二次检索：在一次检索的基础上，为了达到理想的检索结果，可进行二次检索(重新检索、在结果中检索、在结果中添加、在结果中去除、在整个数据库中检索)。

点击“在整个数据库中检索”，则检索范围由当前期刊扩大到了整个数据库。

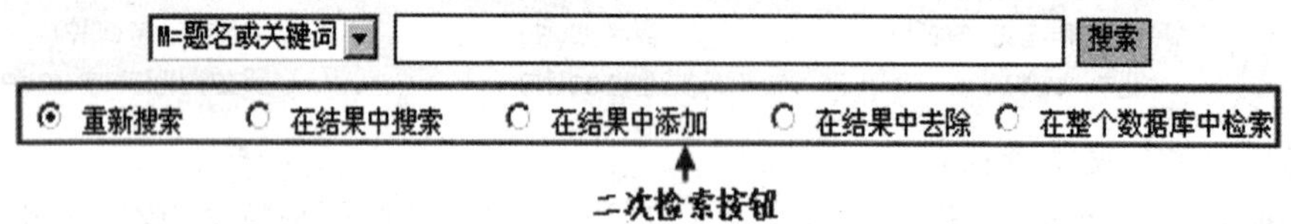

● 相关检索：针对关键词、刊名、作者、第一作者等字段，提供相关检索的内容浏览；提供相关检索内容的快捷检索。

例如，在关键词字段检索“CAD”，出现的相关检索内容有“CAD 技术”、“CAD 系统”、“辅助设计”、“计算机辅助设计”，用户点击“辅助设计”，则可查看到“关键词＝辅助设计”的所有文章。

11.1.3 检索结果显示及全文下载

1. 检索结果概要显示

在检索结果窗口里，可以查阅以下信息(如图 11-14 所示)：

(1)检索结果页面上默认显示方式为“概要显示”，概要显示的内容包括：文章的标题、文章前两位作者、文章出处(期刊名、出版年、卷、期、页码等)；

(2)可通过显示方式处选择“文摘显示”或“全记录显示”；

(3)每次检索操作完成后页面上都会显示检索结果的条数；

(4)检索结果默认为每页显示 10 条，也可在显示方式处根据个人需求改成 20 条或 50 条；

(5)对于检索结果中的文章可逐页翻阅，也可用跳转功能跳转至用户希望阅读的页号；

(6)点击 加入电子书架 可将勾选中的文章保存到“我的数据库”的电子书架中；

(7)点击 保存检索式 可将当前检索操作的表达式保存在“我的数据库”的检索历史中；

(8)提供对应检索条件的“相关检索”内容浏览。

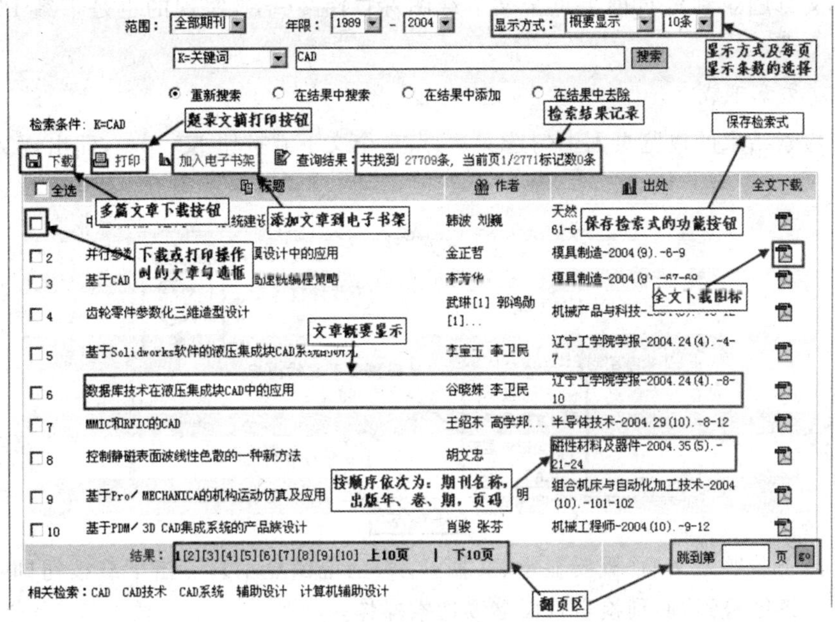

图 11-14 维普数据库检索结果

2. 单篇文章详细显示

点击概览页面上的文章标题，可查看到该篇文章的细览页面(如图 11-15 所示)：

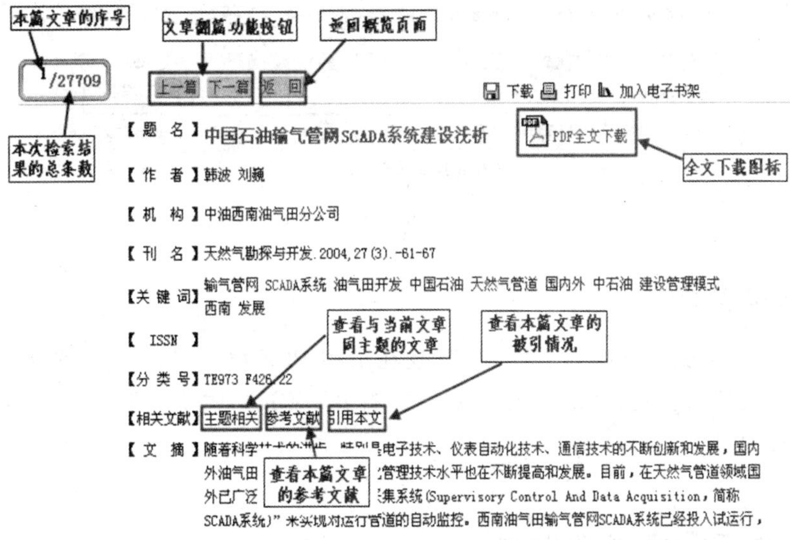

图 11-15 检索结果细览

(1)提供文章题录的全字段内容显示；

(2)在当前检索结果中有翻篇功能，提供返回检索概览页面的功能；

(3)提供全文下载的功能，题录文摘下载、打印功能；

(4)提供同主题文献的聚类查看功能、提供文章参考文献和被引情况的查看功能；

(5)提供作者、机构、刊名、关键词、分类号等字段的快捷检索功能，例如，点击页面上的作者字段“韩波”，则实现的是对检索式“作者＝韩波”的检索查找功能。

3. 单篇文章下载

(1)在检索结果页面上，点击与文章对应的全文下载图标即可下载 PDF 格式的全文；

(2)在文章题录细览页面上点全文下载图标 PDF全文下载，实现的也是下载 PDF 格式的全文。

4. 多篇文章下载

(1)在检索结果的概览页面上勾选文章，点击全文下载按钮 下载，即出现文章下载管理页面；

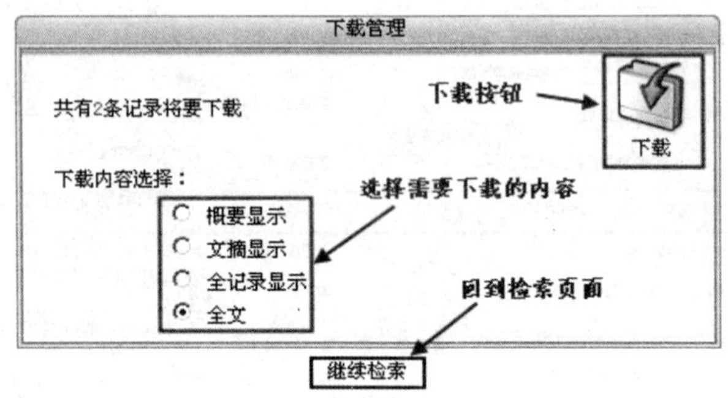

(2)选择下载题录文摘(概要显示、文摘显示、全记录显示)，点击下载按钮即可下载，下载完成后点“继续检索”回到检索页面继续检索操作；

(3)选择下载全文，则出现全文下载列表，在列表中点全文下载图标可下载全文，点击加入电子书架可将文章保存到“我的数据库”的电子书架中。

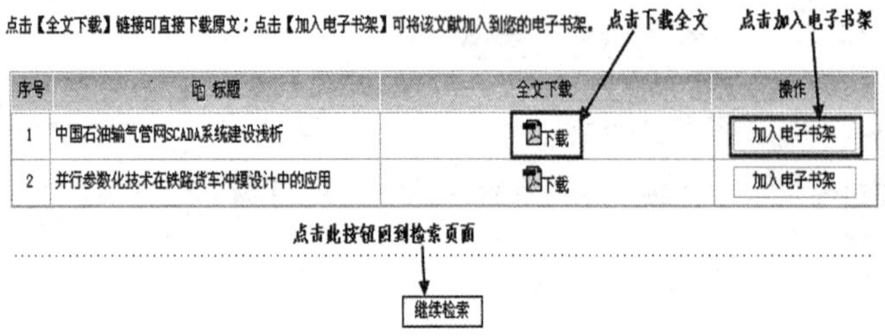

11.1.4 全文处理

全文提供两种格式：早期有 VIP 格式，现在采用 PDF 格式(国际通用格式)。VIP 格式的全文需要安装维普公司的“维普浏览器”才能打开；PDF 格式全文需要安装 Adobe Reader 阅读软件才能打开。

11.2 清华同方中文数据库

11.2.1 数据库内容简介

CNKI 数字图书馆具有夯实的文献资源基础。目前，共正式出版了 22 个数据库型电子期刊，使 CNKI 数字图书馆所囊括的资源总量达到全国同类资源总量的 80%以上。在此基础上，CNKI 工程集团开发了大量用于教育教学的多媒体素材库和多媒体知识元库。

在拥有大量资源的基础上，CNKI 工程研究中心正组织各学科专家对文献中的知识进行提炼，建成"知识元数据库"，并通过知识元链接、引文链接等技术，将文献间的知识关联起来，使所有知识资源形成具有内在联系的知识网络整体，加以先进的数字图书馆管理技术，正在逐步发展成为一个《中国知识资源总库》。

CNKI 源数据库包含 10 种数据库，它们是中国期刊全文数据库、中国优秀博士硕士论文全文数据库、中国重要报纸全文数据库、中国基础教育知识仓库（中学版）、中国基础教育知识仓库（小学版）、中国医院知识仓库、中国重要会议论文全文数据库、中国企业知识仓库、问答与导学和信息技术与课程整合。

下面对几个主要数据库内容作简单介绍。

（1）中国期刊全文数据库

《中国期刊全文数据库（CJFD）》是目前世界上最大的连续动态更新的中国期刊全文数据库，积累全文文献 800 万篇，题录 1500 余万条，分九大专辑，126 个专题文献数据库。文献来源于国内公开出版的 6100 种核心期刊与专业特色期刊的全文。覆盖范围包括理工 A（数理化天地生）、理工 B（化学化工能源与材料）、理工 C（工业技术）、农业、医药卫生、文史哲、经济政治与法律、教育与社会科学、电子技术与信息科学。收录年限从 1994 年至今，6100 种全文期刊的数据完整性达到 98%。网络数据库的更新频率为日更新。

（2）中国优秀博硕士学位论文全文数据库（CDMD）

《中国优秀博硕士学位论文全文数据库（CDMD）》是目前国内相关资源最完备、收录质量最高、连续动态更新的中国博硕士学位论文全文数据库，迄今已完成 2000－2003 年 80000 本论文的数据加工与入库。文献来源为每年收录的全国 300 家博士培养单位的优秀博/硕士学位论文约 28000 篇 。覆盖学科范围包括理工 A（数理化天地生）、理工 B（化学化工能源与材料）、理工 C（工业技术）、农业、医药卫生、文史哲、经济政治与法律、教育与社会科学 、电子技术与信息科学。收录年限从 2000 年至今。网站和镜像站每日更新。

（3）中国重要报纸全文数据库（CCND）

《中国重要报纸全文数据库（CCND）》是目前国内少有的以重要报纸刊载的学术性、资料性文献为收录对象的连续动态更新的数据库，目前已累积文献 210 万篇。文献来源是国内公开发行的 400 多种重要报纸，每年精选 80 万篇文献。涵盖文化、艺术、体育及各界人物、政治、军事与法律、经济、社会与教育、科学技术、恋爱婚姻家庭与健康等领域。分六大专辑，36 个专题数据库。收录年限为 2000 年 6 月至今。网上数据每日更新。

（4）中国重要会议论文全文数据库

《中国重要会议论文集全文数据库》（CPCD）收录了我国各级政府职能部门、高等院校、科研院所、学术机构等单位的论文集，年更新 10 万篇文章，内容覆盖理工、农业、医药卫生、文史哲、经济政治法律、教育与社会科学综合等各方面，现已经上网 6 万篇文章，9 月份累计文献量可达 10 万篇。收录来源是我国各级政府职能部门、高等院校、科研院所、学术机构等单位的会议论文集。收录了 1000 本论文集近 10 万篇论文及相关资料，每年增加 1500 本论文集约 10 万篇论文及相关资料。收录学科范围包括理科（数理化天地生）、工程学科、农林、医药卫生、电子技术、信息科学、文学、历史、哲学、经济、政治、法律、教育、社会科学。收录年限从 1998 年至今。网上数据每日更新。

11.2.2 CNKI知识网络服务平台(KNS5.0)介绍

CNKI的知识网络服务系统(KNS)是CNKI系列数据库产品的运营支撑平台,它通过智能化、交互式手段,将各种孤立、异构的信息资源集成整合为相互关联的知识网络,形成统一、开放的资源体系,对外提供增值性知识传播服务。

KNS系统是网络化、智能化权威信息检索系统,让用户以更自然的方式,精确、高效地获取所需信息是KNS系统最基本的设计目标。

KNS5.0在检索性能、人性化设计等方面得到更大的提升。

(1)高效:更快的检索引擎,提高检索速度,减少用户检索等待时间。更多的检索方式,提高查全率、查准率。

(2)快速:借助于Windows.Net平台,运行速度大幅度提高,数据更新速度更快,10万条/小时(CJFD)。

(3)稳定:系统稳定性比以前版本有了大幅度提高,索引数据库更新经过高强度压力测试,数据库在大文件、大容量模式下经过严格测试和更新引擎的重新编码。测试所用数据库单库大小为200GB。

(4)方便:安装配置简单化。增加自动推送方式的数据自动更新,使数据更新自动化。避免人为的失误。

(5)先进:基于.Net平台,采用了更先进的检索引擎技术和全面丰富领先的检索方式。

(6)人性化:人性化界面风格,提供多种检索界面:初级检索、高级检索、专业检索。其个性化设置可以由用户自己定制界面和导航体系、检索字段等方式,使用户能从多角度对信息进行快速、一致、交互地存取,从而获得对信息的更深入了解。

11.2.3 检索方式

11.2.3.1 单库检索

1. 选择要查询的数据库

在KNS5.0首页的数据库列表中找到一个要检索的数据库,如图11-16所示,点击其链接,进入所选数据库进行单库检索。

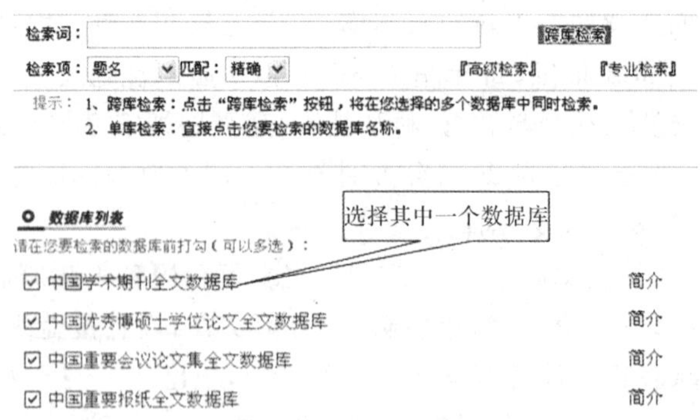

图11-16 跨库检索、选库界面

2. 选择导航分类及导航选项

进入KNS5.0的单库检索界面,在界面的左边是导航选区,在界面的右边是检索区。如图11-17所示。

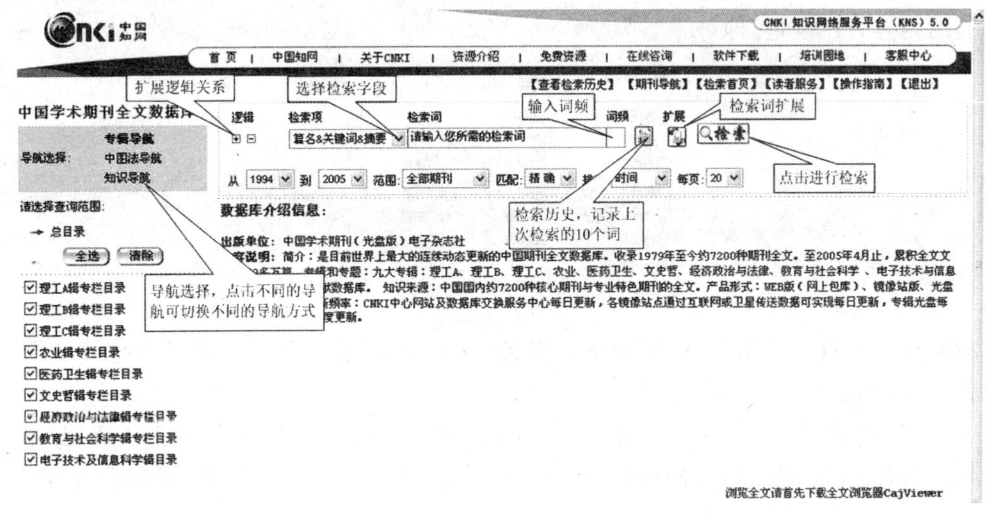

图 11-7　单库检索界面

根据所要查询的内容选择合适的导航分类及选项，可以更快地精确命中记录。

3. 选择检索项，输入检索词、词频及扩展内容

选择完导航选项后，开始输入基本的检索条件信息，检索信息界面如下图所示。

(1)选择检索项

点击“检索项”的下拉列表框，选择按哪一个字段(篇名，关键词，作者，机构等字段名)来检索。

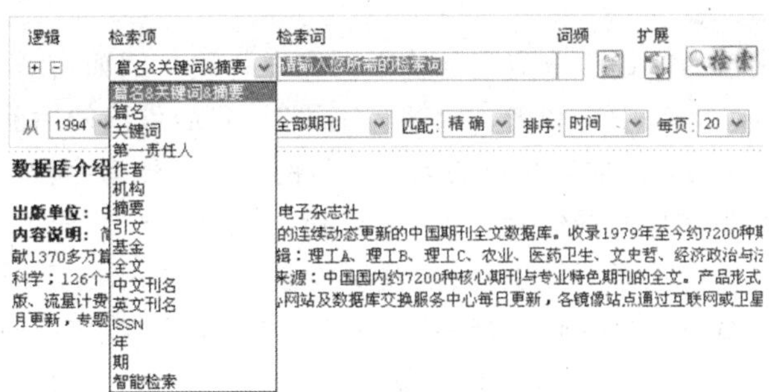

(2)输入检索词

在文本框中输入您所需的检索词。

(3)输入词频

在词频的文本框中输入检索词在检索到结果里的文章中要出现的次数。

(4)扩展检索词

点击“扩展”按钮，弹出与检索词“船舶”相关的交叉相关词的扩展选框(见下图)，选择需

要扩展的内容，按“确定”即可。

中心词：船舶 图形显示

海洋工程 营运 港口
事故 航运 飞机
船员 口岸 民用
融资 吨位 在航
稳性 中小型 车辆
码头 船长 研究设计
航道

确定 关闭

有两种用法可以使用：一种用法是直接点击词，例如“航道”，所选择的词将替换原有的检索词，检索词输入框中将由“船舶”变成“航道”。

另一种用法是勾选所需要的词前面的复选框，例如“航道”和“港口”，在点击确定后，所选择的词将和原来的词构建成新的检索语句，检索词输入框中将变成“ 船舶 *（航道＋港口)”。

系统自动为我们生成新的检索语句，点击“检索”按钮将列出篇名中包含新扩展的相关词内容的文章。

4．选择匹配

(1)精确检索

检索结果中含有与检索词完全匹配的词语。

(2)模糊检索

检索结果包含检索词或检索词中的词素。程序可以对检索词进行拆分，只要检索项中按顺序包含检索词所包含的全部单字即可作为检索结果显示。

(3)前方一致检索

检索结果中检索项的起始部分应当与检索词完全一致。例如，在精确检索的前提下，当检索项是第一责任人、作者、中文刊名、年、期等字段时，我们可以使用前方一致检索。

使用方法是在检索词后面加上半角的问号“?”，例如检索作者字段时，在精确检索的条件下，检索词输入“李?”，则将姓李的作者的文章全部检出，如“李×”、“李××”等作者的文章。

前方一致检索与模糊检索的区别是：在模糊检索的条件下，检索词输入“李”，检出的不仅有姓李的作者的文章，还将包括“×李×”、“×李”、“××李”等作者的文章。

5．选择年限、范围、排序及每页记录条数

(1)选择年限

点击年限下拉列表框，选择起始年份，使其在限定的年份范围内检索。

(2)选择范围

点击范围下拉列表框，选择期刊来源范围(全部，EI 来源刊，SCI 来源刊，核心期刊)。

(3)选择排序

点击排序下拉列表框，选择排序的方式(时间，无，相关度)。

(4)选择每页记录条数

点击每页记录条数下拉列表框，选择每页要显示的记录条数(10，20，30，40，50)。

6．扩展逻辑关系条件

扩展逻辑关系条件。点击“逻辑”下面的“＋”按钮扩展条件，点击“逻辑”下面的“－”按钮减少条件，如下图所示。

有三种逻辑关系："并且"，"或者"，"不包含"。可使用不同的逻辑关系来限制检索条件，以更精确地命中记录。

7．执行检索

当所有的检索信息都填写完毕后，点击"检索"按钮，执行检索。返回结果如图 11-18 所示。

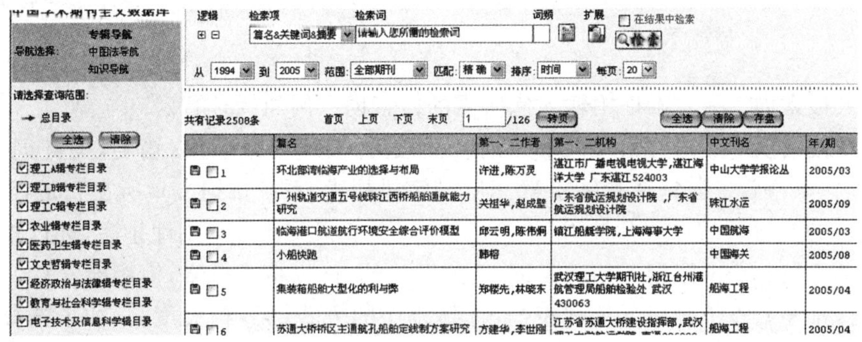

图 11-18　单库检索结果

如果检索到的命中结果条数过多，可以选择"在结果中检索"进一步检索，以更精确地命中结果。

11.2.3.2　跨库检索

1．选择要进行跨库检索的数据库

跨库检索使我们不必考虑各个数据库不同的接口和检索后台，在知识资源的海洋中自由遨游。当我们在 KNS 的数据库列表中勾选需要的数据库，在列表的右上角会将我们选好的数据库列出，最多一次可以选出 8 个数据库，点击 跨库检索 按钮将进入跨库检索，如图 11-19 所示。

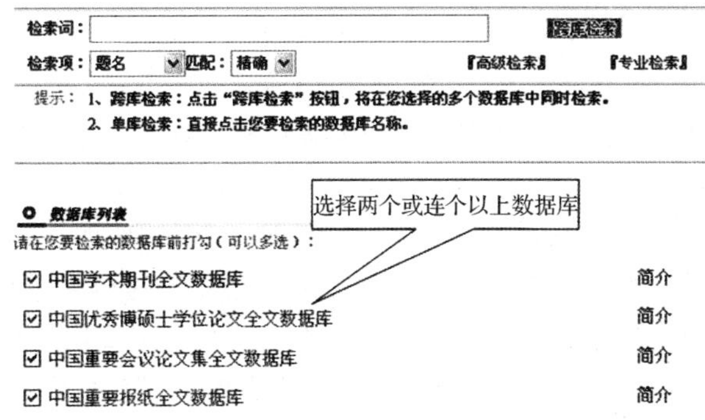

图 11-19　跨库检索界面

2. 选择检索方式(初级检索,高级检索,专业检索)

在选择完数据库后,开始跨库检索界面的操作,如下图所示。

检索词:船舶 跨库检索

检索项:题名 匹配:精确 『高级检索』 『专业检索』

提示: 1、跨库检索:点击“跨库检索”按钮,将在您选择的多个数据库中同时检索。

2、单库检索:直接点击您要检索的数据库名称。

KNS5.0 提供三种检索方式:初级检索,高级检索,专业检索。

(1)初级检索

系统平台默认的检索方式为:初级检索。初级检索的检索界面如下图所示。

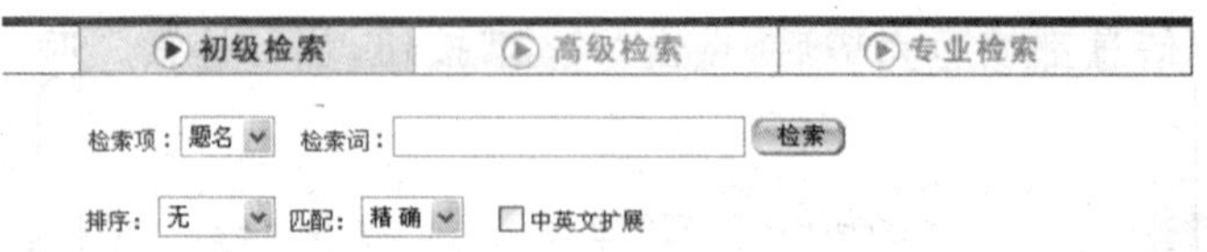

● 输入检索词。在文本框中输入您所需的检索词。例如“船舶”。

● 选择检索项。点击检索项的下拉列表框,选择按那一个字段(篇名,关键词,作者,机构等字段名)来检索。若选择智能检索,即 ffd 字段检索,系统根据文章所在刊是否为核心刊以及统计出的文章下载次数及被引用次数得出的文章相关性与重要性排序,进行相似检索。

● 选择匹配。点击匹配下拉列表框,选择匹配的方式(精确检索,模糊检索)。

● 选择排序。点击排序下拉列表框,选择排序的方式(无,相关度)。如果选择无,则按文献入库时间顺序输出;如果选择相关度排序,则按词频、位置的相关程度从高到低顺序输出。

做完以上操作,点击“跨库检索”按钮开始检索即可。

(2)高级检索

高级检索的检索界面如下图所示。

初级检索 高级检索 专业检索

逻辑	检索项	检索词	词频	关系	检索词	词频
⊞ ⊟	题名			并且		
并且	题名			并且		
并且	题名			并且		
并且	题名			并且		

检索

排序: 无 匹配: 精确 中英文扩展

● 选择检索项。点击检索项的下拉列表框,选择按哪一个字段(篇名,关键词,作者,机构等字段名)来检索。

● 输入检索词。在文本框中输入您所需的检索词。例如“船舶”。

● 输入词频。在词频的文本框里,输入检索词在检索到的结果中要出现的次数。词频为空,表示至少出现 1 次,如果为数字,例如 2,则表示至少出现 2 次。以此类推。

● 选择关系。选择两个检索词之间的关系。可选择“+”(或者)、“-”(不包含)、“*”(并且)逻辑运算以及同句、同段等关系。

● 选择排序。点击排序下拉列表框,选择排序的方式(无,相关度)。最早的文献、相关度最高的文献在前。

● 选择匹配。点击匹配下拉列表框,选择匹配的方式(精确检索,模糊检索)。

● 选择中英文扩展。选中“中英文扩展选框”即可。

填写完检索条件点击“检索”按钮，开始检索。

(3)专业检索

专业检索的检索界面如下图所示。

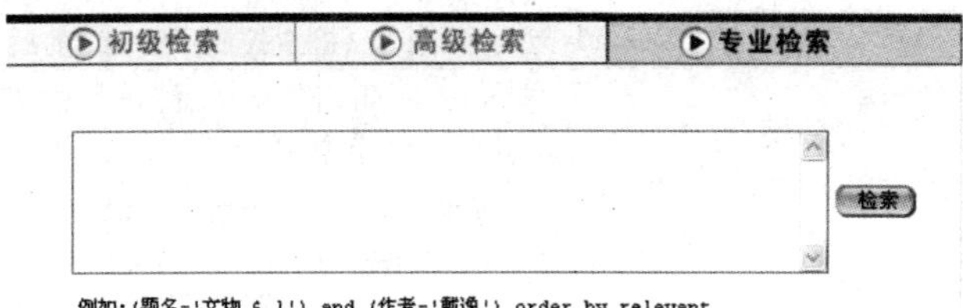

● 单一检索项多条件检索：可指定多个检索词或检索表达式，使用“＋”(或者)、“－”(不包含)、“ * ”(并且)三种逻辑运算进行组合。可以单独或组合使用下表中的运算符构造表达式，使用前请详细阅读其说明。例如，要检索“题名”中同时包含“船舶”和“管理”的文献，可以输入“题名＝船舶 * 管理”。

● 多个检索项同时检索：多个检索项的检索表达式可使用“AND”、“OR”、“NOT”逻辑运算符进行组合。这三种逻辑运算符的优先级相同。如果要改变组合的顺序，可以使用圆括号“()”将条件括起来。例如“题名＝船舶 * 管理 AND(作者＝张三 OR 摘要＝管理)”。

所有符号和英文字母(包括下表所示操作符)都必须是英文字符，也就是说必须使用半角字符。

● 检索项：题名、关键词、摘要、主题、作者、机构、第一作者、全文、来源、参考文献、基金。

【示例】

检索表达式:摘要％航运 * ‘经济 ＄3’

检索意图:在摘要中对“航运”进行模糊检索，同时要求摘要中还包含至少 3 个“经济”。

表 11-1　检索语法列表

检索项类型	检索运算符	检索含义
数值类型	OP value	OP 是运算符，可以是“>”、“<”、“＝”、“>＝”、“ <＝”，分别表示查找，大于、小于、等于、大于等于、小于等于 value 的记录
字符类型 (单位、作者、来源、基金、第一作者)	OP value	OP 是运算符，可以是“>”、“<”、“＝”、“>＝”、“<＝”，分别表示查找，大于、小于、等于、大于等于、小于等于 value 的记录
	＝ value?	前方一致匹配(检索控制字符“?”前后不可以有空格)
	＝ value1? value2	value1 和 value2 之间必须间隔一个字(字符/汉字)。与 value1 前方一致，并且 value1 与 value2 间相隔一个字(字符/汉字)(检索控制字符“?”前后不可以有空格，后面也是如此)
	＝ value1?..? value2	value1 和 value2 之间必须间隔多个字(字符/汉字)，一个问号对应一个字。 与 value1 前方一致，并且 value1 与 value2 间有多少个问号，value1 与 value2 间就相隔多少个字(字符/汉字)
	＝ value1 * value2	value1 和 value2 之间可间隔任意多个字(字符/汉字)。与 value1 前方一致，value1 与 value2 间隔任意字符
	＝ ? value	包含 value(通过扫描检索，速度很慢)

续表

检索项类型	检索运算符	检索含义
文本类型（题名、摘要、参考文献、关键词、全文、主题）	= str	包含 str
	% str	表示模糊匹配检索，在一段相邻的内容中包含 str 中所有的词(字)，而不管这些词的前后顺序。
	='str1 # str2'	str1 与 str2 同句（检索控制字符 # 前后都至少有一个空格）
	='str1 % str2'	str1 与 str2 同句，且 str1 在 str2 前面（检索控制字符 % 前后都至少有一个空格）
	='str $ N'	str 须出现 N 次以上(N 为数字，N>0)（检索控制字符 $ 前后都至少有一个空格）
	='str1 /NEAR N str2'	str1 与 str2 在同一句中，且相隔不超过 N 个字符(检索控制字符 /NEAR 前后都至少有一个空格)
	='str1 /PREV N str2'	str1 与 str2 在同一句中，且 str1 在 str2 前不超过 N 个字符（检索控制字符 /PREV 前后都至少有一个空格）
	='str1 /SEN N str2'	str1 与 str2 在同一段中，且相隔不超过 N 个句子(检索控制字符 /SEN 前后都至少有一个空格)

(4)扩展逻辑关系条件(高级检索，专业检索不涉及此项)

扩展逻辑关系条件。点击“逻辑”下面的“+”按钮扩展条件，点击“逻辑”下面的“－”按钮减少条件，如下图所示。

有三种逻辑关系：“并且”、“或者”、“不包含”。可选择不同的逻辑关系来限制检索条件，以求更精确地命中记录。

(5)执行检索

当所有的检索信息都填写完毕后，点击“检索”按钮，执行检索，返回结果如图 11-20 所示。

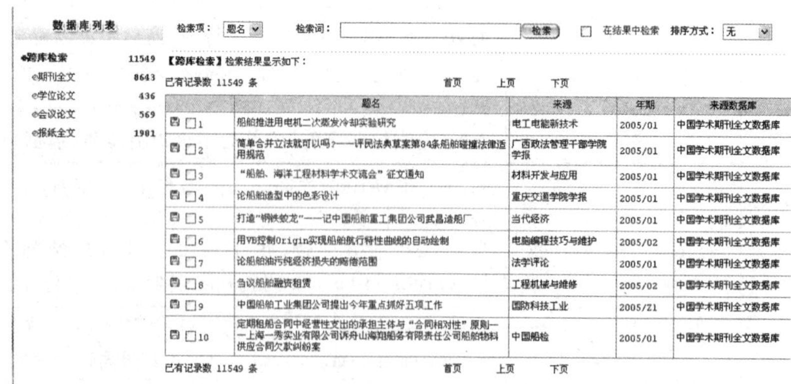

	题名	来源	年期	来源数据库
1	船舶推进用电机二次蒸发冷却实验研究	电工电能新技术	2005/01	中国学术期刊全文数据库
2	简单合并立法就可以吗？——评民法典草案第84条船舶碰撞法律适用规范	广西政法管理干部学院学报	2005/01	中国学术期刊全文数据库
3	“船舶、海洋工程材料学术交流会”征文通知	材料开发与应用	2005/01	中国学术期刊全文数据库
4	论船舶造型中的色彩设计	重庆交通学院学报	2005/01	中国学术期刊全文数据库
5	打造"钢铁蛟龙"——记中国船舶重工集团公司武昌造船厂	当代经济	2005/01	中国学术期刊全文数据库
6	用VB控制Origin实现船舶航行特性曲线的自动绘制	电脑编程技巧与维护	2005/02	中国学术期刊全文数据库
7	论船舶油污纯经济损失的赔偿范围	法学评论	2005/01	中国学术期刊全文数据库
8	刍议船舶融资租赁	工程机械与维修	2005/02	中国学术期刊全文数据库
9	中国船舶工业集团公司提出今年重点抓好五项工作	国防科技工业	2005/Z1	中国学术期刊全文数据库
10	定期租船合同中经营性支出的承担主体与“合同相对性”原则——上海一秀实业有限公司诉舟山海翔船务有限责任公司船舶物料供应合同欠款纠纷案	中国船检	2005/01	中国学术期刊全文数据库

图 11-20 检索结果

如果检索到的命中结果条数过多，可以选择“在结果中检索”进一步检索，以便更加精确命中结果。

11.2.4　检索结果

11.2.4.1　浏览检索结果

检索完毕后，会返回检索结果，界面如图 11-21 所示。

数据库列表

- 跨库检索　11549
- 期刊全文　8643
- 学位论文　436
- 会议论文　569
- 报纸全文　1001

检索项：题名　检索词：　检索　在结果中检索　排序方式：无

【学位论文】检索结果显示如下：

共有记录436条　首页　上页　下页　末页　1 /44　转页　全选　清除　存盘

	题名	来源	年期	来源数据库
1	绿色船舶机理、指标体系、绿色度及船舶大气污染算法研究	武汉理工大学	2004	中国优秀博硕士学位论文全文数据库
2	船舶油污损害赔偿法律问题研究	上海海事大学	0000	中国优秀博硕士学位论文全文数据库
3	船舶冷藏集装箱制冷系统故障遥测及诊断研究	上海海事大学	2004	中国优秀博硕士学位论文全文数据库
4	关于船舶适航性的研究	上海海事大学	2003	中国优秀博硕士学位论文全文数据库
5	船舶机舱状态监测与安全评估方法的探讨	上海海事大学	2003	中国优秀博硕士学位论文全文数据库
6	“半实物在环”船舶主机遥控及图示仿真系统	上海海事大学	2003	中国优秀博硕士学位论文全文数据库
7	船舶电站多种发电方式联合运行的仿真研究	上海海事大学	2004	中国优秀博硕士学位论文全文数据库
8	船舶柴油机主机实时仿真系统的建模和转速控制	上海海事大学	2004	中国优秀博硕士学位论文全文数据库
9	船舶管理公司安全质量管理体系一体化结构设计	上海海事大学	2004	中国优秀博硕士学位论文全文数据库
10	国有航运企业船舶管理的组织变革研究	上海海事大学	2003	中国优秀博硕士学位论文全文数据库

共有记录436条　首页　上页　下页　末页　1 /44　转页　全选　清除　存盘

图 11-21　检索结果

(1)在图 11-21 的顶部和底部有命中记录数信息，上下翻页按钮可以实现上下翻页功能，“转页”按钮在输入想浏览的页数，点击即可，还有“全选”、“清除”、“存盘”按钮。选中相应的文章，可以通过“存盘”按钮来保存记录的题名、作者、来源、摘要、关键词等信息，输出字段也可定制，如图 11-22 所示。

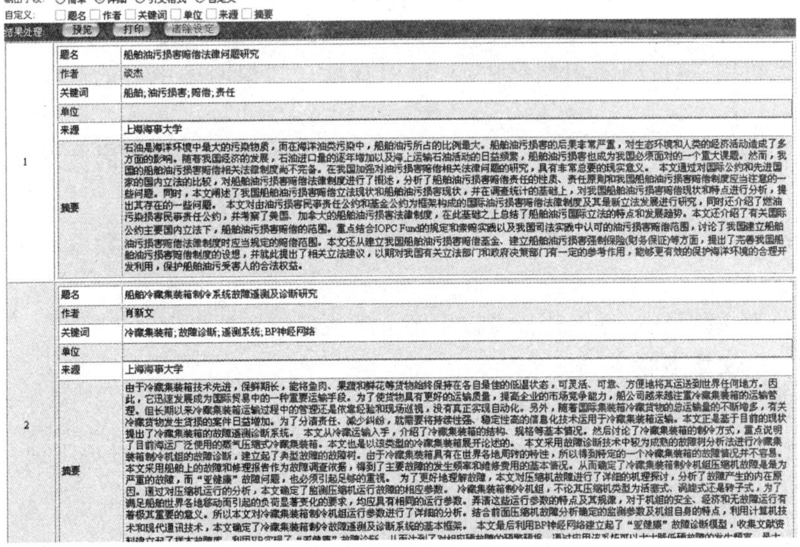

输出字段：○简单 ⊙详细 ○引文格式 ○自定义

自定义：□题名 □作者 □关键词 □单位 □来源 □摘要

结果处理：预览　打印　清除设定

1	题名	船舶油污损害赔偿法律问题研究
	作者	谈杰
	关键词	船舶;油污损害;赔偿;责任
	单位	
	来源	上海海事大学
	摘要	石油是海洋环境中最大的污染物质，而在海洋油类污染中，船舶油污所占的比例最大。船舶油污损害的后果非常严重，对生态环境和人类的经济活动造成了多方面的影响。随着我国经济的发展，石油进口量的逐年增加以及海上运输石油活动的日益频繁，船舶油污损害也成为我国必须面对的一个重大课题。然而，我国的船舶油污损害赔偿相关法律制度尚不完备。在我国加强对油污损害赔偿相关法律问题的研究，具有非常急要的现实意义。 本文通过对国际公约和先进国家的国内立法的比较，对船舶油污损害赔偿法律制度进行了概述，分析了船舶油污损害赔偿责任的性质、责任原则和我国船舶油污损害赔偿制度应当注意的一些问题。同时，本文阐述了我国船舶油污损害赔偿立法现状和船舶油污损害现状，并在调查统计的基础上，对我国船舶油污损害赔偿现状和特点进行分析，提出其存在的一些问题。 本文对由油污损害民事责任公约和基金公约为框架构成的国际油污损害赔偿法律制度及其最新立法发展进行研究，同时还介绍了燃油污染损害民事责任公约，并考察了美国、加拿大的船舶油污损害法律制度，在此基础之上总结了船舶油污国际立法的特点和发展趋势。本文还介绍了有关国际公约主要国内立法下，船舶油污损害赔偿的范围。重点结合IOPC Fund的规定和索赔实践以及我国司法实践中认可的油污损害赔偿范围，讨论了我国建立船舶油污损害赔偿法律制度时应当规定的赔偿范围。本文还从建立我国船舶油污损害赔偿基金、建立船舶油污损害强制保险(财务保证)等方面，提出了完善我国船舶油污损害赔偿制度的设想，并就此提出了相关立法建议，以期对我国有关立法部门和政府决策部门有一定的参考作用，能够更有效的保护海洋环境的合理开发利用，保护船舶油污受害人的合法权益。
2	题名	船舶冷藏集装箱制冷系统故障遥测及诊断研究
	作者	肖新文
	关键词	冷藏集装箱;故障诊断;遥测系统;BP神经网络
	单位	
	来源	上海海事大学
	摘要	由于冷藏集装箱技术先进，保鲜期长，能将鱼肉、果蔬和鲜花等货物始终保持在各自最佳的低温状态，可灵活、可靠、方便地将其运送到世界任何地方。因此，它迅速发展成为国际贸易中的一种重要运输手段。为了使货物具有更好的运输质量，提高企业的市场竞争能力，船公司越来越注重冷藏集装箱的运输管理。但长期以来冷藏集装箱运输过程中的管理还是依靠经验和现场巡视，没有真正实现自动化。另外，随着国际集装箱冷藏货物的总运输量的不断增多，有关冷藏货物发生货损的案件日益增加。为了分清责任、减少纠纷，就需要将持续性强、稳定性高的信息化技术运用于冷藏集装箱运输。本文正是基于目前的现状提出了冷藏集装箱的故障遥测诊断系统。 本文从冷藏运输入手，介绍了冷藏集装箱的结构、规格等基本情况。然后讨论了冷藏集装箱的制冷方式，重点说明了目前海运广泛使用的蒸气压缩式冷藏集装箱。本文也是以该类型的冷藏集装箱展开论述的。 本文采用故障诊断技术中较为成熟的故障树分析法进行冷藏集装箱制冷机组的故障诊断，建立起了典型故障的故障树。由于冷藏集装箱具有在世界各地周转的特性，所以得到特定的一个冷藏集装箱的故障情况并不容易。本文采用船舶上的故障和修理报告作为故障调查依据，得到了主要故障的发生频率和维修费用的基本情况。从而确定了冷藏集装箱制冷机组压缩机故障是最为严重的故障，而“亚健康”故障问题，也必须引起足够的重视。 为了更好地理解故障，本文对压缩机故障进行了详细的机理探讨，分析了故障产生的内在原因。通过对压缩机运行的分析，本文确定了监测压缩机运行故障的相应参数。 冷藏集装箱制冷机组，不论其压缩机类型为活塞式、涡旋式还是转子式，为了满足船舶世界各地移动而引起的负荷显著变化的要求，均应具有相同的运行参数。弄清这些运行参数的特点及其规律，对于机组的安全、经济和无故障运行有着极其重要的意义。所以本文对冷藏集装箱制冷机组运行参数进行了详细的分析。结合前面压缩机故障分析确定的监测参数及机组自身的特点，利用计算机技术和现代通讯技术，本文确定了冷藏集装箱制冷故障遥测及诊断系统的基本框架。 本文最后利用BP神经网络建立起了“亚健康”故障诊断模型，收集文献资

图 11-22　记录存盘格式

(2)可以通过此浏览页的篇名，作者，机构，中文刊名，年/期等信息初步了解文章的大致内容信息。此外还有下载按钮(蓝色的小磁盘图标)，点击可以直接下载文章。

11.2.4.2 浏览记录详细信息

通过概览信息，选择到与检索意图大致相符的检索记录后，想进一步了解更详尽的信息，点击题名链接，即可进入细览界面，如图 11-23 所示。

中国学术期刊全文数据库　【期刊导航】【检索首页】【读者服务】【操作指南】【退出】【关闭】

论船舶油污纯经济损失的赔偿范围　CAJ下载　PDF下载

【刊名】	法学评论，编辑部邮箱 2005年 01期
【作者】	徐国平
【机构】	武汉大学国际法研究所 博士研究生
【关键词】	船舶油污 纯经济损失 赔偿范围
【中英文摘要】	纯经济损失在船舶油污损害赔偿公约体系中没有得到规定。依据公约设立的国际油污赔偿基金确认对纯经济损失的赔偿，并制定了赔偿标准来限定纯经济损失赔偿范围。美国1990年《油污法》也承认对纯经济损失的赔偿，但没有明确赔偿范围。我国一方面应充分利用公约体系，保证公约适用范围内的纯经济损失赔偿，另一方面应建立我国的船舶油污纯经济损失赔偿制度。
【同类文献链接】	[1] 靳羽.纯经济损失概念分析.河南教育学院学报(哲学社会科学版),2005,(2).80$ [2] 张湘兰,朱强.论纯经济损失的侵权责任——从欧洲比较法展开.时代法学,2004,(5).79$ [3] 苏春梅.商品自身损害及其补救.中南民族大学学报(人文社会科学版),2004,(S2).62$ [4] 吴晓敏.船舶油污损害的赔偿范围.武汉理工大学学报(社会科学版),2004,(3).48$ [5] 宋伟莉.船舶优先权纠纷案评析.中国海商法年刊,2004,(00).41$ [6] 赵劲松,赵鹿军.船舶油污损害赔偿中的诉讼主体问题.中国海商法年刊,2004,(00).32$
【相关研究机构链接】	·武汉大学国际法研究所　·华侨大学法学院　·惠州学院政治法律系　·武汉大学法学院　·广州海事法院
【相关文献作者链接】	·靳羽　·张湘兰　·朱强　·苏春梅　·吴晓敏　·宋伟莉
【相关关键词】	·纯经济损失　·侵权责任　·民事赔偿制度　·规定功能的法概念　·类型化　·直接损失　·商品自身损害　·契约责任　·油污损害　·赔偿范围　·环境损失　·海商法　·船舶优先权　·评析

图 11-23 记录细览

细览界面包括了检索记录较为详尽的信息(如题名、作者、刊名、机构、关键词、摘要等字段信息)，此外还提供 8 种扩展链接方式：参考文献、被引文献、同类文献、读者推荐文章、相关研究机构、相关文献作者、相关关键词、中图法分类文献等，通过这些扩展信息可以更加广泛详尽地了解这个知识领域的各种信息，使知识形成网络。

参考文献：根据参考文献中的文献类型链接到相应的资源数据库。

被引文献：将引用这篇文章的文献列出供读者查阅。

同类文献：可以链接到本库中的同类文献全文供读者查阅。

读者推荐文章：根据文章的访问量将相关文献列出供读者查阅。

相关研究机构：链接到知识网络中心，可以在配入知识网络中心的数据库中进行机构检索。

相关文献作者：链接到知识网络中心，可以在配入知识网络中心的数据库中进行作者检索。

相关关键词：链接到知识网络中心，可以在配入知识网络中心的数据库中进行关键词检索。

中图法分类文献导航：可以让读者以中图分类法进行导航检索。

11.2.4.3 文章下载

检索浏览到符合检索意图的文章后开始下载。

(1)在概览界面中，点击文章前面的下载图标(蓝色小磁盘图标)，开始下载。

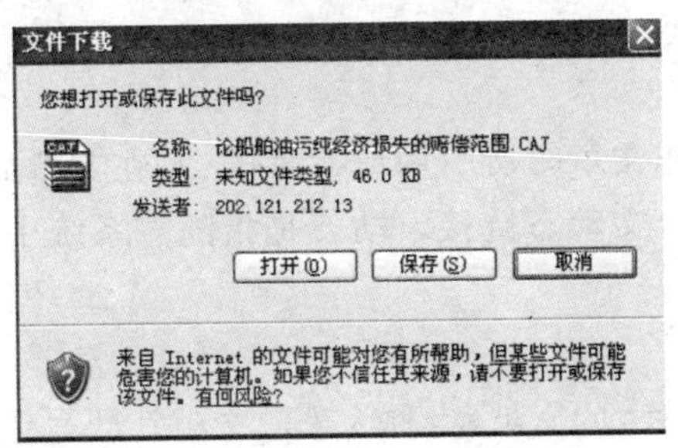

点击“打开”按钮，直接浏览全文(不推荐)。建议点击“保存”按钮，保存到本地磁盘，然后双击打开浏览全文。

(2)在细览界面中，选择下载方式(CAJ 格式，PDF 格式等)。点击下载按钮完成下载(操作同上)。

注意：在下载文章之前，必须先下载安装 CAJ 浏览器。否则下载会失败!

11.2.5　知网节

11.2.5.1　进入知网节

在检索结果页面上点击每一篇文献题名，即进入知网节，可获得文献的详细内容和相关文献信息链接。

提供单篇文献的详细信息和扩展信息浏览的页面被称为“知网节”。它不仅包含了单篇文献的详细信息如题名、作者、机构、来源、时间、摘要等，还是各种扩展信息的入口汇集点。这些扩展信息通过概念相关、事实相关等方法提示知识之间的关联关系，达到扩展知识的目的，有助于新知识的学习和发现，帮助实现知识获取、知识发现。如图 11-24 所示。

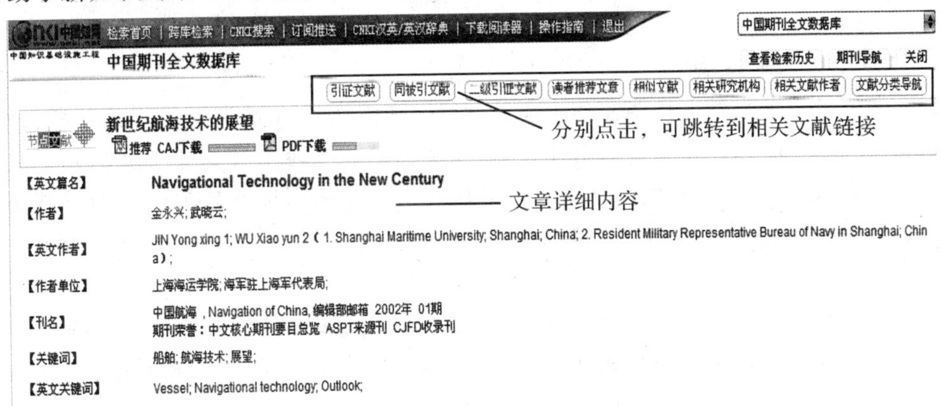

图 11-24　记录相关文献链接

11.2.5.2　相关文献链接

在知网节这一扩展信息的入口汇集点上汇集了统称为“相关文献链接”的若干文献信息，主要链接内容包括：参考文献、引证文献、共引文献、读者推荐文章、相似文献、相关研究机构、相关文献作者、文献分类导航、相关期刊、相同导师文献等。这些链接信息是动态的，将随着系统中资源的增减而变化的。

全部链接点可分为三类：文献、机构、人名(作者、导师)。点击文献链接点，直接查看文献信息及全文；点击机构和人名，则显示知网数据库列表，通过知网数据库列表上的各个数据库可获得相应机构和人名在知识元库中的基本信息以及在相应数据库中的相关文献信息及全文。

1. 参考文献链接

参考文献是作者在写作文章时所引用或参考的、并在文章后列出的文献题录。此处提供系统中存在的参考文献全文动态链接。动态是指随着系统中资源的增减,参考文献全文链接的数量将随之增减。

2. 引证文献链接

引证文献是指引用或参考的文献,也称为来源文献。即写作时引用或参考其他文献,并将其以参考文献的形式列于文后的文献。此处所提供的引证文献为系统中存在的引证文献全文动态链接。动态是指随着系统中文献资源、引证文献量的增减,引证文献全文链接的数量将随之增减。

3. 共引文献链接

共引文献是与文献主体共同引用了某一篇或某几篇文献的一组文献。即在一组文献中,每篇文献正文后的参考文献均有一篇或数篇文献与文献主体所引用的文献相同。此处所提供的共引文献为全文动态链接,指随着系统中文献资源、参考文献量的增减而变化。

4. 共被引文献链接

共被引文献指文献主体的引证文献的参考文献。即当主体为 A 时,主体文献 A 被文献 B 作为参考文献列于文后,此时文献 B 是主体文献 A 的引证文献,而文献 B 列于文后的参考文献,则为共被引文献。此处所提供的共被引文献为全文动态链接,指随着系统中文献资源、参考文献量的增减而变化。

5. 二级参考文献链接

参考文献的参考文献。即文献正文后所列每一篇参考文献的参考文献。此处所提供的二级参考文献为全文动态链接,指随着系统中文献资源、参考文献量的增减而变化。

6. 二级引证文献链接

引证文献的引证文献。即当主体文献为 A 时,主体文献 A 被文献 B 作为参考文献列于文后,此时文献 B 是主体文献 A 的引证文献,而文献 C 将文献 B 作为参考文献列于文后,则文献 C 为主体文献 A 的二级引证文献。此处所提供的二级引证文献为全文动态链接,指随着系统中文献资源、参考文献量的增减而变化。

7. 读者推荐文章

读者推荐文章是指根据日志分析和读者反馈信息获得的与源文献最相关的部分文献。此处所提供的读者推荐文章为全文动态链接,将随着系统中文献资源、读者使用情况的变化而变化。

8. 相似文献

相似文献是根据动态聚类算法获得的,在内容上与源文献最接近的部分文献。此处所提供的相似文献为全文动态链接,将随着系统中文献资源情况、资源组织情况、读者使用情况等多种因素的变化而变化。

9. 相关研究机构

相关研究机构是根据文献主题内容的相似程度而聚集的一组研究机构。通过相关机构链接,可从知网数据库列表上获得相应数据库中的相关文献信息及全文。此处所提供的机构名称为动态链接,将随着系统中文献资源情况、资源组织情况、读者使用情况等多种因素的变化而变化。“中国重要报纸全文数据库”中无此项链接。

10. 相关文献作者

相关文献作者是根据文献主题内容的相似程度而聚集的一组作者名称。通过相关作者链接,可从知网数据库列表上获得相应数据库中的相关文献信息及全文。此处所提供的作者名称为动态链接,将随着系统中文献资源情况、资源组织情况、读者使用情况等多种因素的变化而变化。

11. 文献分类导航

主体文献在《中图法》分类系统中的类目及其上级类目的分层链接。可获取主体文献在当前数据库中《中图法》相应类目及其上级类目下的全部文献信息及全文。此处所提供的文献为动态链接,将随着系统中文献资源情况、资源组织情况的变化而增减。

12. 相关期刊

相关期刊是指与文章所在刊物内容较相似的部分期刊。通过链接,可获取相关期刊的基本信息被系统收录的全部文章信息及全文。此处所提供的文献为动态链接,将随着系统中文献资源情况、资源组织情况的变化而增减。"中国期刊全文数据库"专用。

13. 相同导师文献

相同导师文献是指同一导师指导的全部研究生所写的博硕士学位论文。可获得相应博硕士学位论文的基本信息及全文。此处所提供的文献为动态链接,将随着系统中学位论文文献量变化而变化。"中国优秀博硕士学位论文全文数据库"专用。

11.2.5.3　知网数据库列表

知网节页面上拥有大量的链接点。不同的链接点具有相似的功能,即可以与相关数据库及文献关联。目前主要与5个数据库关联:知识元数据库、中国期刊全文数据库、中国优秀博硕士学位论文全文数据库、中国重要会议论文全文数据库、中国重要报纸全文数据库。

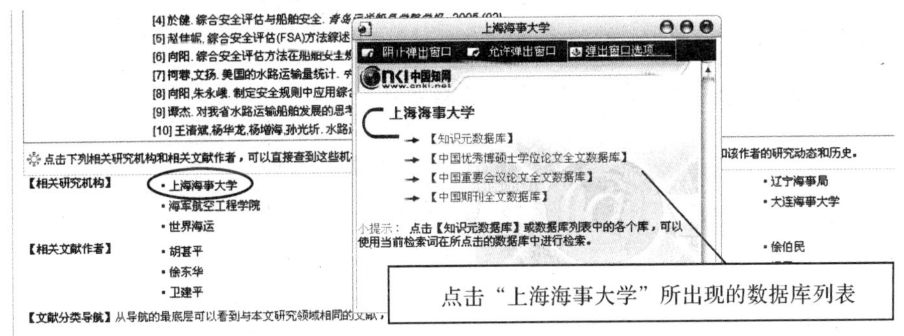

图 11-25　数据库列表

知网数据库列表中所显示的库是动态的,根据所点击的名称类型,数据库列表中显示拥有该类检索项的数据库。如图11-25所示,所点击的是"上海海事大学",则所出现的数据库列表中没有"中国重要报纸数据库",这是因为"上海海事大学"属机构名称,而"中国重要报纸数据库"中没有"机构"这一检索项。

11.2.5.4　检索知识元数据库

在数据库列表上点击"知识元数据库",即在知识元数据库中检索"上海海事大学"。如库中有此记录,则在另一页面显示关于"上海海事大学"的一条或多条记录,显示上海海事大学的基本信息。此页面上有不少链接点,点击这些链接点可打开另一页面,获得关于这些知识点的基本信息。如此循环往复,构成知识网络。

11.2.5.5 检索其他数据库

通过知网数据库列表，还可以用先前选定的条件检索其他数据库。如点击“中国重要会议论文全文数据库”，则相当于在该库“机构”项中检索“上海海事大学”。打开新的一页为在“中国重要会议论文全文数据库”的“机构”项中检索“上海海事大学”的结果。在此页中点击篇名“FSA在船舶航行安全中的应用研究”，则打开该篇文章的“知网节”，可获得该篇文章的详细内容及相关链接。

第 12 章

外文网络数据库检索

12.1 EBSCO 数据库

EBSCOhost 系统是美国 EBSCO 公司的三大系统之一，用于数据库检索，目前有近 60 个数据库，其中全文数据库 10 余个。数据库网址：http://search.epnet.com。

比较适合大学和图书馆使用的全文数据库有：

1. 学术期刊集成全文数据库（Academic Source Premier，简称 ASP）：提供了近 4700 种出版物全文，其中包括 3600 多种同行评审期刊。它为 100 多种期刊提供了可追溯至 1975 年或更早年代的 PDF 过期案卷，同时提供了 1000 多个标题的可检索参考文献。此数据库通过 EBSCOhost 每日进行更新。

2. 商业资源集成全文数据库（Business Source Premier，简称 BSP）：是世界上最大的全文商业数据库，提供近 8350 份学术性商业期刊及其他来源的全文，其中包括 1100 多份学术商业刊物。与商业相关的所有主题范围几乎均包括在内。该数据库提供超过 350 份顶尖学术性期刊的全文（PDF 格式），最早可回溯至 1922 年。此数据库通过 EBSCOhost 每日进行更新。

3. 教育资源信息中心（ERIC）：包含 2200 多篇文摘和附加信息参考文献以及 1000 多种教育或与教育相关的期刊引文和摘要。

4. 历史参考中心（History Reference Center）：提供了 750 多部历史参考书和百科全书的全文以及近 60 种历史杂志的全文，并包含 58000 份历史资料、43000 篇历史人物传记、12000 多幅历史照片和地图以及 87 小时的历史影片和录像。

5. 综合性期刊全文数据库（Master FILE Premier）：此多学科数据库专门为公共图书馆而设计，它为 2005 种普通参考出版物提供了全文，全文信息最早可追溯至 1975 年。其中几乎涵盖了综合性学科的每个领域，它还包括 320 多本全文参考书、84074本传记、86135 份主要来源文献和一本包含 107135 张相片、地图和标志的图片集。此数据库通过 EBSCOhost 进行每日更新。

6. 美国国家医学图书馆（National Library of Medicine）制作的医学文献数据库（MEDLINE）：提供了有关医学、护理、牙科、兽医、医疗保健制度、临床前科学及其他方面的权威医学信息。MEDLINE 允许用户搜索来自 4800 多种当前生物医学期刊的摘要。

7. 报纸资源库（Newspaper Source）：提供了近 30 个民族（美国）和国际出版的报纸的精选全文。该数据库还包含来自电视和收音机的全文新闻副本以及 200 多种地区（美国）报纸的精选全文。此数据库通过 EBSCOhost 进行每日更新。

8. 全文教育期刊集(Professional Development Collection):此数据库为职业教育者而设计,它提供了 550 多种非常专业的优质教育期刊集,包括 350 多个同行评审刊。此数据库还包含 200 多篇教育报告。

9. 地区商业新闻数据库(Regional Business News):将美国所有城市和乡村地区的 75 种商业期刊、报纸和新闻专线合并在一起。此数据库每日更新。

10. 贸易和工业相关的期刊的全文数据库(Vocational & Career Collection):为服务于高等院校、社区大学、贸易机构和公众的专业技术图书馆而设计。该数据库提供了 400 种与贸易和工业相关的期刊的全文收录。

12.1.1 EBSCOhost 系统的特点

1. 开发历史较早,发展成熟,检索功能完善,具有复杂检索、简单检索、浏览、索引、自然语言检索、二次检索等多种检索功能;提供 10 多个检索入口;可用布尔逻辑检索、截词检索、位置算符、嵌套运算、限制检索等多项检索技术。

2. 提供了检索结果的多种处理方式,可以浏览并标记记录,以打印、存盘、E-mail 发送三种方式输出。

3. 全文输出完整,文中的表格、图像、图表与全文一样,多数文献具备文本文件和 PDF 文件两种格式供选择。

4. 在检索语言上,可进行自然语言检索,有主题词表供用户浏览和检索使用。

5. 界面友好,"帮助"文件完整,易学易用。

12.1.2 数据库检索

1. 基本检索

(1)基本检索界面,如图 12-1 所示。

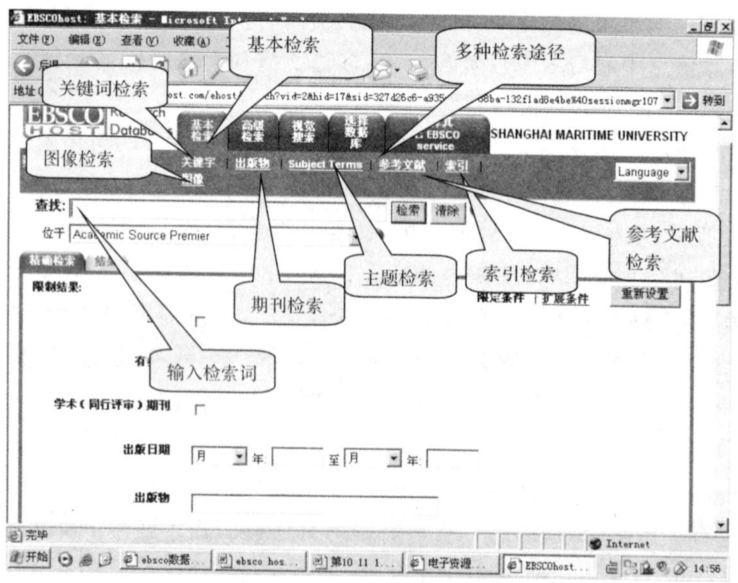

图 12-1 基本检索界面

(2)限制检索项,如图 12-2 所示。

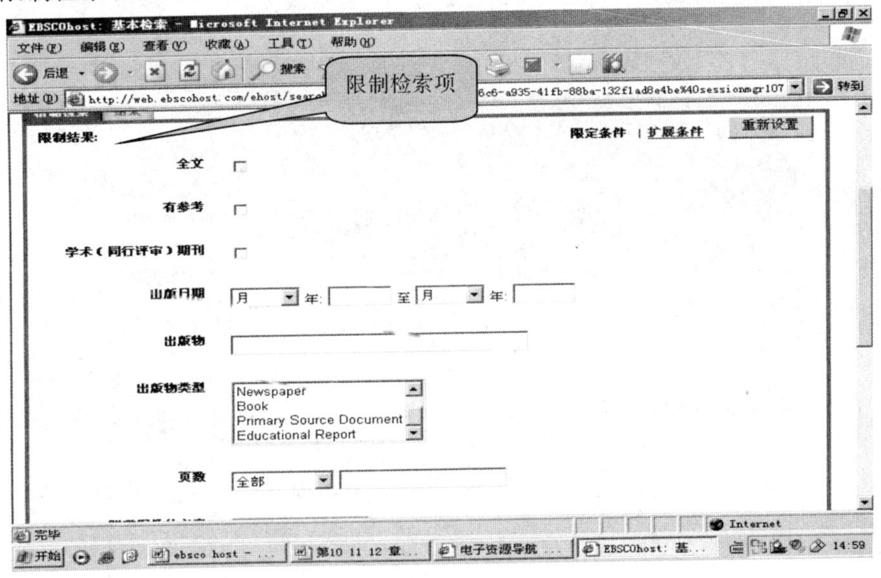

图 12-2　限制检索界面

就检索结果的外部特征进行限定。

可以限定的选项有:全文(Full Text),同行鉴定(Peer Reviewed)期刊,出版物种类(Publication Type),特定的某本刊物,出版时间等。

(3)扩检选项,如图 12-3 所示。

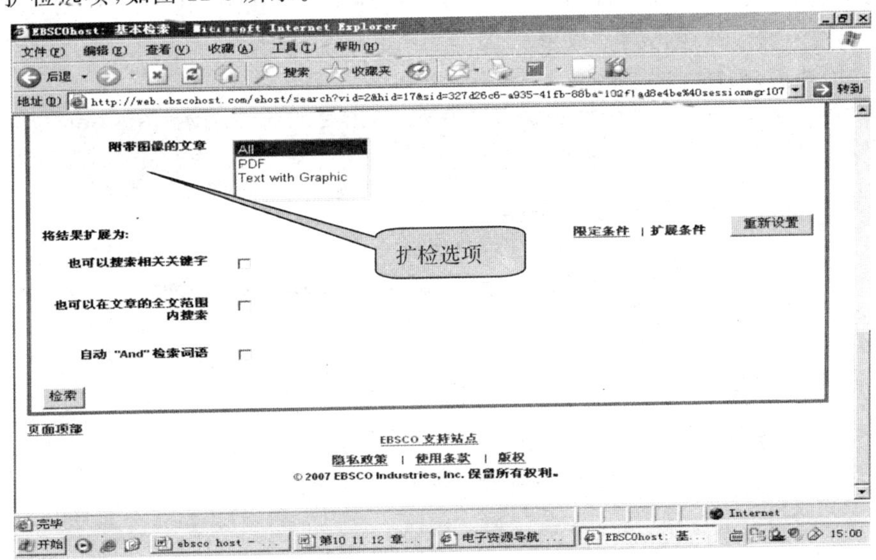

图 12-3　扩检检索界面

全文检索选项(Also search within the full text of the articles):只要文章中包括输入的检索词,就会被纳入检索结果。

加入"And"选项(Automatically "And" search terms):自动在检索词间加入"And"逻辑。

同义词选项(Also search for related words):包含检索词的同义词的文献也会被纳入检索

结果(检索系统是很机械的,若输入检索词“car”,它则不会将“automobile”纳入检索结果)。

2. 高级检索

(1)高级检索界面,如图 12-4 所示。

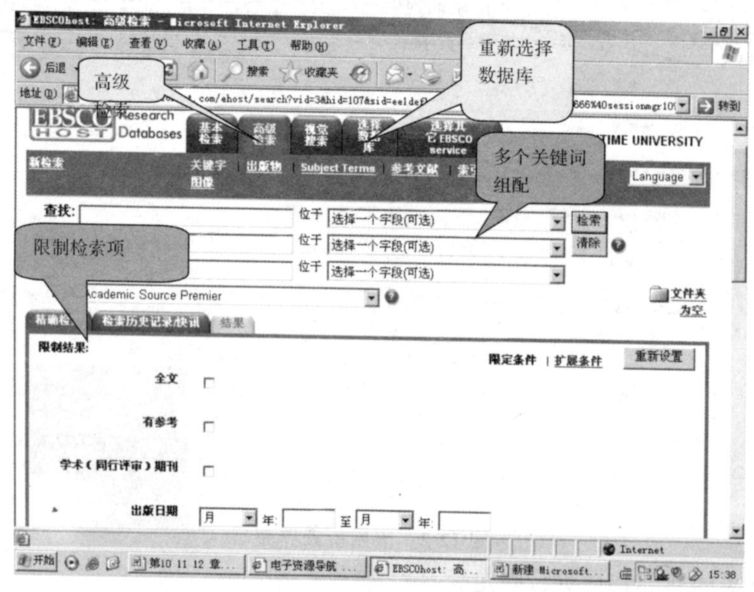

图 12-4　高级检索界面

(2)限制检索项,如图 12-4 所示。

同基本检索相比,高级检索除具备了初级检索的所有功能外,还增加了“Cover Story”,表示仅检索具有深度报道的封面故事文章。

(3)扩检选项,如图 12-5 所示。

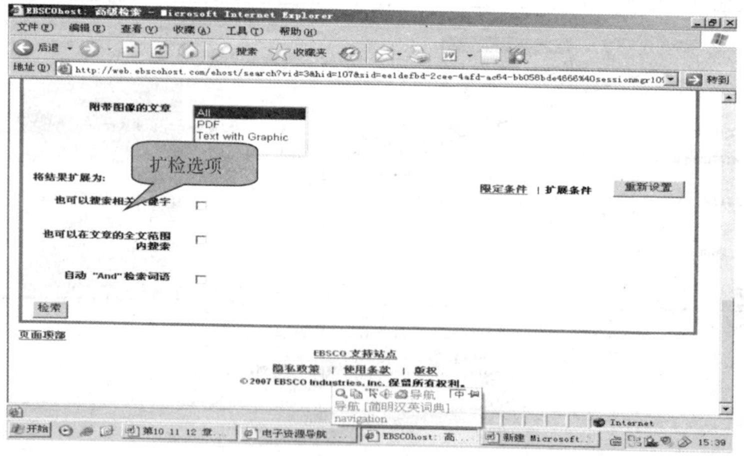

图 12-5　扩检检索界面

3. 其他检索途径

(1)关键词检索途径。

检索界面见初、高级检索。直接输入检索词并选择检索入口,同时可以对检索结果做限定或扩展。

(2)期刊检索途径。

同选择数据库时的刊名列表检索。

(3)主题(Subject Terms)检索途径,如图 12-6 所示。

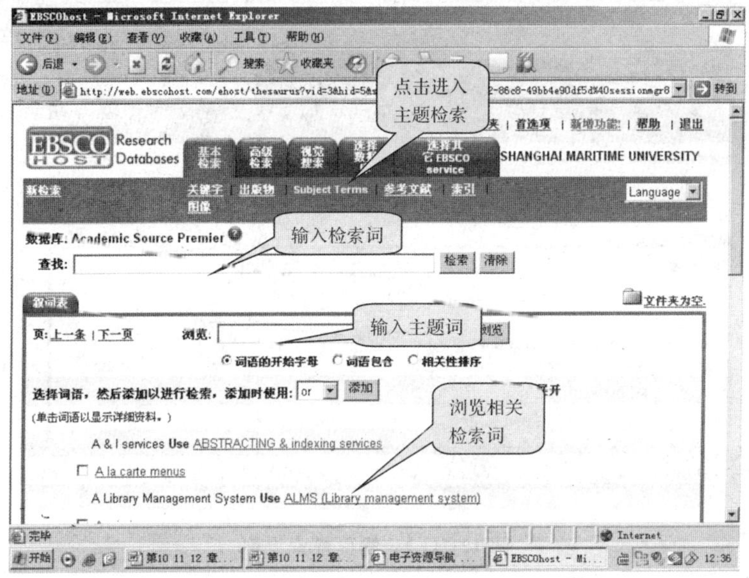

图 12-6　主题检索界面

当检索者不能够确切选择检索词时,就可利用主题检索。输入主题,然后浏览相关检索词,进而选择检索主题词。

(4)索引检索途径,如图 12-7 所示。

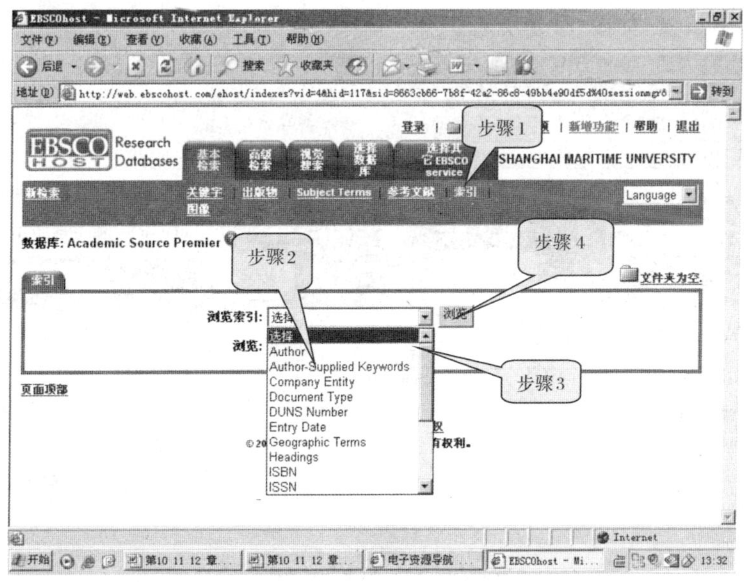

图 12-7(a)　索引检索界面

检索步骤如下:

步骤 1:点击“索引”,进入索引检索。

步骤 2:在下拉菜单中选择查询类型,如“Author-Supplied Keywords”表示作者提供的关键词。

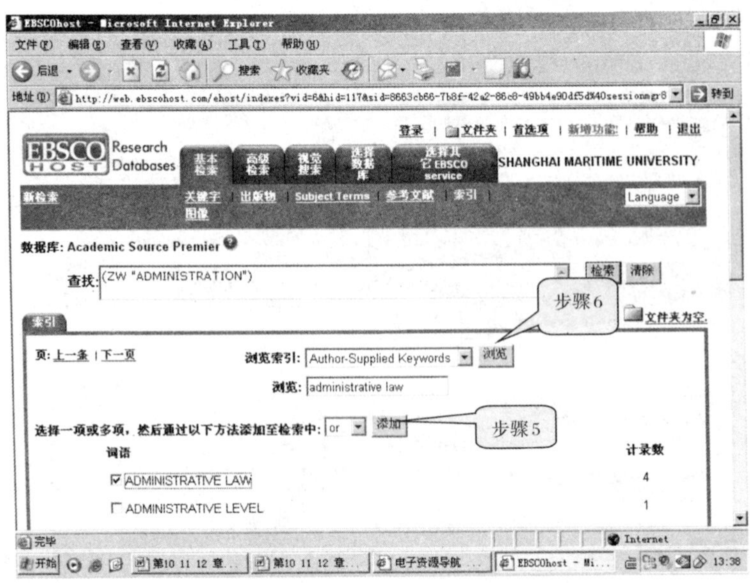

图 12-7(b) 索引检索界面

步骤 3:输入检索词。如“administrative law”。

步骤 4:点击 Browse,检索结果将按字母顺序列出。

步骤 5:点击所需要的关键词前的方框,如“administrative law”,再点击 Add 按钮,使相应的关键词加入到检索栏中。重复步骤 2~4,加入所有需要的关键词。

步骤 6:点击 Search,获得想要的结果。

(5)参考文献检索,如图 12-8 所示。

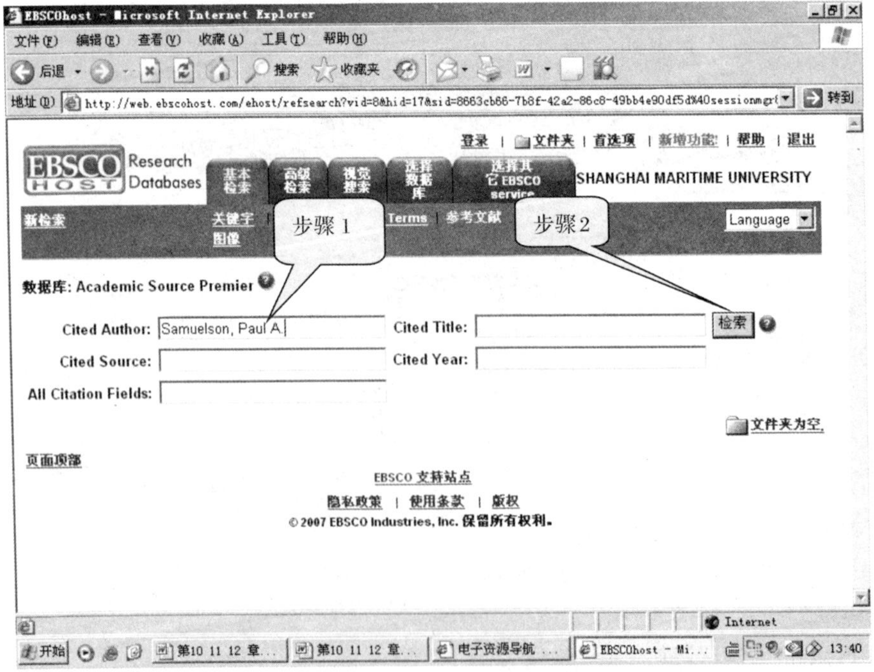

图 12-8 参考文献检索界面

EBSCO 的部分数据库提供参考文献检索功能，检索步骤如下。

步骤 1：点击“参考文献”进入索引检索。

步骤 2：在 Author、Title、Source、Year 或是 All 各检索栏内输入关键词，例如在“Author”检索栏中输入“Samuelson, Paul A.”，然后点击“Search”按钮。

(6)图像检索，如图 12-9 所示。

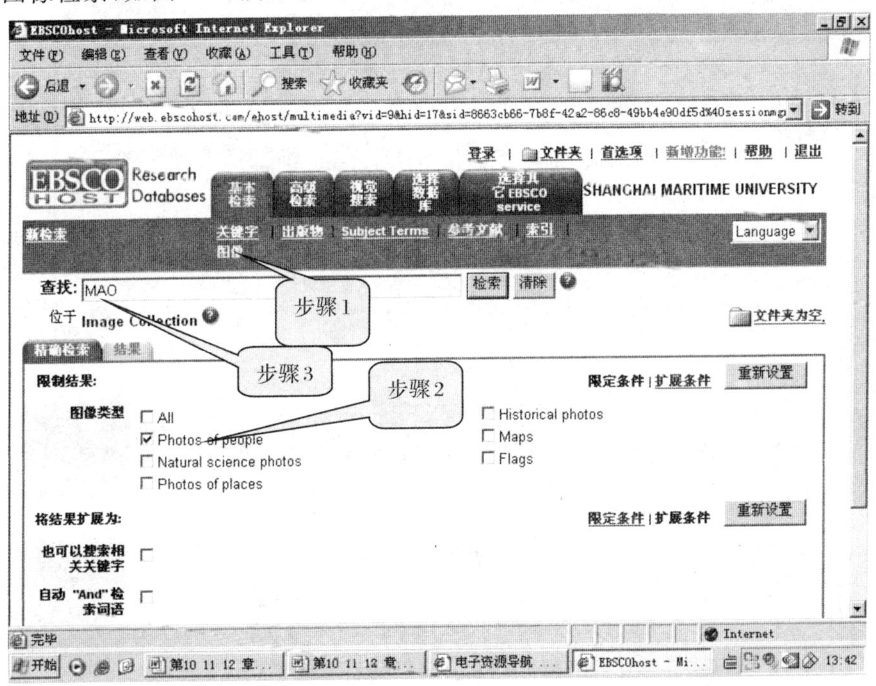

图 12-9　图像检索界面

检索步骤如下。

步骤 1：点击“图像”进入索引检索。

步骤 2：选择图片的类型，包括旗帜、历史资料、地图、自然科学、风景、人物等，如“Photos of people”。

步骤 3：在检索框内输入关键词，例如输入“Mao”（即检索毛泽东的照片），然后点击“Search”按钮。

4. 二次检索(Refine Search)

在进行基本检索(Basic Search)或高级检索(Advance Search)后，如果检索结果过于庞大，可以重新限定检索词和检索范围，进行二次检索，修正检索结果如图 12-10 所示。

步骤 1：在检索结果的基础上点击“精确检索”，进入二次检索界面。

步骤 2：重新输入检索词或增加新的限定条件。

步骤 3：点击“检索”按钮进行检索。

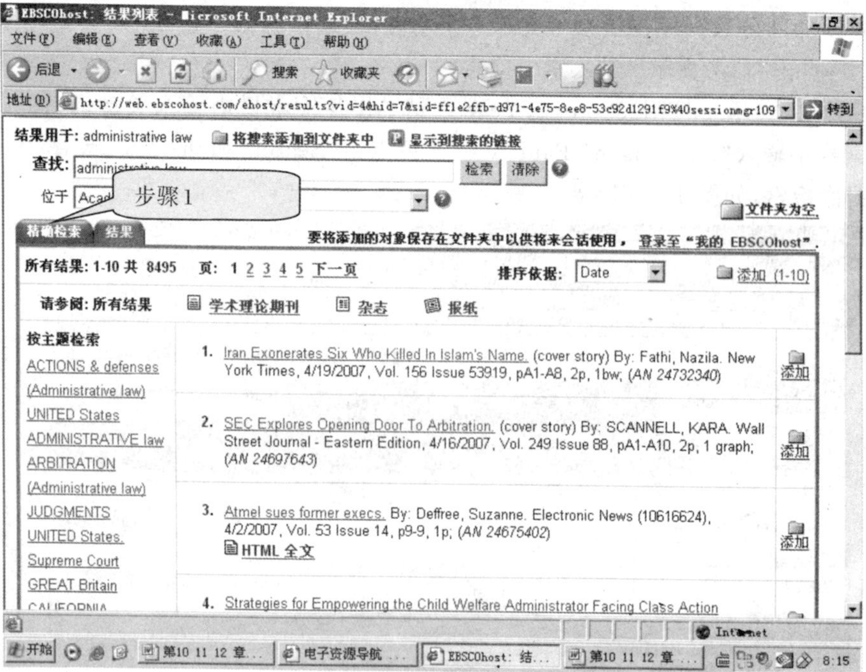

图 12-10(a) 二次检索界面

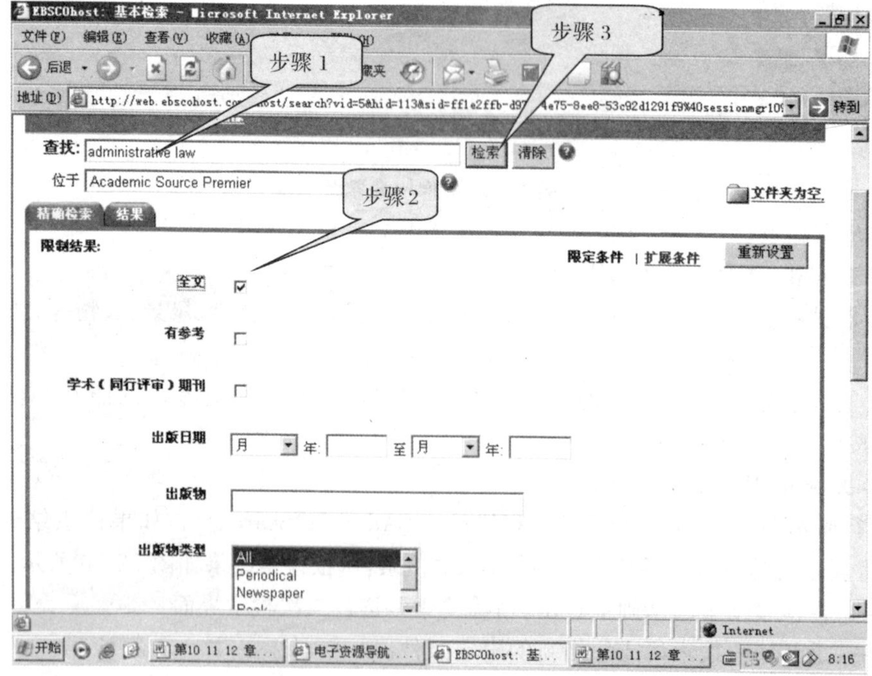

图 12-10(b) 二次检索界面

12.1.3 检索结果处理

1. 检索结果界面

检索结果界面如图 12-11 所示。

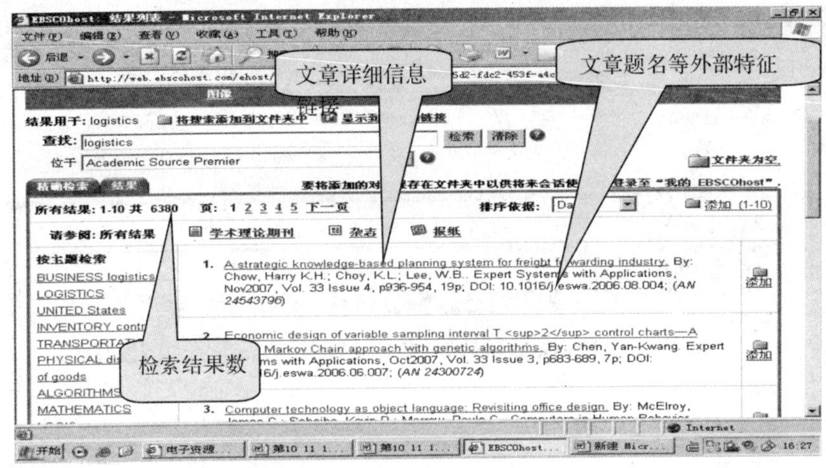

图 12-11　检索结果界面

2. 文章详细信息

点击某一文章题名，显示该文章的详细外部特征，如图 12-12 所示。

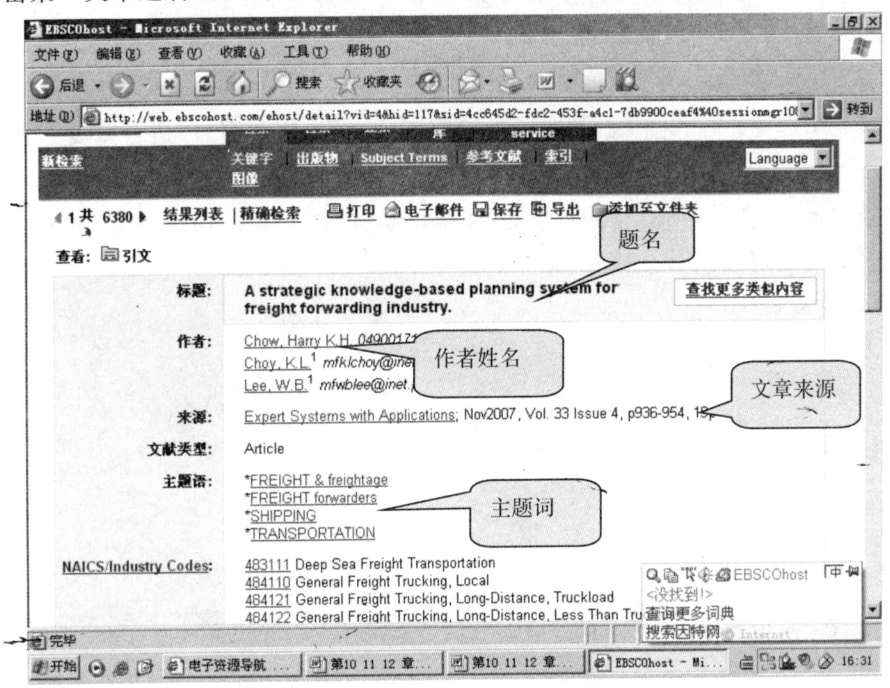

图 12-12　文章详细信息界面

3. 查看文章全文

点击 PDF Full Text，就会显示某一文章 PDF 格式的全文，如图 12-13 所示。

4. 对所查阅的文献的处理

- 存盘：点击图标即可。
- 打印：点击图标即可。
- 查找：点击图标，在对话框中输入检索词即可。
- 翻页：点击图标即可进行前后翻页或是定位到首尾页。

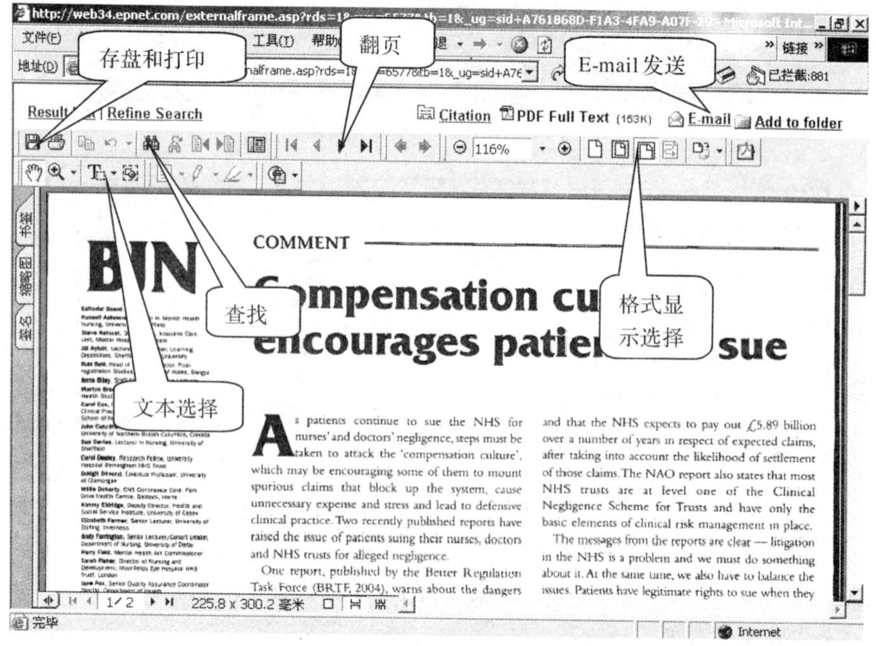

图 12-13 文章全文界面

● 格式显示选择：点击图标可按照实际大小、适合窗口、适合宽度三种模式查看全文。

● 选择文本，转换为 word 格式点击图标，用鼠标选定某些 PDF 格式的全文，单击鼠标右键，复制，然后可以以 word 格式粘贴到文档中。

5. E-mail 发送

点击 E-mail 即可。

12.2 Ei Village 2 和 DIALOG EI Compendex

12.2.1 Ei Village 2

12.2.1.1 数据库简介

Ei Village 2 是由美国工程信息公司在 Ei Village 的基础上研发的一个全新的工程信息产品，并于 2000 年由公司推向市场。相对于传统的 Ei Village 来说，Ei Village 2 是信息传递和信息服务的一次重大突破。就其信息覆盖面来说，除核心数据库 Ei Compendex Web 外，还包括 INSPEC、CRC ENGrtetBASE、Techstreet 标准、Scirus、USPTO 专利、esp@Genet 等，同时还可链接到 Elsevier Science、Institute of Physics、SpringerLink、Academic Press 等全文期刊出版社以及本地的图书馆联机公共书目系统。同时，其检索系统规范科学，界面简洁，模块清晰明确，并适应用户个性化的需要，提供多途径的检索入口和专业化的检索策略，结合多方式的在线接入服务，推出专业咨询、信息反馈等相关服务项目，真正实现了信息检索的全面、快速、高效以及服务商与用户的良性互动。

Ei Village 2 主要包含以下几个数据库系列。

(1)Compendex数据库。Compendex是目前全球最全面的工程领域二次文献数据库。它收录出自5000多种工程类期刊、会议论文集和技术报告。其范围涵盖了工程和应用科学领域的各学科，主要有机械工程、土木工程、环境工程、电气工程、结构工程、材料科学、固体物理、超导体、生物工程、能源、化学和工艺工程、照明和光学技术、空气和水污染、固体废弃物的处理、道路交通、运输安全、控制工程、工程管理、农业工程和食品技术、计算机和数据处理、电子和通信、石油、宇航、汽车工程以及这些领域的子学科和其他主要的工程领域。用户在网上可检索到1970年至今的文献。数据库每年增加大约25万条新记录。数据每周更新，以确保用户掌握最新信息。该数据库对检索全世界范围内工程与技术文献，跟踪与评价技术新成果非常有用。

(2)INSPEC数据库。INSPEC数据库由The Institution of Electrical Engineering编制，收录选自3500种科技期刊和1500种会议论文集的70万条文献记录。通过它可访问世界上关于电气工程、电子工程、物理、控制工程、信息技术、通讯、计算机等方面的文献。

(3)Compendex和INSPEC联合检索。通过Compendex和INSPEC的数据联合，可检索两库中的所有应用科学和工程技术学科中的相关资源，并可删除重复文献。

(4)CRC ENGnet BASE数据库。CRC ENGnet BASE数据库由CRC Press编制。用于访问CRC出版的联机工程手册类信息、Thomas出版公司的产品信息以及查找Compendex、INSPEC、USPTO、esp@Genet或Scirus数据库中检索到的专业词汇的注解。

(5)Techstreet标准数据库。Techstreet是世界上最大的工业标准集之一，收集了世界上300多个组织(如ASTM、IOS、ANSI、IEEE等)制定的工业标准和规范，并向技术专家提供关键信息资源和信息管理工具。

(6) USPTO专利数据库。这是美国专利和商标局(The United States and Trademark Office)的全文专利数据库，可查找1790年以来的600多万条专利全文数据。若用户在Compendex、INSPEC、esp@Genet或Scirus数据库中检索到有关流程、工艺和产品的专利，可在USPTO中浏览详细的背景信息。

(7)esp@Genet数据库。由欧洲专利局(EPO)编制，可以查找欧洲各国家专利局及欧洲专利局、世界知识产权组织和日本的专利。

(8)Scirus。这是目前互联网最全面的科技搜索引擎，涵盖超过1.05亿个科技相关的网页，还包括4300万个.edu站点，580万个.org站点，570万个.ac.uk站点，450万个.com站点及200万个.gov站点。

总之，Ei Village 2在同一个检索平台上实现了多个数据库的资源整合，形成了一个多学科、多文献类型的数据库集成系统。收录资源涉及学科范围进一步扩大，遍及所有科学、应用科学和工程技术学科的相关主题，并大量增加了电气工程、电子工程、物理、控制工程、信息技术、通讯、计算机等方面的科技文献。从文献类型来说，除了可检索大量的期刊、会议论文和技术报告外，亦可检索到权威的专利和标准文献。而且，既可以进行文献资源的查检，也可以进行专业术语的求解、作者资料的查找、相关网址的搜索等相关操作和数据检索。另外，通过提供题录、文摘显示和全文链接实现题录、文摘和全文的一站式服务。同时，在位索技术和功能方面也进行了一系列的创新和发展。

12.2.1.2　检索技术和功能

进入Ei Village 2的主页面如图12-14所示，Ei Village 2提供的检索方式主要有简易检索(Easy Search)、快速检索(Quick Search)和专家检索(Expert Search)，其中快速检索是默认的检索方式。此外还提供有浏览索引(Browse Indexes)等其他辅助检索工具。

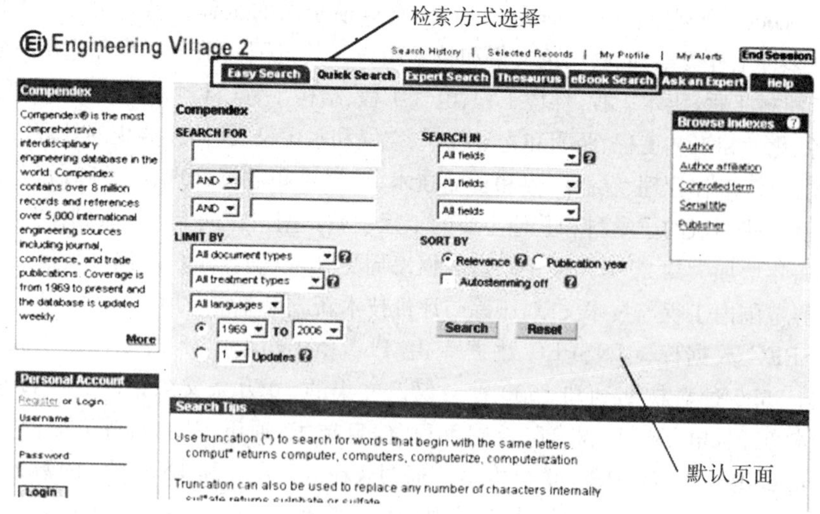

图 12-14 Ei Village 2 主页

1. 简易检索

简易检索是一种最简单的检索方法。在单个检索框中输入检索词，可以没有限制地检索数据库中所有内容。简易检索的检索页面如图 12-15 所示，在检索框中输入检索词，点击“Search”按钮即可进行检索。

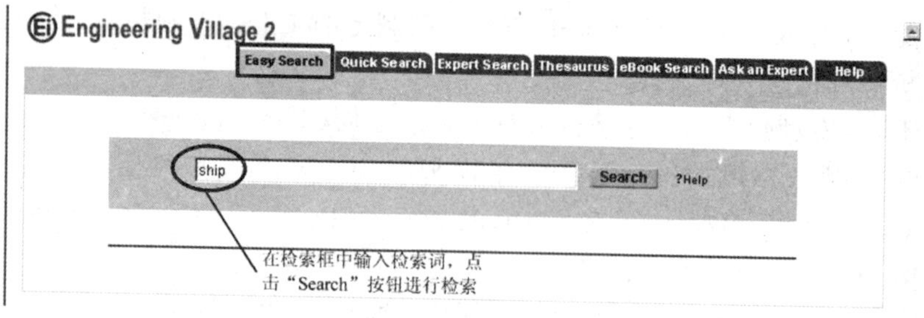

图 12-15 简易检索图

2. 快速检索

快速检索是 Ei Village 2 的默认检索界面，如图 12-16 所示。快速检索为初级用户提供在线提示，通过一系列的下拉式菜单图示及提示信息，帮助用户进行直接快速的检索。

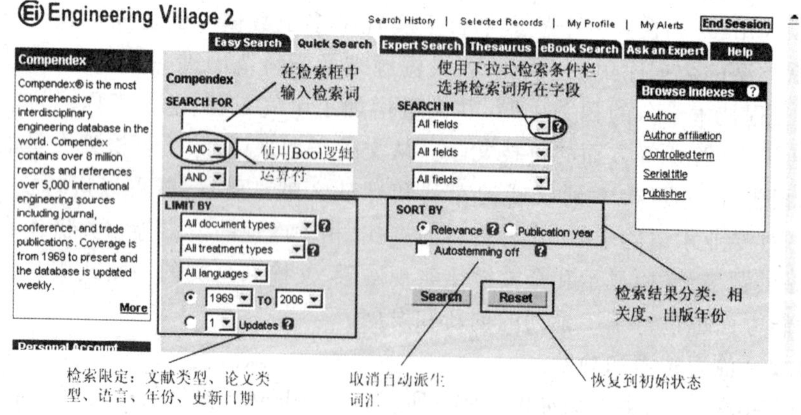

图 12-16 快速检索界面

(1)SEARCH FOR

在检索框中输入检索词,用布尔式“AND”、“OR”或“NOT”连接检索词,如果三个检索字段输入框中均输入,Quick Search 总是先合并检索前两个文本框中的词,然后再检索第三个文本框中的词。

(2)SEARCH IN

在下拉式选择框中选择检索词所在的字段,字段和意义如下表所示。

字段范围	意义说明
All fields	所有字段,默认
Subject/Title/Abstract	主题/题名/摘要
Abstract	摘要
Author	作者,输入姓氏,空一格再输入名字或名字缩写,可配合切截使用
Author affiliation	作者服务机构
Ei classification code	EI 分类号
CODEN	丛刊代码
Conference information	会议信息
Conference code	会议代码
ISSN	国际标准期刊号
EI main heading	EI 主要标目
Publisher	出版者
Serial title	期刊名称。可检索期刊题名的全部或部分名称
Title	题名。可检索题名的全部或部分名称
Ei controlled term	Ei 控制词汇

(3)LIMIT BY

在 LIMIT BY 下面的选择框中选择限定条件,利用限制条件优化检索结果,减少检索结果数量,使查询检索结果变得更方便。可以设置的限定条件有:

● Document type 文件类型:Ei Village 2 提供的所有文件类型如下图所示,中英文对照如下表所示。

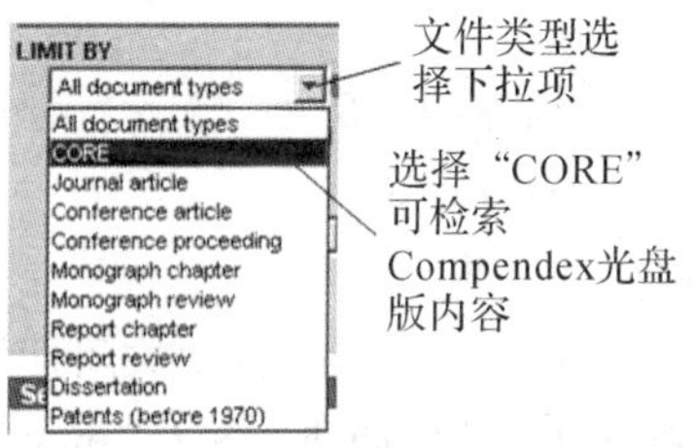

文件类型	中文名称	文件类型	中文名称
All document types	所有文件类型	Monograph review	专题论文评论
Journal article	期刊文章	Report chapter	报告
Conference article	研讨会文章	Report review	报告评论
Conference proceeding	研讨会会议记录	Dissertation	学位论文
Monograph chapter	专题论文	Patents(before 1970)	1970 年以前专利

● Treatment type 主题类型:Ei Village 2 提供的所有主题类型如下图所示,中英文对照如下表所示。

主题类型	中文名称	主题类型	中文名称
All treatment types	所有主题类型	Historical	历史类
Applications	应用类	Literature review	文学评论
Biographical	传记类	Management aspects	管理方面
Economic	经济类	Numerical	数字方面
Experimental	实验性	Theoretical	理论方面
General review	一般评论		

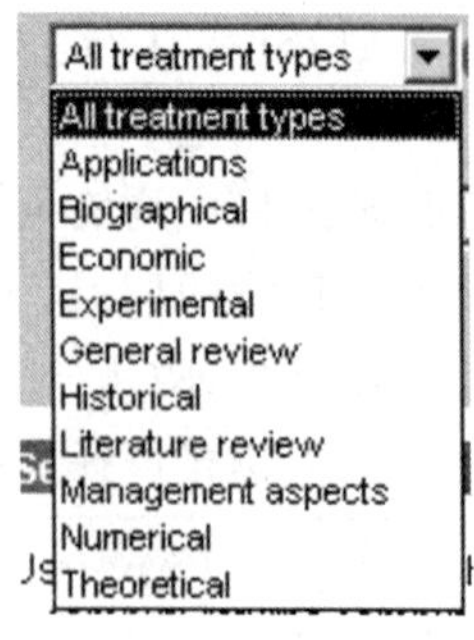

● Language 语言：只有 Compendex、INSPEC、Compendex&INSPEC 数据库提供此项服务。

语言	中文名称	语言	中文名称	语言	中文名称
All language	所有语言	French	法文	Japanese	日文
English	英文	German	德文	Russian	俄文
Chinese	中文	Italian	意大利文	Spanish	西班牙文

● 年份与更新：可从下拉选单中选择年份期限，或只选择显示最新数据，最多可选择前 4 周的更新数据。

(4)SORT BY 检索结果排列

可选择 Relevance 相关性、Publication year 出版年份作排列。

(5)Browse Index 索引浏览

使用者可以选择欲查询的索引浏览，如 Author 作者、Author affiliation 作者机构、Serial title 期刊题名、Publisher 出版社、Controlled term 控制词汇。

(6)检索技巧

● truncation 截词符（＊）

使用者可以使用截词符号（＊）做检索，例如，输入“comput＊”可以检索到 computer, computers, computerize, computerization 等。

● Autostemming 自动增加相关字根

当使用者勾选“Autostemming off ”，系统会自动关闭搜寻检索词汇相关的字根的词汇。Autostemming 自动增加相关字根的例子如下：输入“management”可以检索到 manage, managed, manager, managers, managing, management 等。

● Phrase 词组及 phrase containing stop words 词组中包含连接词

当使用者使用词组及词组中包含连接词(AND, OR, NOT, NEAR)时，请用大括号{}或引号“”将检索词汇圈起来，例如，{Journal of Microwave Power AND Electromagnetic Energy}或“NEAR field scanning”。

● Browse author name 浏览作者姓名

使用者可以通过索引浏览作者姓名的变化，例如 Smith, A. OR Smith, A. J. OR Smith, Alan J.。

● 特殊字符

检索时系统将忽略特殊字符(除 a～z, A～Z, 0～9, ?, ＊, #, ( ) 或 { }以外的所有字符称为特殊字符)。如果检索的短语中含有特殊符号,则需将此短语放入“”(或者{})中,此时特殊字符将被一个空格代替。例如{M/G/I}。

3. 专家检索

登入后,系统会自动导入专家检索(Expert Search)的页面,如图 12-17 所示。

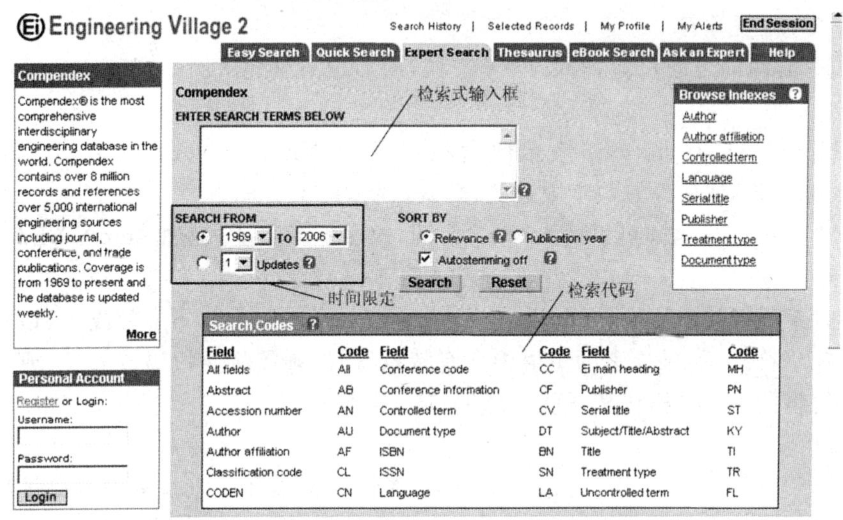

图 12-17　专家检索界面

(1)输入检索词汇

使用者可在 ENTER SEARCH TERMS BELOW 的输入框中输入欲检索的词汇,例如{International Space Station} wn KY、“Bridge crack propagation” wn KY、{test bed} wn ALL AND {networks} wn TI。检索代码在检索框下面均有标示。

(2)SORT BY 检索结果排列

可选择 Relevance 相关性、Publication year 出版年作为排列顺序。

(3)Browse Index 索引浏览

使用者可以选择欲查询的索引浏览,如 Author 作者、Author affiliation 作者机构、Serial title 期刊题名、Publisher 出版社、Controlled term 控制词汇、Treatment type 特殊主题类型、Document type 文件类型、Language 语言、Discipline 理论等。

(4)检索技巧

● 专家检索的特殊使用“wn”

在使用专家检索时,必须使用“wn”来做检索。例如{test bed} wn ALL AND {atm networks} wn TI 或(window wn TI AND sapphire wn TI) OR Sakamoto, Keishi wn AU。

● truncation 截词符(*)

使者者可以使用切截词符号(*)做检索,使用方法和含义与快速检索相同。

● 使用 $ 符号

在使用专家检索时,可使用 $ 符号寻找相关字根的字汇。例如 $ management 可以检索到 manage, managed, manager, managers, managing, management 等。

● Phrase词组及 phrase containing stop words 词组中包含连接词

当使用者使用词组及词组中包含连接词(AND, OR, NOT, NEAR)时,请用大括号{}或引号“”将检索词汇圈起来,例如{Journal of Microwave Power AND Electromagnetic Energy}或“NEAR field scanning”。

● Browse author name 浏览作者姓名

使用者可以通过索引浏览作者姓名的变化，例如 Smith，A. OR Smith，A. J. OR Smith，Alan J.。

● NEAR 位置算符

NEAR/n：两词之间可以插入 0～x 个词，前后位置任意。例如 ship NEAR/4 management。

注：ship NEAR/0 stations 表示两词相邻；ship NEAR management＝ ship NEAR/4 management（NEAR 后没有数字限定的，默认数字为 4）。

ONEAR/n：两词之间可以插入 0～x 个词，次序不可调换。例如 ship ONEAR/5 safe。

● 特殊字符

检索时系统将忽略特殊字符（除 a～z，A～Z，0～9，？，＊，＃，（）或{ }以外的所有字符称为特殊字符）。如果检索的短语中含有特殊符号，则需将此短语放入“”（或者{ }）中，此时特殊字符将被一个空格代替，例如{M/G/I}。

4. 浏览索引

浏览索引可帮助用户选择合适的检索词，在快速检索和专家检索中都提供浏览索引功能，在快速检索中有作者、作者单位、刊名、出版商和 Ei 受控词的浏览索引，在专家检索中还增加了论文类型、文献类型和语言的浏览索引。

下面以作者名为例来说明浏览索引的检索方法，浏览索引流程如下图所示。首先通过浏览找到作者名称（如左下图），然后选择作者名称，如选择多个作者名称，确定连接作者名称的关系（and/or）（如右下图），作者名称将自动粘贴到检索输入框中，回到快速检索或专家检索界面点击“Search”即可得到检索结果。

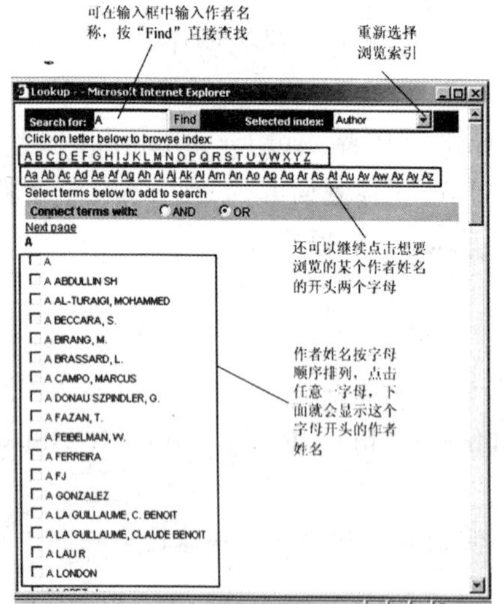

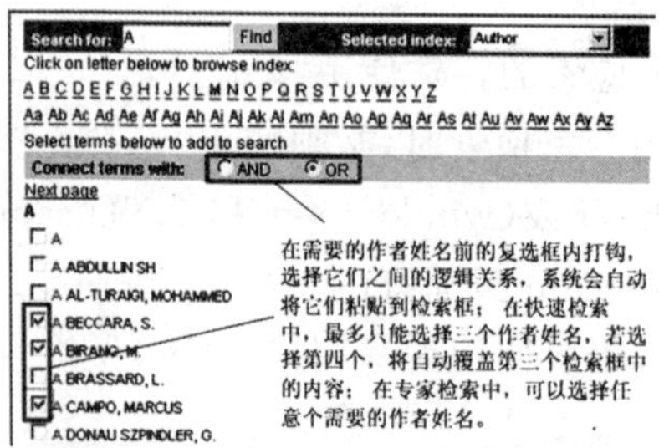

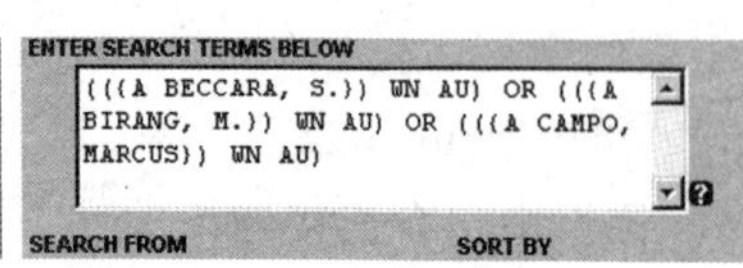

自动粘贴到快速检索框中的作者姓名

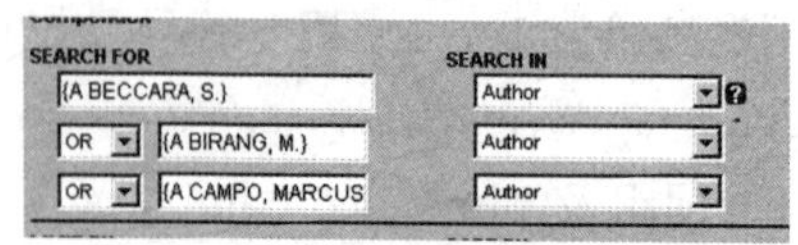

自动粘贴到专家检索框中的检索式

12.2.1.3　检索结果

Ei Village 2 对检索结果提供结果浏览、标记记录等功能，可以获取记录的全文和链接图书馆馆藏，还可对检索结果进行显示、保存、下载、打印或通过 E-mail 发送到用户的邮箱。

1. 结果浏览

(1)可以在结果页中浏览命中记录的题录信息(Citation—系统默认格式)、文摘信息(Abstract)和详细信息(Detailed Record)；

(2)可以依照相关性、日期、作者名称、资料来源和出版商改变记录的排序方式；

(3)可以进行组合检索；

(4)可以回顾检索历史、保存检索策略、保存检索结果、通过 E-mail 发送最新文献的电子通告；

(5)使用者如果有注册个人账号，则可将检索结果储存到个人数据夹(Save to Folder)；

(6)Full text 全文：EV2 提供全文的链接、文献传递、馆藏联结的功能。

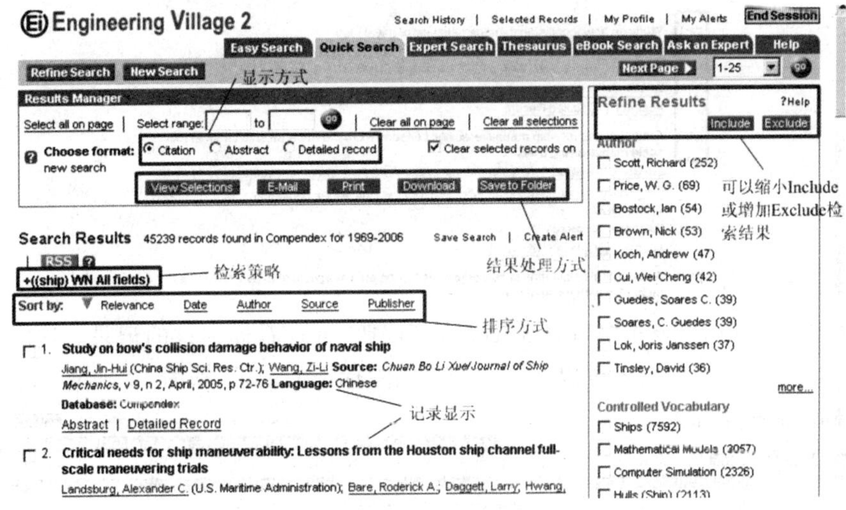

图 12-18　检索结果浏览

显示记录的摘要信息和详细信息时，Author，Classification code，CODEN，ISSN，ISBN，Conference code，Controlled term，Uncontrolled term 等字段均为超链接形式。点击作者字段，系统将检索出数据库中自该数据库建立以来该作者的所有记录；点击其余字段，系统将检索出数据库中用户最初检索时所选定的时间范围内含有该受控词的所有记录。

2. 结果处理

(1)二次检索

可以在当前的检索结果中再次进行检索(Refine Search)，也可以重新进行检索(New Search)，以得到满意的检索结果。简易检索中的再次检索(Refine Search)方法不同于快速检索和专家检索中的再次检索(Refine Search)方法，读者可以在使用中发现它们的区别。

再次检索(Refine Search)与重新检索(New Search)的区别在于当点击再次检索(Refine Search)返回到检索界面时，检索输入框的检索词和策略仍然保留，而重新检索(New Search)则把原来的检索策略全部删除。

(2)全文连接

Ei Village 2 提供与图书馆订购的电子出版物(期刊、图书、会议文献等)的全文链接及与图书馆书目信息系统链接。在查看记录的文摘信息和详细信息时，均有全文及图书馆书目信息系统链接按钮。

(3)标记记录

标记记录的方式有三种:标记所需记录、标记此页上所有记录、通过输入需要标记的记录序号范围来改变标记过的记录的输出格式,标记过的记录可以进行显示、打印、下载、通过 E-mail 发送到用户的邮箱或保存到个人文件夹。

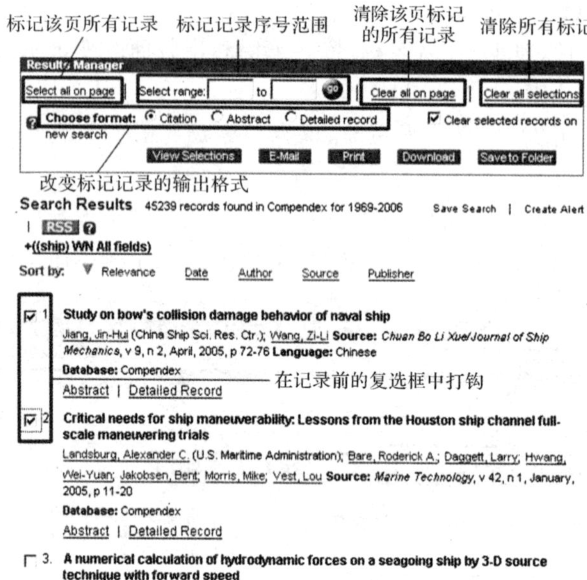

当记录做好标记后,点击"View Selections"按钮,可查看标记过的记录。这时每个记录前都有"Remove"按钮,使用者可以点击此按钮删除标记的记录,如图 12-19 所示。

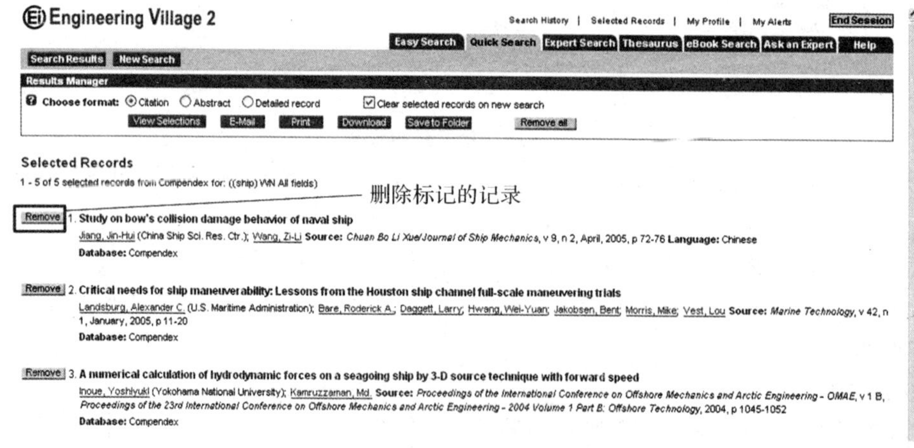

图 12-19 删除标记记录

(4)输出结果

检索到的命中记录可以通过标记记录输出。记录输出方式有:查看选定记录、打印、保存到文件夹(在个性化服务有详细介绍)、下载或通过 E-mail 发送到用户的邮箱。

● 发送结果到 E-mail

点击输出结果窗口的"E-mail"按钮,然后在弹出的窗口输入 E-mail 地址,点击"Send E-mail"按钮,即可以把输出结果发送到邮箱中。读者还可以在发送 E-mail 之前在 Subject 和

Message 框中对检索结果作说明，以便日后方便查阅。如下图所示。

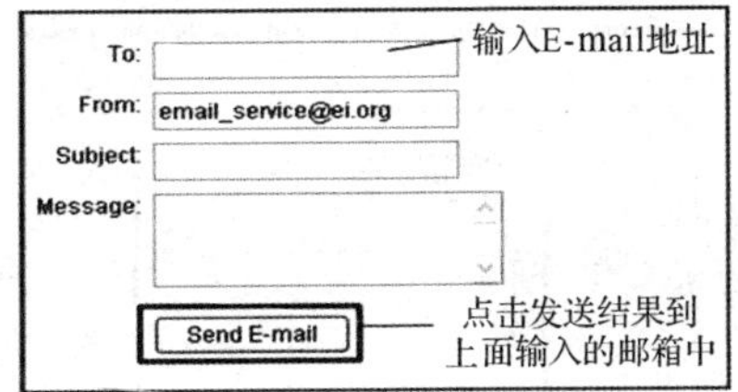

● 打印输出结果

点击输出结果窗口的"Print"按钮，然后在弹出的窗口点击"Print"即可以打印输出结果，如下图所示。

● 下载

标记过的记录可以下载，下载时有多种格式可供选择：RIS 格式、BibTex format 格式、RefWorks direct import 格式和 ASCII 格式。RIS 格式与大多数个人书目管理软件兼容，如 EndNote，ProCite，Reference Manager 等。在用户的计算机中必须安装一种相应的个人书目管理软件，以便下载标记过的记录。下载窗口如下图所示。

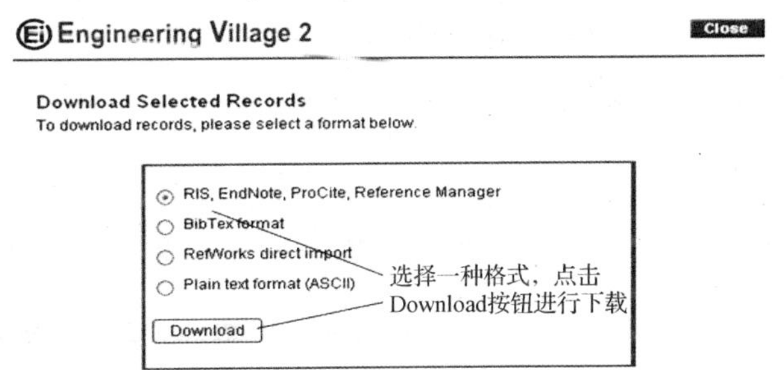

12.2.1.4　个性化服务

Ei Village 2 可以提供回顾检索历史(Search History)、保存检索策略(Save Search)、保存检索结果(Save Record)、通过 E-mail 发送最新文献的电子通告(E-mail Alert)等服务。

1. Personal Account 建立个人账户

使用个性化服务前需要先建立个人账户，已注册用户可以在快速检索或专家检索页面左下方登录窗口进行登录，如右图所示，用户可以编辑/删除个人账户(Edit/Remove Account)，也可以在快速检索、专家检索界面或在使用"个性化服务"时建立个人账户或进行登录。

Personal Account 提供使用者储存检索策略、建立个人数据夹、储存检索结果、建立 E-mail Alert 等功能，使用者在个人账号中可以储存 25 个 search 及 15 个 E-mail Alert，未注册的用户必须先注册，注册的详细资料如下图所示。

Create Your Personal Account

To obtain your FREE personal account, please complete the form below. Your account will allow you to save searches, save records, and create E-mail Alerts.

*indicate required fields

Title: Select Title

*First Name:

*Last Name:

*E-mail address:

Specify a password between 6 and 16 characters.

*Choose a Password:

*Confirm password:

☐ Yes, Please send me information about Engineering Village 2 or related products from time to time. The information I have provided here is confidential and it will not be released to a third party.

Submit　Cancel　Reset

填写个人账户信息后，点击“Submit”按钮，创建个人账户

2. Search History 检索历史

Ei Village 2 会将使用者先前使用的检索策略储存在检索历史中，检索者可以重新执行先前的检索策略或结合先前的检索策略重新执行检索。另外，在检索历史中还提供了以下的功能：

(1)Save 与 E-mail Alert

可以保存当前的检索策略，供下一次检索时直接调用(Save Search)。Ei Village 2 最多可以保存 125 条检索策略，也可以通过检索结果界面中“结果浏览区”右边的“Save Search”按钮保存检索策略。

检索历史还可利用 E-mail Alert 功能获得最新消息。系统在进行数据更新时将自动执行该检索策略，并将符合检索策略的最新文献发送到指定的 E-mail 账号中。最多可以创建 125 个电子通告服务，每周一次发送最新文献的电子通告服务。

(2)Combine Previous Searches 结合检索历史

使用者可将检索历史结合做检索，例如(＃1AND ＃2)、(＃1AND ＃2) OR (＃3AND ＃4)、(＃1 OR ＃3) NOT＃2。

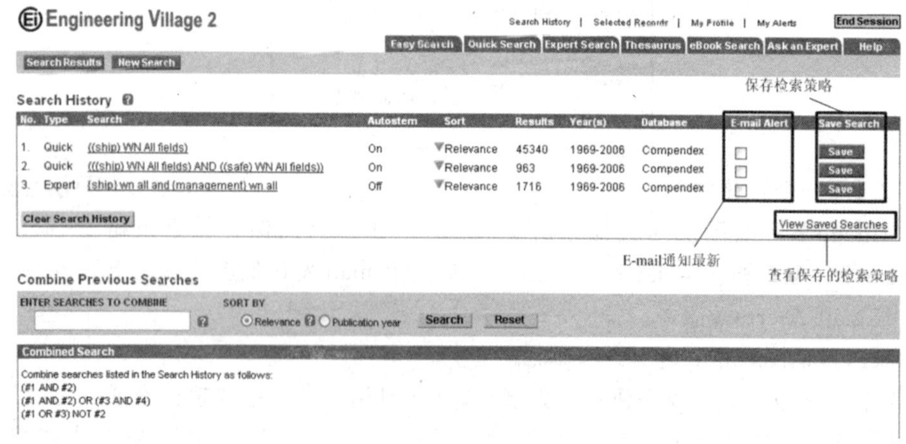

3. Saved Searches 储存检索

Saved Searches 储存检索储存了使用者在检索历史中 Save 的检索策略。

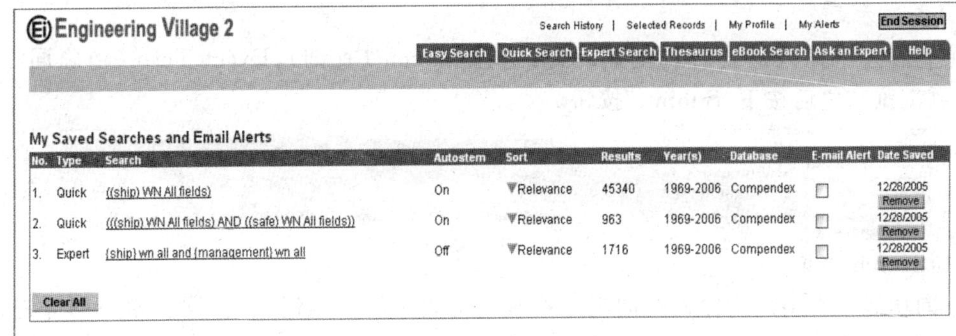

4. My Folder 我的文件夹

使用者在注册个人账号后，可以在 My Folders 中建立个人文件夹以储存检索纪录。在 My Folder 中可以建立 3 个文件夹，每个文件夹可以储存 50 条记录。

将选定的记录保存到文件夹中(Save Record)，可以选择一个已有的文件夹或创建一个新的文件夹来保存选定的记录，如下图所示。

My Folders

Please select a folder below to save your selected records in. Each folder can contain up to 50 records. You can also save records to a new folder by entering a new folder name.

My existing folders ⦿ safe

Create a folder ○

Save　Cancel

5. My Proflie 查看/更改个性化服务信息

共有四种个性化服务信息提供查看和更改。查看/更改保存过的检索策略(View/Update Saved Searches)；查看/更改电子通告服务(View/Update Alerts)；查看/更改文件夹(View/Update Folders)；编辑/修改个人账户信息。

12.2.1.5　Thesaurus 索引典

索引典是控制词汇的指南，用于索引 Compendex 或 INSPEC 的文章。索引人员从控制词汇表中选择词汇来描述其索引的文章。控制词汇用来将索引的文章标准化。基本上索引典采用层级结构，词汇由广义词、狭义词或相关词所组成。索引的文章使用特别指定的控制词汇。例如，一篇有关 Metal testing 的文章在 Compendex 里会使用 Metal testing 作为索引词而不用 Materials testing；而探讨 Steel testing 的文章将会采用 Steel testing 作为索引词而不用 metal testing。

1. 选择数据库

点击"Thesaurus"即可从进入索引典的功能。在使用索引典时，必须先从 Select database 下方选择 Compendex 或 INSPEC 其中一个数据库。如果用户只订购 Compendex，系统只会显示 Compendex。

从 Compendex 索引典中选出的词汇只会在 Compendex 数据库中查询，而选自 INSPEC 索引典之词汇也只能查询 INSPEC 数据库。

当转换不同数据库的索引典时，先前所选取的索引词汇都会被删除。有些词汇可能会在两个索引典中出现，但大部分的词汇都只属于 Compendex 或 INSPEC 其中一个索引典，因此，这两个索引典必须分开查询。

2. 查询方式

在空白区中输入需要查询的词,然后选择 Search (查询)、Exact Term(精确词汇)或 Browse(浏览),之后按下"Submit"按钮。

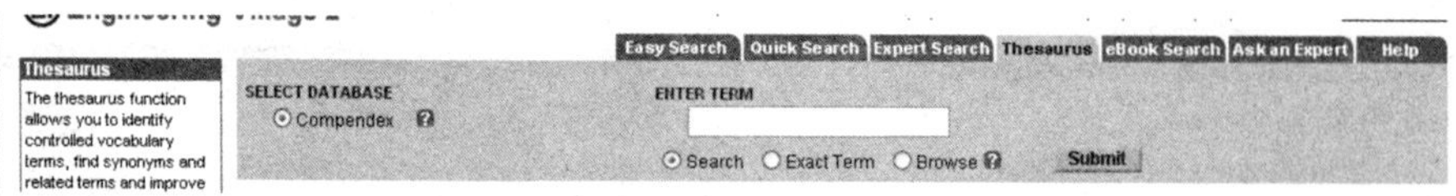

(1)Search 查询

查询功能会将用户所输入的词汇在控制词汇表中的广义词、狭义词和相关词等进行查找。词汇将依字母顺序排列。例如,输入 ship 将会查询到如下信息。

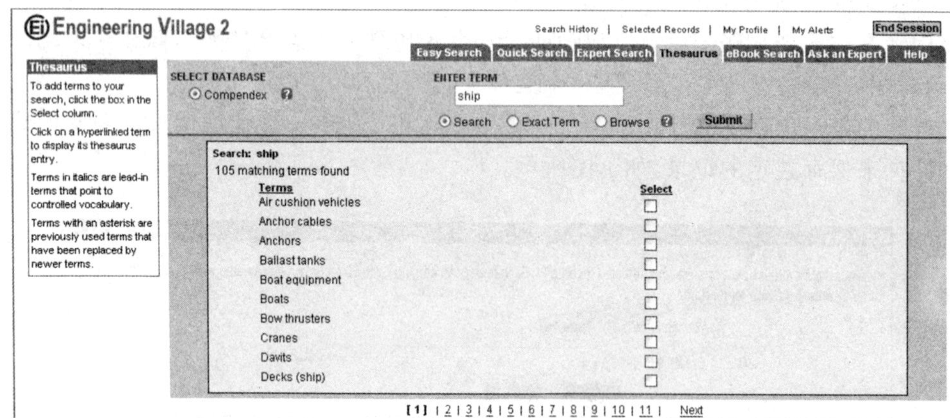

如果输入的词汇不在控制词汇表中,系统会建议另外的拼法,如下图所示。

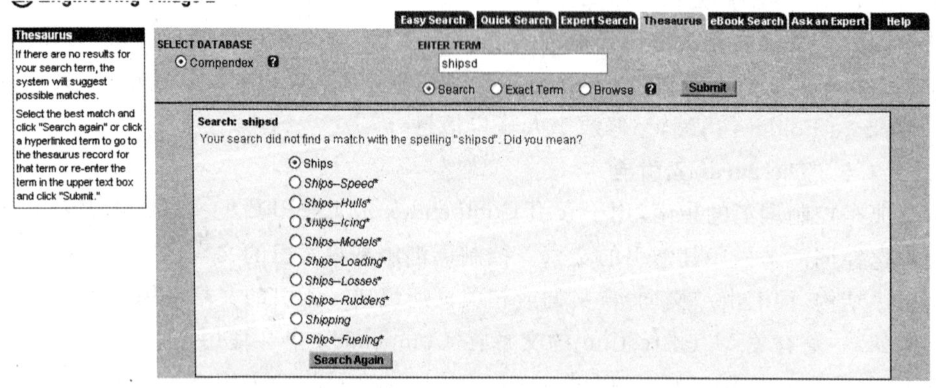

在建议的词汇清单中若找到所需要查询的词,点选词汇前的圆圈,按下"Search Again",系统会在索引典中开始查找。也可以按下每个词汇的链接查看索引典中有关该词汇的资料。

(2)Exact Term 精确词汇

当知道某个控制词汇而想要查询该词汇的广义词、狭义词或相关词时,请使用 Exact Term(精确词汇)的功能。这个检索功能将直接检索词汇的主要信息。特别注意有些狭义词和相关词也会有狭义词。如果想对某个主题进行广泛的检索,尽可能探索所有的途径。在下面的例子中,对于船舶(ships)的综合研究应包含所有的狭义词而且每个狭义词都应该进一步探究。Maneuverability 的狭义词有:Aircraft、Ships、Spacecraft、Steering。从 ships 的记录中无法找到这几个词。因此必须按下 Maneuverability 一词的超级链接才能找到并选取这几个词。

Easy Search | Quick Search | Expert Search | Thesaurus | eBook Search | Ask an Expert | Help

SELECT DATABASE
Compendex
ENTER TERM
ships
Search　Exact Term　Browse　Submit

Exact Term: ships
Ships (Select)
Prior Terms: Motor ships* (Select)

Broader Terms	Select	Related Terms	Select	Narrower Terms	Select
Water craft	☐	Boats	☐	Cable ships	☐
		Docking	☐	Crew accommodations	☐
		Drydocks	☐	Decks (ship)	☐
		Fueling	☐	Drillships	☐
		Ice problems	☐	Hulls (ship)	☐
		Launching	☐	Icebreakers	☐
		Loading	☐	Naval vessels	☐
		Maneuverability	☐	Ore carriers	☐
		Marine borers	☐	Prefabricated ships	☐

狭义词也应选取以便广泛地检索。若利用 Exact Term 查询不在控制词汇表中的词，系统会建议使用其他拼字。按下任一建议词的链接即可直接进入索引典里的数据。

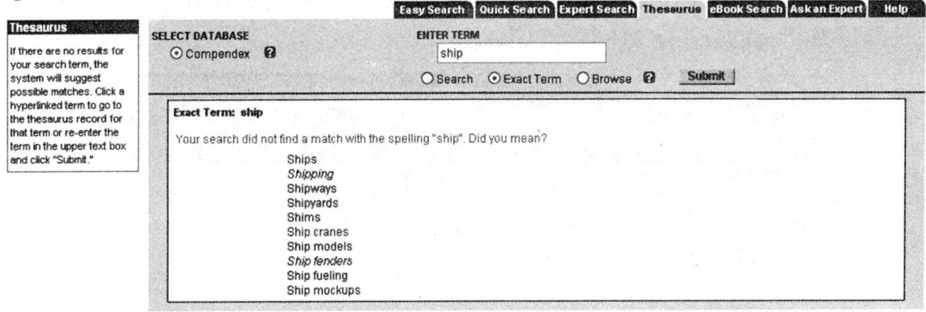

(3)Browse 浏览

Browse (浏览)指令就好像使用纸本的索引典。使用浏览功能会让用户看到一个词汇在索引典中依字母顺序排列的位置。如下图所示，在 Compendex 索引典中浏览"ships"一词时可以看到其他词汇。使用 Previous Page 或 Next Page 可以查看索引典中的其他词。

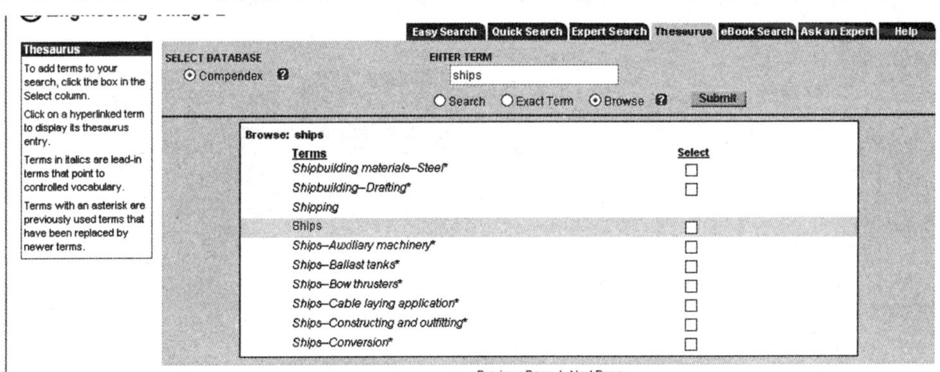

3. 索引典其他功能

(1)Lead-in and Prior Terms 导入词和旧控制词汇

无论使用哪一种方法查询索引典，找到的词汇都具有超级链接。按下链接就可以进一步查看该词在索引典里的数据。斜体标示的词汇为导入词汇，导入词汇可能是非控制词汇的同义字，或是数据库中可以找到但已经被其他控制词汇取代的旧控制词汇。若检索时设定为查找全部年限，会找到现有以及旧有的控制词汇。旧的控制词汇会加上星号标示。在下图的例子中，Ship construction、Ship crew accommodations 和 Ship derricks 都是导入词，Ship construction and outfitting 则是旧的控制词汇。

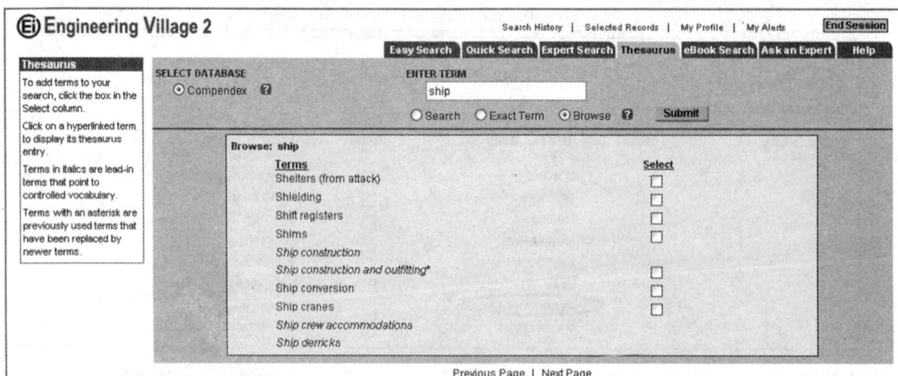

(2)Scope notes 范围注释

索引典中多数的控制词汇都有范围注释(Scope notes)。范围注释包含控制词汇使用或制定的日期以及相关的分类表(Related Classification Codes)。范围注释也包含使用说明。

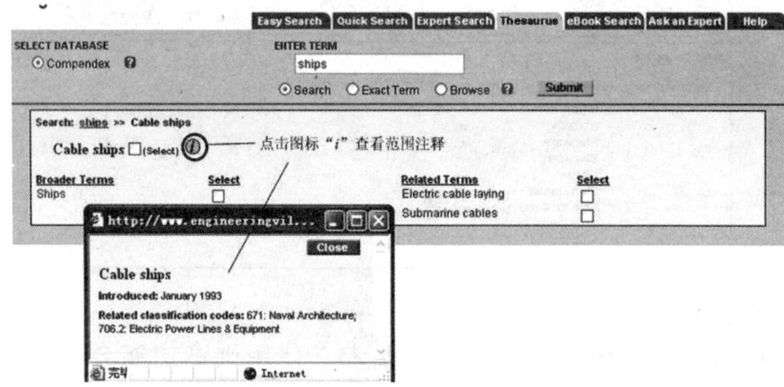

4. 选取词汇

数据库中所有的控制词汇都可选取，但不是控制词汇的导入词将无法选取。一旦被选取，词汇将自动添加到查询区，如图 12-20 所示。

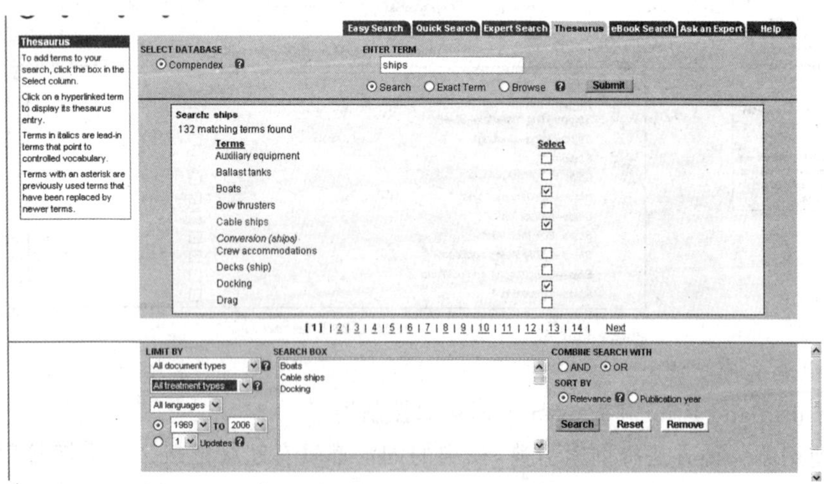

图 12-20　选取词汇界面

如要将选取的词汇移除，只需在方格中再按一下，系统就会将该选取的词汇从查询区中清除或者在查询区中将该词反白，然后按下“Remove”按钮。也可以按下“Reset”按钮重新设定。

一旦选取了词汇并放到查询区，就可以开始查找数据库。词汇可以使用“OR”（出现任一词即可）或“AND”（包含所有的词）结合。系统默认为“OR”。

5. 查询限制

如要做更准确的查询，可以利用限制条件的功能：document type（文件类型）、treatment type（论述类型）、discipline（学科，仅限 INSPEC）或 date（年代）。

6. Sorting 排序

检索结果可以依照相关程度（Relevance）或出版年（Publication year）排序。

7. Refine search 限定检索

执行检索之后，如果希望再增加或删除词汇，可以利用“Refine Search”重新修正检索条件。按下“Refine Search”按钮后就会回到索引典的检索窗口，窗口下方会呈现先前选取的检索词。此时可以再查询其他的索引词、移除先前的检索词，或是更改限定条件重新查询。如果按下的是“New Search”按钮而不是“Refine Search”，则会再重新回到索引典查询的画面，如果想要查看先前使用过的检索条件，请点选上方的“Search History”链接。

8. 检索历史

无论使用何种方式查询，检索结果的浏览方式有 Citations（书目）、Abstracts（摘要）或 Detailed record（详细）三种格式。利用页面上方的“Search History”可以查看进入数据库后所执行的检索策略，可以将日后还会再使用的检索策略储存起来，或设定 E-mail Alert，也可以将不同的检索策略结合再重新查找。

12.2.1.6　eBook Search

1. Referex Engineering 简介

专业工程学参考书数据库，收录 300 本以上优质的工程学电子书，内容涵盖机械学与材料学、电子学与电机学、化学及石油与制造学三大学科领域。每项学科领域均提供 Handbooks of engineering fundamentals（基础工程学手册）、Situational reference（情况参考）、Titles focused on technique and practice（技术与实践专指标题）、How-to guides（导引）、Highly specialized professional information（高度专业信息）、Scholarly monograph（学术专题论作）。电子书全文需另外订购。

2. Quick Search 快速查询

勾选欲查询的主题领域，在“SEARCH FOR”中输入查询词，在“SEARCH IN”的下拉选单中选择检索字段。

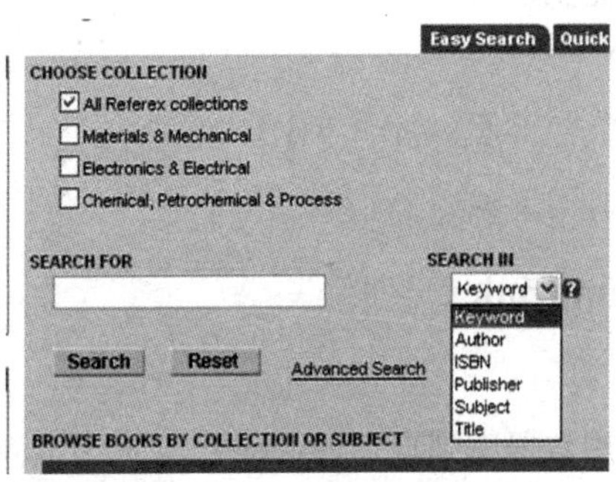

3. Advanced Search 高级检索

勾选欲查询的主题领域，在“SEARCH FOR”中输入查询词，在“SEARCH IN”的下拉选单中选择检索字段，再利用布尔逻辑 AND、OR、NOT 结合第二个检索策略。

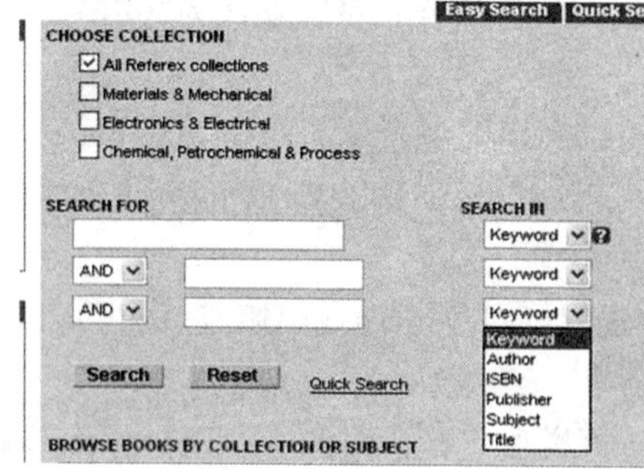

4. Browse 浏览

在浏览框中任选一个想要浏览的主题。

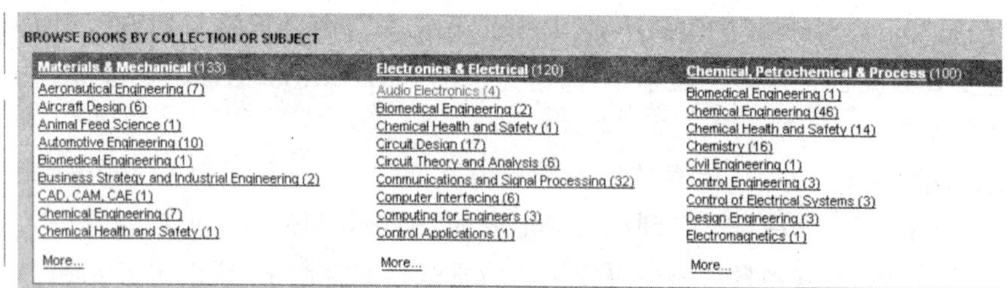

5. 检索结果

用户可在检索结果中浏览相关主题的电子书书名、作者等介绍，可以再点选“Table of Contents”进入观看本书目次。

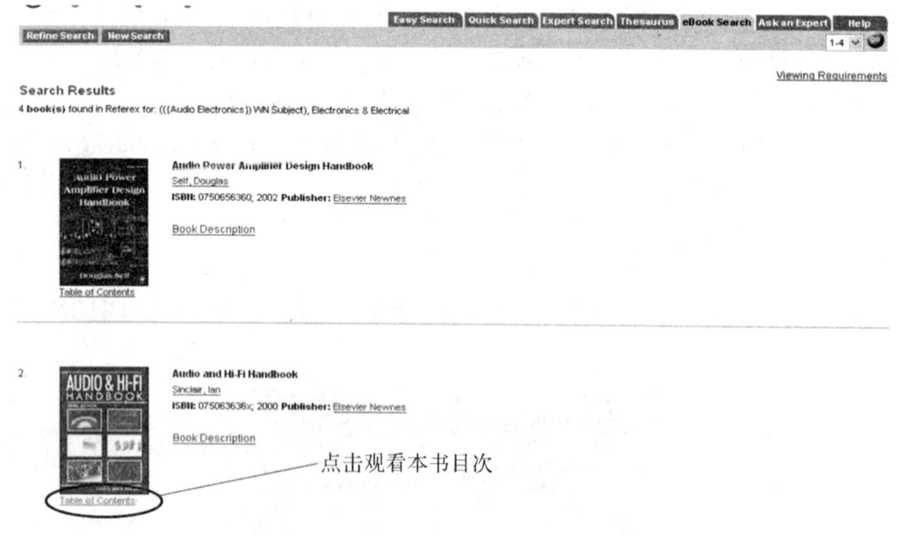

12.2.2 DIALOG EI Compendex

12.2.2.1 数据库简介

从 1972 年建立第一个商用数据库到现在，Dialog 已经成为世界上最大、最完善、历史最悠久的在线数据库信息服务公司。目前 Dialog 已经拥有 600 多个大型专业数据库系统。通过 Dialog

可以探寻到 90 亿页纸本和图像及全球 7000 多份期刊的全文数据和近 600 个数据库的内容，其拥有的资料量是目前互联网上数据的 50 多倍，是 Web 搜索引擎数据的 500 倍。

DIALOG On Disc Ei Compendex 覆盖了世界范围内重要的应用工程技术方面的文献。它将工程索引和工程会议两个工程信息公司出版物合二为一，为广大的用户提供了最全面的多学科的工程参考工具。

库中信息来自于期刊、技术报告、会议论文和各类学术报告等 2600 多种信息载体，为用户提供相应的题录和文摘。

本节要介绍的 DIALOG EI Compendex 检索方法就是基于 DIALOG 检索平台的 Ei Compendex 数据库的检索方法。

12.2.2.2　使用方法介绍

1. 登录方式

用户可以通过输入用户名和密码登录，也可以通过 IP 登录到检索界面。一般高校用户都是通过 IP 登录的。

欢迎登录 Dialog@Site

Dialog@site中文版
让用户通过浏览器访问Dialog光盘资源库

Dialog 光盘产品以固定成本的方式满足用户的信息需求，为专业信息检索人员和信息使用者包括科研人员、市场人员和各行业策划人员等等提供了90多个专业数据库的信息，所涉及的领域包括生物医学、科学和技术、商业和金融及教育与人文学等等。特别是近两年来也有许多新的内容加入了光盘产品的行列，如Analytical Abstracts, RN_dex, INSPEC等等内容涉及不同信息领域的产品。可见，Dialog公司近年来力求不断在原有的光盘种类中加入新的品种和加强光盘的检索功能。

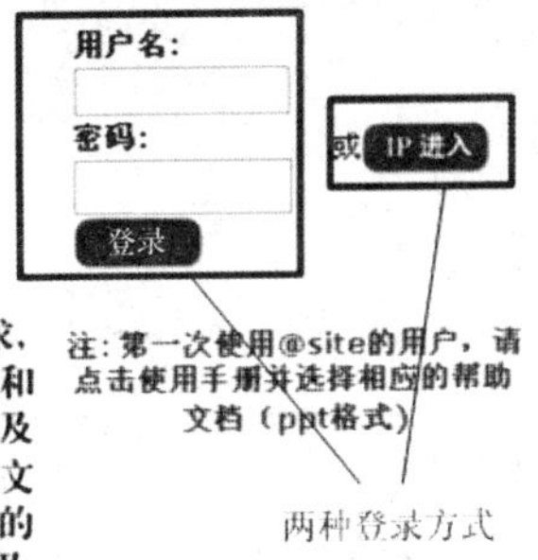

注：第一次使用@site的用户，请点击使用手册并选择相应的帮助文档（ppt格式）

两种登录方式

Dialog@Site 最新版功能包括:

2. 数据库选择

登录之后，进入选择数据库界面，有三个数据库可供选择，按“Ctrl”可进行多选，然后点击“begin”按钮，进入到一般检索界面，如下图所示。点击“info”按钮可以查看选中的数据库的内容介绍，这时不能多选。

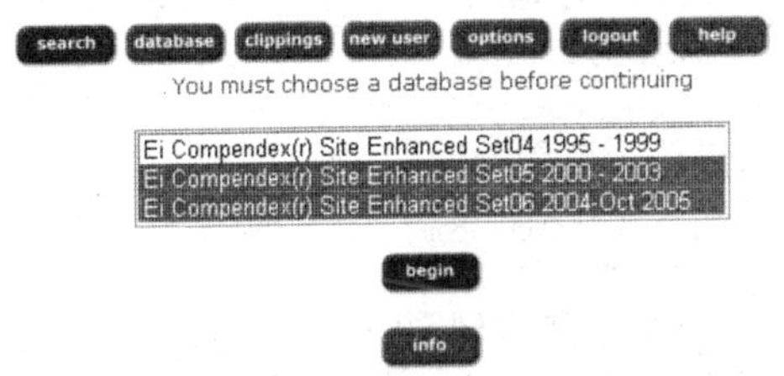

3. 普通检索

普通检索界面分为两部分，上半部分是导航按钮和已选择的数据库，下半部分是检索区。

(1)导航按钮

● “search”按钮：点击该按钮可以随时回到检索界面(如果是在高级检索界面点击该按钮则回到高级检索界面)。

● “database”按钮：可回到数据库选择界面。

● “clippings”按钮：可查看已经添加到 clippings 中的记录。

● “new user”按钮：重新登录。

● “options”按钮：改变个人设置参数。

● “logout”按钮：退出登录。

● “help”按钮：查看帮助。

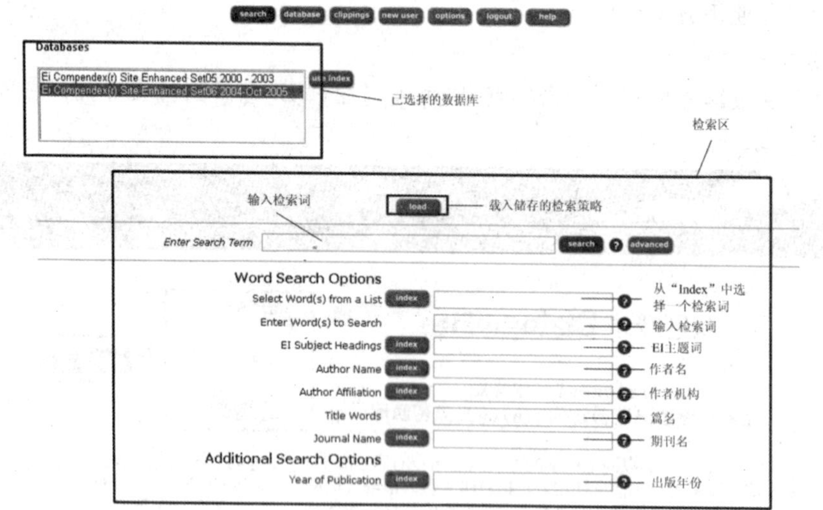

(2)检索词输入

● 在输入框中输入检索词，点击“search”按钮即可进行检索。

● 检索字段选择栏输入检索词，或者通过点击“index”按钮，浏览检索词列表，从列表中选择一个检索词。如下图所示。检索词按字母排序，在每个检索词前显示通过该检索词在 Ei Compendex 中可检索到的记录条数。您可以点击“<<<”或“ >>>”按钮向前或向后翻页浏览，也可以在“jump to”的输入框中直接输入检索词的前几个字母或全部单词，点击“jump to”快速浏览检索词。

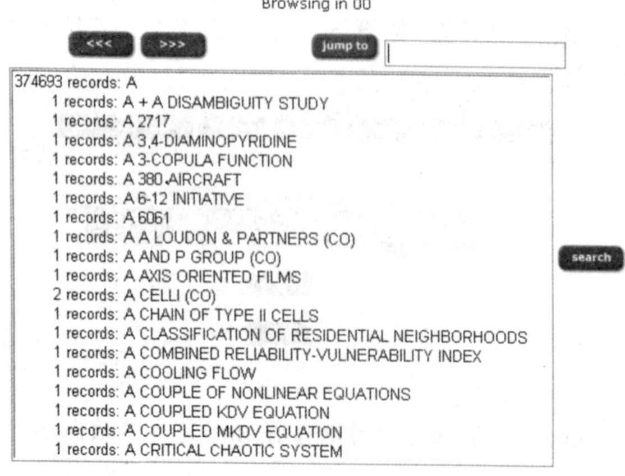

4. 高级检索

点击普通检索页面上的“advance”按钮可进入高级检索界面。除了普通检索的功能，高级检索还添加了许多其他的检索选项，如下图所示。

图 12-21　高级检索界面

会议检索选项包括会议名称、会议地点、会议举办者、会议年份，限制选项可以选择英文记录、期刊论文、会议论文和最近光盘记录，附加选项中可以检索 Ei 分类号、主要主题词、论文类型、出版年份、语种和 EI 号码。EI 号码是文献在 Ei 中的唯一标识，可通过点击“index”查询 EI 号码。

5. 检索结果

(1)执行检索

输入检索词后点击“search”按钮，得到一条检索结果 S1，在输入另一个检索词点击“search”又得到一条检索结果 S2。如果重复这个步骤可以得到更多的检索结果 S3、S4、S5 等等。下图所示得到三条检索结果，分别使用关键词“ship”、“safe”、“management”检索，分别得到 3602、5257、67138 条记录。

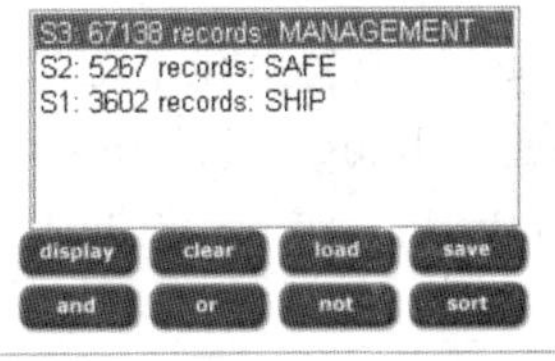

(2)修改检索结果

● 合并检索结果

Dialog 检索平台与其他检索平台不同的是可对检索结果用 AND、OR、NOT 连结词对多个检索结果进行布尔运算，以缩小或增加检索结果。用鼠标点击选择检索记录的同时按下“Ctrl”或“Shift”键选中两个或以上的检索记录，然后点击“AND”、“OR”、“NOT”按钮进行布尔运算。如对上图的 S1 和 S3 做“AND”运算与 S1 和 S3 做“OR”运算得到检索记录 S4 和 S5，如下图所示。

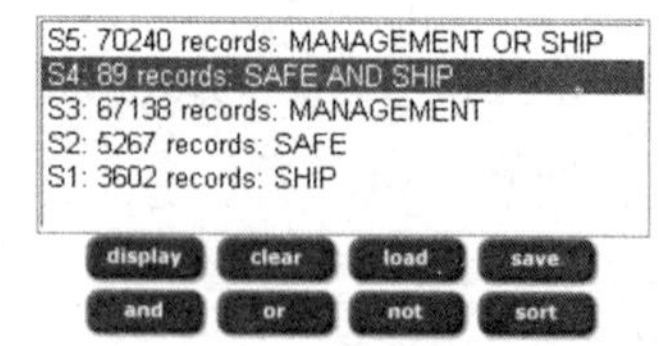

● 删除检索结果

选中一条或多条检索结果，点击上图中的“clear”按钮即可删除一条检索结果。

(3)载入检索结果

点击上图中的“load”按钮载入以前保存过的检索结果。

(4)保存检索结果

点击上图中的“save”按钮把检索结果保存起来，以供下次检索使用。

(5)按照指定字段排序

点击上图中“sort”按钮可对指定字段排序，如右图所示。

Sort set 2: SAVE
Ascending
Descending
Title:
Author:
Corporate Source:
Conference Title:
Conference Date:
Publication Year:
apply

(6)显示检索结果

选中一条检索结果，点击“display”按钮，即可显示该检索结果的所有记录的信息。如下图所示。

● 使用者可以在“Titles Per Page”修改每页显示记录条数。

● 可以修改显示格式，默认的是 Bibliographic Information，还包括 Complete Record、Complete Record Tagged、EI Order Format、List of Titles 和 Table。选择其中一种格式点击“apply”按钮即可转换显示格式。

● 通过“<<<”和“>>>”按钮浏览前一页和后一页记录的信息，或在“jump to”按钮后面输入页数，点击“jump to”按钮直接跳到指定的页。

12.2.2.3 个性化服务

1. 打印、保存和发送到 E-mail

在记录前面的复选框中做标记(打钩)，以选中需要打印、保存或发送到 E-mail 的记录，点击“Print|Save|E-mail”按钮，弹出打印、保存和发送到 E-mail 窗口。填写完相关信息之后点击“Print”、“Save”或“E-mail”按钮即可，如下图所示。

Ei Compendex(r) Site Enhanced Set06 2004-Oct 2005

Print, Save or E-mail records

Records to use: 2 records marked

Format to use: Bibliographic Information

Record Header: ☑ Show "Record n of n"
☑ Show database name
☐ Show search
☐ Show format name

Your computer type: PC

Search performed by:

E-mail TO: test@dialog.com)

E-mail FROM: dialog@dialogatsite.com) only needed

E-mail CC:) for e-mailing

E-mail BCC:)

Your notes:

print　save　e-mail

2. 添加到 clippings 和删除 clippings

选中检索记录，点击“add to clippings”即可把选中的记录添加到“clippings”中，在屏幕的上方用红字显示几项记录已经添加到 clippings 中，如 2 record(s) added to Clippings。

如果想要删除添加在 clippings 中的记录，点击“clear clippings”按钮即可完成。

12.3　LexisNexis 数据库

美国 LexisNexis 公司创始于 1973 年，最初只是 Lexis 公司，1979 年 Nexis 公司加盟，对用户提供数据库联机检索服务。经过 20 多年的发展，LexisNexis 数据库已经非常庞大，资讯来源包括了全世界各大报章杂志、商业期刊、产业资讯、财务数据、公共资料、法律文献，还有各大企业及其高阶主管介绍，共有三万多种，可以从中检索超过 45 亿份的文件、11439 个数据库以及 36000 个来源。在系统中，同时每秒可允许 15 页文件更新。全球有 290 万的专业机构及个人用户，每天约有 100 万次检索。

LexisNexis 系统的产品有 40 余个，其中最为常用的是 LexisNexis Academic 和 Lexis. com。

12.3.1　学术大全数据库(LexisNexis Academic)

12.3.1.1　数据库内容

1998 年，LexisNexis 公司挑选出适合大学和学术研究使用的内容，开发了“学术大全”数据库，内容以法律、案例、新闻、商业信息为主，包括有期刊、报告、政府出版物、法律法规、新闻快讯等 6100 余种出版物，具体包括：

1. 新闻资讯——News

美国和全球各地出版的 350 多种报纸，包括以下报纸的过刊收藏：《金融时报》(回溯至 1982 年)、《纽约时报》(回溯至 1980 年)以及《华盛顿邮报》(回溯至 1977 年)；300 多种杂志和期刊以及 600 多种新闻简报，内容包括综合新闻和专题新闻；非英语类新闻资源，包括西班牙语、法语、德语、意大利语和荷兰语，其中有报纸和杂志；电视台和广播电台的文字新闻稿；校园新闻，包括《高等教育年鉴》和 400 多种由各所大学和学院出版的报纸；合众国际社、法新社、美国商业新闻通讯社和美国企业新闻通讯社等50多家通讯社的服务；400多种对当前问题提出深入意见的政策性文件集等。

2. 商业资讯——Business

收录全球主要的商业新闻媒体、报纸、期刊、行业信息；公司财务和信用信息；美国证交委档案和报告；行业和市场新闻；范围广泛的会计资料等。

3. 法律研究——Legal Research

包括《谢泼德美国最高法院判例摘引》，所收录的案例可以追溯至1789年；法律评论文章；法律新闻；美国最高法院判决结果，巡回上诉法院的判决结果，地区法院的判决结果；所有联邦法规；案例(联邦法院和州法院)；专利资料等。其中法律新闻、评论归在“二次文献”(Second Literature)中。

4. 医学资讯——Medical

新闻、报刊文章的全文或文摘。

5. 参考文献——Reference

包括传记、年鉴、世界各国概况、美国各州档案、民意调查等。

LexisNexis Academic 的特点：

(1)信息资源种类繁多。数据库包括6189种信息资源(截至2003年10月)。

(2)信息资源全文率高。其中，全文率为92%，文摘6%，索引2%。

(3)信息来源全球性。美国资源4801种，占77%；非美国信息1388种，占23%。

(4)信息更新及时，无滞后现象。

(5)无并发用户限制。

12.3.1.2 数据库检索

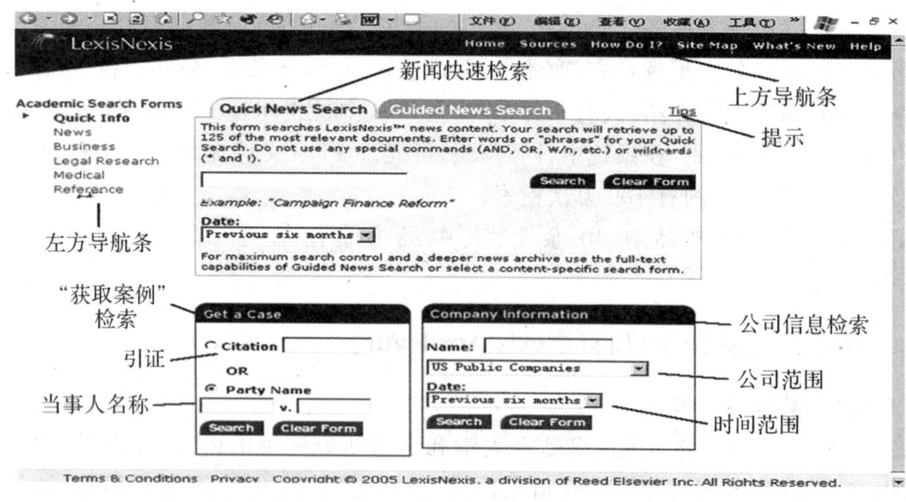

图12-22 LexisNexis Academic 检索首页

1. 基本界面

(1)上方导航条

上方导航条提供有关数据库的一些特殊领域的详细信息。

(2)左部导航条

页面左方的导航条是指向 LexisNexis Academic 五大基本内容的链接：新闻、商业、法律、医学资讯以及参考文献。此方面将在分类检索中详细讲解。

(3)新闻快速检索

Quick News Research 并不检索文献全文，它只检索文献的一些特定部分，以便找到最相关的结果。这些特定的部分包括“TERMS”部分（由 LexisNexis SmartIndexing Technology™ 技术指定）和“HEAD”部分（新闻的头几段），只需要输入单词和词组即可，不支持位置检索和截词检索。

(4)“获取案例”检索

该检索通过键入当事人名字（可以仅键入一方），或是引证，比如：438 U. S. 265（United States Reporters，Vol. 438，Page 265），用来获取联邦或者州法院的判例。此方面将在下文 Lexis. com 数据库中详细介绍。

(5)公司信息检索

在检索框里键入公司名字即可查询公司的联系方式、高管人员、雇员人数和财务状况。默认的检索范围是“美国上市公司”，但也在下拉菜单中提供了其他可选项。

2. 检索技术

(1)字检索与词检索：系统默认的是词检索，即在输入两个以上单字的单词时，可以不必使用引号，检索结果包括全部检索词。

(2)布尔逻辑算符：使用“AND”，“OR”，“AND NOT”三种逻辑算符。

(3)位置检索：

- W/N：关键字出现在同一篇文献，且满足相隔 N 个单词以内，但不限定其先后顺序。
- W/S：关键字出现在同一个句子中。
- W/P：关键字出现在同一个段落中。
- PRE/N：关键字出现在同一篇文献时，相隔的字数在 N 个以内，第一个单词在第二个单词前面。

(4)截词检索：使用“*”和“!”。其中“*”代替一个字母，可在一个词中出现多次，可以在首位外的任何地方出现。“!”用在一个单词的末尾，用来替代一个或者更多的字母。

(5)干扰词。这些字符 LexisNexis 是检索不到的。当检索的关键字包含这些字符的时候，用空格替代。最常见的干扰词包括：the/and/of/his/my/when/there/is/are/so/or/it。

3. 分类检索

(1)News（新闻资讯）

检索新闻资讯有两个途径：Quick News Research（新闻快速检索）和 Guided News Research（新闻向导检索）。前者在基本界面中已经讲过了，这里介绍提供更精确检索服务的 Guided News Research。

检索步骤如下：

第一步：选择 Category 新闻类别，判断想查找的文献的属性，比如“General News”。

第二步：以第一步选择的新闻类别为基础，下拉菜单会提供相应的可选的 source。比如“Major Papers”。

第三步：在检索框中键入关键字。关键字不需要用“”括起来，但需要为它们选择出现的 field（字段），如果限制条件不止一个，要选择“connector”把它们按逻辑顺序连接起来。比如“fast food in Headline And lawsuit or legal in Headline and Lead Paragraph(s)，Terms”。

第四步：选择时间（可选）。通过下拉菜单选择或者自己键入一个时间范围。比如“pre-

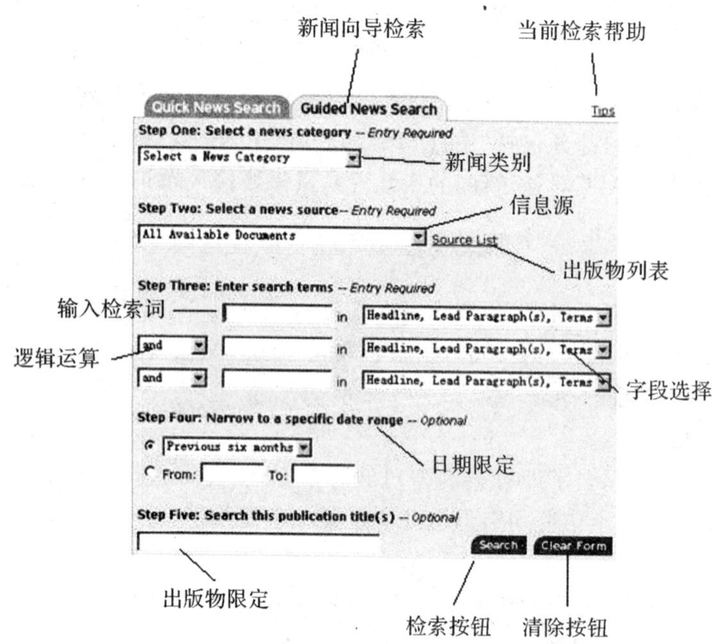

图 12-23 Guided News Research

vious years"。

第五步:Search this publication title(s)(对特定的出版物进行检索)(可选)。

(2)Business(商业资讯)

商业资讯包括四个子类八个领域,如图 12-24 所示。

图 12-24 商业资讯检索界面

点击每一个领域都将出现此领域下的检索框。本节将介绍其中的行业与市场检索,其他检索与此类似,每个页面上都附有相关的提示,点击右上方的"Tip"链接即可查看。

【示例】 行业与市场检索。

点击"Industry & Market"进入行业与市场检索界面,同新闻检索界面类似。

LexisNexis Academic 提供两种检索方式:Basic(基本检索)和 Guided Search(向导性检索)。Basic 比较简单,只需要键入关键字、限制行业领域和时间,但也只能找到那些标题、文章前几段和文章索引词中包含关键字的文献。而 Guided Search 允许在文章不同的字段中检索关键字，提供 connector，还允许在特定的出版物中寻找文献。

● Basic(基本检索)界面

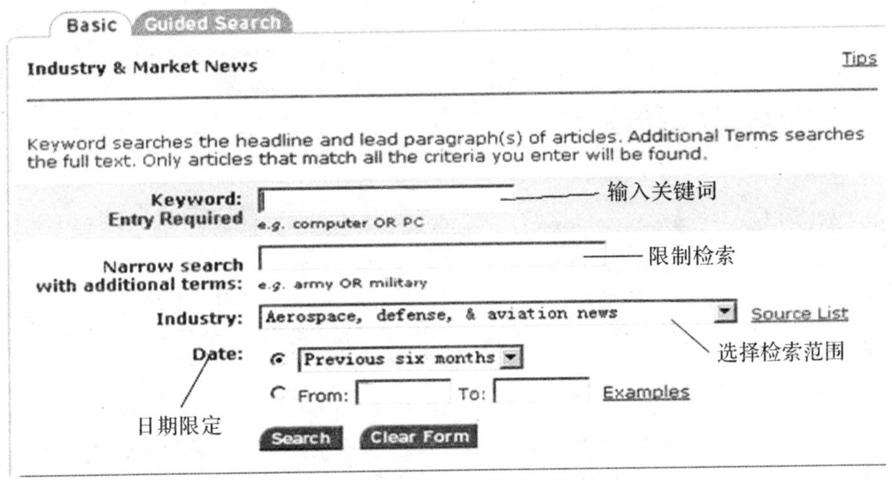

图 12-25　商业资讯 Basic(基本检索)界面

● Guided Search(向导检索)界面，同新闻检索类似。

Basic　Guided Search

Additional Search Options　Tips

Enter keywords and select the field where you want the words to be found. Combine your search criteria using the connectors provided.

Search for: Entry Required　in Headline

and　in Headline

and　in Headline

Date: Previous six months

From:　To:　Examples

Industry: Aerospace, defense, & aviation news　Source List

Search this publication title(s):

Search　Clear Form

图 12-26　商业资讯 Guided Search(向导检索)界面

(3)Legal Research(法律检索)

LexisNexis Academic 中第三大检索领域是法律检索。法律检索既包括二次资源，比如法律新闻、法律评论，也包括原始资源，比如判例法、法律和行政法规。本节在基本界面中已经讲解了“Get a Case”的检索方法，这一部分主要侧重于其他资料的检索。

点击每一个领域都将出现此领域下的检索框。本节将介绍其中联邦判例法的检索。其他检索与此类似，每个页面上都附有相关的提示，点击右上方的“Tip”链接即可查看。

点击“Federal Case Law”进入联邦判例法检索界面。

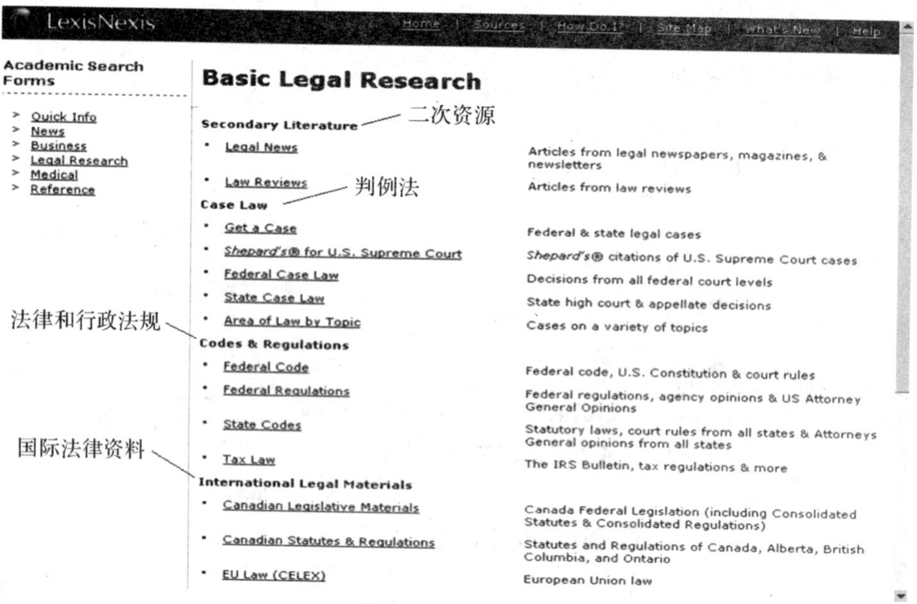

图 12-27 法律检索界面

当只知道当事人而不清楚该案件的管辖法院或引证时,用"Get a Case"方法可以很容易地找到该判例。Guided Search 可以进行一些复杂的检索。例如检索向美国倾销钢铁的案件(见图 12-28)。

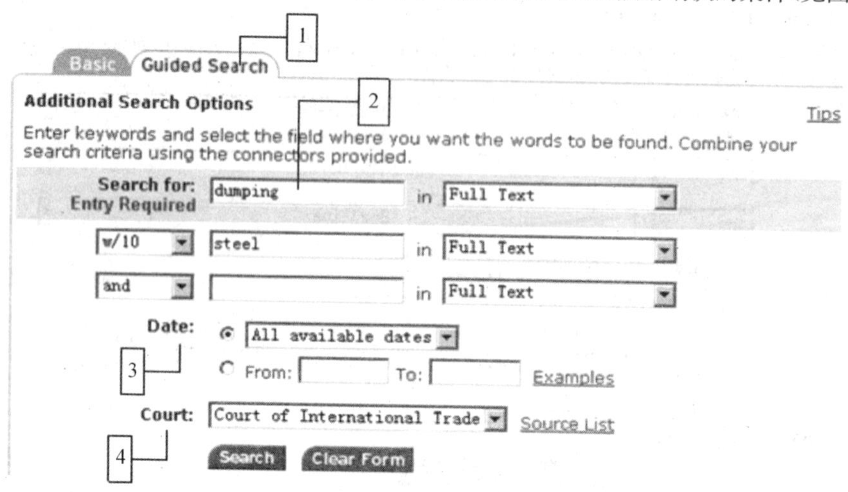

图 12-28 法律检索 Guided Search 界面——向美国倾销钢铁

- 选择:Guided Search。
- 关键字:dumping w/10 steel。
- 时间限制:all available。
- 法院:court of international trade。

有关法律检索的其他事项将在下一节 Lexis. com 数据库中做详细介绍。

(4)Medical(医学资讯)

医学资讯检索提供的资源包括:医学新闻、医学和健康期刊和 Medline 数据库的摘要。MEDLINE 是一个目录式数据库,收录自 1966 年以来收藏在国家医学图书馆的医学期刊。允许阅读医学期刊上一些简短的总结,并提供做深入研究可以参考的 Citation。

(5)Reference(参考文献)

参考文献提供的资源有:商业大亨和政治家的传记,州和国家概况,民意调查信息,名人名言和世界年鉴等。

这部分最有用也最常用的一个功能是检索 Roper 民意测验结果,可以依据参加人数、Roper 号码和参与范围进行检索。

4. 检索结果

LexisNexis Academic 提供四种显示方式:Document List (文献列表)、Full (全文)、KWIC(上下文中的关键字)和 Expanded List (扩展列表)。

(1)Document List(文献列表)

点击"Search"后,检索到的结果将以此种形式显示(见图 12-29)。

每一个文献都包含下列部分:出版物名称、文献在出版物中的位置,出版日期、文章长度以及它的日期行、标题行和署名行。可以选择将文献按照时间顺序或者相关度进行排列。

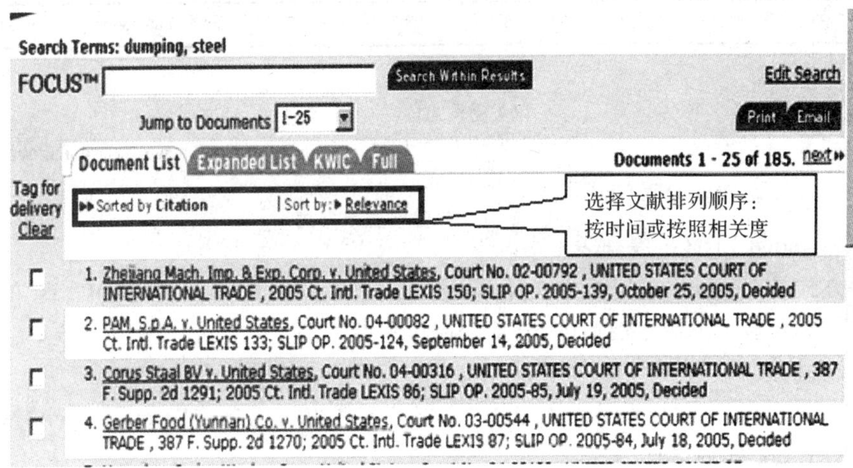

图 12-29　文献列表显示方式

(2)Full(全文方式)

点击任何一篇文献的超级链接都可以查看这篇文献的全文。在这种显示方式下,用户输入的关键字将会被加粗。还可以通过"上一篇"和"下一篇"链接看到前后两篇文献(见图 12-30)。

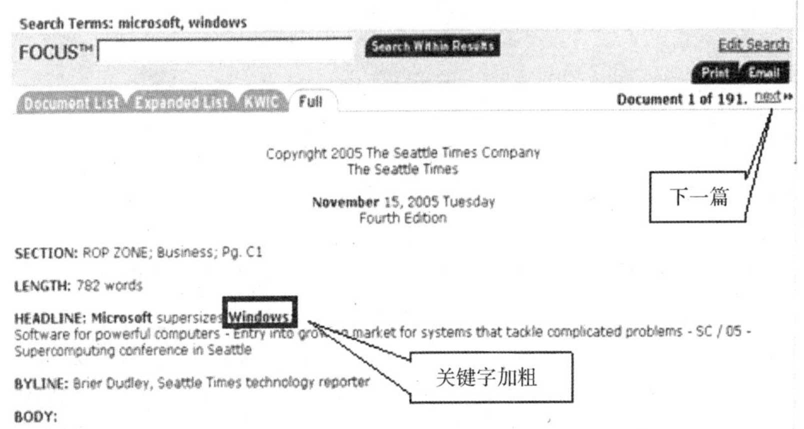

图 12-30　全文显示方式

(3)KWIC 方式(Key Word In Context——上下文中的关键字)

点击"KWIC"标签,可以切换到 KWIC 方式下阅读。这种方式会摘选显示以关键字为中心的 20 个单词。同全文显示方式一样,可以通过"上一篇"和" 下一篇"链接看到前后两篇文献(见图 12-31)。

Document List | Expanded List | KWIC | Full   Document 1 of 5. next

Copyright 2005 Financial Times Information
All rights reserved
Global News Wire - Asia Africa Intelligence Wire
Copyright 2005 Business Daily Update
Business Daily Update

December 7, 2005

SECTION: 07

FT-ACC-NO: A2005120714-F57C-GNW

LENGTH: 168 words

HEADLINE: MUSICAL MOVIE **'PERHAPS LOVE'** HITS BOX OFFICE RECORD

BODY:

Author: ww Musical movie "**Perhaps Love**" with a Hong Kong director set a box office record in China's mainland in its first week ...

以关键词为核心的20个单词

Document 1 of 5. next

图 12-31 关键字显示方式

(4)Expanded List(扩展列表)

这种方式是 Document List 方式和 KWIC 方式的结合:即在 Document List 的形式下,每一篇文献都会显示关键字前后的 3～5 个词作为参考。

(5)二次检索

二次检索,即在检索结果界面上点击"Focus"键。也可以单击"Edit Search"按钮,重新修改检索方式(见图 12-32)。

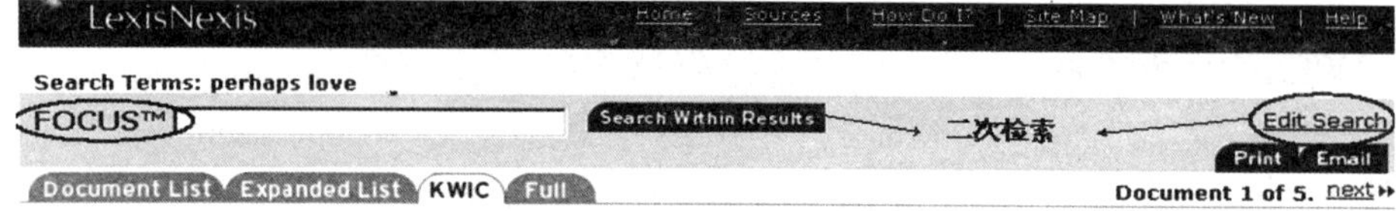

Document List | Expanded List | KWIC | Full   Document 1 of 5. next

Copyright 2005 Financial Times Information
All rights reserved
Global News Wire - Asia Africa Intelligence Wire
Copyright 2005 Business Daily Update
Business Daily Update

December 7, 2005

SECTION: 07

FT-ACC-NO: A2005120714-F57C-GNW

LENGTH: 168 words

HEADLINE: MUSICAL MOVIE **'PERHAPS LOVE'** HITS BOX OFFICE RECORD

BODY:

Author: ww Musical movie "**Perhaps Love**" with a Hong Kong director set a box office record in China's mainland in its first week ...

Document 1 of 5. next

Terms and Conditions | Privacy

图 12-32 二次检索

(6)选择文件并下载、打印和电邮

点击“Print”或“E-mail”按钮，可以将检索到的文件下载、打印或电邮到邮箱。在Full和KWIC方式下只能电邮目前浏览的文献，在Document List和Expanded List方式下可以Email已标记文献的Citation列表。

12.3.2 Lexis.com数据库

12.3.2.1 数据库内容

Lexis.com数据库在法律事务方面是收录最全的法律资料库之一。与LexisNexis Academic学术大全相比，Lexis.com法律领域收录比LexisNexis Academic多出一倍，主要包括：

联邦与州政府的案例：收录约300年的案例，包括联邦、州政府及United States International Trade Commission (USITC)、International Trade Administration (ITA)全文案例。

美最高法院案例及上诉案例，美地方法院案例：从1790年1月到现在，多数党的意见，少数党的意见，政党协商的意见，法律顾问意见。

判决书：破产法院，国贸法院，税务法院，商标和专利权上诉法院，退伍军人法院，商业和军事法院。

州法院判决书：包括50个州所有层级的法院。

所有联邦律法：自1988年至现在。

所有联邦规则：包括联邦记录，联邦法规，美首席检察官意见，以及联邦获取规则和增补。50个州的法规（不同州有不同日期），所有州的宪法，法院规则与美首席检察官意见。

法律评论：有来自超过600种评论杂志中的论文；其中包括耶鲁法律评论、哈佛法律评论。

专利数据库：收录近24年来欧洲、美国、日本之全文专利资料，包括图文件。

英联邦国家法律法规和案例：英国，加拿大，澳洲，新加坡，中国香港，等等。

WTO之相关案例，条文：包括世界贸易组织仲裁案例。

其他法律主题：包括合并，著作权，反托拉斯法，商标等。

特色内容：

(1)“案例概述”(Case Summary)：由公司专门聘请律师撰写。

(2)“核心要点”(Core Concept)：每个案例的法律关键要点。

(3)“检索指导”(Search Advisor)：按法学特点提供了主题浏览系统，每个主题下都可以找到法律案例、条文、法律评论和相关新闻。

(4)“谢泼德引证”(Sheperd's Citations Service)：是美国联邦最高法院和联邦各州高级法院的法律索引，专门供法律人员查找于某一案例相关的案件、意见和法律条款以及追录案件是否后来已经被推翻、被区别、被批准，或是否由其他法院做了其他评注。

12.3.2.2 数据库检索

Lexis.com与LexisNexis Academic使用同一检索系统，因此在检索技术和检索结果上两者基本类似，本节对此不再介绍。由于其主要是检索法律方面的资料，因此在检索上增加了很多具备法学特点的功能，并重新做了组织安排。下面主要介绍这方面的特点。

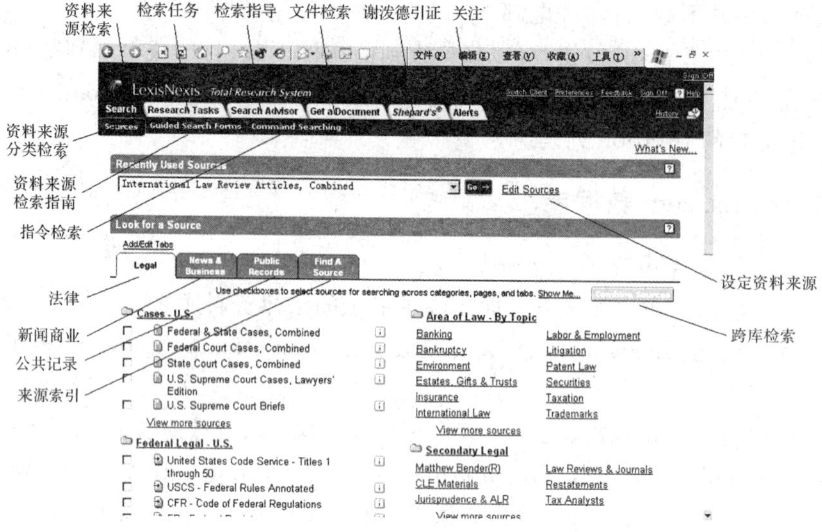

图 12-33 Lexis.com 数据库的检索界面

1. 检索语言

Lexis.com 使用 Terms and Connectors, Natural Language 和 Easy Search 三种检索语言。

(1)术语和连接符(Terms and Connectors)

(2)自然语言(Natural Language)

在自然语言下,可以按照日常英文书写习惯键入关键词,并可依需要选择按照相关度或者日期排列,同时还可以选择每次出现的固定的检索结果数目。

(3)简单检索(Easy Search)

可以输入两至三个术语,以通常网络检索引擎检索的方式进行搜索。

2. 检索功能

(1)资料来源检索(Search)

包括的检索方式有:资料来源分类检索,资料来源检索指南,检索史查询,指令检索。

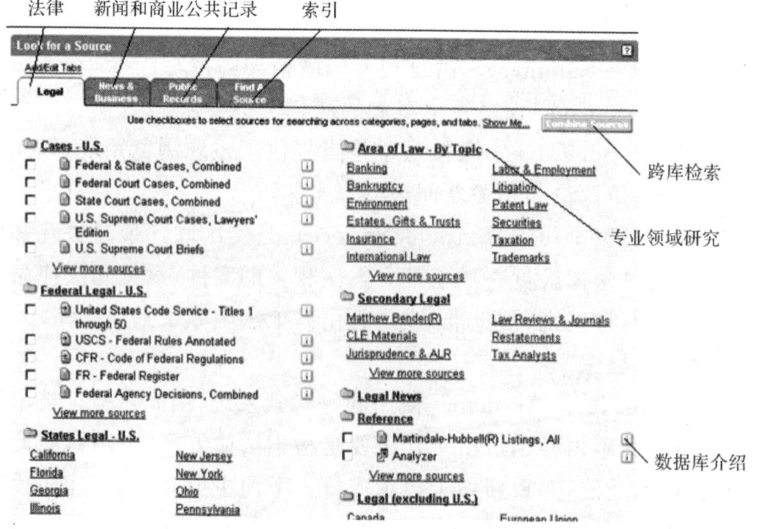

图 12-34 资料来源分类检索

● 资料来源分类检索(Sources)：将所有的资料按照来源分为法律(Legal)、新闻与商业(News & Business)、公众记录(Public)，每一类下面又分出二级、三级、四级类目，可选择单个或多个类目进行检索。

● 资料来源检索指南(Guided Search Forms)：将全部资料分为大类，每一类中进行字段检索。

● 指令检索(Command Searching)：即命令检索，由用户写入检索指令。

(2)检索任务(Research Tasks)

集中了关键的资源列表，也可以用户自己选择常用的资源加入其中，使检索相关资料更快捷、更简便。

(3)检索指导(Search Advisor)

有三种方式可以查到所需要的资源。一是从使用过的主题中选择相关主题；二是通过输入所想要查询的主题来调取资源列表；三是通过一层层浏览分类体系，在节点找到相关文献。

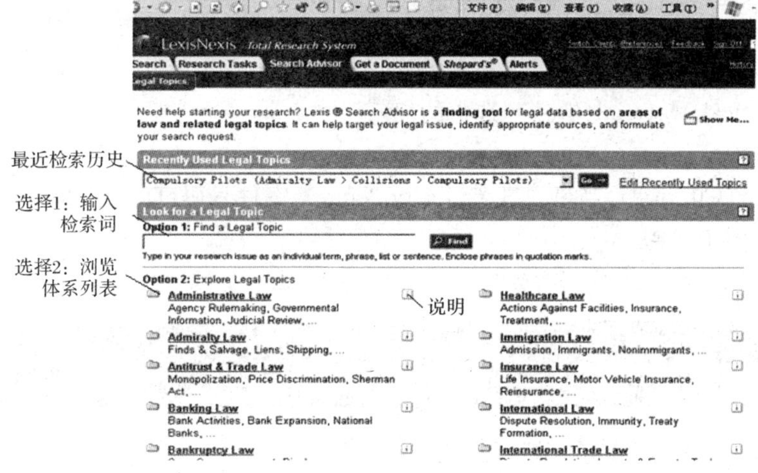

图 12-35 检索指导

【示例】

● 使用选择1检索主题 shipping law，显示结果如下图所示。

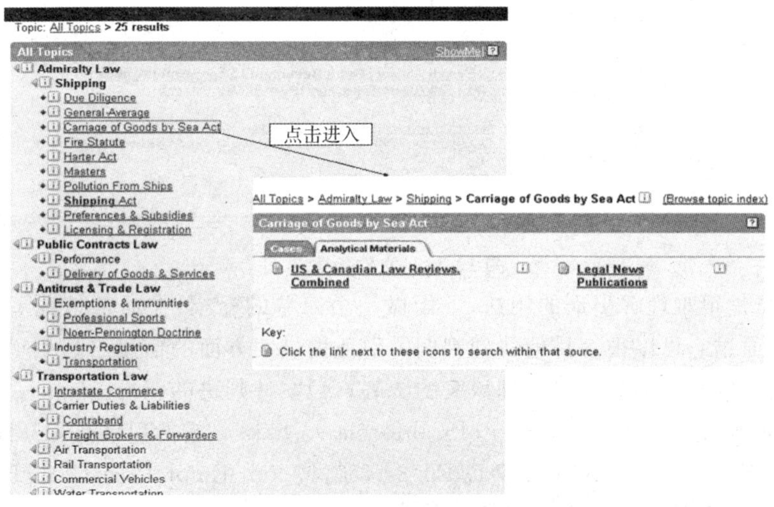

图 12-36 检索实例(shipping law)

● Cases：点击“Case”标签，从下拉菜单中选择“Jurisdiction”，或者检索跟主题相关的全部眉批和其他案例，或者输入检索请求。

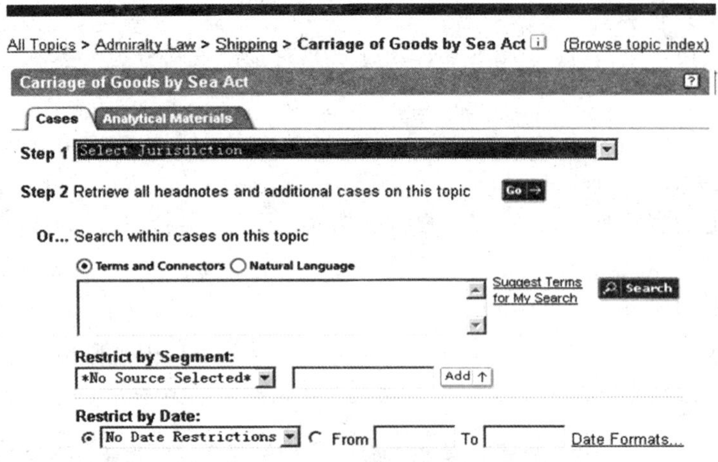

图 12-37 检索实例

● Analytical Material：链接到选中的库。

(4)文件检索(Get a Document)

通过引证(Citation)、当事人姓名(Party Name)、案件号码(Docket Number)检索某个案例的资料(见图 12-38)。

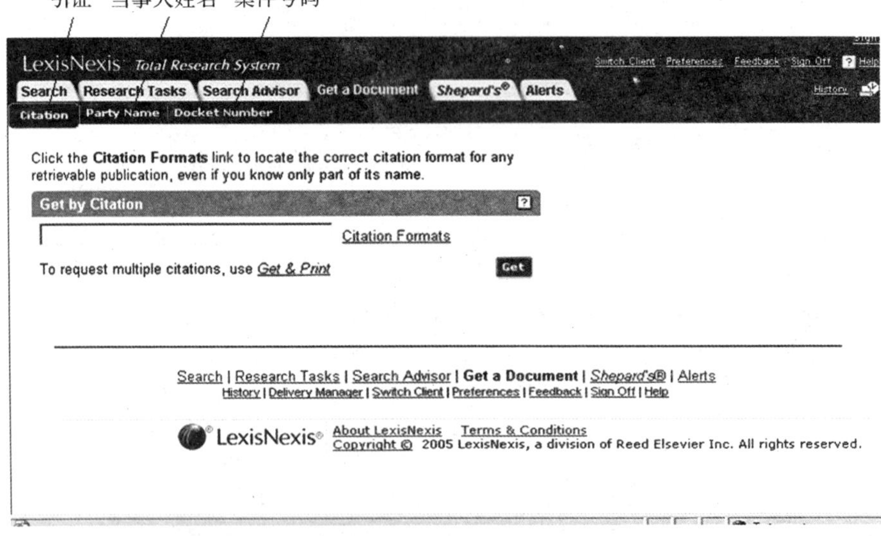

图 12-38 文件检索界面

初学者总是很难理解引证的用法，下面做一个简单的介绍：在通常情况下，每个判例都有一个引证，通过它可以很容易地找到判例。引证提供四方面的信息：(1)判例的实际名称；(2)该判例所在的纸质案卷；(3)审理该案的法庭；(4)案件判决的年份。

例如，Regents of the University of California v. Bakke，它的引证是：438 U. S. 265；98 S. Ct. 2733；1978 U. S. LEXIS 5；57 L. Ed. 2d 750；17 Fair Empl. Prac. Cas. (BNA)；17 Empl. Prac. Dec. (CCH) P8402 (1978)

Regents of the University of California v. Bakke——判例名称，可以在 6 个来源处找到

它。比如 438 U. S. 265，United States Reporters—438 卷—265 页（Reporters 指的是司法意见的汇编）。

接下来的 5 个引证被称作“并行援引”。它们的含义分别是：

98 S. Ct. 2733：U. S. Supreme Court Reports 第 98 卷 2733 页始；

57 L. Ed. 2d 750：U. S. Supreme Court Reports 律师版第 2 系列第 57 卷 750 页始等。

如果不能确定引证格式是否正确，可以点击“Citation Formats”加以核实。

（5）谢泼特引证（Sherpard's）

整理了自 1789 年以来最高法院审理过的案件的历史记录、目前状况以及各方意见情况。可以通过题内关键词（KWIC）和全文（FULL）两种方式查询一个判例原则（先例）是否被推翻，或者在某种程度上被批评，列举了所有曾经引用过此案的其他案件以及其他权威人士的引用，包括注释和法律评论文章；确保对一个判例的引用是精确的，包括判例的名字、管辖权和并行援引的准确性。

例如，输入 Erznoznik v. City of Jacksonville 案件的 Citation（95 S. Ct 2268），选择“FULL”，结果页面如图 12-39 所示。

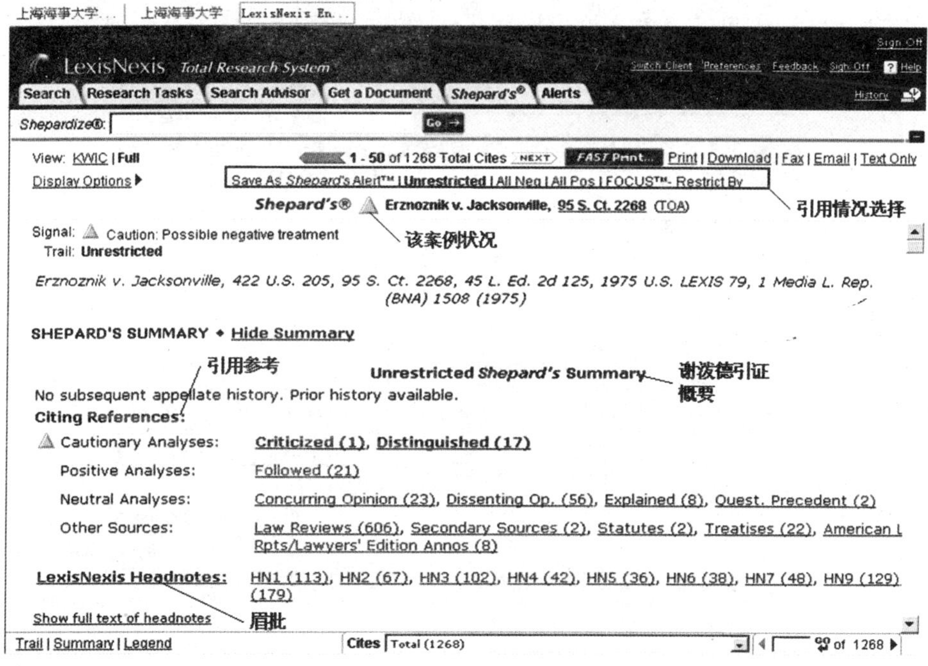

图 12-39　谢泼特引证检索实例

● 首先是一行引用的信息说明，下一行是一些功能键，可以选择浏览“正面评价”、“负面评价”、“用户自定义”和“没有限制”，默认选项是“没有限制”。

● 一个符号，标志该案例现在所处的状况：良好、否定和警告。在本案例中是▲（详见附表 2）。

● 如果选择 “用户自定义”选项，可以通过选中或去掉复选框进行内容的取舍。

（6）关注（Alerts）

针对所选的特定标题/数据库，每天（每周、每月）将自动 E-mail 或在线提醒最新的相关新闻。例如在 Today's News 中检索 Saddam Trial，检索页面如图 12-40 所示。

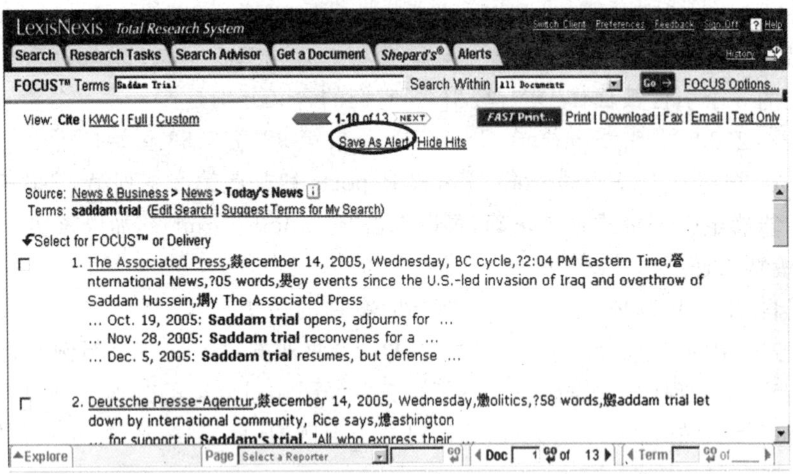

图 12-40　检索实例

点击"Save As Alert"，编辑名称"Saddam"，选择每日在线提醒，点击"Save"，弹出页面确认后再点击"Save"，即可生成 1 个 Alert。

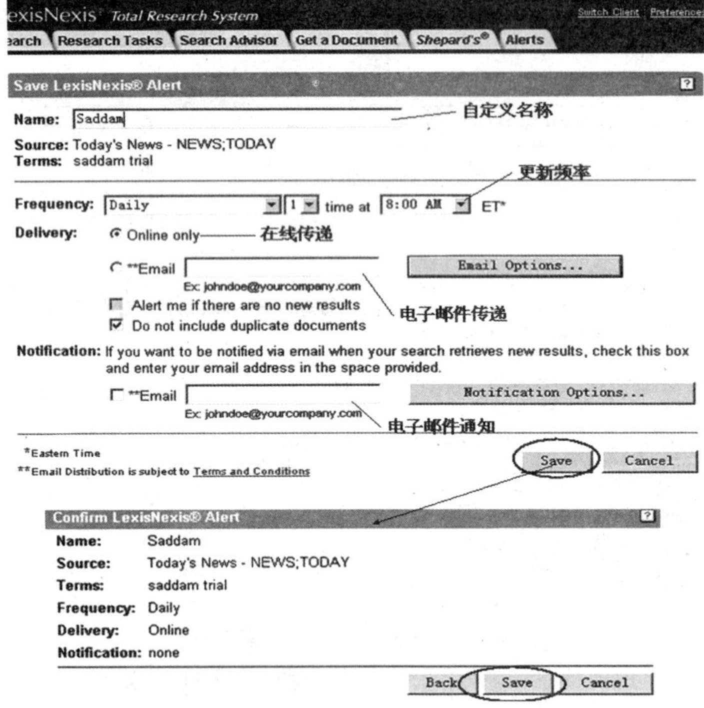

图 12-41　检索实例

此外，通过 Sherpard's 检索，可以编辑 Sherpard's Alert，方法同上。

3. 检索结果

Lexis. com 与 LexisNexis Academic 的检索结果相似，如图 12-42 所示。

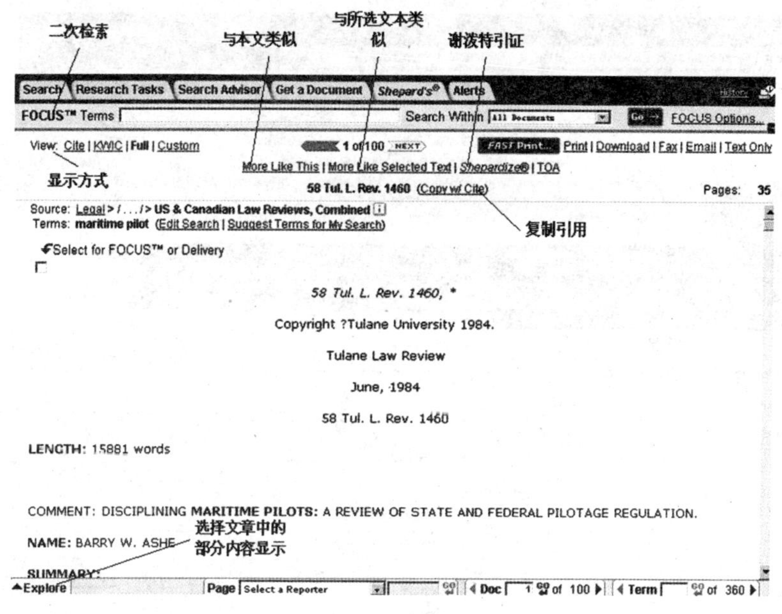

图 12-42　检索结果

(1)显示方式

显示方式有 Cite(文献列表)、KWIC(以检索词为中心)、Full(全文)、Custom(自定义)四种方式。

(2)二次检索

在检索结果界面上点击"Focus"键。也可以单击"Edit Search"按钮,重新修改检索式。

(3)跨库检索

● More Like This——Core Cites & Core Terms

Core Cites 是出现在文档内的引证,可以利用其查找与当前浏览案件有相似引证格式的文档。Core Terms 是指那些同时与该文件及该法学领域最相关的文字,同时包含原始的与二次资源的引证格式(见图 12-43)。

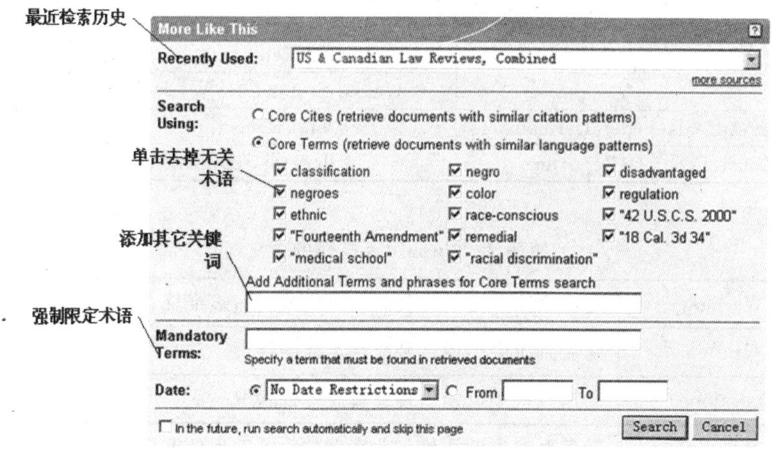

图 12-43　More Like This

● More Like Selected Text

在当前浏览案件中选择一段文字,利用"More Like Selected Text"查找包含与该段文字相关的文件。

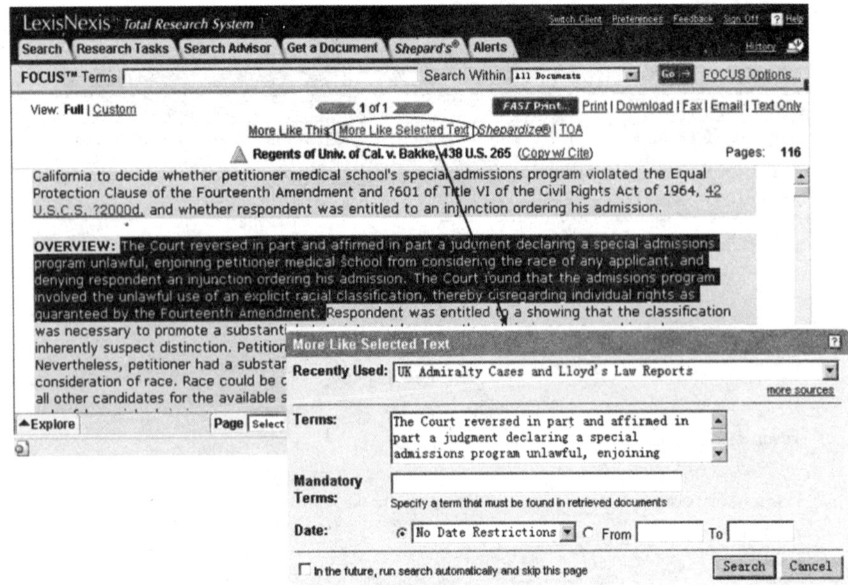

图 12-44　**More Like Selected Text**

- Shepardize

谢泼特引证，见前。

- TOA

按职能机构分类，显示检索结果被引用的情况。

(4)复制引用

将当前文本复制到剪切版上，可在以后直接打开链接引用。

(5)选择文件并下载、打印和电邮

与 LexisNexis Academic 学术大全数据库相同。

附表 1　联邦级案件常涉及的出版物的缩写

Supreme Court(Federal) Reporters	U. S. Supreme Court Reports	L. Ed. 或 L. Ed. 2d
	Supreme Court Reporter	S. Ct
	U. S. Reporters	U. S.
	United States Law Week	USLW
Circuit Court of Appeals(Federal) Reporters	Federal Reporter	F 或 F. 2d 或 F. 3d
District Court(Federal) Reporters	Federal Supplement	F. Suppl

附表 2　Shepard's 符号的含义

	Warning	随后判决中出现过负面的评价，包括：被推翻、被取代、被废除、被撤销等
	Caution	随后判决中出现过可能是负面的评价
Q	Questioned	随后判决中可能出现过被质疑的情况
+	Positive	随后判决中的评价与此案例的沿革对您的案例有正面的影响
A	Citing References with Analysis	随后判决中未出现正面或负面的评价
I	Citation Information	虽有文献引用，但在随后无任何判决有相关评价与历史沿革

12.4 Westlaw International

Westlaw International 是世界上最大的法律出版集团 Thomson Legal and Regulatory's 于 1975 年开发的为国际法律专业人员提供的互联网搜索工具，是先进的电子技术与全球范围资料库的完美结合，其丰富的资源来自法律、法规、税务和会计信息出版商。用户可以通过 Westlaw International 迅速地存取案例、法令法规、表格、条约、商业资料和更多的资源。通过布尔逻辑搜索引擎，用户可以检索数百万的法律文档。目前，Westlaw 的存储资料比美国国会图书馆馆藏还要丰富。

12.4.1 数据库内容

Westlaw International 中包括 6000 个 Thomson Legal & Regulatory 主要的法律数据库以及约 7000 个来自 Dow Jones Interactive 的新闻及商业信息数据库。数据库内容涵盖法律、商业及新闻资料等方面。

1. 美国资料

美国法律分析全库：内容包括 600 多部法律论述及期刊的全文。

美国联邦主法全库：涵盖所有美国联邦判例法、条例和规例。

美国主法全库：内容包括所有 50 个州的判例法和带注释法规、联邦判例法。

此外，还有美国诉讼资料库、美国保险法资料库、纽约法律等。

2. 英国资料

英国民事诉讼法：提供民事法院一般和专项诉讼程序惯例所需的资料。

英国刑法：包括《刑事上诉报告》和《刑事上诉报告(量刑)》、《刑法评论》全文，也包括大律师名册、最新资料通告、新闻资料和完整综合法例。

英国知识产权法：包括 Sweet & Maxwell 盛誉满载的欧盟和英国案例报告系列所收录的知识产权案例，最有名的知识产权期刊，以及完整综合法例、最新资料通告、新闻资料及欧洲和国际条约。

另有英国公司业务，英国人权，英国业主和租客等内容。

3. 欧盟、澳大利亚、加拿大、中国香港法律

Westlaw International 数据库还包括欧盟、澳大利亚、加拿大、中国香港等法律资料。

4. 国际资料

Derwent 世界专利法律资料库：所收藏的资料包括来自 40 家专利机构所发表的专利文献超过 2000 万册，且每个记录均有 Derwent 的英语摘要。过去 50 多年来，其一直是世界领先的专利和科学资料供应商。

世界新闻：新闻来自世界各地 6000 种不同报纸，"主要"新闻来源中的许多文章在发布当日即可取阅。主要新闻来源包括《华尔街日报》、《华盛顿邮报》、《悉尼晨报》、《中国邮报》和《伦敦时报》。

国际知识产权：内容包括来自欧盟和英国的主要专题法律。主要文献包括全球专利总览、全球商标及 Eckstrom 国内外业务许可总论。

12.4.2 数据库检索

12.4.2.1 基本界面

Westlaw International 数据库检索的基本界面如图 12-45 所示。

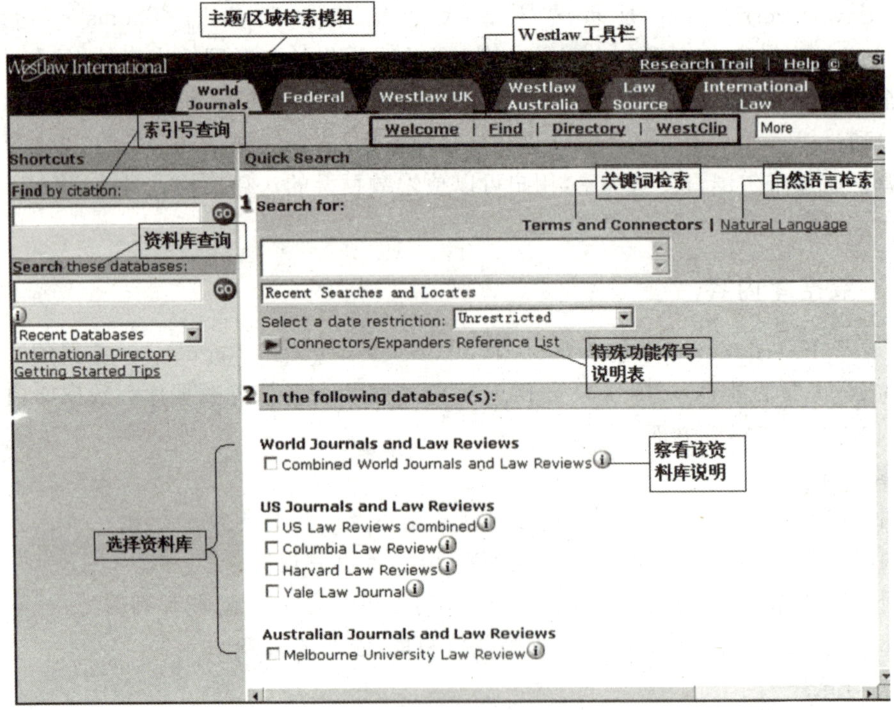

图 12-45 Westlaw 检索界面

1. 主题/区域检索模组(6Tabs)

World Journals:澳洲、加拿大、欧盟、英国、中国香港、美国等法学评论和期刊;

Federal:涵盖所有美国联邦判例法、条例和规例。内容包括:联邦判例法、United States Code Annotated(USCA)、Code of Federal Regulations(CFR)和《联邦公报》。

Westlaw UK:英国法律资料。

Westlaw Australia:澳大利亚法律资料。

Law Source:法律资源列表。

International Law:国际法律资料。

2. Westlaw 工具栏

Welcome:可以进入各检索模组的基本界面。

Find:以引称找寻文件。

Directory:点击进入 Westlaw 资源列表。

WestClip:是 Westlaw 提供的独有监测功能,该功能自动按输入指示定期搜寻资料库,监测有关资料是否有更新或进展,并按指定方法通知使用者。

12.4.2.2 基本检索功能

在 Westlaw 网上搜集资料有找寻(Find)和搜寻(Search)两种主要方法。找寻方法是使用 Westlaw 预设的范本(Template)输入规定的资料项找寻指定的文件。搜寻方法是使用字词和连接词(Terms and Connectors)或普通英语(Natural Language)两种输入语言之其中一种,搜寻符合输入规范的文件。

另外,还可以通过浏览资料库名录(Directory)来寻找合适的资料库、钥匙号和摘要查询(Key Numbers & Digest)以及主题查询(KeySearch)来进行检索。

1. 找寻(Find)

Westlaw 提供若干预设的范本让使用者找寻指定的文件。

(1)以引称找寻文件(Find by Citation)

在每个界面的左框都设有以引称找寻文件的输入栏,让使用者随时使用。每份文件都有其独有的引称格式,而一般都以该文件的刊物名称、册数、页数或年份、册数、刊物名称及页数的格式(如 294 F SUPP 2D 132 或 1999 1 AC 197)。

图 12-46 找寻(Find)

(2)其他找寻方法

按找寻(Find)换出找寻主页,找寻主页有多款找寻的范本给使用者选用,如:

以引称找寻文件(Find by Citation);

以名称找寻(Find by Title);

找寻资料库(Find a Database)。

使用者仅需按有关联结唤出相应的范本并输入适当的资料找寻文件。

(3)出版物清单(Publications List)

点击"Publications List",显示全部出版物列表,利用它们的名称缩写可以以引称找寻文件。但需要注意的是,不同国家的不同出版物可能有相同的名称缩写,这就要求在使用该功能寻找文件时,要选择出版国(Choose Publication Country)。

例如,点击"411 Newsletter",其名称缩写为"411 Newsl"

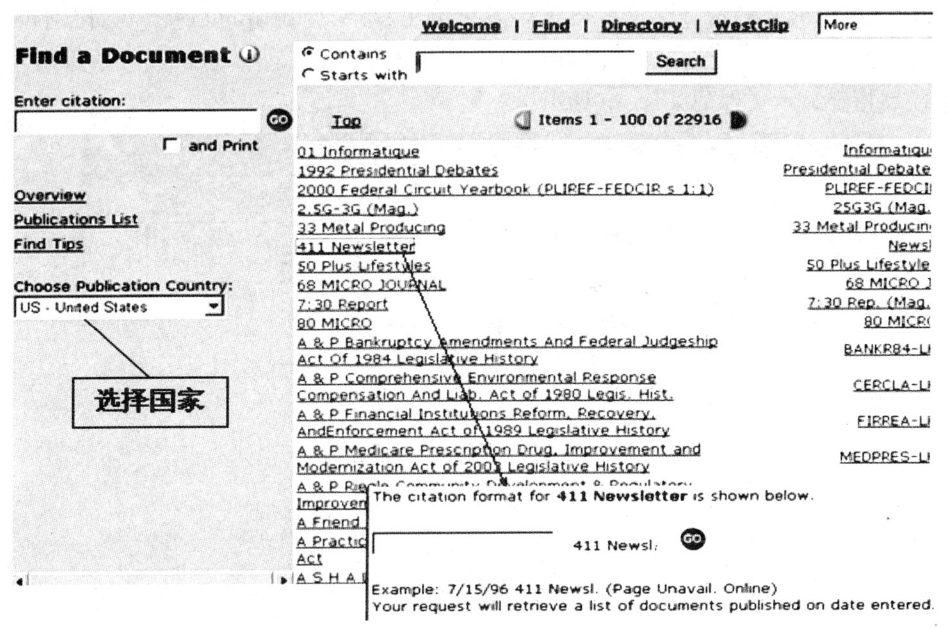

图 12-47　检索实例

2. 搜寻(Search)符合规范的文件

(1)以字词及连接词(Terms and Connectors)检索

在搜寻输入栏输入字词,并以连接词规定字词与字词的关系,设计搜寻规范进行检索。

Westlaw 设有不同的连接词如“&、/s、!、*”,可按搜寻输入栏下方的连接词按钮调出连接词清单以参考可供使用的连接词。

例如,copyright /s infring! & music % crim!(“版权”和“侵犯”两字词要在一份文件中的任何同一句子出现及文件中要有“音乐”字词但不包含“刑事”字词)

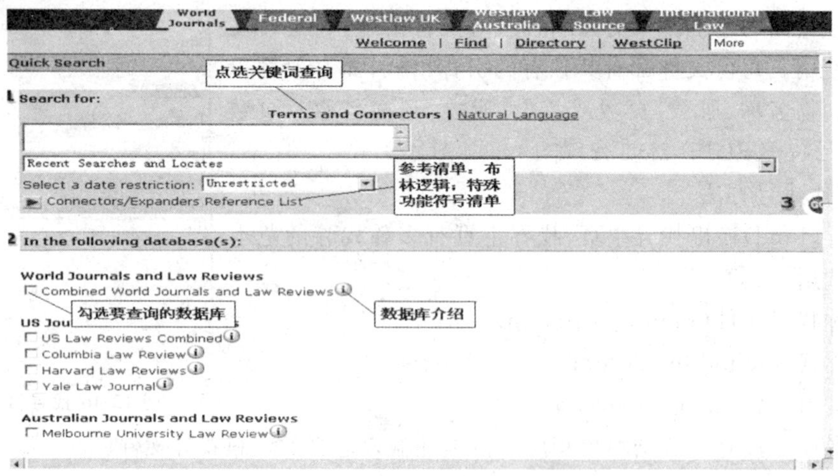

图 12-48 关键词检索界面

检索结果如下:

连接词搜寻结果分为左右框两部分:左框的结果清单标签(Result List)内会列出符合搜寻规范的文件。使用者可以按全屏幕显示清单(Full Screen List)或按编辑搜寻(Edit Search)或按在结果中找寻下落(Locate in Result)筛选其他字词。右框会显示结果清单中点选的相应文件,输入的搜寻字词会以黄色底色突出显示,使用者可以按“字词”(Term)按钮前后浏览该搜寻字词。使用者更可利用右下方的下拉工具菜单(Tools)选择其他方式如以栏目限制指定显示文件的某部分(见图 12-49)。

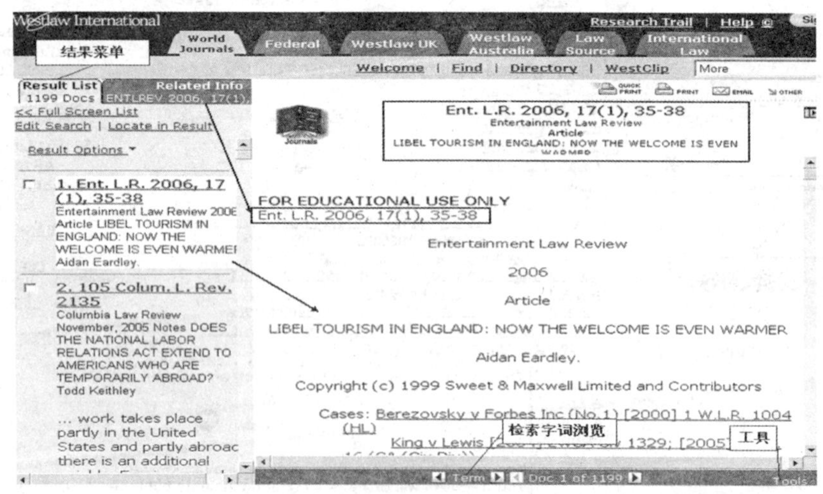

图 12-49 检索结果

(2)以普通英语(Natural Language)检索

如果不太肯定要输入的字词,可以改选日常使用的简单英语输入规范来搜寻文件。

检索结果如下:

以普通英语输入搜寻,结果显示模式与以字词及连接词搜寻的结果显示模式基本是一样的,但会比以字词搜寻的显示多了文件最符合检索条件的段落(Best),并以红色字体突出显示该部分。按"最好部分"按钮可前后浏览上一个或下一个最符合检索条件的段落。

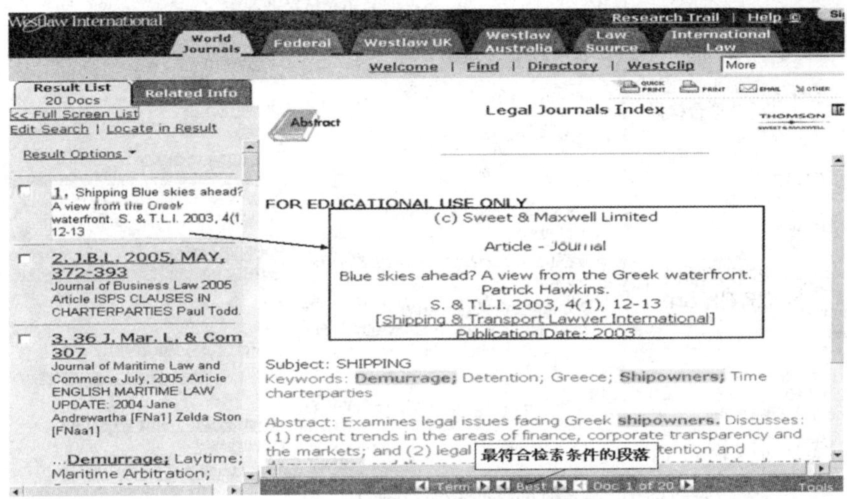

图 12-50　检索结果

3. 打印及下载

当找寻或搜寻到需要的文件后,可按右框左上角的打印文件按钮调出打印界面选择:打印、下载、Westlaw 网上储存或以 E-mail 传送文件;对搜寻结果内的个别或全部文件的部分或全部进行操作;保存格式等(见图 12-51)。

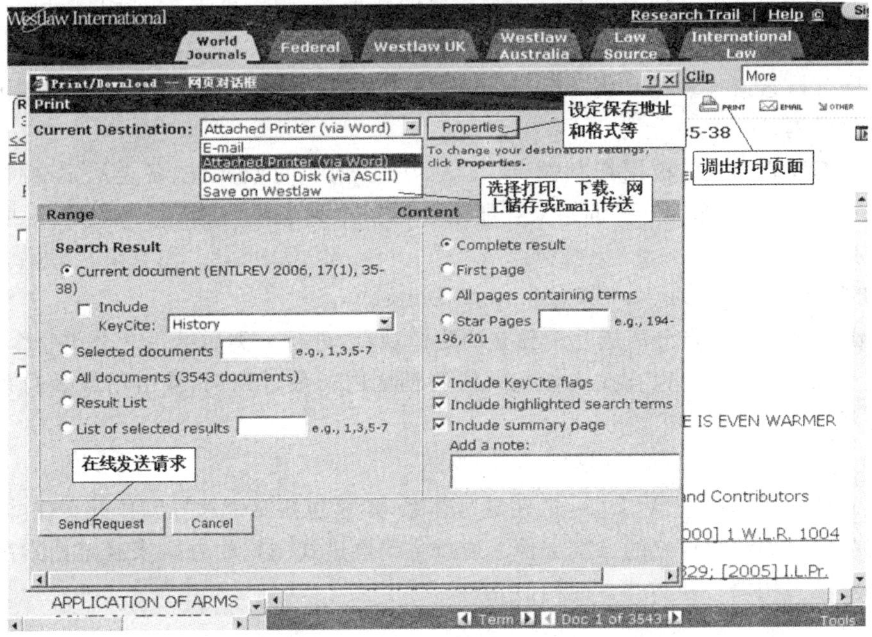

图 12-51　打印及下载

4. 浏览资料库名录(Directory)

点击工具栏上的“Directory”,界面显示如图 12-52 所示。

图 12-52 Directory 浏览

在不确定数据库名称的情况下,可以通过主题式检索浏览资料库名录,层层点击进入资料库进行检索。如果在资料名录上没有所需要的数据库,则需点击“New Databases”,扩大搜寻范围。

多库联合检索:在“Search these databases”输入框中键入至多十个数据库的辨认码并用逗点或分号区隔。

多重数据库查询可以被用在判例、成文法、法院规则、行政文件、各类法案文件及 Dow Jones Interactive 数据库等。查询结果会显示在同一个列表中,依照文件种类、日期或出版品的顺序列出。

5. 钥匙号和摘要查询(Key Numbers & Digest)

Westlaw 把法院观点分离成几个独立的法律观点,进行分类后给每个分类一个钥匙号。运用钥匙号和主题查询可以查找到任意司法管辖区内的最近判例、被引用最多的案例和二手研究资料(见图 12-53、图 12-54)。

6. 主题查询(KeySearch)

主题查询同样是基于 Westlaw 的钥匙号体系,不仅包括有钥匙号编号的文件,同样还包括没有编号的诸如法律评论的二次文件。通过主题层进式浏览的方式来确定搜索范围。检索方式和结果与钥匙号和摘要查询相似。

Westlaw International
Research Trail | Help
World Journals
Federal
Westlaw UK
Westlaw Australia
Law Source
International Law
Welcome | Find | Directory | WestClip
More
Custom Digest
West Key Number Digest | NY Official Digest (2nd & 3rd Series)
Abridgment
More
Change Client ID
ChargeBack
KeyCite
KeyCite Alert
KeySearch
Options
Table of Contents
WestDocket Alert
从下拉菜单选择 "Key Number & Digest"
1 ABANDONED AND LOST PROPERTY
I. ABANDONMENT, k1-k9
勾选所需资料库
k1 Nature and elements
k4 Evidence and questions for jury
k5 Operation and effect
II. FINDING LOST GOODS, k10-k13
2 ABATEMENT AND REVIVAL
4 ABORTION AND BIRTH CONTROL
5 ABSENTEES
6 ABSTRACTS OF TITLE
7 ACCESSION
8 ACCORD AND SATISFACTION
9 ACCOUNT
10 ACCOUNT, ACTION ON
11 ACCOUNT STATED
11A ACCOUNTANTS
12 ACKNOWLEDGMENT
13 ACTION
确认所选
输入标题或钥匙号
Search selected
Clear selections
Search using a specific topic and key number:

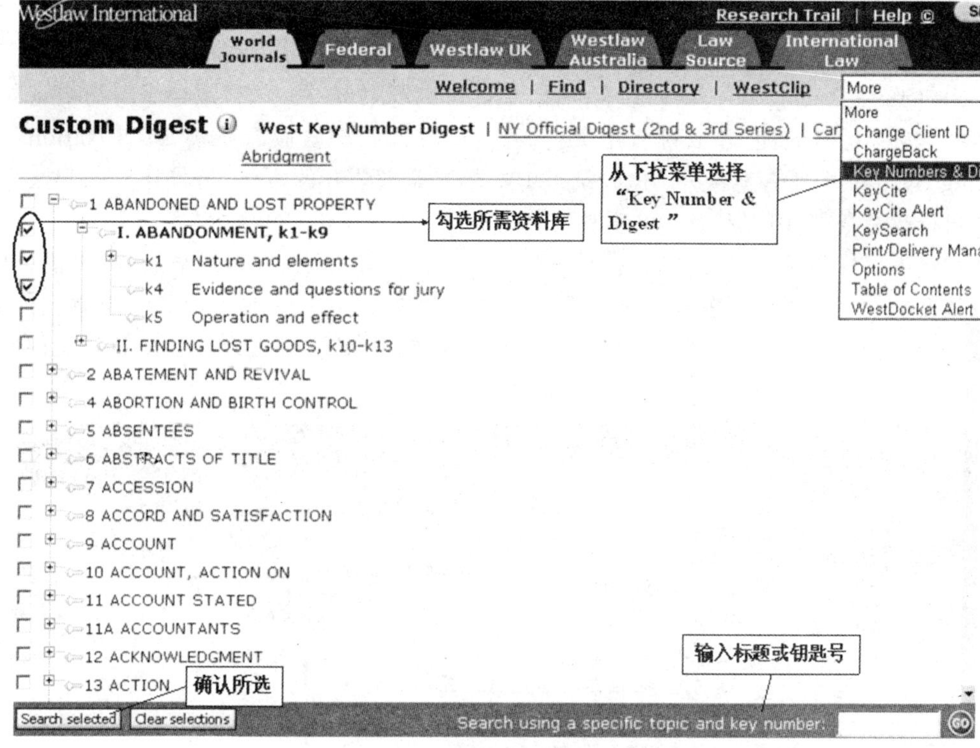

图 12-53　钥匙号和摘要查询

Westlaw International
Research Trail | Help
World Journals
Federal
Westlaw UK
Westlaw Australia
Law Source
International Law
Welcome | Find | Directory | WestClip
More
Your digest selection(s):
ABANDONED AND LOST PROPERTY 1I ABANDONMENT, k1-k9 delete
ABANDONED AND LOST PROPERTY 1k1 Nature and elements delete
ABANDONED AND LOST PROPERTY 1k4 Evidence and questions for jury delete
Your digest options:
Order:
Most Recent Cases
Most Cited Cases
被引用最多的案例
Include ALR, law reviews, and other references
Your default state jurisdiction is:
State:
Federal: All
State & Federal: All
Topical: Insurance - Federal
限定管辖权及主题
Include cases from the highest court only
Add search terms and/or connectors (optional):
Date Restriction: Unrestricted
Search

图 12-54　钥匙号和摘要查询

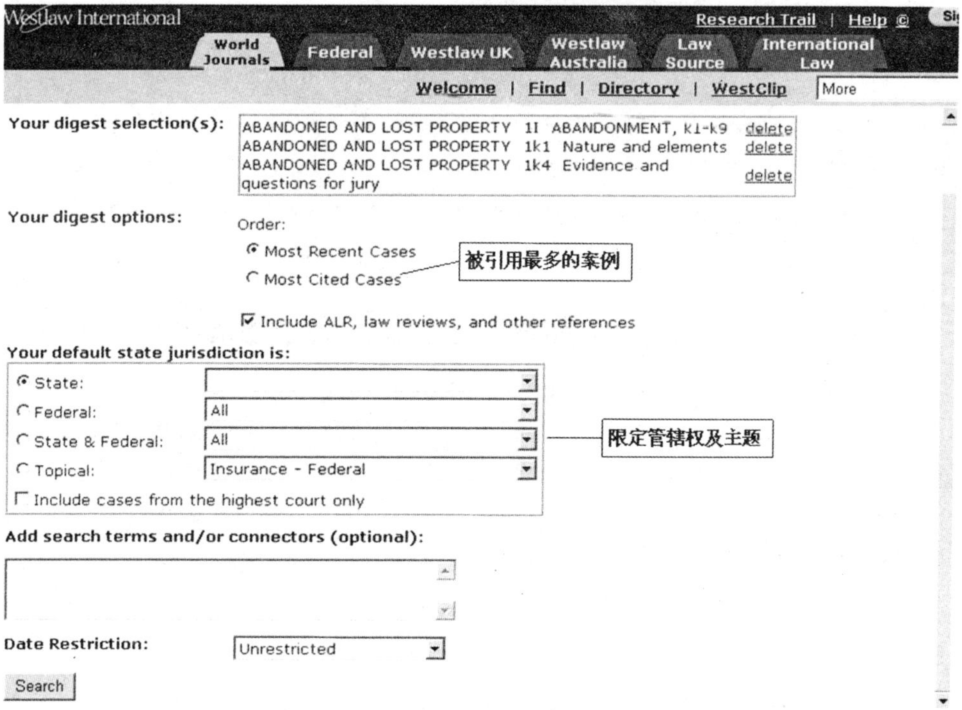

12.4.2.3 特色功能

1. KeyCite

KeyCite是Westlaw提供的独有功能，借此可浏览案例、法令、行政命令等历史记录，以帮助决定法律的有效性，并取得引用资料。KeyCite除了包含收录于West's National Reporting System的所有案例外，也收录了100多万篇未公开的案例；另外还有联邦法令、联邦及州行政命令、美国专利及700多种法律期刊等等。

在输入引称找寻有关文件后，查看该文件左上角的图标，如红旗或黄旗（此类图标的描述可从右框右边的下拉菜单挑选KeyCite调出有关图表的描述，参见附表），查看左框的引称参考曾有引用该文件的有关文件，可按有关超链接调出该文件提及或引用过的文件（见图12-55）。

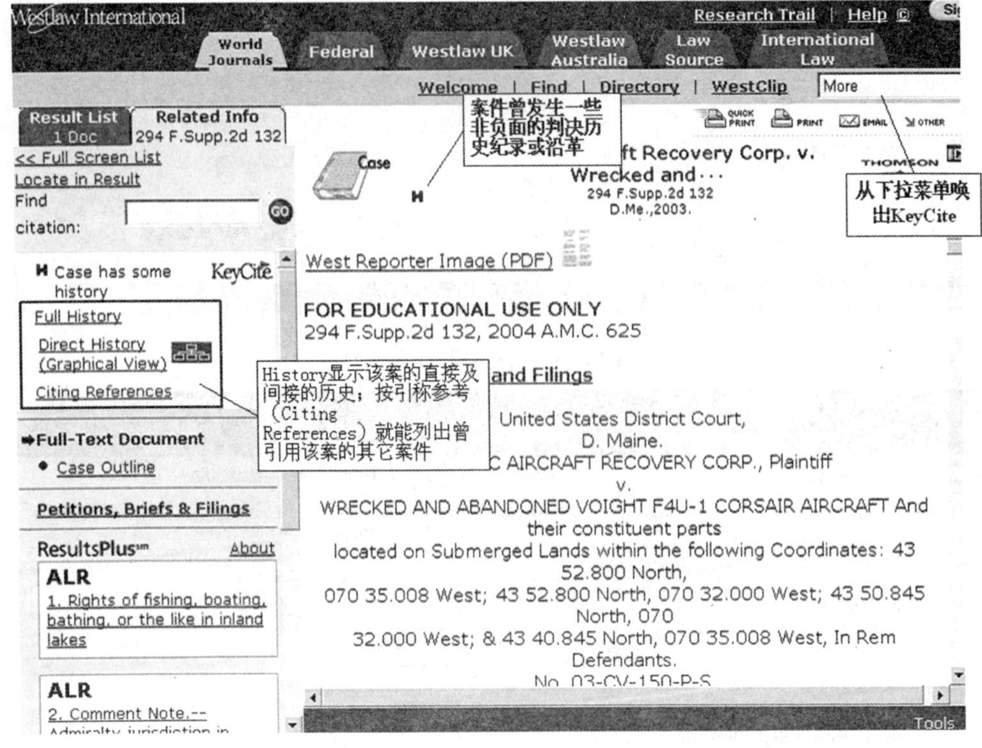

图12-55 KeyCite

KeyCite图标中最值得注意的是红旗和黄旗，红旗代表该案件或法例不能再作为有效的依据，黄旗代表有负面的评论但没有影响该案件或法例作为有效的法律依据。

2. 联结相关资料(ResultPlus)和显示法律依据(Table of Authorities)

联结相关资料和显示法律依据如图12-56所示。

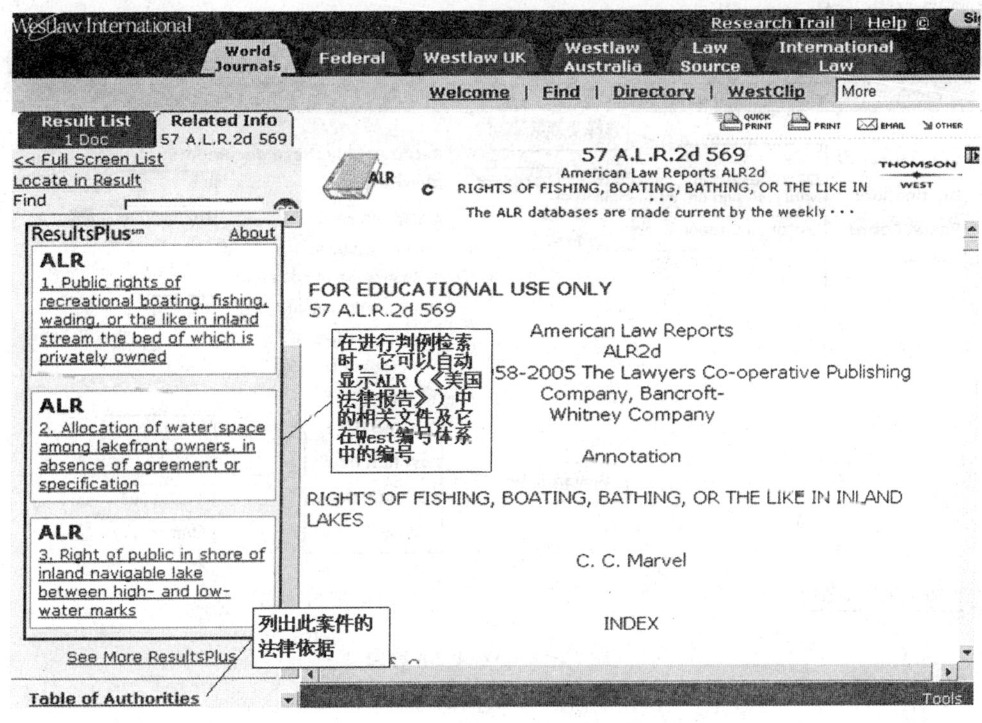

图 12-56　联结相关资料和显示法律依据

3. WestClip

WestClip 是 Westlaw 提供的独有监测功能，该功能自动按输入指示定期搜寻资料库，监测有关资料是否有更新或进展并按指定方法通知使用者（见图 12-57）。

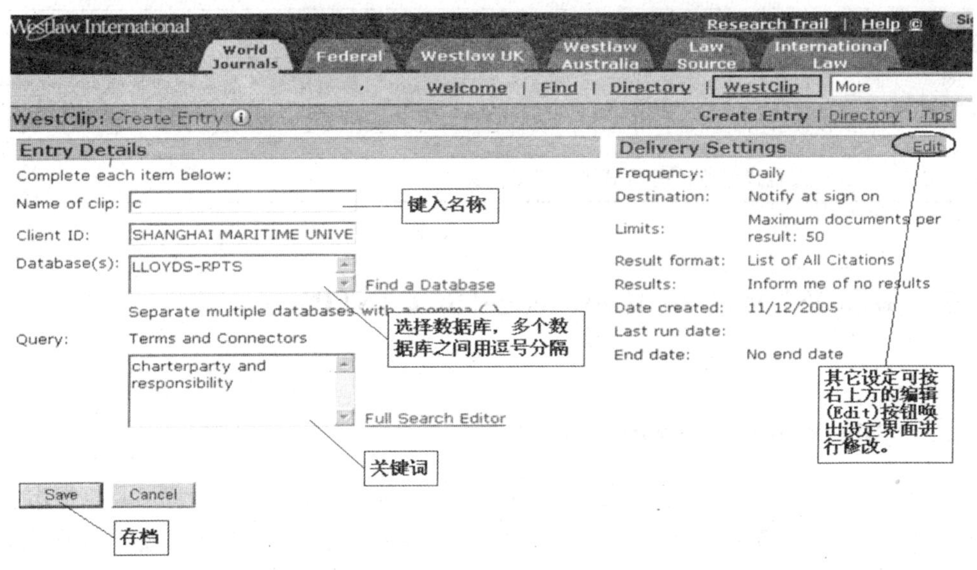

图 12-57　WestClip 界面

进入 Edit 界面后，使用者可修改系统自动搜寻的频率（Frequency），交付搜寻结果的方法（Destination）如打印或电邮，文件的格式（Result Format）如全部页数或第一页或仅需文件的引称清单，使用者亦可预先设定搜寻终止的日期。点击“Directory”，可以选择查看、执行或删除已建立的 WestClip。

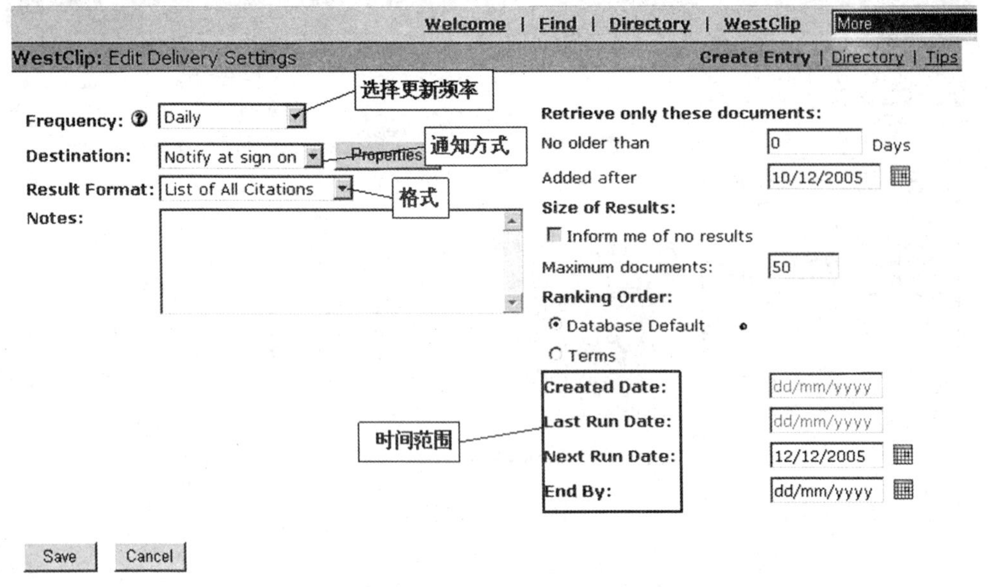

图 12-58 WestClip 界面

附表 KeyCite 图标

红旗	在案例中出现的红旗，代表该案件所表示之法律见解中，至少有一个以上不再是目前所接受之见解。而在法令条文中出现的红旗代表该条法令曾在近期立法中被修正或废止。
黄旗	代表该案件曾出现某些相反的判决历史纪录，但该判解仍未被驳回或废止。
蓝 H	代表该案件曾发生一些非负面的判决历史纪录或沿革。
绿 C	代表该案件曾有引用其他数据，但并无直接的历史纪录。
绿星	绿色星星的数量表示相关程度(Depth of Treatment)，被引用案件前方出现越多的绿色星星，表示该被引用案件在引用案件中被讨论得越广泛、越有深度。(相关度最少 1 星，最多 24 星)
紫引号	表示本案直接引述被引用案件于其中。

12.5 美国 ISI Web of Knowledge(SCI、ISTP)

12.5.1 “ISI Web of Knowledge^{SM}”概述

1997 年美国费城科学情报研究所(Institute for Scientific Information, ISI)推出了 ISI Web of Science 检索系统。之后，随着美国 THOMSON 公司信息检索技术的介入，“ISI Web of Knowledge^{SM}”大型综合性信息检索系统在 2001 年产生。基于强大的计算机检索技术和内容链接，该系统将科学技术领域中具有高质量的信息资源、强大的信息组织与分析工具和专业的信息管理软件科学整合在一起，使在该系统内对知识与信息的检索、提取、分析、评价、管理与发表等多项功能得到完美的体现，从而实现信息更加有序传递、科学技术更加迅速发展与创新。“ISI Web of Knowledge^{SM}”信息平台主要以 Web of Science 检索系统为核心,凭借独创的引文检索机制和强大的检索功能,收录了最有影响力的 9000 多种学术期刊。通过独特而强大的检索机制,可轻松地回溯或追踪学术文献,既可以“越查越旧”,也可以“越查越新”,超越学科与时间的局限,迅速地查找在不同学科、不同年代所有与研究课题相关的重要文献。

“ISI Web of Knowledge^{SM}”信息检索系统主要包含如下主要数据库(见图 12-59)。

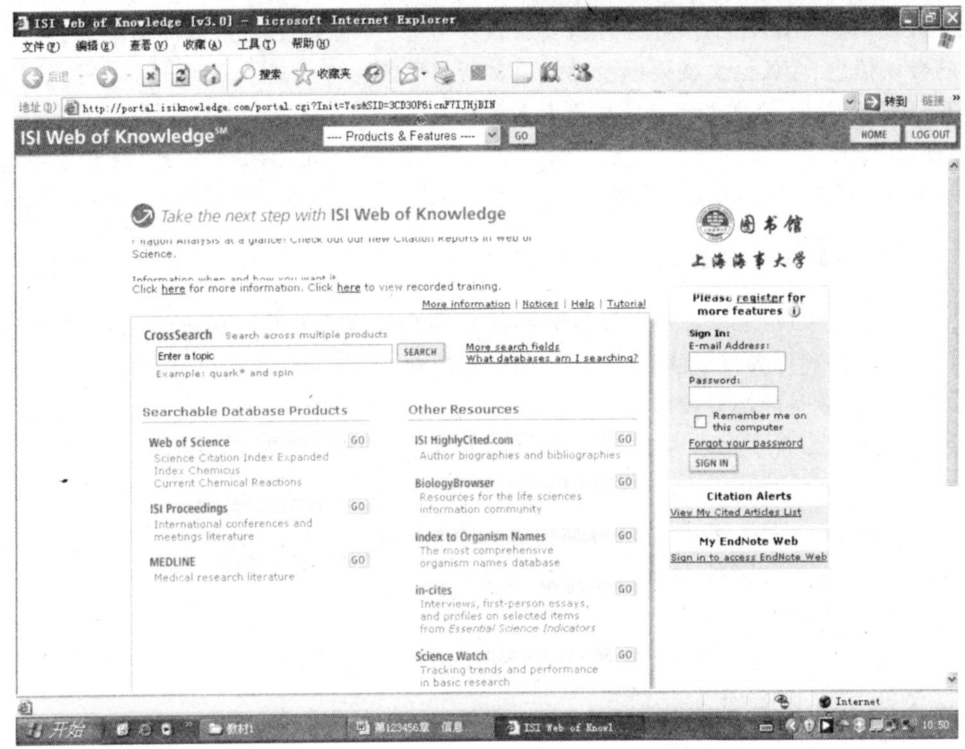

图 12-59 ISI Web of Knowledge^{SM} 平台

1. ISI Web of Science

ISI Web of Science 信息检索平台主要由著名的三大数据库构成,即由 Science Citation Index Expanded(简称 SCI)、Social Science Citation Index(简称 SSCI)、Arts & Humanities Citation Index(简称 A&HCI)三个数据库组成。另加 Current Chemical Reaction 、Index Chemicus 两个数据库。

(1)Science Citation Index Expanded(科学引文索引扩展数据库,简称 SCI)

信息资源的收入范围包括自然科学的所有领域,如工程技术、材料科学、生物化学、化学工程、原子及分子物理学、光谱学等等。收入期刊多达 6300 种。

(2)Social Science Citation Index(社会科学引文索引数据库,简称 SSCI)

收入有 1800 多种社会科学期刊,同时也收入 SCI 所收入的期刊当中涉及社会科学的研究论文,SSCI 涵盖的内容有人类学、历史、地理学、经济学、教育学、环境研究、语言学、法律、哲学、政治科学、心理学等等。

(3)Arts & Humanities Citation Index(艺术与人文引文索引数据库,简称 A&HCI)

收入 1100 多种期刊,内容涉及考古学、建筑、艺术、亚洲研究、舞蹈、电影电视与广播、民俗、文学评论、音乐、哲学、诗歌、宗教、戏剧等等。

(4)Current Chemical Reaction(近期化学反应数据库)

收入1985年至今,超过60万个化学反应。

(5)Index Chemicus(化合物索引)

收入1985年至今,超过100万个化合物信息。

2. ISI Proceedings

收入自1990年以来的世界各种重要会议文献,每年新增12000多种学术会议录,报道全面的会议信息、会议论文摘要以及会议论文所引用的参考文献。

3. MEDLINE(医学文献分析与检索系统)

MEDLINE主要包括三个重要的索引:《医学索引》(Index Medical)、《牙科文献索引》(Index to Dental Literature)、《国际护理索引》(International Nursing Index)。

12.5.2 ISI Web of Science

ISI Web of Science以报道国际各学科核心期刊以及全球科学论文进行科学计量而著称,收录9000多种世界权威的、高影响力的学术期刊,作为一种从引文角度进行信息检索的系统,由于其所收录的都是权威性、高质量学术期刊,使其成为全球最具权威性的信息检索数据库。系统的检索平台由SCI (Science Citation Index Expanded)、SSCI、A&HCI三个数据库以及Current Chemical Reaction与Index Chemicus(化学数据库)组成。其中的"Science Citation Index Expanded"是《科学引文索引》的网络扩展版数据库,它包含印刷版SCI的全部内容,且来源文献的种数超过印刷版SCI,因此称其为扩展版。扩展版SCI收录了1991年至今的来源文献,引文数据可回溯到1945年。以下以"ISI Web of Knowledge[SM]"网络平台下的SCI数据库为例,介绍Web of Science检索特点和检索方法与途径。

1. Web of Science特点

(1)严格的选刊程序

Web of Science中收入的期刊是各学科领域中最具权威性、最具影响力的期刊。

(2)参考文献和被引次数连接

帮助用户跨越时间和学科的界限,掌握某个课题的历史由来和最新进展。

(3)定制引文跟踪服务

用户可以对任意文献定制引文跟踪服务,系统会将所定制的文献被引用的情况自动地发送到用户的电子邮箱中,使用户可以很方便地跟踪一篇文献被引用的情况,从而进一步掌握该文献内所反映的学科变化情况,追踪学科变化动态。

(4)分析检索结果

可以将检索结果按作者、出版年份、学科领域、研究机构、文献语种和期刊名称进行分析,归纳总结出相关领域在不同年份的发展趋势,可以对学科的发展趋势进行宏观把握。同样,通过检索结果的分析,可以分析学科产生、分支学科的出现情况,分析学科研究主导者与研究群体,分析文献资源的核心结构以及主要研究群体的地域分布。

(5)独特的被引文献检索

通过被引文献检索,以了解某篇文献被引用情况,并可借此评估竞争对手在行业中的地位与影响力。

(6)扩展主题词检索

利用论文的参考文献题目中提取的扩展主题词进行检索,克服由于时间推移而学科内涵不断加深或研究者对关键词的不同表达造成关键词不断演化与变形所造成的漏检。

2. Web of Science 检索方式

在进入“ISI Web of Knowledge^{SM}”主页后选择“Web of Science”，点击进入 Web of Science 数据库，如图 12-60 所示。

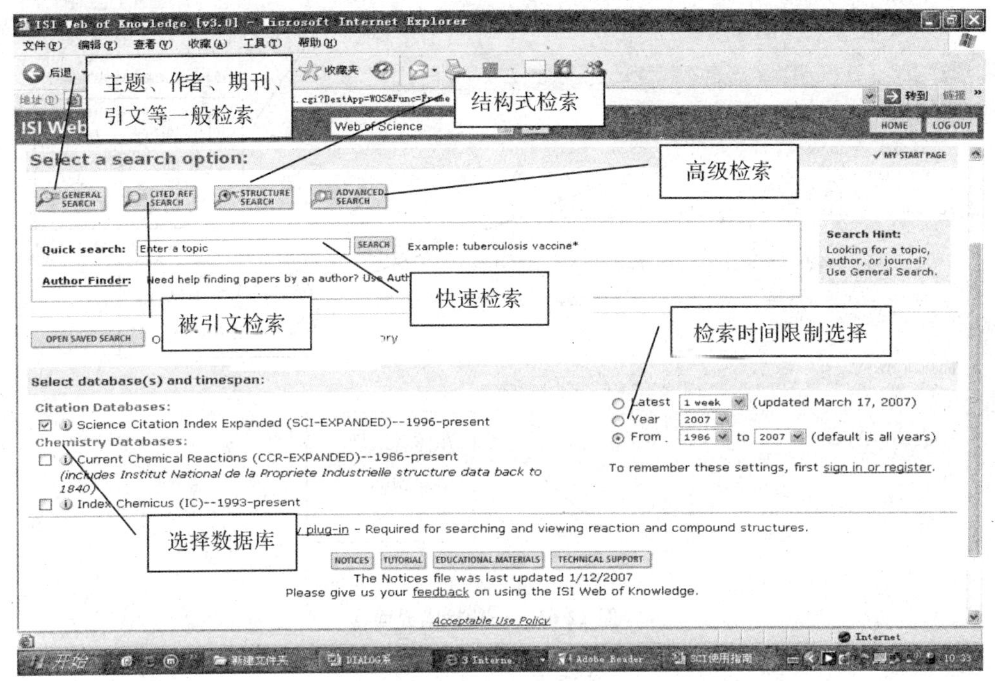

图 12-60　Web of Science 检索页面

此页面提供了基于 Science Citation Index Expanded（引文数据库）、Current Chemical Reaction 与 Index Chemicus（化学数据库）的跨库、快速检索途径。如果单对一个数据库打勾，表示单独检索该库。该页面的快速检索还提供了所检索文献的时间范围选择，对时间范围进行相应选择后，可在该时间段内检索文献。页面上还提供了各种检索的入口与检索方式入口，如一般检索、被引文献检索以及高级检索、结构式检索等，点击相应的检索按钮可进入相应的检索界面。

（1）一般检索（General Search）

点击“一般检索”（General Search）按钮页面，进入一般检索页面。一般检索可以实现对文献的普通检索，对文献的主题、作者、来源出版物、作者单位等确定后实现相应的检索。同时可以在确定所要检索的文献的语种、出版时间的限制后进行检索。例如，要了解有关中国作者发表的 ship engine（船舶主机）的研究论文，并要求了解有关课题的起源、最新进展和相关文献，可以进行如下检索，如图 12-61 所示。

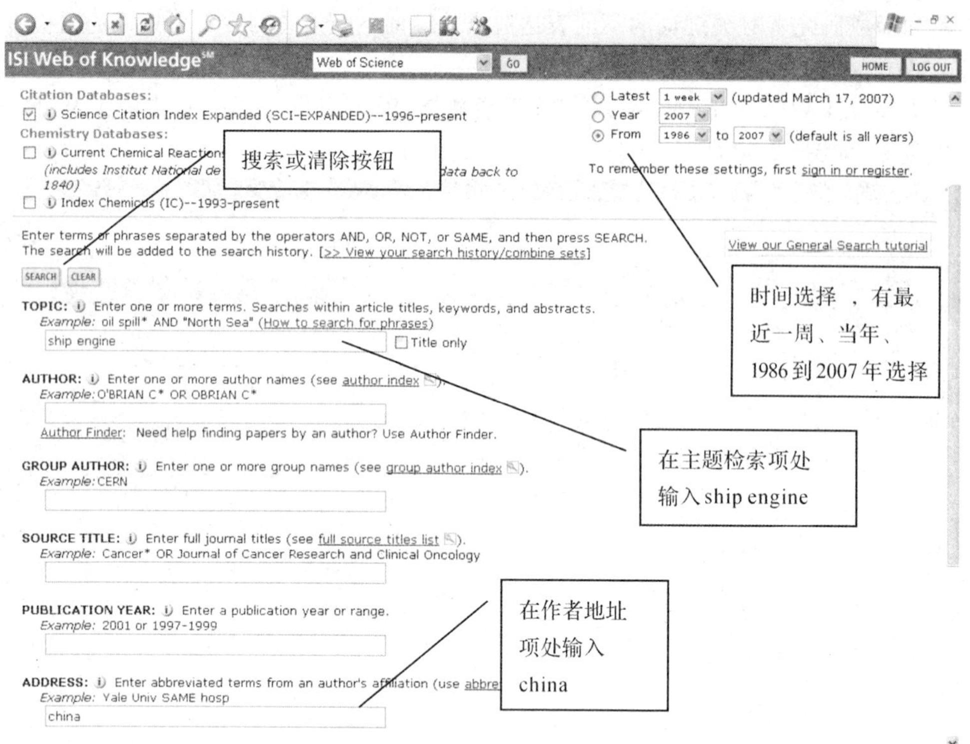

图 12-61 一般检索界面

在上述情况下，点击“search”进行检索，其检索结果如图 12-62 所示。

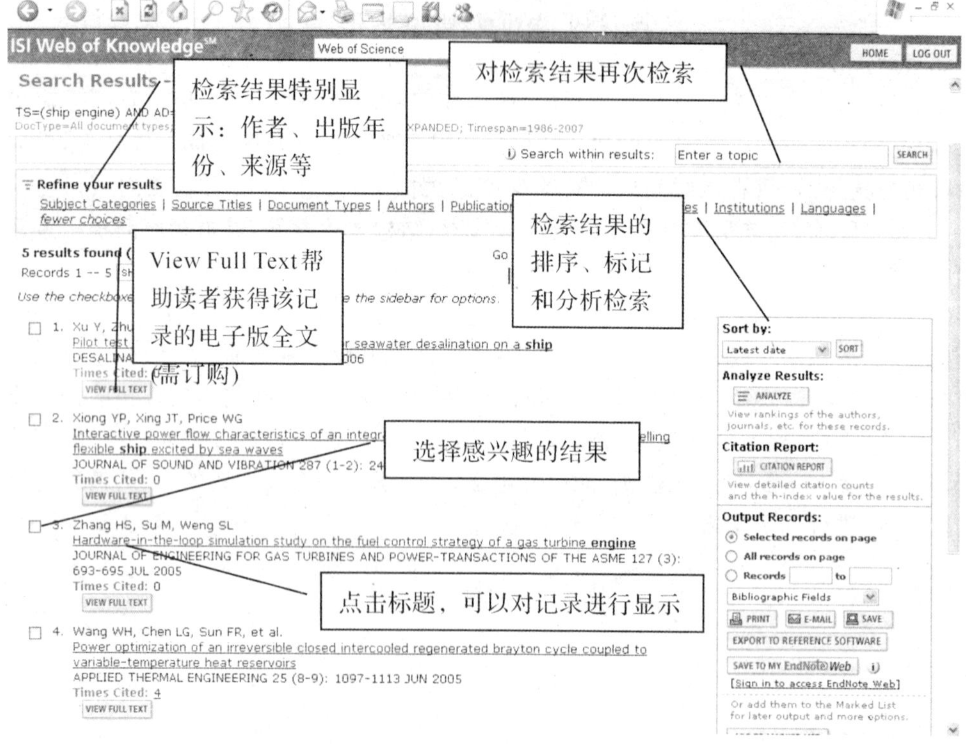

图 12-62 检索结果界面

一般检索结果界面主要的内容有：

- View Full Text可以帮助读者获得该记录的电子版全文(需订购)；
- 检索结果特别显示作者、出版年份、来源等；
- 点击记录标题可以显示该条记录的完整记录格式(见图 12-63)；

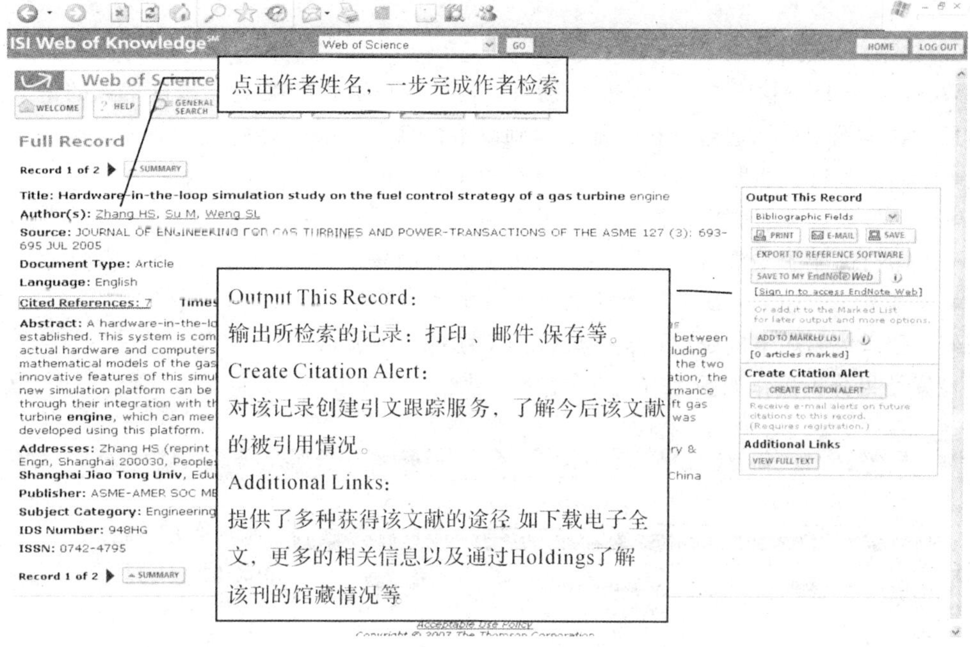

图 12-63　完整记录

- 对检索结果再次检索；
- 检索结果的排序、标记和分析检索(见图 12-64)。

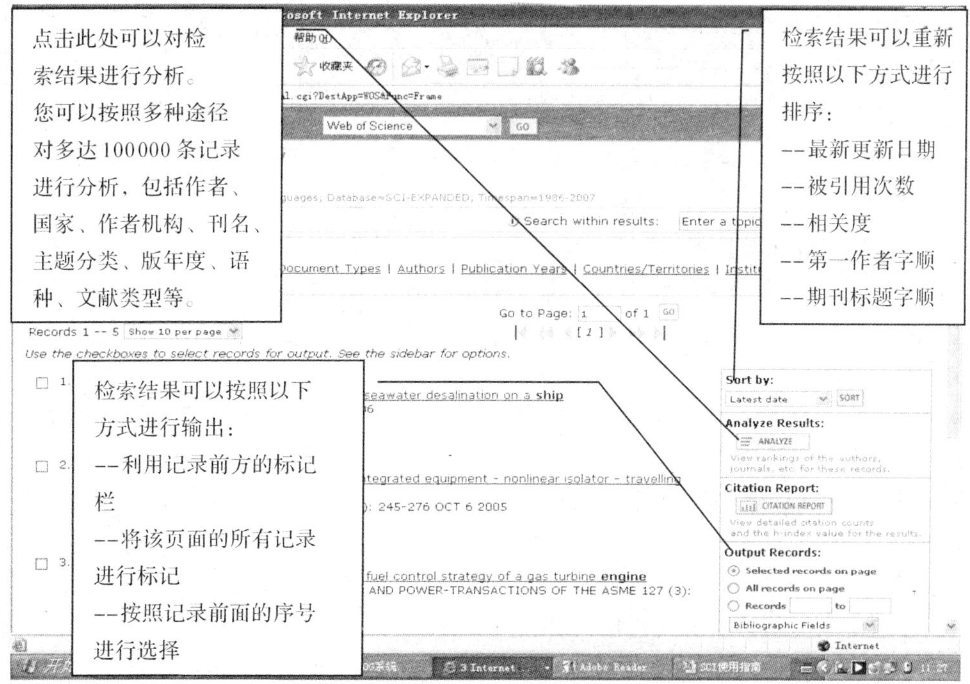

图 12-64　检索结果的排序、标记和分析检索

根据信息需求，只要点击相应的按钮就可以实现上述相应的功能。

完整记录显示内容如下：

论文题目、作者、来源刊名/出处、文献类型、文献语种、参考文献、引用该文的数量、相关文献、论文摘要、作者关键词(如有)、扩展关键词(如有)、作者地址、出版社、IDS 序号、ISSN 等。

(2)检索结果分析

Web of Science 检索结果的分析功能可以帮助用户清晰准确地了解检索到的记录的相关信息。在本例中可以通过分析功能了解到以下信息：

- 中国发表有关船舶主机研究论文最多的作者是谁；
- 中国发表有关船舶主机研究论文最多的机构是哪里；
- 中国有关船舶主机研究论文在哪一年发表的最多；
- 中国有关船舶主机研究论文主要发表在哪些杂志上；
- 中国有关船舶主机研究论文主要涉及了哪些研究领域。

检索结果分析操作如图 12-65 所示。

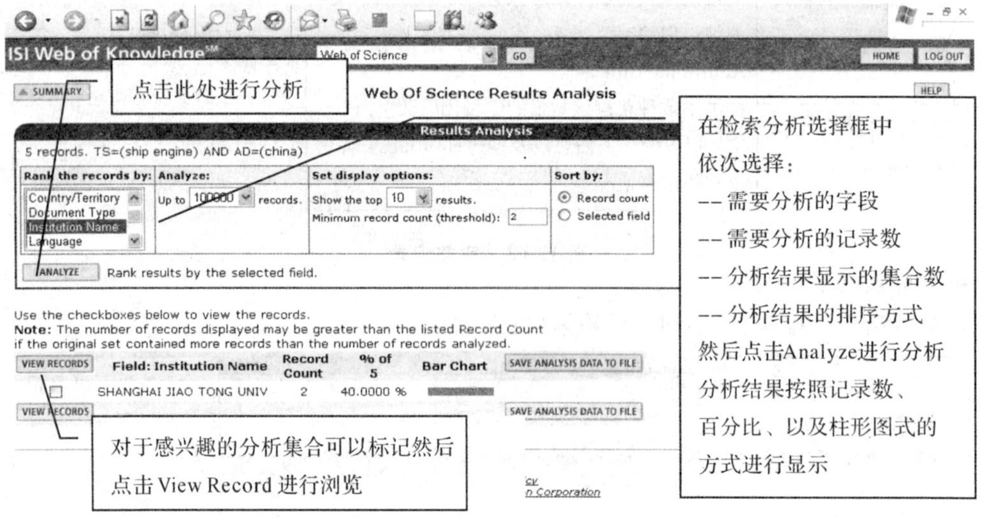

图 12-65 检索结果分析操作

(3)检索结果的相关性检索

当在图 12-62 检索结果界面中点击某一检索结果的标题时，该记录将以完整记录方式显示(见图 12-63)。此时在完整记录条件下可以进行与本条记录相关性的检索(见图 12-66)，其功能如下：

- 点击“Find Related Records”，以检索与本文引用了一篇或多篇相同的参考文献的论文，即引文耦合的相关检索，发现与本文相关的研究工作，特别是来自其他学科的研究；
- 点击“Times Cited”，以检索此条记录被其他文献所引用的文献，达到评估与本记录相关内容的最新进展的功能；
- 点击“Cited References”，以检索此记录所引用的参考文献，实现了解此记录研究课题的起源、课题研究的基础以及其他相关研究。

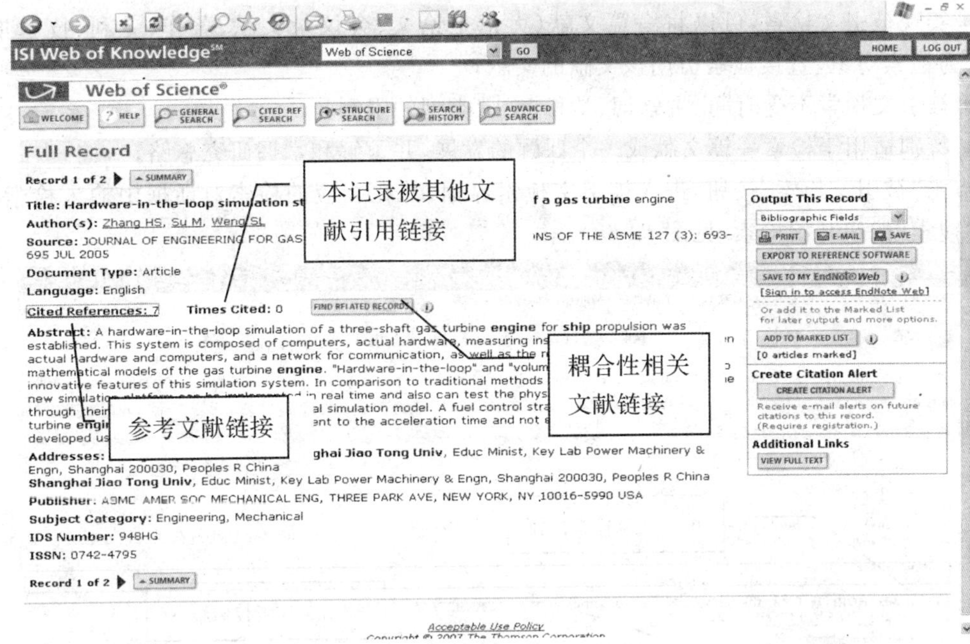

图 12-66 本文献相关性检索

(4)被引文检索(Cited Ref Search)

点击"被引文检索"按钮,进入被引文检索页面(见图 12-67)。被引文检索是 ISI Web of Science 所特有的检索途径。

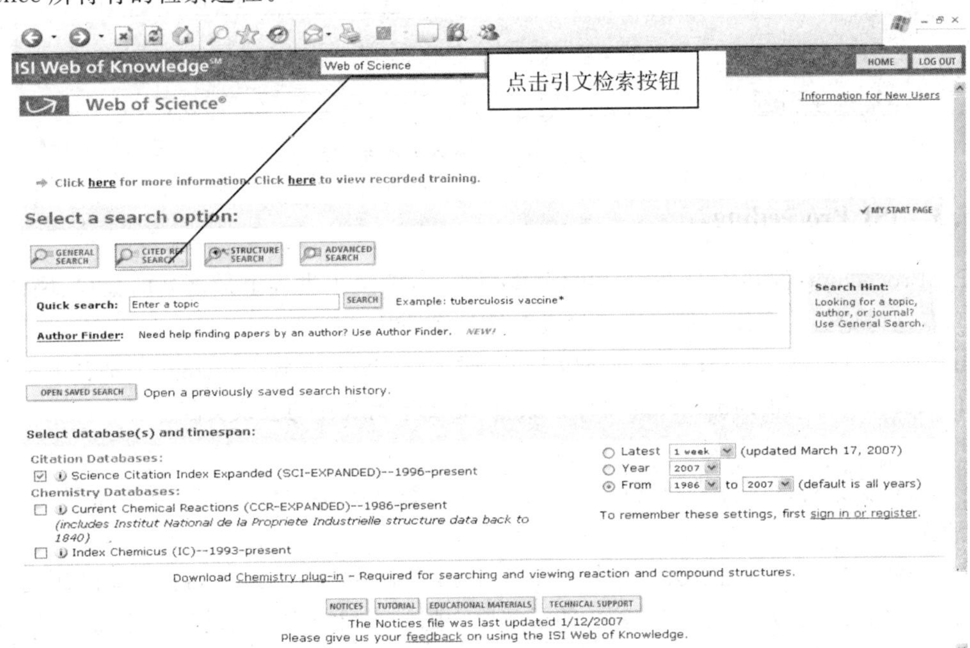

图 12-67 被引文检索

主要功能如下:

● 解决传统主题检索方式固有的缺陷(主题词选取不易,主题字段标引不易、滞后、理解不同,少数的主题词无法反映全文的内容);

● 实现被引文检索，可以将一篇文献（无论是论文、会议录文献、著作、专利、技术报告等）作为检索对象，直接检索引用该文献的文献；

● 被引文检索不受时间、主题词、学科、文献类型的限制；

● 特别适用于检索一篇文献或一个课题的发展，并了解和掌握研究思路。

点击“被引文检索”按钮，进入被引文检索界面，并在相应的检索对话框中输入检索词，点击“搜索”按钮开始检索（见图 12-68）。

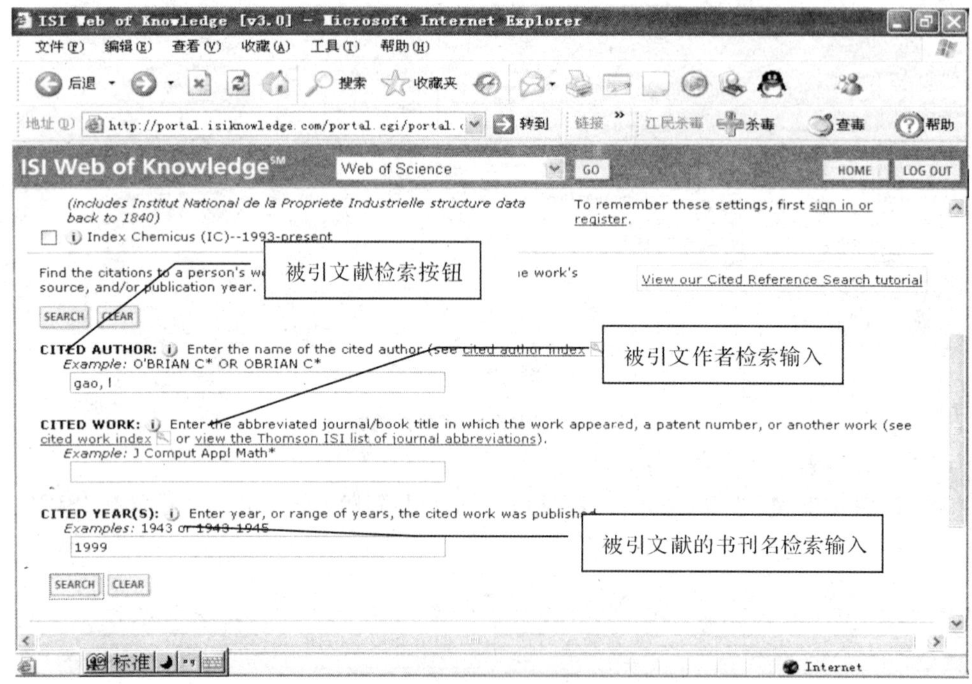

图 12-68 被引文检索界面

12.5.3 ISI Proceeding

ISI Proceeding 创刊于 1978 年，由 ISI 编辑出版，汇集了世界上最著名的会议、座谈、研究会和专题讨论会的会议文献。手工检索工具名称是“Index to Scientific & Technical Proceeding”，简称 ISTP。在 ISI 推出网络版 ISTP 时，“ISI Web of Knowledge℠”平台上称其为“ISI Proceeding”。ISI Proceeding 可以检索自 1991 年到现在的会议文献。

1. ISI Proceeding 特点

（1）通过检索可以了解最新会议文献论文，掌握在各类学术会议上出现的新理论、新概念、新假说；

（2）使用者能够直接通过会议文献的参考文献的相互链接，迅速得到会议文献研究内容的学术演变情况以及知识交流的情况，即了解原文献学术研究内容的基础与起源。

2. ISI Proceeding 检索方式

“ISI Web of Knowledge℠”平台界面点击“ISI Proceeding”按钮（见图 12-59），进入 ISI Proceeding 检索界面（见图 12-69），此界面中提供了 ISI Proceeding 的多种检索方式进入点。

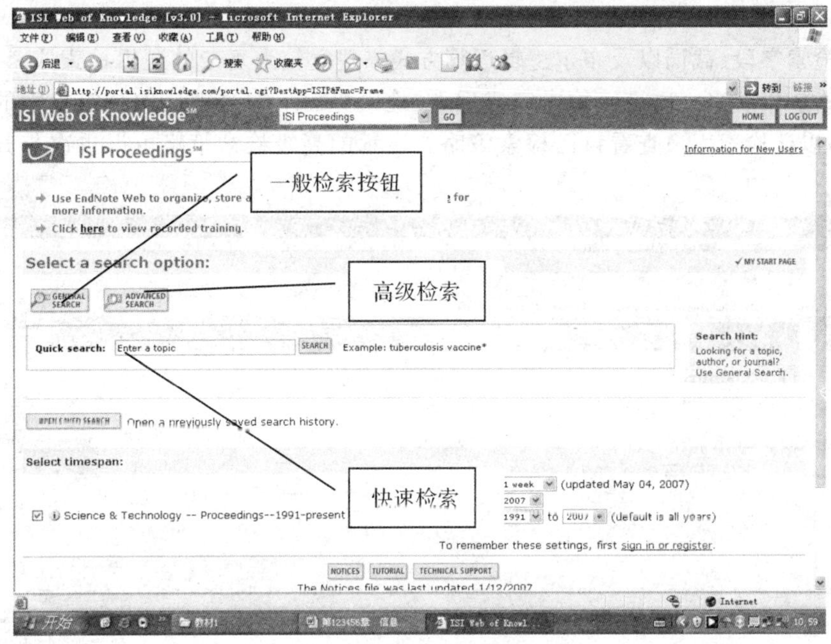

图 12-69　ISI Proceeding 检索界面

(1)快速检索(Quick Search)

提供一个检索式输入对话框,运用逻辑算符和截词算符,在标题或关键词字段进行检索。

(2)一般检索(General Search)

一般检索可以选择主题(Topic)、著者(Author)、团体作者(Group Author)、来源出版物(Source Title)、出版年代(Publication Year)、会议名称信息(Conference)以及地址(Address)字段作为检索入口,以实现检索。在检索对话框内可以应用逻辑算符、截词算符进行逻辑组配检索(见图 12-70)。

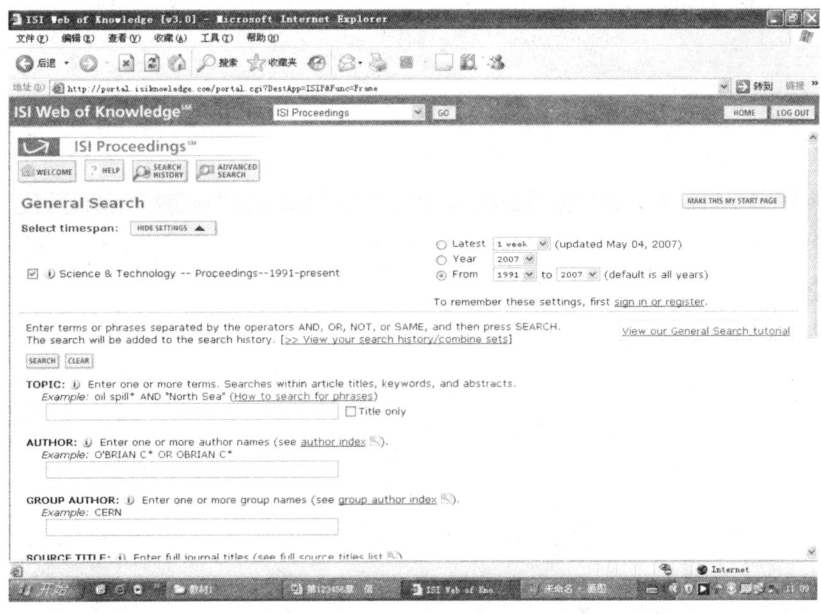

图 12-70　ISI Proceeding 一般检索界面

(3)高级检索

使用检索字段、截词以及布尔逻辑运算方式来建立较为复杂的逻辑检索式，以达到更为专指的检索效果。当一次高级检索完成后，在检索界面下方会把这次高级检索的逻辑策略显示出来，以让检索用户查看自己检索策略。显示的高级检索策略可以再次与其他检索策略组配，执行新的检索。

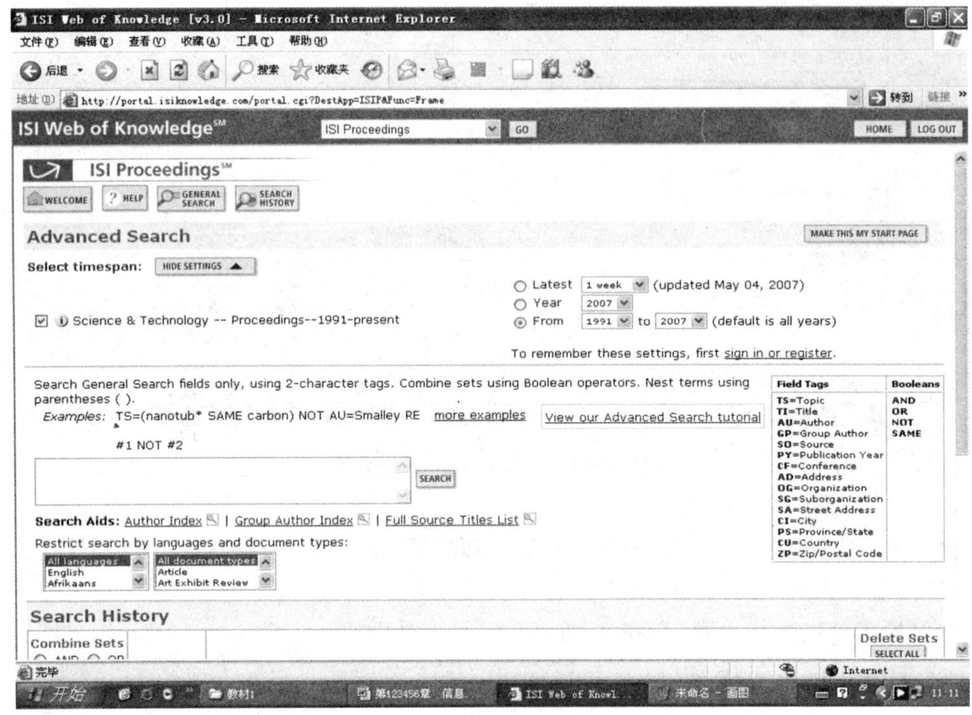

图 12-71 ISI Proceeding 高级检索界面

第 13 章

互联网信息的检索与利用

Internet 是一个由各种不同类型和规模的、独立运行和管理的计算机网络组成的世界范围的计算机系统。Internet 又称互联网,它是由美国的 ARPAnet 演化而来的,是当今最大的国际性计算机互联网络。互联网目前是世界上最大的信息宝库,它已经成为全球范围内传播和交流各种信息的首要渠道。

本章主要介绍互联网信息检索的一些基本概念、国内主要的信息门户网站和主要的搜索引擎与学科信息门户。

13.1 互联网与信息检索

13.1.1 互联网的发展与现状

Internet 起源于 20 世纪 60 年代末美国国防部高级研究计划局研制的用于军事目的的计算机网络 ARPAnet。1980 年,ARPAnet 推出了可以使不同架构网络互联的网络协议 TCP/IP。1989 年,ARPAnet 改名为 Internet 并向公众开放。1991 年,CERN(欧洲粒子物理研究所)的科学家提姆·伯纳斯李(Tim Berners-Lee)开发出了万维网(World Wide Web)。他还开发出了简单的网页浏览器(浏览软件),此后互联网开始向社会大众普及。1993 年,伊利诺伊大学美国国家超级计算机应用中心的学生马克·安德里森(Mark Andresen)等人开发出了真正的浏览器"Mosaic",该软件后来被作为 Netscape Navigator 推向市场,此后互联网开始全面普及。1994 年,美国的 Internet 由商业机构全面接管,开始真正进入了一个蓬勃发展的大时代。

1987 年 9 月 14 日,北京计算机应用技术研究所钱天白教授发出了中国第一封电子邮件:"Across the Great Wall we can reach every corner in the world. "(越过长城,走向世界)揭开了中国人使用互联网的序幕。1994 年 4 月 20 日,中国国家计算与网络设施(NCFC)64K 国际专线开通,通过美国 Sprint 公司连入美国 NSFNET,标志着中国成为互联网大家庭的一个新成员。

2006 年 7 月 19 日,中国互联网络信息中心(CNNIC)在北京发布《第十八次中国互联网络发展状况统计报告》。报告显示,截止到 2006 年 6 月 30 日,我国网民人数已达 1.23 亿人,与 2005 年同期相比增长了 19.4%。上网计算机总数约为 5450 万台,域名总数约为

2950500个，网站总数约为 788400 个。据统计，目前在互联网的域名分布中，商业网站(.com)所占比例最大，为 41%；科学教育网站(.edu)屈居第二，占有 30%。

依据该统计报告显示，网民获取信息的主要途径是互联网，以 82.6%领先于电视的 64.5%和报纸的 57.9%。网民经常使用的网络服务功能依次是：浏览新闻、搜索引擎、收发邮件、论坛/BBS、即时通讯、获取信息、影视收看及下载、文件传递、网上游戏、网上校友录、网上购物、博客、网上金融、网上教育等。

互联网打破了地理空间的局限，人们利用网络可以随时获取即时的信息，阅读当天的报纸和新闻，利用搜索引擎快速地找到需要的信息，利用电子邮件进行通讯，具有共同爱好的网民通过网络社区进行交流聚会，人们还可以参加各种层次的远程教育，飞速发展的网络购物也极大地方便了人们的商品需要。互联网的出现和发展使人类进入了信息化的社会，给人类的生活带来了巨大的影响。

13.1.2 互联网的一些基本概念

1. TCP/IP 协议

TCP/IP(Transfer Control Protocol / Internet Protocol)协议是将互联网中各种不同体系结构的计算机和网络连接起来，并使它们进行信息交换的网络通信协议。TCP/IP 协议采用层次结构，自上而下分为应用层、传输层、网络层和物理层，每一层都实现特定的网络功能。TCP/IP 协议支持众多的硬件平台并兼容各种软件应用，把各种信息资源通过计算机网络连接起来。正是由于 TCP/IP 协议的这种特性，才使得互联网在全球范围内迅速普及，并拥有了全球性的极大丰富的信息资源。

2. 万维网(WWW)

万维网即 World Wide Web，简称 WWW 或 Web。万维网建立在客户机/服务器模型之上，依托超文本标注语言 HTML 与超文本传输协议 HTTP，集文本、图像、声音和视频等多种媒体为一体，提供面向互联网服务的、以直观的图形用户界面(GUI)提供信息资源。其中 Web 服务器采用超文本链路来链接网页，这些网页既可放置在同一主机上，也可放置在不同地理位置的主机上；链路由统一资源定位器(URL)维持，Web 客户端软件(即 Web 浏览器)负责信息显示与向服务器发送请求。万维网代表着互联网信息资源的主流，它使用简单，功能强大。随着技术的发展，目前互联网上绝大多数的信息资源以万维网的形式存在。

3. 超文本传输协议(HTTP)

HTTP(Hypertext Transfer Protocol，超文本传输协议)是浏览器与 Web 服务器之间相互通信的协议。HTTP 协议是用于从 Web 服务器传输超文本到本地浏览器的传送协议。它可以使浏览器更加高效，使网络传输减少。它不仅保证计算机正确快速地传输超文本文档，还可以确定传输文档中的哪一部分以及哪部分内容首先显示(如文本先于图形)等。这就是用户为什么在浏览器中看到的网页地址都是以“http://”开头的原因。

4. 统一资源定位器(URL)

URL(Uniform Resource Locator)即统一资源定位系统，也就是我们通常所说的网址。URL 是一个用以标识互联网信息资源所在地址的字符串，是在互联网的 Web 服务程序上用于指定信息位置的表示方法，它指定了如 HTTP 或 FTP 等互联网协议，是唯一能够识别互联网上具体的计算机、目录或文件位置的命名约定。例如，新浪网的 URL 地址就是 http://www.sina.com.cn，通过这个地址就可以访问新浪网了。

5. 超文本标注语言(HTML)

HTML 语言是一种描述语言,大多数的网页信息都是由 HTML 语言来描述的,称之为超文本。传统文本的表示采用线性结构,阅读时按照规定的顺序进行。超文本采用非线性结构,基本思想是按联想跳跃式结构组织、搜索和浏览信息,以提高用户获取知识和信息的效率。超文本文档基本上由信息文本、格式代码和指向其他文档的链接组成。

6. 网页(Web Page)

万维网上的信息资源以图形用户界面的形式呈现给用户,信息资源包含在网页之中,网页包含了多种格式,最早出现的是网页文件。网页经由网址(URL)来识别与存取,当用户在浏览器输入网址后,经过一段复杂而又快速的程序,网页文件会被传送到用户的计算机,然后再通过浏览器解释网页的内容,展示在用户的眼前。

7. 链接(Link)

互联网使用的超文本链接技术给信息的组织方式带来了革命性的变化,内容的组织不再按传统的线性排列,而是可以通过链接随意跳转到其他内容。用户无需知道信息存储的具体位置,只需要轻点鼠标,按自己的兴趣浏览查看事先安排好的链接内容。正是由于超文本和超级链接技术,互联网上的信息可以有机地联系起来,用户可以通过链接查看互联网上的任何公开资源。

8. 浏览器 (Browser)

浏览器是用户使用互联网的网络软件,它可以与互联网服务器连接,其主要用途是帮助用户浏览和查找网络信息资源。目前,流行的浏览器包括 Internet Explorer、Netscape Browser、Mozilla Firefox 和 Opera 等。

现代浏览器的优势是可以使用多种协议工作,不仅可以浏览万维网的信息资源,也可以使用 Ftp、Telnet 和 News 等其他互联网资源。就目前互联网的发展来看,万维网已经可以满足绝大多数用户的信息需求,万维网信息资源是互联网的最主要的形式。

13.1.3　互联网信息资源的特点

互联网信息资源以数字化的形态存在,以通信网络互连的方式来传递,它与传统的信息媒体和交流渠道相比有很大的不同,了解网络信息资源的特点有助于人们对其的利用。从信息检索的角度来讲,互联网信息资源具有以下特点:

1. 资源极为丰富

互联网是一个开放型的全球性信息网络,由于政府、机构、企业、个人都可以在网上发布信息,因此具有信息资源极丰富、分布广、多语种、高度共享等特点。互联网资源涵盖人类社会的各个领域,种类繁多,几乎无所不包。但是信息来源分散、无序,信息的变化、产生、消亡随时在发生,难以控制。

2. 信息格式多样

信息资源通过超链接技术进行组织,而且集成多种媒体格式。信息资源不仅包括常见的文本信息,更有图形、图像、声音、动画乃至视频信息等多种媒体格式。

3. 分布式非线性组织

网络信息资源以分布式数据库的形式存放在不同国家、不同地区的各种服务器上,形成利用超文本链接按知识单元及其关系建立的知识结构网络。用户通过各种搜索引擎及检索系统使信息检索变得方便快捷。

4. 信息发布与使用成本低

互联网信息发布的公开性和自由性决定了互联网信息的发布是低成本并非常容易的，比传统的媒体少了很多的限制和发布过程。互联网信息资源的绝大部分可免费使用，用户所需支付的主要费用是接入网络费用。低费用的网络信息资源有效地刺激了用户的信息需求，从信息需求的角度也促进了网络信息资源的有效、合理配置。

5. 信息传播扩散速度快

没有其他任何信息媒体可以与互联网的信息传播速度和扩散范围相提并论，互联网可以在第一时间发布和传播新闻消息。由于数字信息的可复制特性，互联网信息的扩散速度可以用爆炸性来形容。

6. 信息共享和汇聚

网络信息资源的一大特点是同种类的大量信息可以迅速和准确地提供给用户。互联网的交互性是其他信息媒体所不能比拟的，互联网扩大了人际交流的范围，BBS论坛、新闻组、网络社区、博客等信息交互方式可以使专门信息的聚集变得更加容易，使寻求某一类专门信息变得轻松。

7. 信息的无序性和局部缺乏质量保证

网络上大部分资源并不像图书和期刊那样经过编辑和出版部门的权威审核，而且网站资源的发布不受任何组织或制度的质量控制，导致了网上资源质量的良莠不齐。由于互联网上的信息没有统一的控制，信息的质量参差不齐，从宏观上看，网络上的信息是分散、无序、不规范的；但从某个局部来看，如某个网站、网页、数据库，信息是有控制、相对集中、有序和规范的。

目前，互联网信息资源暂时不能完全替代传统的信息资源媒体，但是，使用互联网信息资源的巨大好处已经显而易见，无论是对普通用户还是对专家用户来说，互联网都是他们及时获取信息的最有力的武器。尤其是对于从事科学研究和商业竞争领域的人们来说，无法迅速掌握大量的有价值信息，是很难取得巨大成功的。

13.1.4 互联网信息检索的一般方法

随着互联网的广泛应用和快速发展，使世界范围内的信息交流和共享成为现实，同时它也对传统的信息交流方式形成了巨大冲击。一方面，互联网为人们提供了极为广阔的信息检索空间；另一方面，由于大量网络信息的爆炸性产生，导致信息量过大，优劣混杂，真假难辨，同时缺乏统一的组织和管理。

当新用户突然面对无限丰富的互联网信息海洋的时候，心情无疑是极端兴奋的。但随即他会发现在互联网上要准确、及时和有效地找到和获取与自身需求相关的信息并不是一件很容易的事情。用户因此会陷入因信息过载而引发的困惑和茫然之中。

用户一般可以通过以下几种方式来检索网络信息。

1. 浏览(Browsing)

最简单的网络信息检索方式就是直接输入网站(网页)的URL地址去访问网页信息。浏览网页信息是互联网用户使用互联网的最原始和普遍的一种方式，用户利用网页文档中的超链接的特性，从一个网页轻松地转到另一个网页。因此，“浏览”这种信息检索方式也许并不能算作真正意义上的网络信息检索方法，它不需要用户掌握复杂的检索技巧，只是随意地浏览信息而已。

为了方便用户重复访问常用的和优秀的网站，浏览器都提供有“收藏夹”功能。用户可以将那些喜爱的网站地址记录进“收藏夹”，并对这些网站加以分类收藏，以后访问的时候就不用再输入网站地址，直接点击“收藏夹”内的网站名称就可以进行访问了。但是长此以往，一旦收藏的网站越来越多，用户就会开始感到查找的不方便。

浏览信息的方式适合于没有准确而强烈的信息需求目标的上网用户。在国外称之为“冲浪(Surfing)”，非常形象地描述了这种在网上闲逛的信息查询方式。门户网站因为其信息服务的包罗万象，成为广大用户上网的必然选择，访问综合性信息门户网站成为相当多的网民浏览信息的主要方式。

2. 网络资源目录(Web Directory)

网络资源目录又称为资源指南.资源分类目录或资源导航系统等。它是网站为了更好地管理互联网上内容丰富的信息而开发的综合性的资源分类目录系统。资源日录的信息检索方式是开发者将网络资源收集后，以某种分类法对资源进行组织和整理，并和搜索功能集成在一起的信息查询方式。

网络资源目录是由信息管理专业人员在广泛搜集网络资源的基础上，对资源进行判断、评价、整理、组织以及控制等工作，按照某种分类方法(一般采用主题分类)编制的一种可供浏览和检索的等级结构式目录。每个目录及子目录下都有经过专业人员采集和筛选后的网络信息，提供相应的网站地址和简单的内容描述。用户通过浏览该目录，层层递进、不断深入，随着目录范畴的缩小，查询专指度的提高，最终可以发现自己所需要信息的相关网站地址。网络资源目录是一个基于超文本文件的分类目录树，它包括许多层，最高一层将网络信息资源划分成若干较宽泛的主题范畴(一般有 10～20 个)，在这些主题下再进行概念逐渐缩小的分类划分，最后的结果是专业人员搜集和筛选的相关网络地址，供用户挑选使用。Yahoo!是互联网历史上最早的和最广为人知的网络资源目录系统。

大多数综合性的网络资源目录都包括以下典型的一级类目：新闻、教育、艺术、商业、体育、科学、社会、娱乐、计算机和互联网等。

网络资源目录的特点：

- 网络资源目录的优点在于收集的资源质量比较高，这些资源经过信息分类专家的评估、组织和整理后，集中了网络中的大部分优秀资源站点。
- 用户浏览信息的使用方式同样可以使用网络资源目录，对检索技巧要求不高，用户很容易上手使用。用户可以在事先没有检索目标的情况下浏览查询资源目录，轻松地找到相关资源。
- 缺点是内容数据库的相对规模较小，收录范围可能不够全面，检索到的信息数量有限。而且由于数据库的维护需要手工完成，随着时间的推移，可能无法及时更新某些已失效的网址。

3. 搜索引擎(Search Engine)

利用搜索引擎来查找网络信息已经成为人们最主要的信息获取方式。搜索引擎的主要优点是使用非常容易，用户进入门槛低，而且使用效果很好。在提供搜索引擎服务的网站，用户在检索框内输入自己需要的信息主题，实施检索后即可返回比较理想的结果。用户可以在检索框内输入关键词、词组甚至是句子，搜索引擎在系统的数据库中进行检索后，将检索结果提供给用户。

利用搜索引擎进行检索的优点在于使用简单直观，查找信息非常快捷，信息的查全率比较高，能够及时反馈最新信息。随着搜索引擎技术的不断发展，检索命中率不理想的情况正在逐步得到改善，目前基本上能够满足一般用户的检索要求。

值得注意的是，随着搜索引擎技术的成熟，网络资源目录和搜索引擎之间的界限越来越模糊，绝大多数主流的网络检索工具同时提供搜索引擎的检索功能和资源的分类主题目录。这种具有资源分类目录和搜索引擎双重功能的混合型检索工具似乎代表了网络检索工具的发展趋势。如著名的目录型检索工具 Yahoo! 就曾经使用 Google 的搜索引擎服务（Yahoo! 在 2004 年宣布开发使用自己的搜索技术）。而其他一些著名的搜索引擎，如 Google、AltaVista、百度等均在过去提供检索服务的基础上，增加了资源的分类目录，强化其网站组织导引和浏览的功能。

13.2 门户网站

按照维基百科全书（WikiPedia）的定义：门户，原意是指正门、入口，现多用于互联网的门户网站和企业应用系统的门户系统。本节主要介绍国内为用户提供多种综合性信息服务的门户网站。

所谓门户网站，是指通向某类综合性互联网信息资源并提供有关信息服务的应用系统。门户网站最初提供搜索引擎和网络接入服务，后来由于市场竞争日益激烈，门户网站不得不快速拓展各种新的业务类型，希望通过门类众多的业务来吸引和留住互联网用户，以至于目前的门户网站业务包罗万象，成为网络世界的“百货商场”或“网络超市”。从现在的情况来看，门户网站主要提供新闻、搜索引擎、免费邮箱、影音资讯、博客、网络社区、聊天室、电子商务、网络游戏、电子公告牌（BBS）、免费网站空间等。

在中国，典型的门户网站有新浪、搜狐、网易、阿里巴巴雅虎等。

13.2.1 新浪（http://www.sina.com.cn）

1. 简介

新浪网成立于 1998 年 12 月，是目前全球最大的华人网站。新浪网是一家服务于中国及全球华人社群的领先在线媒体及增值信息服务提供商。新浪网主要提供网络媒体及娱乐服务，以成为世界各地中国人的全功能网上生活社区为发展方向。新浪网为全球用户提供全面及时的中文信息和多元快捷的网络空间，以及轻松自由地与世界交流的先进手段。通过与国内外千余家内容供应商达成的合作关系，新浪设在中国内地的各家网站提供了 30 多个在线内容频道。新浪及时全面的报导涵盖了国内外突发新闻、体坛赛事、娱乐时尚、财经及信息技术产业资讯等内容，汇聚各行业精英的新浪博客以及优质独家的宽带互动视频产品更成为上亿中国互联网用户生活中不可或缺的部分。

2. 主要信息频道

新浪网的信息频道包括新闻、体育、科技、娱乐、财经、汽车、游戏、女性、宽频、博客、论坛、房产、旅游、军事、音乐、教育、读书等多种类型的信息。

新浪网的新闻中心以对国内外各种新闻事件全面、快速的报道赢得了业界良好的口碑和网友的喜爱，目前新闻频道是新浪网质量最高的信息产品之一。

体育频道：竞技风暴是全球最大的中文体育信息频道，全面覆盖全球体育赛事，多媒体、全方位再现国内外体坛风云，以图文、视频等生动多彩的方式奉献体坛精华。竞技风暴包括足球、NBA、综合体育等重头栏目，全程追踪报道各国体育明星及热门运动队的最新情况，在国内外业界享有良好口碑。

科技频道：第一时间跟踪全球各大 IT 公司的信息和前沿技术动态，滚动报道科技业最新政策及重大新闻事件的台前幕后，为用户提供最丰富、最鲜活的资讯服务。

博客频道：新浪博客已经发展成为中国最具影响力的博客品牌，已经成长为中国第一大原创社区。汇聚了各领域的行业精英，集中展现深刻的人文思想和丰富的各类信息。

3. 搜索引擎

新浪的搜索引擎提供网页、新闻、视频、图片、音乐、博客以及本地搜索等多种分类搜索。用户输入的关键词可以使用中英文两种方式。新浪的搜索引擎服务“爱问 Iask”的界面如图 13-1 所示。

网页搜索可以搜索包含任何关键字的网页信息，而且用户可以指定搜索特定的文件格式，包括 Word 文档、Excel 电子表格、PPT 演示文档以及 PDF 文档等。

搜索引擎使用非常简洁方便，只需输入查询内容并敲一下回车键（Enter），或单击“搜索”按钮即可得到最相关的资料。如果用户想缩小搜索范围，只需输入更多的关键词，并在关键词中间留空格就行了。

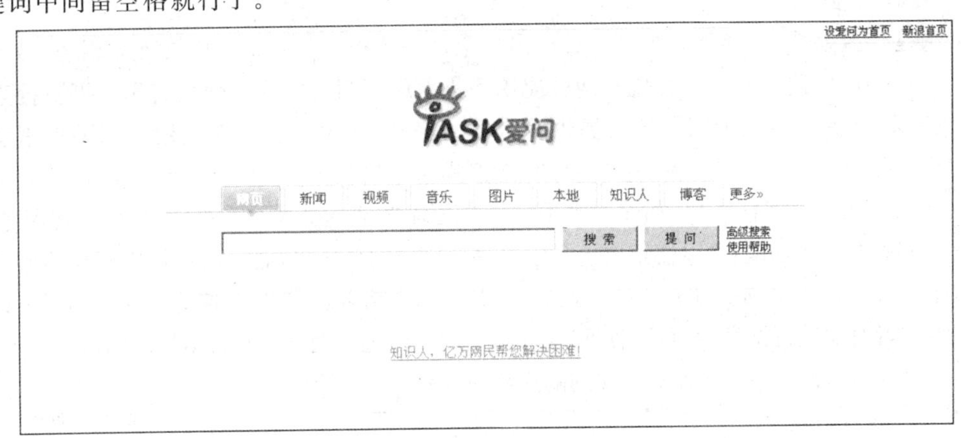

图 13-1　新浪的搜索引擎服务“爱问 Iask”主界面

4. 评价

新浪作为国内最具知名度的门户网站，是中国和全球华人群体最推崇的互联网品牌之一。新浪提供的主要服务包括网络新闻内容、博客服务、邮箱服务、网络社区和游戏、搜索引擎服务、电子商务、企业服务等。内容丰富和报道及时的新闻信息是新浪网的特色项目成为多数网民新闻浏览的首选网站，新浪博客发展迅速，成为国内最大的博客服务提供商，积聚大量行业精英和名人明星，成为近年来新浪网发展的一个亮点。

13.2.2　搜狐(http://www.sohu.com)

1. 简介

1998 年，张朝阳博士创办的爱特信公司推出中国首家大型分类查询搜索引擎——搜狐。目前，搜狐已经成长为国内领先的门户网站之一。2005 年 11 月，搜狐签约成为 2008 北京奥运会互联网内容服务赞助商。目前，搜狐新闻和内容频道已成为主流用户获取信息的最大的平台；搜狐庞大的社区体系，包括搜狐社区和 ChinaRen 社区，是年轻人休闲娱乐的主要平台;搜狗也已成为新近崛起的拥有最新技术的搜索引擎。目前,搜狐已经初步实现了创立伊始所确立的“让网络成为中国人民生活中不可缺少的一部分”的理想。

2. 主要信息频道

搜狐的信息产品主要包括新闻频道、焦点房地产网、17173 网络游戏站、搜索引擎(搜狗)、手机搜狐网、邮件服务、校友录、社区、博客服务等。

搜狐新闻:业界首屈一指的新闻平台。囊括国内、国际、财经、科技、体育、社会、评论、军事、文化、教育等频道及栏目,每日新闻更新数千篇。国内外新闻即时传真,每天 24 小时滚动播报,足不出户即可一网打尽天下事。新闻中心精品栏目“点击今日”、“视觉联盟”、“新闻人物”还致力于新闻的深度策划和多角度解读,用观点传递价值。

ChinaRen 校友录现有注册用户 8000 万,1000 万个班级,平均每日的访问量 3000 万人次。庞大的用户群和超高的人气使其成为目前国内规模最大、数据最全、服务最稳定、发展最成功的校友录产品,影响遍及海内外。

2005 年 1 月 ChinaRen 社区正式上线。ChinaRen 社区是 ChinaRen 校友录的兄弟产品。基于 ChinaRen 校友录的庞大用户群和超高人气,ChinaRen 社区迅速成长成为一个专为年轻人打造的交流、娱乐、互动平台。

3. 搜索引擎

搜狗是搜狐公司于 2004 年 8 月 3 日推出的全球首个第三代互动式中文搜索引擎,域名为 www.sogou.com。搜狗的产品线包括网页应用和桌面应用两大部分。网页应用以网页搜索为核心,在音乐、图片、新闻、地图等领域提供垂直搜索服务,通过“说吧”建立用户间的搜索型社区;桌面应用则旨在提升用户的使用体验:搜狗工具条帮助用户快速启动搜索,拼音输入法帮助用户更快速地输入信息,PXP 加速引擎帮助用户更流畅地享受在线音视频直播、点播服务。

搜狗网页搜索的功能:可以搜索出包含任何关键字的网页信息,而且用户可以指定搜索特定的文件格式,包括 Word 文档、Excel 电子表格、PPT 演示文档以及 PDF 文档等。搜索结果可以按照相关度或者时间进行排序。而且用户可以在指定网站内进行搜索以及搜索特定的网页,包括链接查询、类似网页查询、站点查询等。搜狗的主界面如图 13-2 所示。

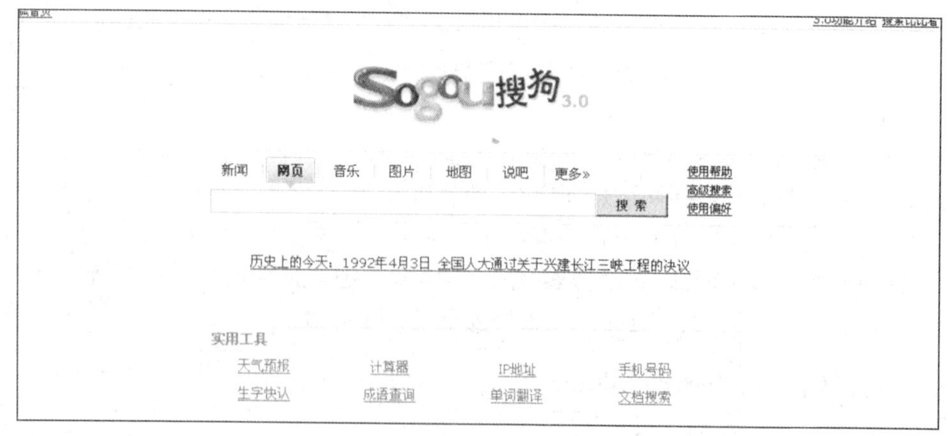

图 13-2 搜狐的搜索引擎服务“搜狗”的主界面

另外,搜狗还提供了网络资源分类目录为用户服务,人工整理出 50 万个优选的分类网站。搜狗的资源分类一级目录包括娱乐休闲、电脑网络、卫生健康、工商经济、教育培训、生活服务、公司企业、艺术、社会文化、文学、新闻媒体、政治法律军事、体育健身、科学技术、社会科学、国家地区等总共 16 个主题。

4. 评价

搜狐是国内最早的中文资源目录和搜索引擎，覆盖了比较全面的网络资源，是中文资源检索的不错的选择。ChinaRen 校友录和搜狐社区是搜狐发展最成功的服务产品，在华人用户群中具有非常大的影响。

13.2.3　网易(http://www.163.com)

1. 简介

自 1997 年 6 月创立以来，凭借先进的技术和优质的服务，网易深受广大网民的欢迎，曾两次被中国互联网络信息中心(CNNIC)评选为中国十佳网站之首。网易公司是中国领先的互联网技术公司，在开发互联网应用、服务及其他技术方面，网易始终保持国内业界的领先地位。

作为中国最有成就的互联网门户之一，网易与国内外几百家网上内容供应商建立了合作关系，提供全面精彩的网上内容。拥有中国互联网浏览量最大的单一页面首页资源，网易从 2005 年开始发动强大的内容攻势，凭借拥有丰富的新闻媒体操作经验的内容团队和中国最领先的互联网技术，并掌握新闻、娱乐、体育、财经等各大领域广泛的合作资源，全站流量与用户数增长显著，成为中国互联网用户生活中不可或缺的部分。在中国互联网协会发布的《INTERNET GUIDE 2007 中国互联网调查报告》显示，2006 年有超过半数的网民访问了网易内容，用户年到达率为 51.3%，荣居门户第二位。

2. 主要信息频道

网易门户网站为互联网用户提供了以内容、社区和电子商务服务为核心的中文在线服务。网易内容频道为中国用户提供新闻、信息和在线娱乐服务。网易同国内外上百家网上内容供应商建立了合作关系，提供全面精彩的网上内容，推出了多个各具特色、涵盖万千的网上内容频道。包括：新闻、体育、娱乐、财经、汽车、女人、科技、数码、手机等。

社区服务包括校友录、论坛、聊天室、贺卡、俱乐部、邮箱、即时通信等。

2006 年 9 月 1 日，网易博客正式上线，成为网民对外展示个人和进行网络生活的新起点。10 月 31 日，博客圈子功能开始全面试用，作为博客系统的重要组成部分，圈子更突出博友的社会性，便于有相同志趣的博友聚集、相识、交流、拓展社会关系、互助等。

3. 搜索引擎

2000 年 9 月，网易正式推出了全中文搜索引擎服务，并拥有国内唯一的互动性开放式目录管理系统(ODP)，网易为广大网民创建了超过一万个类目，活跃站点的信息量每日都在增加。2004 年 6 月底，网易搜索和 Google 签订战略合作，成为目前国内唯一采用 Google 网页搜索技术的门户网站。网易搜索的主界面如图 13-3 所示。

网易搜索引擎提供了种类丰富的专项搜索服务。包括网站搜索、网页搜索、图片搜索、新闻搜索、字典搜索、行业信息搜索、网址导航、目录搜索等。

在门户网站的鼻祖雅虎创建第一代搜索引擎时，采用的就是分类目录的方式。网易搜索在建设初期也是以分类目录的检索方式为主，并且创建了国内最大的开放式目录管理系统(ODP)。随着技术的逐步发展，现在的用户更习惯于直接输入关键词的简单搜索方式，关键词搜索成为一种主流搜索模式。

网页搜索是一种基于程序基础上的搜索技术，它和网站搜索最大的区别在于网站搜索是基于人工编辑和整理的，而网页搜索是按照预先设定的规则去各网站搜取网页信息，并按照既定的程序规则建立索引，在用户输入关键词进行搜索的时候，按照关键词匹配等规则将网页按照一定的顺序排列出来的搜索方式。图片搜索是为了满足广大网民的搜索需要而独立出来的一种专门搜索。图片搜索是基于对网页页面的文字分析和文件属性分析后的搜索结果，而不是想象中的对图片本身进行分析的结果。

新闻搜索是网易搜索独立开发，并于2005年5月推出的一个新的专项搜索服务。新闻搜索主要分为两个板块：一个是新闻搜索框；另一个是以当前各大热门新闻为主题的分类板块。新闻搜索更新及时，新闻源来自各大新闻门户网站，能够给用户提供优质、高效的新闻服务。值得一提的是，新闻搜索提供了个性化设置功能，让用户能够以自己最喜欢的方式浏览自己最想看的新闻。

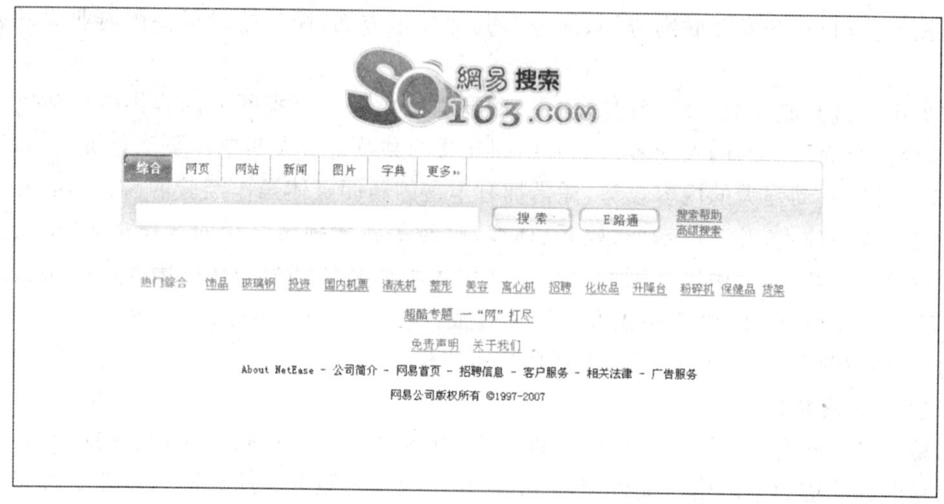

图 13-3 网易搜索的界面

4. 评价

网易搜索引擎的网页搜索采用的是目前全球领先的搜索提供商 Google 的搜索技术，并在其基础上进一步本地化和网易特色化。现在的网易搜索引擎的网页搜索速度快、结果精确、死链接少，已经成为国内最出色的网页搜索引擎之一。网易的互动性开放式目录管理系统（ODP）发展至今，已经为广大网民创建了超过一万个类目。4000多名各行各业的专家、学者和互联网爱好者在维护和完善着目录，活跃站点的信息量每日也在不断增加中。网易的开放式目录管理系统（ODP）为广大网民提供了庞大的、高质量的数据检索功能。

13.2.4 阿里巴巴雅虎(http://cn.yahoo.com)

1. 简介

Yahoo! 是互联网上最早、最著名的提供网络资源目录服务的门户网站，它由斯坦福大学的两位博士研究生 David Filo 和 Jerry Yang（杨致远）在1994年创建。1999年，雅虎中国网站开始正式上线服务。2005年8月，阿里巴巴和雅虎达成战略合作，全资收购雅虎中国，并更名为阿里巴巴雅虎。

2. 阿里巴巴雅虎门户服务

在门户社区服务方面，阿里巴巴雅虎将关注财经、体育、娱乐三大方面，致力于打造一个富有、健康、快乐的社区。

财经频道是中国唯一提供世界各大交易所行情的专业财经频道。依托雅虎的一流互联网技术，股票行情系统实时显示的速度高于国内其他所有网站；基于 Web 页面的各类先进分析工具，可以提供全球任意一只或多只股票间的分析对比。雅虎财经频道更有强大的海内外专业媒体、分析师团队，深入财经领域，报道财经大事，为投资者提供真实而有价值的观点。

体育频道以“凝聚体育赛事精华”为宗旨，向大众提供快速、深入的体育报道，让用户以最少的时间看到最精华的体育新闻。体育频道的特色包括图文并茂的具有音频视频等多种形式的国内外重大比赛互动直播，来自国内外内容合作资源的体育专业报道，分析精准、评论独到，以及丰富翔实的体育明星花絮。

娱乐频道利用雅虎全球资源，为网友提供具有雅虎风尚的高品质娱乐资讯，报道环球娱乐的方方面面。

3. 搜索引擎(http://www.yahoo.cn)

2005 年 11 月，阿里巴巴宣布未来阿里巴巴雅虎的业务重点全面转向搜索领域。雅虎最早以人工分类和网址收集见长，近两年收购了可与 Google 匹敌的 Inktomi、Overture(全球最大搜索广告商务提供商)、Fast、AltaVista、Kelkoo(欧洲第一大竞价网站)等五家国际知名搜索服务商，用一年多时间打造出独特的雅虎搜索技术(YST 技术)。2004 年，雅虎中国引入 YST 技术，并迅速成为中国搜索市场的第二名。阿里巴巴雅虎搜索的主界面如图 13-4 所示。

图 13-4　阿里巴巴雅虎搜索的主界面

雅虎搜索声称是中国最大的网页搜索引擎，可以搜索全球 190 亿网页，20 亿中文网页，支持 38 种语言。雅虎搜索的网页搜索支持按照时间筛选结果，支持 Doc、PPT、PDF 等多种特殊格式文档检索，同时提供站内检索、网页快照、英译汉等多种特殊服务。

雅虎搜索是全球最大图片搜索引擎，可搜索全球 20 亿图片，并以每月几十万的速度在增长，目前由“中文图库”和“全球图库”两部分数据库组成。雅虎搜索独有“翻译后搜索”功能，即用户在输入中文后，能根据用户的选择将中文翻译为英文，在“全球图库”中搜索相应图片。

雅虎搜索同时也是中国最大的音乐搜索引擎，可搜索到全球 2000 万音乐文档，能够根据用户的选择进行 MP3、RM、WMA、SWF 等多种格式的多媒体文档搜索。

4. 评价

雅虎搜索目前是国际两大顶级网页搜索引擎之一，也是全球使用最高的搜索引擎之一，具有全球第一的海量数据库。雅虎资讯搜索提供新闻全文搜索和资讯标题搜索，并在原有产品基础之上，进一步推出向网民提供个性化定制服务的功能。

13.3 搜索引擎

随着互联网的迅猛发展，各种信息呈现爆炸式增长，用户要在如此大量的信息里查找自己想要的信息，就像大海捞针一样。每个上网用户都面临信息过载的困扰，无法快速找到所需要的信息。搜索引擎正是为了解决用户"迷航"问题而出现的工具。搜索引擎为用户提供信息"检索"服务，它利用强大的检索能力帮助人们在茫茫网海中快速搜索到所需要的信息。

早期的搜索引擎是把互联网中的网址收集起来，按资源的主题类型分成不同的目录，再一层层地进行分类。用户根据资源分类目录一层层进入，就能最后到达目的地，找到自己想要的信息。这其实是最原始的信息检索方式，只适用于互联网早期发展信息量并不太多的时候，并不算真正意义上的搜索引擎。随着互联网的信息量按几何式增长，开始出现了真正意义上的搜索引擎，这些搜索引擎知道网站上每一页的开始，随后搜索互联网上的所有超级链接，把代表超级链接的所有词汇放入一个数据库。这就是现代搜索引擎的原型。

搜索引擎是利用网络自动搜索技术，对各种互联网资源进行采集、标引、组织、加工、处理，建立和存储这些信息的索引数据库，并提供给用户基于该索引数据库的检索的网络服务平台。

13.3.1 搜索引擎的基本工作原理

1. 信息的采集和存储

搜索引擎利用 Robot 收集和存储信息，追踪网络上的链接地址，并给相应页面的内容添加索引，形成摘要文件和供搜索引擎使用的索引数据库。Robot 是一种网络自动索引软件，也称为 Spider、Crawler、Wanders、Worm 等，中文一般译为"网络机器人"、"蜘蛛"、"爬虫"等等，都是指具有在互联网上穿行、访问服务器，跟踪浏览网页并进行内容标引等功能的智能型软件。

Robot 采集信息分为两种方式：一种是定期搜索，每隔一段时间，Robot 会对一段 IP 地址范围的站点进行检索，一旦发现新的网站，则自动提取相关信息加入索引信息库。还有就是用户向搜索引擎提交网址，Robot 在一定时间内会访问该站点，把相关信息添加到搜索引擎的索引数据库中。

2. 信息索引库的建立

信息采集存储后，需要建立信息索引数据库，就是创建文档信息的特征记录库，供搜索引擎系统检索使用。一般数据库中提供的网络资源内容有标题、网址、简介、网页快照等等。

3. 建立检索界面

用户通过搜索引擎的检索界面来输入查询请求，搜索引擎根据用户输入的内容在索引信息库中进行检索，然后返回相应的结果（网址）。

4. 搜索结果的相关性处理

通过搜索引擎得到的结果集通常十分庞大，因此对于结果的排序十分重要。用户需要搜索引擎能够把最适合的检索结果排列在结果返回页面的最前面。一般而言，搜索引擎对检索结果的相关性的确定方法有概率方法、位置方法、链接计数等。概率方法就是根据关键词在文件中出现的频率来确定文件的相关度，认为关键词出现越多，该文件与查询的相关度就越高。位置方法根据关键词在文件中出现的位置来确定文件的相关度，认为关键词出现的位置越靠前，文件与查询的相关度越高。Google 利用 PageRank（计算网页之间的链接的次数）方法来计算网页的等级权重，从而使搜索结果的命中率大大提高。

13.3.2 搜索引擎的基本检索功能

搜索引擎的使用非常简单而且功能强大，用户只需输入代表检索需求的“关键词”就能够完成信息检索。同时，搜索引擎还能够支持布尔逻辑检索、词组检索、截词检索、文本类型选择、时间限制、位置限制等多种功能。当然没有一个搜索引擎能够提供了所有的检索功能，而且同一种功能在不同的搜索引擎中的表现也不完全一致。其中支持最多的是布尔逻辑检索和词组检索以及限制条件的设置。

1. 关键词

关键词是描述搜索内容的关键性词语。网络搜索中的关键词是一个广义的概念，属于非受控自由词，凡是具有实际意义的表达及其书写形式，如字、词、词组、短语和字母、数字、符号、公式等，都可以作为关键词。关键词在网络搜索中起着“关键”的作用，关键词选择准确与否直接关系到搜索的成败，而成功搜索的标志是在结果列表的首页就能够满足查询需求。从形式上看，关键词的数量与结果输出成反比，使用关键词越多结果输出越少。从语义上分析，关键词的外延越小结果越趋于准确，如用“图书馆参考咨询工作”、“图书馆读者服务工作”等搜索，要比用“图书馆工作”更有实际搜索意义，结果也更加具体、适用。

2. 布尔逻辑检索

网络搜索中有“与(AND)”、“或(OR)”、“非(NOT)”三种逻辑关系，分别用“+”、“OR”、“－”表示，它们称为布尔逻辑运算符。在搜索引擎中，表示“与”关系的“+”通常可以省略，以词间空格代替，或者说，词间空格默认为“AND”运算。“或”关系多以“OR”表示，但不同的搜索引擎对其大小写有严格的要求（如在 Google 中必须大写），或采用其他的符号表示（如百度中以“|”表示）。“非”关系用“NOT”或“AND NOT”表示，减号“－”是“NOT”运算的唯一符号形式。

使用逻辑运算符之前，须阅读搜索引擎的“帮助(Help)”文件，确认其支持何种逻辑运算，了解和掌握逻辑符号的形式及其用法。

3. 词组检索

词组检索是将一个词组当作一个独立的运算单元参加检索，提高检索的查准率。几乎所有的搜索引擎都支持词组检索，一般都是使用双引号来表示词组的。

4. 截词检索

截词检索一般出现在英文搜索引擎中，以英文单词的词干来进行检索，例如用户输入“trans *”，则可以检索出包含 transport、transportation、transpose 等多个英文单词的检索结果。

5. 限制检索

限制检索包括限制显示的网页更新日期，各搜索引擎的设置不尽相同，通常有一天、一周、一个月、一年以内等多种选择。用户还可以要求输入的关键词出现在网页的特定位置。为了使用户可以更方便地使用复杂的功能，现在一般都是用下拉菜单的形式让用户选择。对关键词位置的设置，Google 提供了网页的任何地方、网页的标题、网页的内文、网页内的网址和网页内的链接五种位置选择。

6. 多语种选择

提供多语种的检索环境供用户选择，系统根据用户指定的语种来返回检索结果。Google 目前提供的检索界面语种包括了最常用的 118 种语言，并且可以指定返回 36 种最常见语言的网页，这为不同国家的检索者提供了方便。

7. 文件格式的选择

搜索引擎可以提供一部分文件格式让用户来选择检索，即返回的检索结果是相应格式的文件，而不仅仅是网页地址。Google 的默认返回文件格式是可以搜索任何文件格式，而且还特别提供对 pdf、ps、doc、xls、ppt、rtf 这几种格式文件的特定检索。

8. 搜索结果

不同的搜索引擎的检索结果在显示模式上有所不同，但一般都提供资源标题、地址和内容摘要以及网页快照，便于用户分析站点的基本内容。

搜索引擎的特点体现在 Robot 快速且自动收集范围广泛的网络信息，信息更新的速度很快，用户的检索非常高效。搜索引擎强调的是检索功能，与资源分类目录的逐级浏览不同。但是由于 Robot 的标引缺乏人工的干预，而智能化还没有达到应有的高度，所以收录到的信息也包含一些质量不高的信息。尽管搜索引擎采用了多种内容相关性的算法来处理检索结果并且把结果按重要性排序，但是也很难保证用户一定能很顺利地迅速找到需要的信息(特别是对有特殊要求的专业级用户)。一般来说，搜索引擎适合查找目标明确而且类属模糊的检索命题。

中国互联网信息中心(CNNIC)的调查显示，网络用户对搜索引擎的使用仅次于 E-mail，可见搜索引擎作为网络信息检索的工具，已经被用户广泛地接受和喜爱。互联网调查公司 iResearch 研究发现，2006 年中国搜索引擎市场规模为 13.9 亿元，其中百度所占比重最高，达到 55.2%，其次是 Google，所占比重达到 21.7%，雅虎和搜狐的市场份额分别为 7.2%和 6.5%，新浪为 2.9%。百度已经超越 Google 成为中国搜索引擎市场上的第一品牌，越来越多的人在使用搜索引擎来进行信息检索。

2006 年 9 月，中国互联网络信息中心(CNNIC)的一份中国搜索市场的调查报告显示：百度和 Google 在中国搜索市场占有率分别为 62.1%和 25.3%，占据着国内搜索引擎市场的前 2 位，形成了国内搜索市场的“第一阵营”。紧随其后，雅虎、搜狐和新浪等国内门户网站都以 5%左右的市场占有率形成了“第二阵营”。

下面介绍几个较有代表性的中英文搜索引擎。

13.3.3　百度 (http://www.baidu.com)

1. 简介

2000 年 1 月 1 日，百度公司创始人李彦宏、徐勇携 120 万美元风险投资，从美国硅谷回国，创建了百度公司。同年 10 月，百度搜索引擎正式发布，从此开创了中文搜索引擎的新时代。百度一直致力于倾听、挖掘与满足中国网民的需求，秉承“用户体验至上”的理念，除网页搜索外，还提供音乐、文档、地图、影视等多样化的搜索服务，率先创造了以贴吧、知道、百科、空间为代表的搜索社区，将无数网民头脑中的智慧融入了搜索。“百度一下”已经成为了人们进行搜索的新动词。

百度是目前全球最优秀的中文信息检索与传递技术供应商。中国所有提供搜索引擎的门户网站中，80%以上都由百度提供搜索引擎技术支持。百度每天响应来自 138 个国家超过数亿次的搜索请求。用户可以通过百度主页在瞬间找到相关的搜索结果，这些结果来自于百度超过 12 亿的中文网页数据库，并且这些网页的数量正以每天千万级的速度在增长。百度的首页如图 13-5 所示。

图 13-5　百度的首页

百度采用基于内容和基于超链分析相结合的方法进行相关度评价，能够客观分析网页所包含的信息，从而最大限度地保证了检索结果相关性。检索结果能标示丰富的网页属性（如标题、网址、时间、大小、快照、摘要等），并突出用户的查询关键词，便于用户判断是否阅读原文。百度搜索支持二次检索（又称渐进检索或逼进检索）。可在上次检索结果中继续检索，逐步缩小查找范围，直至达到最小、最准确的结果集，使用户更加方便地在海量信息中找到自己真正感兴趣的内容。

2. 百度主要产品介绍

(1)网页搜索

用户只需要在搜索框内输入代表检索意图的“关键词”，点击“百度一下”就可以完成网页检索了。百度为用户提供了高级搜索方式，界面如图 13-6 所示。

用户使用高级搜索方式可以对检索结果进行准确的限定，以提高检索效率。“包含以下全部的关键词”说明系统对关键词进行 AND 运算；“包含以下完整的关键词”说明系统对关键词以词组来处理；“包含以下任意一个关键词”说明系统对关键词进行 OR 运算；“不包含以下关键词”则说明系统不返回包含该关键词的网页。用户可以选择搜索结果显示的条数，分别为 10、20、50、100。用户可以限定要搜索的网页的时间分别有：全部时间、最近一日、最近一周、最近一月和最近一年。用户可以限定要搜索的网页的地区，可以指定我国的省和直辖市以及港澳台地区。用户可以指定搜索网页语言是全部语言、简体中文或者繁体中文。

文档格式的限定包括所有格式文档、pdf、doc、xls、ppt、rtf。对关键词的位置也可以进行限定，包括网页任何地方、仅在网页标题、仅在网页 URL 中。同时用户还可以限定仅在指定的网站内进行搜索。

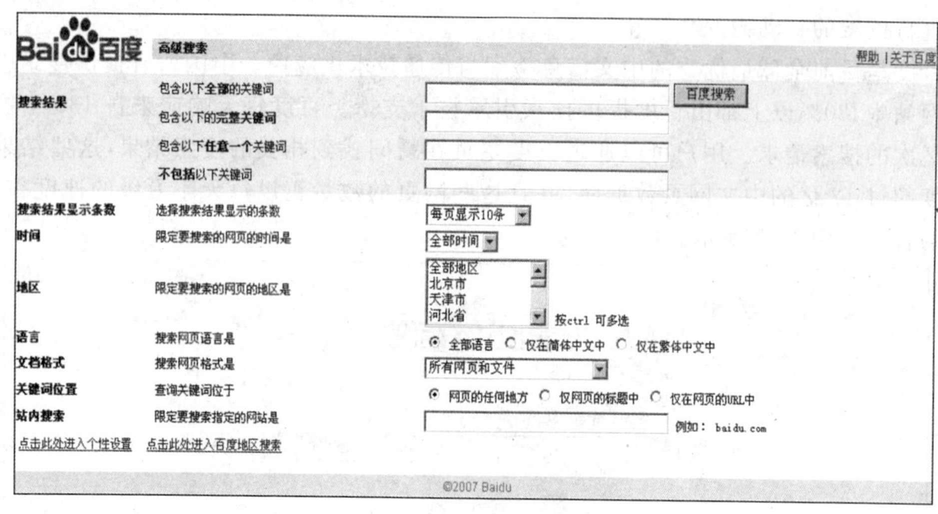

图 13-6　百度网页搜索高级搜索方式界面

搜索结果页面包括以下内容：

- 搜索结果标题：点击标题可以直接打开该结果网页。
- 搜索结果摘要：通过摘要用户可以判断这个结果是否满足需要。
- 百度快照："快照"是该网页在百度的备份，如果原网页打不开或者打开速度慢，可以查看快照浏览页面内容。
- 相关搜索：是其他和用户有相似需求的用户的搜索方式，按搜索热门度排序。如果用户的搜索结果效果不佳，可以参考这些相关搜索。

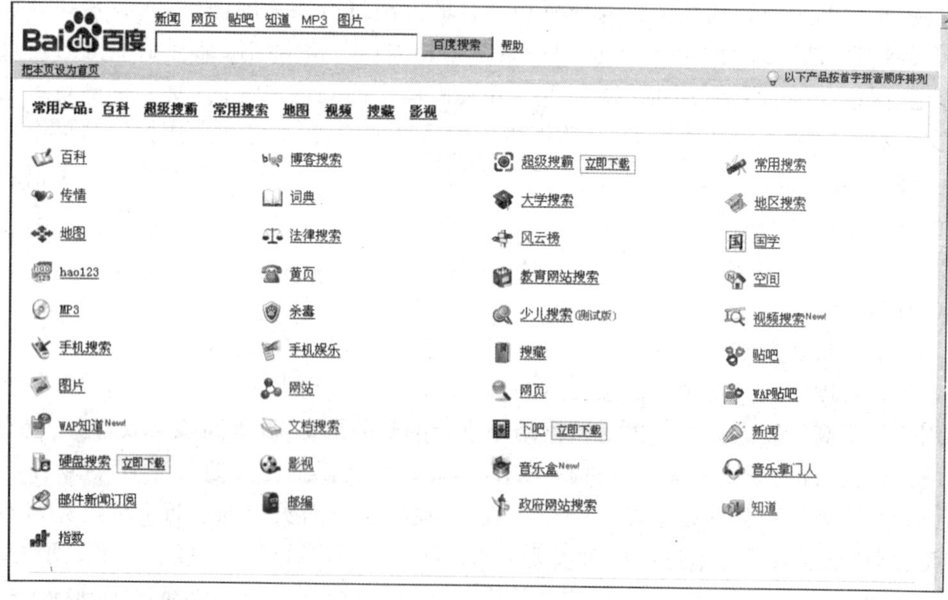

图 13-7　百度的所有搜索服务界面

(2)新闻搜索

百度的焦点新闻是通过自动计算一篇新闻被所有新闻网站转载和引用的次数，鉴于越受关注的新闻将会被越多的转载或引用，相当于由每个新闻网站和报纸杂志的编辑记者一起参与投票民主选举热点新闻。用户可以限定关键词的位置是在“新闻全文”或者“新闻标题”来进行检索。新闻搜索也有高级设置，除了和网页高级搜索相同的功能以外，还可以限定新闻的分类以及新闻来源。

(3)网站分类导航

“百度网站”是一个类似于图书馆分类方式的主题目录，百度网站导航也采用主题分类的方法，人工维护、更新，及时为用户推荐最优秀的网络资源，是互联网上查找信息的快速指南。目前百度网站导航总共分为5个大类，70多个子类目。五个一级类目包括娱乐休闲、电脑网络、生活服务、文化科学、教育就业。

(4)百度百科

百度百科始于2006年4月，是一部由全体网民共同撰写的百科全书。百度百科与百度贴吧、百度知道共同构筑一个完整的知识搜索体系，成为网页搜索的有益补充，极大地提升用户的搜索体验。百度百科是一部开放的网络百科全书，每个人都可以自由访问并参与撰写和编辑，分享及奉献自己所知的知识，所有人将其共同编写成一部完整的百科全书，并使其不断更新完善。

百度百科本着平等、协作、分享的互联网精神，提倡网络面前人人平等，所有人共同协作编写百科全书，让知识在一定的技术规则和文化脉络下得以不断组合和拓展；它为用户提供了一个创造性的网络平台，强调用户的参与和奉献精神，充分调动草根大众的力量，汇聚上亿网民的头脑智慧，积极地进行交流和分享，同时实现与搜索引擎的完美结合，从不同的层次上满足用户对信息的需求。

(5)其他搜索服务

百度还包括博客搜索、大学搜索、地区搜索、国学典籍搜索、法律信息搜索、教育网站搜索、图片搜索、文档搜索、音乐搜索、视频搜索、政府网站搜索等多种分类信息搜索服务。

3. 评价

根据中国互联网信息中心的中国搜索引擎市场调查报告，百度已经成为国内市场份额最大的搜索引擎服务商。根据调查报告显示，百度的网站登录速度、网站功能稳定性和总体评估较高。百度目前不仅是最大的中文搜索引擎，而且采用了先进的搜索引擎技术，查找的准确性、查全率、响应时间都处在领先地位。

13.3.4 Google(http://www.google.com)

1. 简介

Google公司创建于1998年9月，创始人为Larry Page和Sergey Brin，他们开发的Google搜索引擎技术诞生于斯坦福大学的一个学生宿舍里，是一个用来在互联网上搜索信息的简单快捷的工具。Google目前被公认为全球领先的搜索引擎，它提供了简单易用的免费服务，用户可以在瞬间得到相关的搜索结果。“Googol”是一个数学名词，表示一个1后面跟着100个零。Google使用这一术语体现了公司整合互联网海量信息的远大目标。2006年4月，Google公司发布了中文名称“谷歌”，意即“丰收之歌”，用诗意的方式寓意了丰富多彩的搜索体验。Google的中文主页如图13-8所示。Google提供的所有搜索服务的页面如图13-9所示。

图 13-8 Google 的中文主页

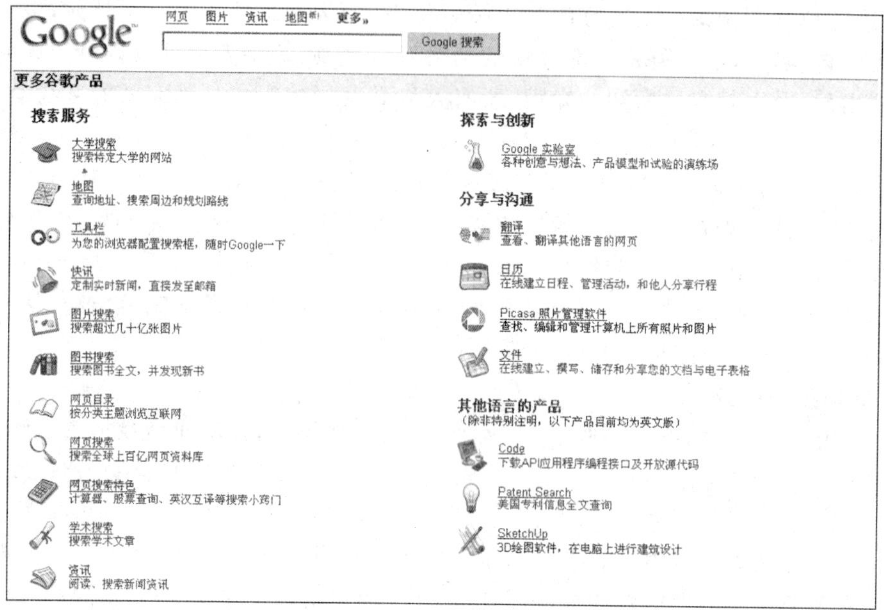

图 13-9 Google 的中文产品界面

Google 是万维网上最大的搜索引擎之一，用户能够访问一个包含超过 80 亿个网址的索引。Google 目前可以使用 36 种语言进行检索，并且提供超过 10 亿幅图片和 10 亿个消息帖子（论坛）。Google.com 是互联网上五大最受欢迎的网站之一，在全球范围内拥有无数的用户。根据尼尔森公司在 2005 年的调查报告，Google 在 16 个国家都是市场占有率最高的搜索引擎，每月全球唯一身份用户 3.8 亿。

2. Google 主要产品介绍

(1)网页检索

Google 的基本检索简洁方便，用户使用关键词进行查询，在输入多个关键词的情况下，Google 采用“AND”操作来返回检索结果。当用户仅需要包含某个完整词组的结果时，只需用引号将搜索字词括住即可。Google 会忽略掉语气词等无助于检索的词汇以提高检索速度。Google 搜索不区分大小写，不论如何键入，所有字母都会视为是小写的。在输入搜索字词后，用户也可以尝试使用“手气不错”功能，它可以将用户直接带到 Google 针对用户的查询所找到的相关性最高的网站。

有特殊需求的用户也可以使用高级检索，Google 提供的高级检索功能与百度基本相同，包括对关键词内容的限制、语言的选择、文件格式的选择、网页更新日期的选择、关键词的位置、网站的限定等。值得注意的是，Google 的网页高级搜索包含了一项网页使用权限的过滤功能，用户可以根据是否可以随意使用或者共享、修改以及是否可以用于商业目的这些选项来选择返回结果。Google 网页高级搜索界面如图 13-10 所示。

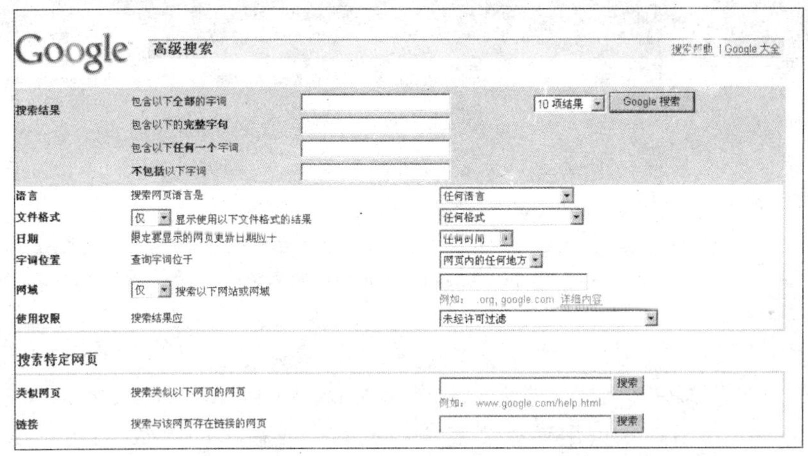

图 13-10　Google 网页搜索的高级搜索界面

用户提交查询后，系统返回的检索结果包括标题、简介、URL、网页快照和类似网页。Google 在索引网站时会将看过的网页复制一份网页快照，以备在找不到原来的网页时使用。“类似网页”的功能在于 Google 的 Robot 可以寻找与这一网页相关的网页，帮助用户快速找到大量资料。

(2)Google 资讯检索

Google 资讯是一个由计算机自动生成的资讯网站，类似于百度的新闻搜索。它汇集了来自中国大陆超过 1000 多个中文资讯来源的新闻资源，并将相似的报道组合在一起，根据读者的个人喜好进行显示。Google 资讯是由计算机进行选择和排名的，它们会评估某项报道在线显示的频率和所显示的网站及其他因素。

一直以来，新闻读者都是先挑选一种出版物，然后再寻找所关注的标题。为了向读者提供更加个性化的选项以及更加多样化的视点，Google 采取的方式略有不同。在 Google 资讯中，为每项报道提供了指向多篇文章的链接，因此用户可以先确定感兴趣的主题，然后再选择阅读每项报道的具体发布者的网页。

(3)网页目录

Google 结合先进的网络搜索技术和“Open Directory”的明细分类，推出有史以来最翔实的网页目录，具有以下特点：

- 网页重要性评估：Google 的网络目录内容是依据“Open Directory”，经由全球各地的义务编辑人员精心挑选，再由 Google 著名的“网页级别”技术分析，让网页依照其重要性先后排列，并透过网页介绍里的横线长度来标明此网页的重要程度。
- 顶级的分类搜寻：Google 有最新的技术来执行网页分类的搜索，让用户在目录内找到更确切的网页分类资料。
- 多功能的网络搜索：Google 全新的分类技术，让用户在网页目录内也能享受 Google 搜索引擎的功能，随不同的查询需要，用户可以选择 Google 的网络搜索，或使用依相关程度列出的网页目录。Google 网页目录的界面如图 13-11 所示。

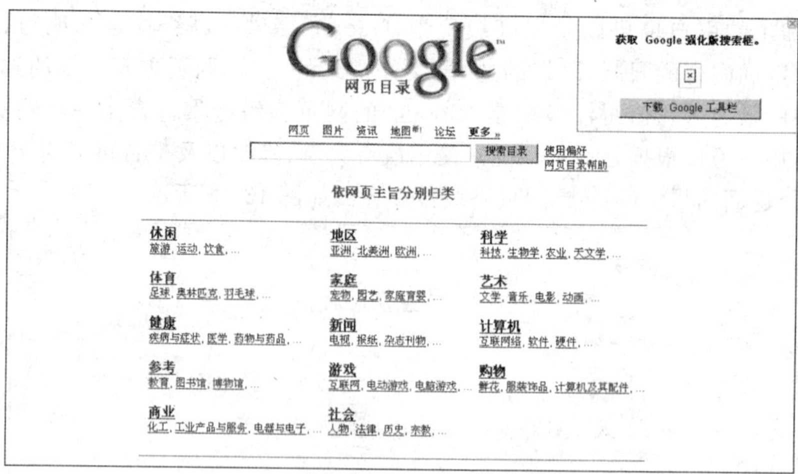

图 13-11 Google 网页目录的界面

(4)图书搜索

Google 图书搜索可以使网络用户搜索图书全文，查找感兴趣的图书，并了解何处可选购或借阅它们。使用 Google 图书搜索查找图书与使用 Google 网络搜索查找网站一样容易，只需在 Google 图书搜索框中输入要查找的关键字或短语。例如，当用户搜索“三国演义”或“one small step for man(个人迈出的一小步)”之类的短语时，Google 就会找出内容符合用户搜索字词的所有图书。点击某个书名后，就可以像翻阅卡片目录一样看到图书的基本信息。用户还可以看到其中的几段摘录——即与用户的搜索字词相关的几个句子。如果出版商或作者已给予 Google 授权，用户就可以看到完整的页面，而且可以浏览该书中的更多页面。如果该书已不受版权法保护，用户不仅可以看到完整的页面，还可以任意翻看整本图书。点击“在本书内搜索”即可在所选图书中进行更多搜索。用户可以点击“购买此书”链接，直接访问可以购买图书的在线书店。在多数情况下，用户还可以点击“在图书馆中查找此图书”以查找可以借到所需图书的当地图书馆。例如，在检索框内输入“红楼梦”进行检索，返回的结果如图 13-12 所示。

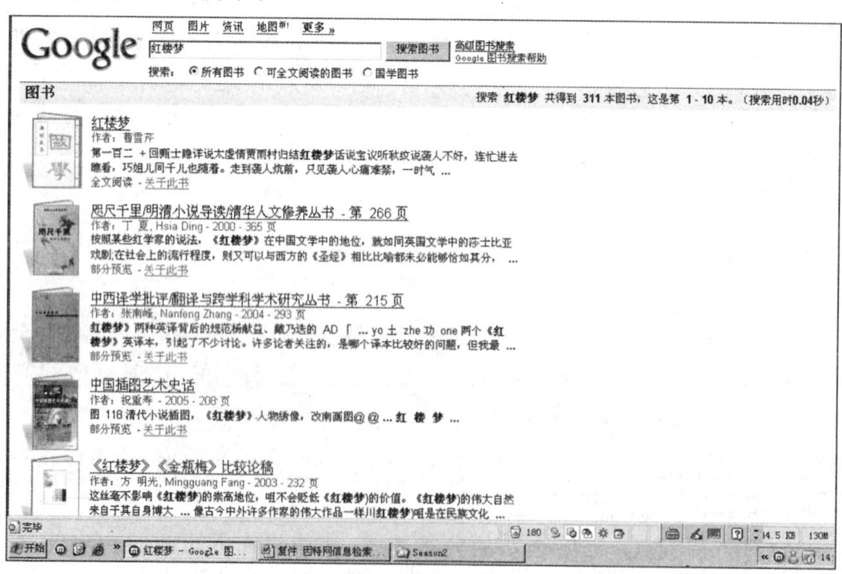

图 13-12 图书搜索的结果页面

(5)学术搜索

Google 学术搜索提供可广泛搜索学术文献的简便方法。用户可以从一个位置搜索众多学科和资料来源：来自学术著作出版商、专业性社团、预印本、各大学及其他学术组织的经同行评论的文章、论文、图书、摘要和文章。Google 学术搜索可帮助用户在整个学术领域中确定相关性最强的研究。Google 学术搜索按相关性对用户的搜索结果进行排序。跟 Google 网页搜索一样，最有价值的参考信息会显示在页面顶部。Google 排名技术会考虑到每篇文章的完整文本、作者、刊登文章的出版物以及文章被其他学术文献引用的频率。例如，在检索框内输入“网络信息检索技术”进行搜索，得到的结果如图 13-13 所示。在搜索结果页面可以看到每一条记录包含了文献的题名、作者、来源、年份、数据库信息以及部分文献摘要。此外，可供用户点击的链接还包括“被引用次数”、“相关文章”、“网页搜索”和“图书馆搜索”。

Google 还有很多其他实用的检索功能，包括大学搜索、地图导航、图片搜索、通过电子邮件定制快讯、美国专利文献全文检索（英文界面）等。另外，翻译工具、照片管理软件、日历、计算器、纠错功能、货币转换等检索工具都是十分实用的检索工具，这些都需要用户在不断的使用过程中熟悉和体验其强大的功能。用户可以安装 Google 工具栏使访问时不用访问 Google 网站也可以轻松地进行信息检索。

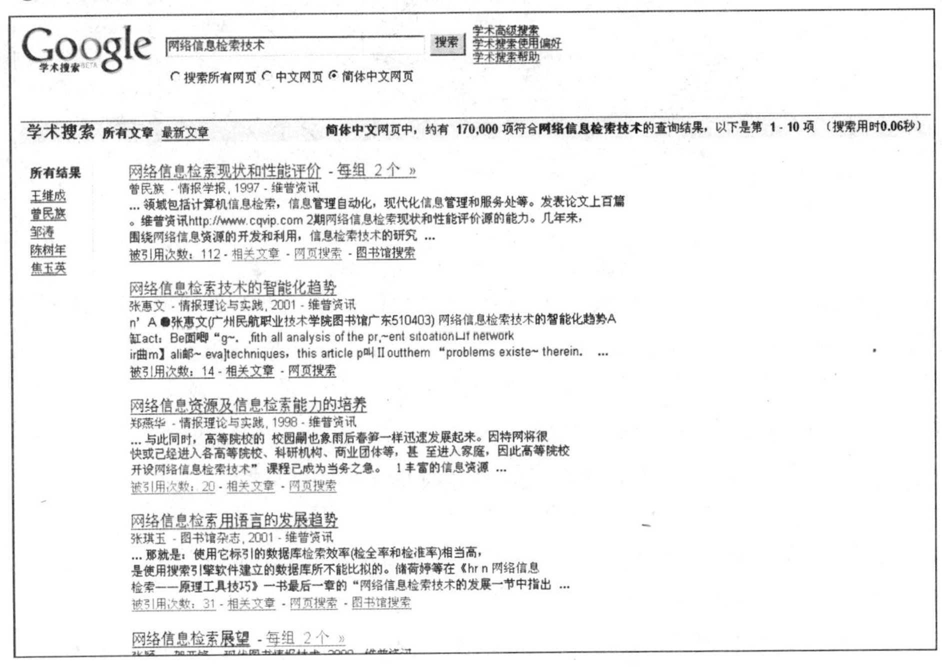

图 13-13　学术搜索的结果页面

3. 评价

Google 公司的技术创新能力很强，搜索技术在业内独树一帜。Google 以其复杂而全自动的搜索方法排除了任何人为因素对搜索结果的影响。虽然 Google 也在搜索结果旁刊登相关广告，但 Google 声称没人能花钱买到更高的网页级别，从而保证了网页排名的客观公正。Google 可以方便、诚实、客观地帮助用户在网上找到有价值的资料。

多年来 Google 多次被国内外媒体评价为“最好的搜索引擎”，从 Google 飙升的股价和庞大的用户数量可以清楚地反映出 Google 在全球搜索引擎业界的领先地位。但是在中国，百度的市场远远领先于 Google，而且根据中国互联网信息中心的 2006 年搜索引擎市场调查报告，百度的领先优势在进一步扩大。根据调查显示，Google 提供的搜索功能比较丰富，创新能力强，但是稳定性稍差，网站有时会无法打开。百度的优势在于搜索速度更快，稳定性非常好，检索结果也很准确，但是技术创新落后于 Google。

13.3.5 Ask(http://www.ask.com)

Ask 在 1998 年首先推出"自然语言搜索"而引起世人的关注。在 2001 年 Ask 收购了全文搜索引擎 Teoma，进一步加强了其网络信息的搜索能力。2003 年，搜索引擎界发生了一系列兼并和重组，目前除 Yahoo! 搜索集团和 Google 外，Ask 成为硕果仅存的，拥有自主技术的独立一线英文全文搜索引擎。Ask 的网站界面如图 13-14 所示。

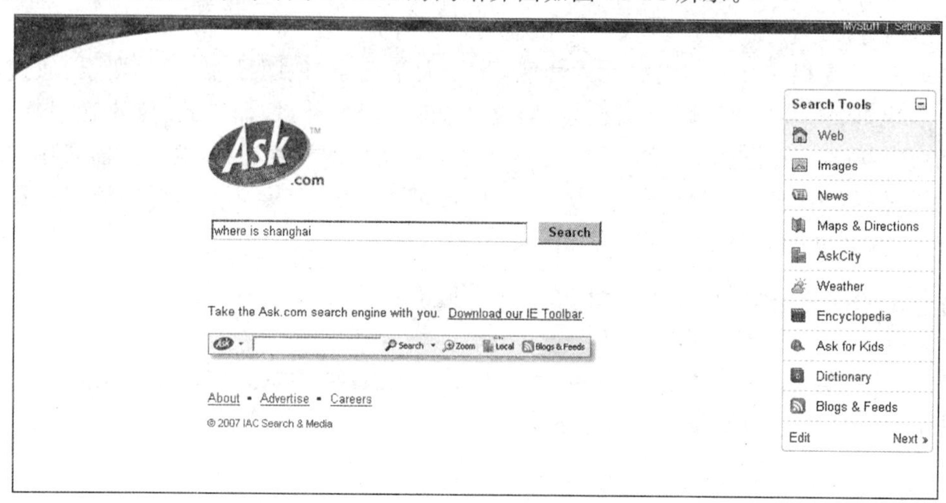

图 13-14 Ask 的网站主页

Ask 是人工操作目录索引，规模不大，但很有特点。与其他关键词搜索引擎不同，Ask 被设计成回答用户提问的自然语言引擎。搜索时，它首先给出的是数据库中可能存在的答案，然后才是网站链接。它的数据库里储存了超过 1000 万个问题的答案，只要用户用英文直接输入一个问题，它就会给出问题的答案，如果问题的答案不在它的数据库中，那么它会列出一串跟用户的问题类似的问题和含有答案的链接，供用户选择。

根据网友们的使用经验，当用户遇到一些属于事实型、原理型的问题时，使用 Ask 是最方便的。例如"华盛顿的生日是哪一天?""中国的首都叫什么?""飞机是哪一年发明的?"等等。当然，这些提问必须用英文来表达。

Ask 的分类搜索包括网页、图片、新闻、地图、城市(AskCity)、天气、百科全书、辞典、博客、电影、购物、股票等等。Ask 不仅可以支持自然语言检索，而且也提供了高级检索功能。另外，Ask 也提供了 IE 工具栏、桌面搜索、货币换算、拼写检查和白页等多种方便的检索工具帮助用户进行信息检索。

13.3.6 其他主要搜索引擎

1. 阿里巴巴雅虎(http://www.yahoo.cn)

Yahoo! 是最早提供互联网搜索引擎服务的服务商之一，是老一代的市场领导者。但是自从 Google 横空出世以后，Yahoo! 的地位就退居次席了。2004 年，Yahoo! 宣布不再使用 Google 的搜索引擎服务，而改用自己研发的搜索技术。阿里巴巴在收购雅虎中国以后依托雅虎公司先进的搜索技术和庞大的网络资源库，占据了中国搜索引擎市场的第三位。

2. 搜狗(http://www.sogou.com)

2004 年 8 月 3 日，搜狐正式推出全新独立的域名专业搜索网站“搜狗”，成为全球首家第三代中文互动式搜索引擎服务提供商。提供全球网页、新闻、商品、分类网站等搜索服务。搜狐是国内最早的中文资源目录和搜索引擎服务商，覆盖了比较全面的网络资源，是中文资源检索的不错的选择。

3. 新浪搜索“爱问 Iask”(http://www.iask.com)

新浪的搜索引擎“爱问 Iask”提供网页、新闻、视频、图片、音乐、博客以及本地搜索等多种分类搜索。用户输入的关键词可以使用中英文两种方式。

4. 网易搜索(http://so.163.com)

网易在国内首创“网易开放式目录管理系统(ODP)”，提供网页搜索、分类网站、图片搜索、时尚搜索等。网易搜索引擎的网页搜索采用的是目前全球领先的搜索技术提供商 Google 的搜索技术，并在其基础上进一步本地化和网易特色化。现在的网易搜索引擎的网页搜索速度快、结果精确、死链接少。

5. 中国搜索(http://www.zhongso.com)

中国搜索的前身是慧聪搜索，原慧聪搜索在联合中国网等 30 多家知名网站的基础上，于 2002 年 9 月 25 日正式组建了中国搜索联盟，经过一年多的发展，联盟成员就已达 630 多家，成为中国互联网一支重要的力量。由于发展迅速，慧聪集团借上市之机，将慧聪搜索更名为中国搜索，全力发展其在搜索引擎方面的业务，以打造中文搜索领域的全新品牌。

6. 天网搜索 (http://www.tianwang.com)

天网搜索号称为数字资源下载搜索引擎。由北京大学网络实验室研制开发的天网中英文搜索引擎是国家“九五”重点科技攻关项目“中文编码和分布式中英文信息发现”的研究成果，并于 1997 年 10 月 29 日正式在 CERNET 上向广大互联网用户提供 Web 信息导航服务。目前可供搜索的内容主要包括 1 亿网页和 2500 万个文件。

天网搜索支持基于关键词的基本检索和在检索结果中继续查询的渐进式检索。天网搜索同时也是一个 Ftp 搜索引擎。系统把 Ftp 文件进行分类，方便用户对音乐、电影、程序、软件、文档等多种文件类型的搜索和下载。

7. Yahoo! 雅虎(http://www.yahoo.com)

1994 年 4 月，斯坦福大学两位博士生 Jerry Yang(杨致远)和 David Filo 共同创办了雅虎，通过著名的雅虎目录为用户提供导航服务。雅虎目录有近 100 万个分类页面，14 个国家和地区当地语言的专门目录，包括英语、汉语、丹麦语、法语、德语、日语、韩文、西班牙语等。自问世以来，雅虎目录已成为最常用的在线检索工具之一，并成功地使搜索引擎的概念深入人心。

随着网页数量的增长和用户对关键词查询的需要，从 1996 年到 2004 年，雅虎先后选用 AltaVista、Inktomi 等第三方的搜索引擎作为自己网页搜索的后台服务提供商。为给用户提供更好的搜索体验，雅虎先后收购了 Inktomi 和 Overture 等著名的搜索引擎公司，并结合自己多年的搜索技术，重新整合打造出 YST 搜索技术平台。2004 年 3 月，雅虎开始推出独立的搜索服务，迅速成长为全球第二大搜索引擎。

进入 2005 年后，雅虎搜索逐步确立了社区化搜索(Social Search)的策略，将积极发挥全球庞大的注册用户群来积累大批高质量内容和元数据(Meta Data)，从而改善用户的搜索体验。在这种策略下，雅虎不断推出新的社区化搜索服务，例如，知识堂、收藏等，并收购了著名的照片共享网站 Flickr 和社会书签网站 Del. icio. us，进行产品上的优势互补。雅虎搜索以人为本的理念(Better Search Through People)开始引领新的潮流。

8. 微软 Live 搜索 (http://www. live. com)

微软公司一直以来通过雅虎公司支持其搜索服务，但早在 2003 年，看到 Google 引领搜索广告并从中获得大量利润之时，微软公司就有了创建自己的搜索引擎的决定。凭借微软独一无二的软件技术实力，2004 年 11 月微软推出 MSN 搜索测试版，经过三个月的初步测试，2005 年 2 月 1 日微软终于推出了 MSN 搜索正式版。2006 年 9 月，微软公司推出 MSN 搜索的升级版本——Live Search，目前 Live 搜索提供网页、图片、分类信息等搜索功能。虽然微软进入搜索领域的时间比较晚，但凭借它的技术、市场、资金等优势，势必将对现今的搜索格局产生重大影响。

9. AltaVista(http://www. altavista. com)

AltaVista 在 1995 年开始上网服务，因为其资源采集范围广、功能强大而成为当时用户最受欢迎的搜索引擎之一。它分为基本检索、高级检索和资源分类目录三种检索方式。其中高级检索的功能设置与 Google 基本相同，搜索分类包括网页、图像、音乐、视频、新闻，还有资源分类目录(使用的是雅虎的分类目录)。

AltaVista 是第一个支持自然语言搜索的搜索引擎，也是第一个实现高级搜索语法的搜索引擎。AltaVista 也声称是第一个支持用户自己向网页索引库提交或删除 URL 的搜索引擎，并能在 24 小时内上线。在面向用户的界面上，AltaVista 也做了大量革新。它在搜索框区域下设置了“提示”以帮助用户更好地表达搜索式，这些小提示经常更新，这样，在搜索过几次以后，用户会看到很多他们可能从来不知道的有趣功能。这一系列功能逐渐被其他搜索引擎广泛采用。2003 年 2 月 18 日，AltaVista 被 Overture 收购。

10. Lycos(http://www. lycos. com)

Lycos 是搜索引擎发展史上的元老，是最早提供信息搜索服务的网站之一。Lycos 整合了搜索数据库、在线服务和其他互联网工具，提供网站评论、图片及包括 MP3 在内的压缩音频文件下载链接等等。Lycos 提供常规及高级搜索。高级搜索提供多种选择定制搜索条件，并允许针对网页标题、地址进行检索。具有多语言搜索功能，共有 25 种语言供选择。Lycos 首页下部显示部分 Open Directory 的目录索引。

13.3.7 元搜索引擎(Meta Search Engine)

由于互联网的飞速发展带来了网络信息资源的爆炸性增长，人们为了从纷繁复杂的信息海洋中迅速找到有用的信息，越来越多地使用搜索引擎。然而，任何一个搜索引擎都不可能完全覆盖互联网上的所有信息。由于不同的搜索引擎覆盖的领域、数据库规模、使用方法、网页排序的原理等都不尽相同，造成用户的同一个检索提问返回的检索结果不一定完全相同。

为了尽可能获得全面的信息，用户不得不在不同的搜索引擎上进行多次检索。因此用户不但要面对不同的检索界面，一次次重复输入关键词，还要对检索结果进行多次筛选、去重等工作，非常繁琐。而且搜索引擎开始出现针对各种类型资源进行独立检索的新趋势，使得对用户的搜索技能的要求进一步提高。为了克服上述困难，元搜索引擎应运而生。

根据元搜索引擎工作机制的不同可以分为两种类型：集合型元搜索引擎和并行检索型元搜索引擎。集合型元搜索引擎是将主要的搜索引擎集中在一个统一的检索界面上，用户根据自己的喜好去选择。用户每次检索只能调用一个搜索引擎，检索结果来自于这个独立搜索引擎，而且返回结果的页面也是这个搜索引擎的界面。集合型元搜索引擎收集的都是业界最主要的搜索引擎，因此含有对搜索工具推荐的作用。集合型元搜索引擎的典型代表是 Itools。

并行检索型元搜索引擎是将多个搜索引擎集成在一起，提供一个统一的检索界面，用户的检索表达式被同时提交给多个独立搜索引擎，最终返回的结果是经过去重之后的多个搜索引擎检索的结果。并行检索型元搜索引擎类似一种跨平台的数据库检索，用户可以一次检索就返回多个搜索引擎的结果，而且每个返回结果都有来源于哪个搜索引擎的标识。并行检索型搜索引擎的代表是 DogPile、Search 等。

下面介绍几个元搜索引擎的代表。

1. Itools(http://www.itools.com)

Itools 是集合型元搜索引擎的典型代表。它的网页搜索引擎列表包括了业界最主要的搜索引擎，其中既有独立搜索引擎，也有并行检索型元搜索引擎。包括 Google、Yahoo!、MSN、AOL、AltaVista、Lycos、Ask、MetaCrawler、AlltheWeb、Vivisimo、Teoma 共 12 个。如图 13-15 所示是 Itools 的网页搜索引擎的选择界面。

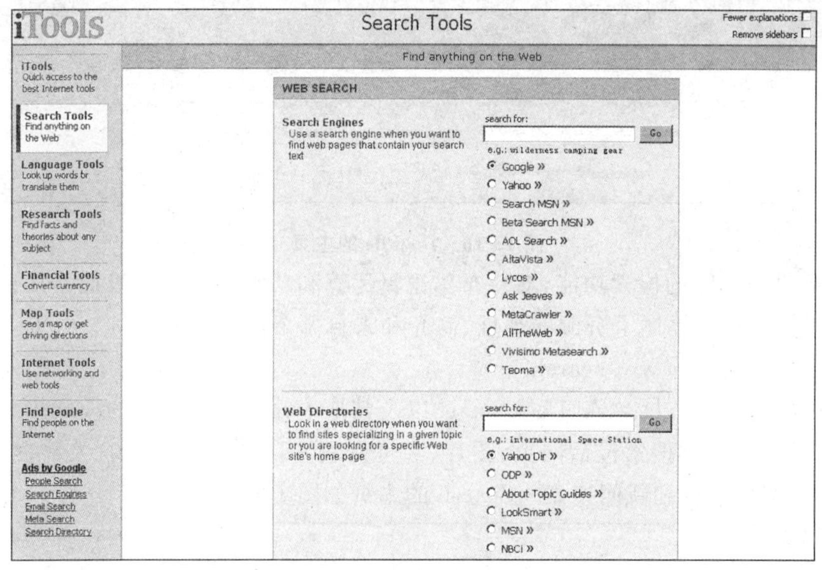

图 13-15　Itools 的搜索工具界面

Itools 是一个集成了互联网多种类型资源搜索的工具。包括了网页搜索、网页分类目录、新闻组搜索、视频搜索、人物搜索、电子邮件搜索、商业信息搜索等。

除了对互联网信息资源的集成搜索之外，Itools 还包括了多种网络工具供用户使用。

(1)语言工具：集成了多种辞典供用户选择使用；对信息技术和法律专业术语的详细解释；近义词/反义词/相似词的查找；可以对包括中文在内的 16 种语言进行词汇翻译。

(2)研究工具：百科全书(包括微软百科全书、大不列颠百科全书)、主题目录、报纸和杂志、人物传记、法律百科全书、法律辞典、商标搜索、电话号码搜索等。

(3)汇率换算工具：使用 Oanda 的实时汇率换算功能，可以换算世界上的 164 种货币。

(4)地图：支持美国、英国和加拿大的地图查找；十几个国家之间的行车路线图；根据经度/纬度来显示地图或者根据地名来显示地图。

(5)互联网工具：包括一些常用的网络工具、网站测试和网页分析工具。

人物搜索：通过人名来查找他的地址、电话号码、电子邮件。

2. DogPile(http://www.dogpile.com)

DogPile 于 1996 年开始运行，是最早的元搜索引擎之一。它集成的主流搜索引擎包括 Google、Yahoo!、MSN、Ask、About、MIVA、LookSmart 等。DogPile 提供可检索的资源类型包括网页、图像、音视频、新闻、地图、天气、黄页信息、白页信息以及网页分类目录等。DogPile 的主页如图 13-16 所示。

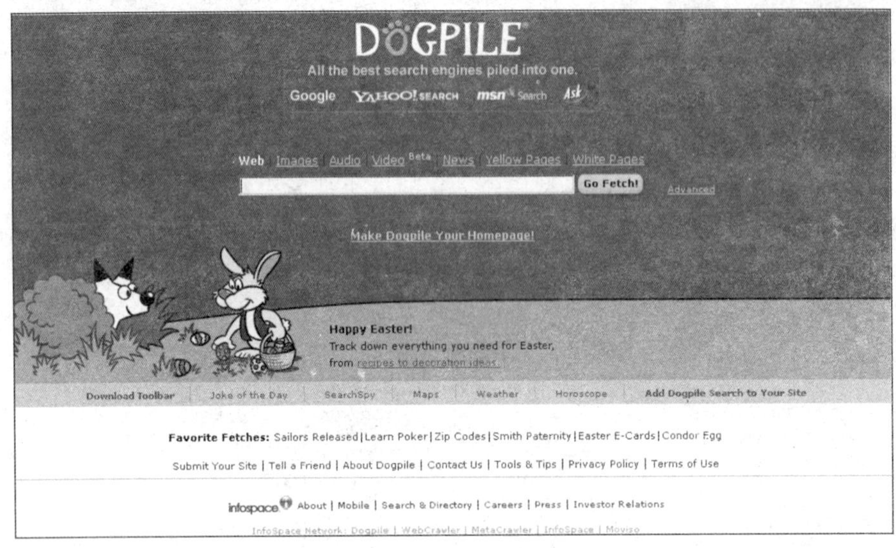

图 13-16 DogPile 的主页

DogPile 具有不错的检索功能，支持布尔逻辑运算和功能丰富的高级检索功能。检索结果按相关度排序显示，描述了资源的地址、简介和来自哪个搜索引擎。

3. Search(http://www.search.com)

Search 集成了 Google、Ask、LookSmart 以及其他十几种业界领先的搜索引擎来进行服务。Search 的资源分类搜索包括网页、图片、参考资料、目录、下载、购物、人物搜索、游戏搜索、音乐搜索、娱乐信息和新闻搜索。Search 的主页如图 13-17 所示。

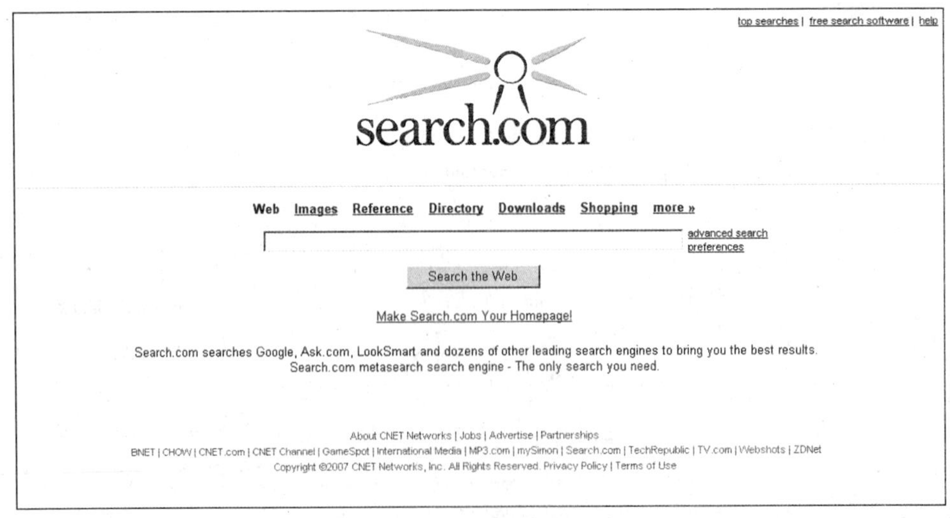

图 13-17 Search 的主页

13.4　学科信息门户

互联网作为当代信息存储与传播的主要媒介之一，是一个巨大的信息资源库。其内容包罗万象，涉及人类社会不同领域的方方面面。由于互联网信息资源产生的便利性，各种商业信息、社会新闻、事实资料等多种类型和形态的信息层出不穷，这其中也包括网络上很多具有参考价值的学术性信息。从全球范围来看，信息的管理和控制不可能做到统一，学术信息的质量参差不齐，这都给以检索学术信息为目的的科研用户带来了困扰。

搜索引擎技术的出现大大地推动了互联网信息检索的发展，在一定程度上解决了网络信息资源的有序化问题，并发展成为互联网上最主要的信息检索工具。尽管搜索引擎的发展已经比较成熟，但对于科研人员来说，利用搜索引擎查找学术信息存在诸多不便之处。搜索引擎的长处是尽可能地广泛采集网络信息，利用计算机技术迅速而广泛地收集各种类型的资源，计算机程序将“最适合的信息”返回给用户。而科研用户要求检索到的信息质量比较高，而且最好有聚合的效应，就是希望检索结果要满足权威、准确、全面等特性。搜索引擎的用户定位是面向所有网民，而不是具有专门学术信息需求的科研用户群体。虽然搜索引擎巨头 Google 在 2006 年初推出了“Google 学术搜索(中文版)”，目的在于满足日益增长的科研用户的信息需求，但是与早在十几年前就出现的“Subject Information Gateway(SIG)”相比，就对科研用户的理解程度上来看还存在一定的差距。

“Subject Information Gateway”中文翻译为“学科信息门户”，主要是教育界的图书情报专家将传统的分类、标引和组织的优势扩展到网络信息空间而开发出的一种信息组织方式。它的出现有效弥补了搜索引擎的不足，提高了网上学科资源的有序化程度。近年来，学科信息门户的研究与建设受到了国内外的普遍重视，并已发展成为一种组织和利用学术网络信息资源的重要手段。

13.4.1　学科信息门户的概念

学科信息门户的概念最早提出者是瑞典的 Traugott Koch，他认为：“学科信息门户是支持系统化资源发现的互联网服务，通过互联网提供对资源(文献、对象、网站或服务)的链接。该服务建立在资源描述的基础之上，可以通过主题结构浏览和访问资源是其重要特征。”国内学者张晓林博士认为学科信息门户致力于将特定学科领域的信息资源、工具与服务集成到一个整体中，为用户提供一个方便的信息检索和服务的入口。澳大利亚学科信息门户联盟对学科信息门户的定义除指出是收集高质量资源的网络服务外，更强调支持特定研究或学习领域的重要性。Dempsey 认为不必拘泥于学科信息门户精确的定义，只要了解其中的精神即可。

尽管没有形成学科信息门户统一的定义，但是公认其应具有以下几种特性：经过学科专家筛选的高质量的网络信息资源；清晰的学科主题范围；明确的资源选择标准；一致的资源描述格式；清楚的资源建立与维护说明。总而言之，学科信息门户是对特定学科领域的互联网资源予以收集、整理，以便用户能够方便地获取高质量的相关资源的一种信息组织模式。

下面分别介绍一下英国、美国和国内的典型学科信息门户。

13.4.2 Intute(http://www.intute.ac.uk)

1. 简介

英国早在20世纪90年代就开始积极建设学科信息门户。目前所建成的学科信息门户包括综合性的BUBL LINK以及不少特定主题的学科信息门户,如EEVL(工程)、OMNI(医学)、SOSIG(社会科学)等等。1999年,由Altis、Artifact、BIOME、EEVL、GEsource、Humbul、PSIgate、SOSIG等八所学科信息门户共同组建了资源发现网络RDN(Resource Discovery Network)。RDN的新版本在2006年推出,更名为Intute。Intute由英国曼彻斯特大学牵头,由英国的七家大学共同协作,它是由英国高等教育委员会的联合信息委员会(The Joint Information Systems Committee,JISC)资助成立的,同时受到艺术与人文研究委员会(AHRC)以及经济与社会研究委员会(ESRC)的协助。Intute的主页界面如图13-17所示。

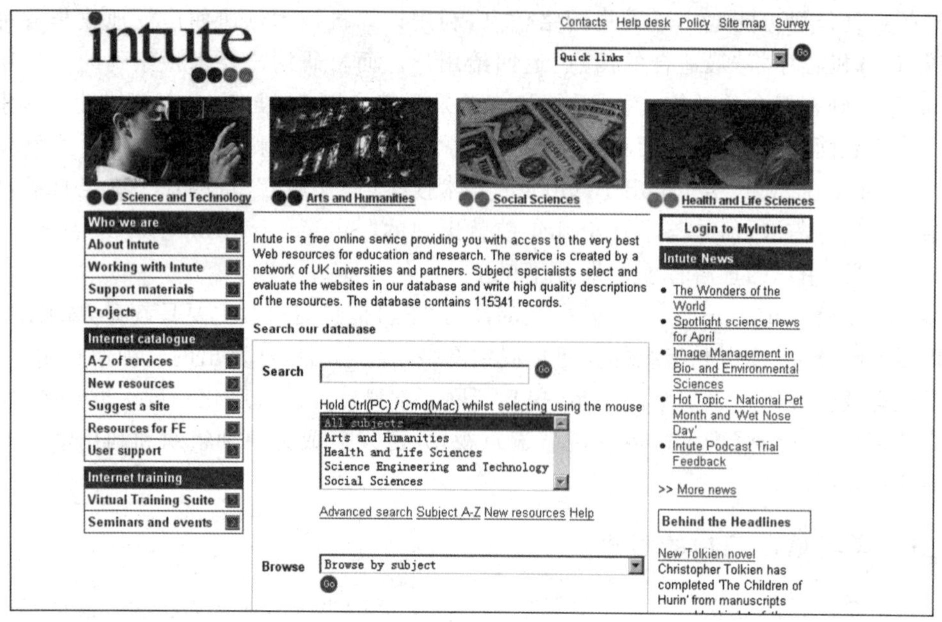

图13-17 Intute的主页

2. 主题范围

Intute的内容包括四大学科体系:科学与技术(Science and Technology)、艺术与人文(Arts and Humanities)、社会科学(Social Sciences)以及生命科学(Health and Life Sciences),目前收集数据累计到11万余条。在网站的首页上,用户即可以对这四个学科体系开展跨库检索,也可以选择主题进行浏览。

3. 检索功能

下面以"社会科学"部分为例介绍Intute的检索功能。如图13-18所示是"社会科学"部分的主页面。

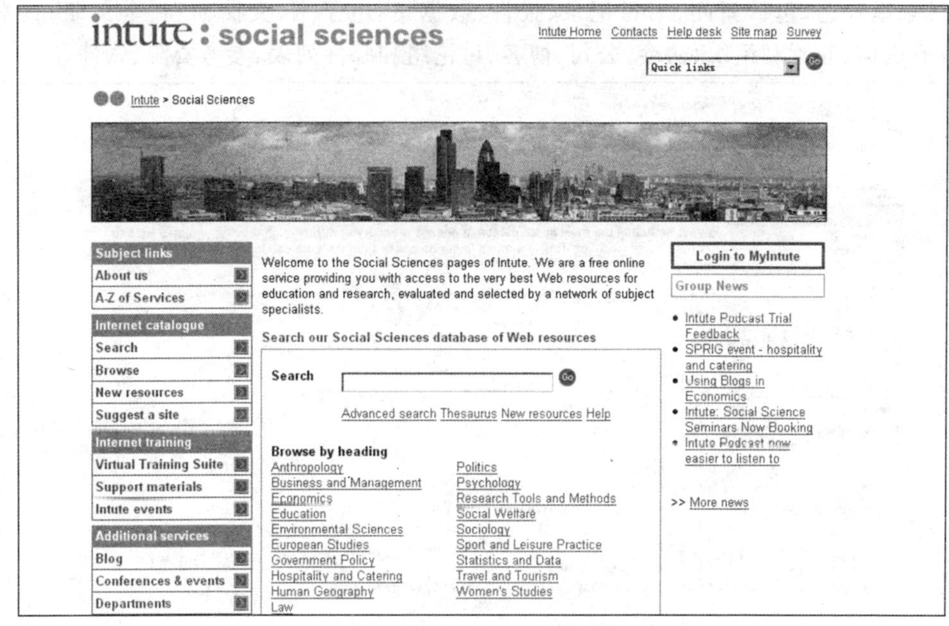

图 13-18　Intute:social sciences 主页

用户可以直接输入关键词进行检索，也可以根据主题分类目录来浏览资源。Intute 的“社会科学”主题包括人类学、商业和管理、经济、教育、环境科学、欧洲研究、政府政策、法律、心理学、研究工具和方法、社会福利、社会学、体育、统计和数据、旅游和妇女问题研究共 19 个主题。在主题分类目录中选择“Economics→General Economics”后显示的结果如图 13-19 所示。用户可以查看每条记录的详细信息，保存该条记录或者直接访问该记录的源地址。在记录的详细信息页面中用户可以查看该记录的简介、受控的和非受控的关键词、源地址、分类、类型、语言、国别、格式、添加日期。Intute 将收集的资源类型分为多种类型，供用户在

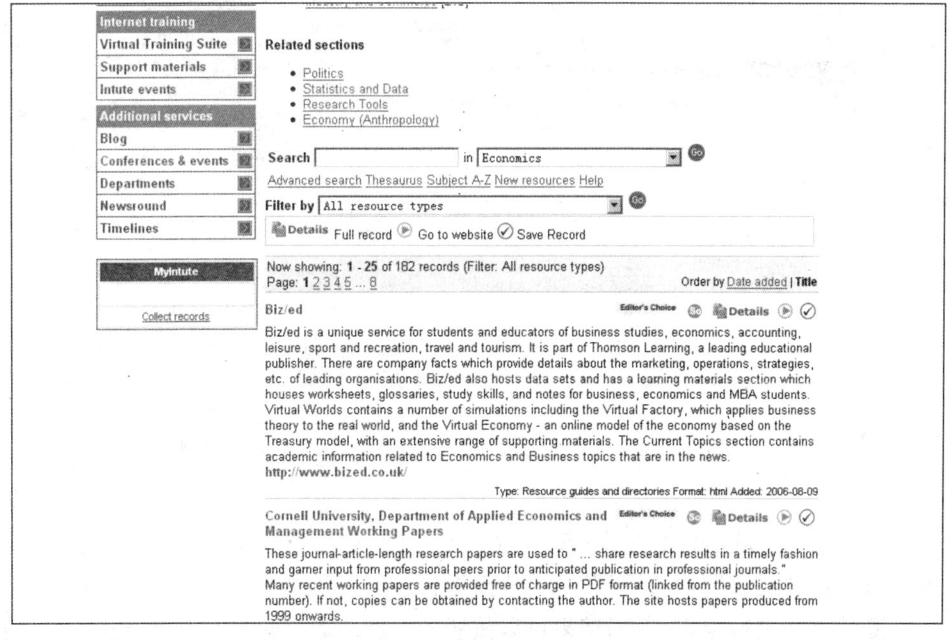

图 13-19　General Economics 类目

检索结果里筛选，包括新闻、书目记录、报告、数据集、电子书、文摘期刊、全文期刊、学习资料、政府机构、非营利组织、协会、公司、博客、讨论组和邮件列表、参考资源、软件等。

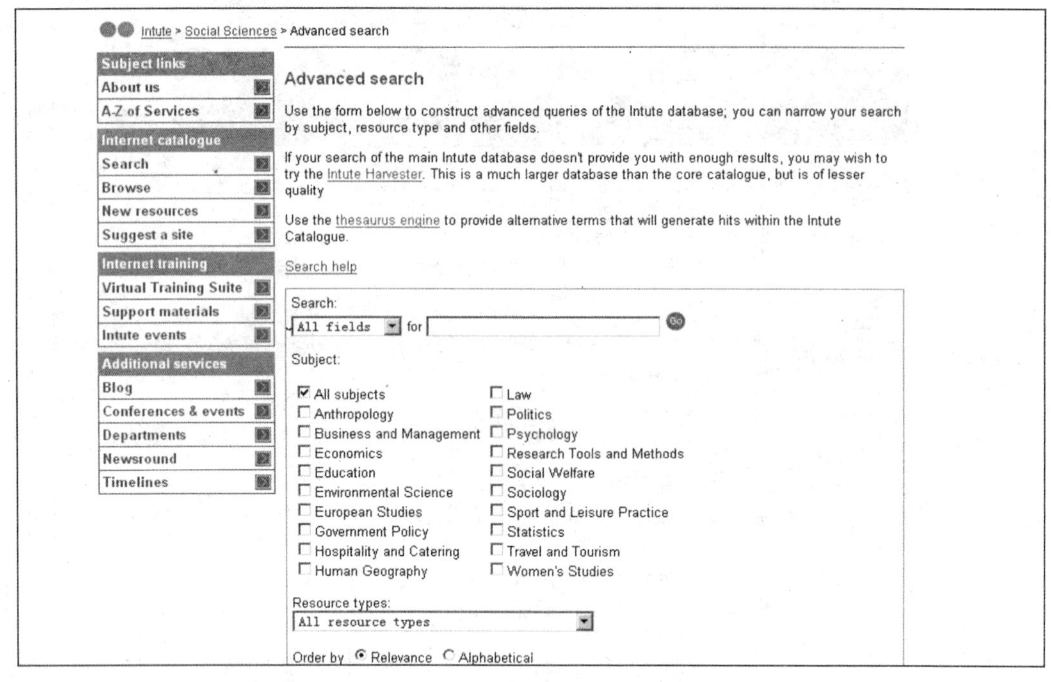

图 13-20　Intute 高级检索界面

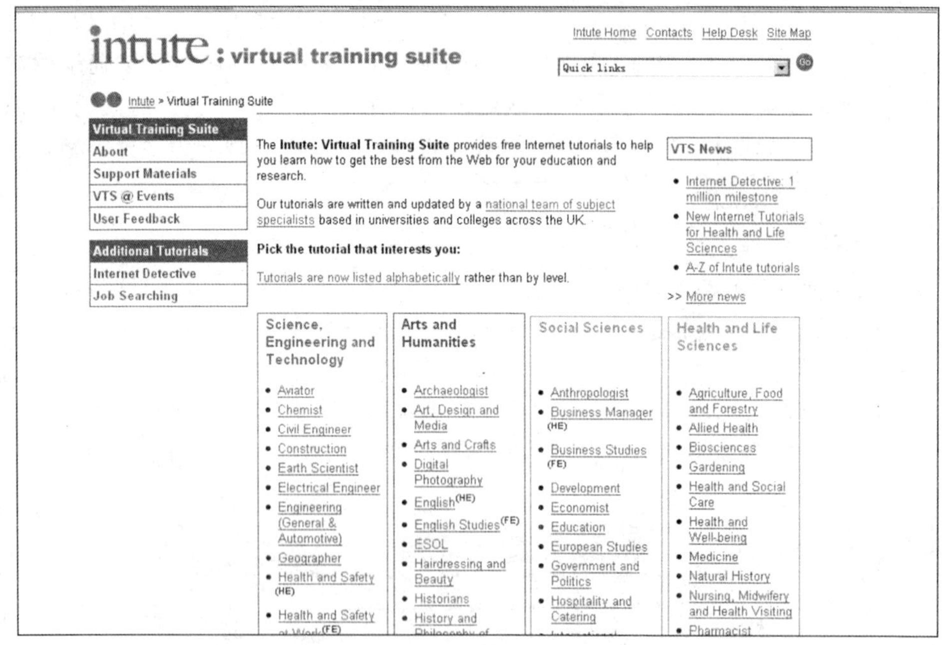

图 13-21　Intute 帮助系统主页

Intute 为用户提供了高级检索(Advanced Search)和辞典检索(Thesaurus)功能。用户可以选择“题名”、“简介”和“关键词”三个检索途径进行资源查询，同时可以对多个资源主题和返回资源的类型进行限定，返回结果可以按照相关度或者字母顺序排序，选择显示记录的所有字段或者只显示题名。用户通过“辞典检索”可以查询到与输入词相关的上位词汇和下位词汇以及相关概念词汇的结果。另外，系统会列出 50 个最新添加的资源供用户查看。

4. 帮助功能

Intute 提供了完善的用户帮助功能，用户可以在线使用“Intute 使用培训教程”。教程按照 65 个学科主题进行分类，教程不仅包含了检索和研究技巧，而且帮助用户辨别网站的学术价值。每个教程都设置了用户反馈功能，Intute 将这些用户反馈放在网站上供用户参考，同时作为改进系统的依据。Intute 还提供了用户培训的支持性材料供用户参考，包括传单、海报、工作表、课堂报告、案例学习、出版物等。

13.4.3　BUBL LINK(http://bubl.ac.uk)

1. 简介

源于 1990 年在英国 Strathclyde 大学创办的 Bulletin Board for Libraries，其最初的目的是培训图书馆员使用学术网络系统，后在英国信息系统委员会的帮助下，BUBL 发展成为一个著名的大型综合性学科信息门户。BUBL 的主页如图 13-22 所示。

BUBL Information Service

BUBL LINK Catalogue: Selected Internet resources covering all academic subject areas

Subject Menus | Countries | Types | BUBL UK | BUBL Archive

Search　Advanced Search

A | B | C | D | E | F | G | H | I | J | K | L | M | N | O | P | Q | R | S | T | U | V | W | X | Y | Z

000 Generalities
Includes: computing, Internet, libraries, information science

100 Philosophy and psychology
Includes: ethics, paranormal phenomena

200 Religion
Includes: bibles, religions of the world

300 Social sciences
Includes: sociology, politics, economics, law, education

400 Language
Includes: linguistics, language learning, specific languages

500 Science and mathematics
Includes: physics, chemistry, earth sciences, biology, zoology

600 Technology
Includes: medicine, engineering, agriculture, management

700 The arts
Includes: art, planning, architecture, music, sport

800 Literature and rhetoric
Includes: literature of specific languages

900 Geography and history
Includes: travel, genealogy, archaeology

BUBL uses the Dewey Decimal Classification system as the primary organisation structure for its catalogue of Internet resources.
The Dewey Decimal Classification is (c) 1996-2005 OCLC Online Computer Library Center. Used with permission.

E-LIS | CDLR Projects | Contacts and Credits

BUBL Information Service, Centre for Digital Library Research, Strathclyde University, Glasgow G1 1XH, Scotland
Tel: 0141 548 4752　*Email:* bubl@bubl.ac.uk

图 13-22　BUBL LINK 主页(Dewey 分类法)

2. 主题范围和分类

BUBL 是一个覆盖了所有学术领域的网络资源目录。BUBL 按照杜威(Dewey)十进分类法(DDC)进行资源分类，当前目录收录了 10000 多种资源，虽然规模比较小，但是因为资源都经过专家评审，所以学术含量相对比较高。

3. 检索功能

BUBL 提供了多种资源分类方式供用户浏览资源，包括“主题菜单(Main subject menus)”、“国家(Countries)”、“资源类型(Types)”，当然也包括 DDC 分类目录。BUBL 提供了三种检索方式：简单检索、联合检索(Combined search)和高级检索。简单检索就是输入的关键词以题名、作者、简介、主题、资源类型其中的任意一项作为检索项来进行检索；联合检索就是输入的检索词同时作为上述五项检索项进行检索；高级检索是同时输入两个关键词，检索项可以随意匹配，用两个词之间的布尔逻辑关系(AND、OR、NOT)来进行检索，检索途径增加了"DDC 分类(DeweyClass)"一项。BUBL 的检索界面如图 13-23 所示。

BUBL LINK Catalogue of Internet Resources

Home | Search | Subject Menus | Countries | Types | BUBL UK

Selected Internet resources covering all academic subject areas

A | B | C | D | E | F | G | H | I | J | K | L | M | N | O | P | Q | R | S | T | U | V | W | X | Y | Z

Simple search: Search Clear

Search in: Title Author Description Subject terms Resource type

Combined search: Search Clear

Searches all fields at once

Advanced search: Search in: Title for:

And: Or: Not:

Search in: Description for: Search Clear

图 13-23 BUBL LINK 的检索界面

BUBL 目录体系的编制科学，用户检索容易，查找的结果相关度高。著名的计算机杂志"Computer Active"曾称赞它是最有教育意义的网站，认为它提供了一个极好的资源目录。

13.4.4 LII(http://lii.org)

美国的图书馆员互联网索引 LII 全称为"Librarians' Internet Index"。LII 拥有超过 2 万个经过选择和评价的记录，资源分为艺术与人文、计算机科学、生命科学、法律、人类学、娱乐、科技技术、商业、政府信息、家庭、媒体、参考工具、世界地理、社会和社会科学等 14 个大类以及约 300 个子类目。LII 每周四会给用户发送一份免费的时事通讯，为用户介绍最新的资源发现成果，内容包括新闻事件、最新信息工具、技术发展等。LII 的主页如图 13-24 所示。

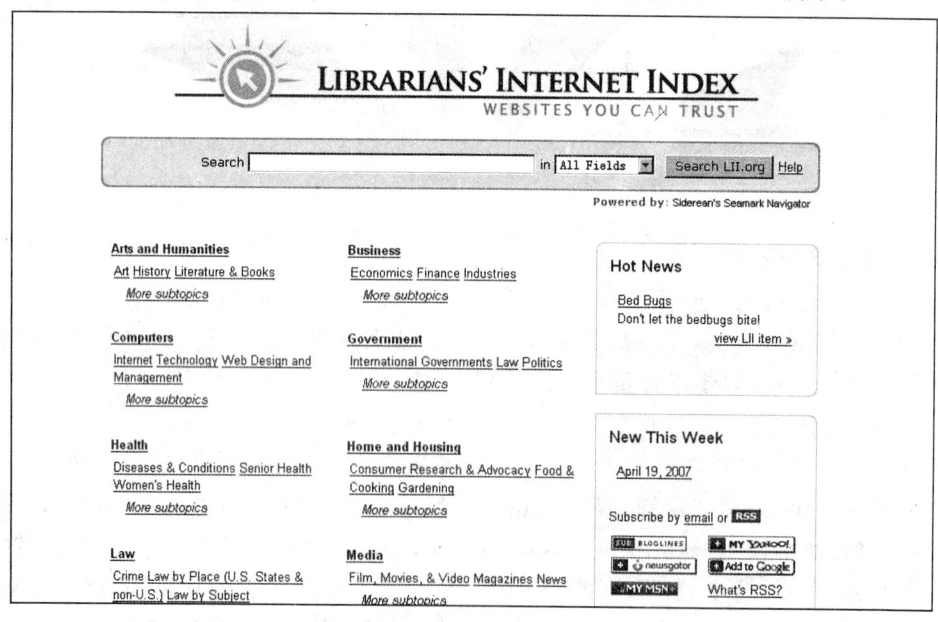

图 13-24 LII 主页

LII 自成立以来，一直都保持着安全稳定的服务，无论是在资源收录、更新与维护，还是在新技术应用方面，在诸多学科信息门户中都是十分优秀的。目前，LII 已被世界范围内的 5600 多个网站链接，每月的访问人数达到 12 万之多，受到广大科研工作者的普遍好评。

13.4.5　国家科学数字图书馆(CSDL)学科信息门户

国内的学科信息门户的研究和开发建设起步较晚。2002 年 3 月，中国科学院知识创新工程科技基础设施建设专项“国家科学数字图书馆(Chinese National Science Digital Library，CSDL)”的子项目首先资助开始建设物理数学、化学、生命科学、资源环境科学、图书情报五个学科信息门户。

1. 物理数学学科信息门户(http://phymath.csdl.ac.cn)

数理学科信息门户网站由中科院文献情报中心于 2002 年开始建设，截至 2007 年 4 月底累计收集资源 12968 项。门户的建立旨在简化用户对数理学科及相关信息和从其他渠道不易获取的信息的可靠、权威和全面的信息查询过程，增加检索结果的有效性；为数学、物理及相关领域的科研人员、工程技术人员、大专院校的师生以及有关的科研管理人员提供经过筛选的互联网上的各种高质量、全面涵盖数理学科的各种信息和多样化的一站式服务。

资源类型包括数据库(书目数据库、文献数据库、科技产品库及其他)、软件、期刊、图书、专利、图书馆、新闻、讨论组、会议、就业、学会与组织、研究单位、大学院系、公司、搜索引擎、参考信息源(包括手册、标准、物理或数学常数、物理或数学教学资料及其他)、多媒体等。

2. ChIN 化学学科信息门户(http://chemport.ipe.ac.cn)

化学学科信息门户由中科院过程工程所负责建设，目前收集化学相关资源 10824 项。该门户建设的目标是面向化学学科，建立并运行互联网化学专业信息资源和信息服务的门户网站，提供权威和可靠的化学信息导航，整合文献信息资源系统及其检索利用，并逐步支持开放式集成定制。

ChIN 以对互联网化学化工资源进行系统研究为基础，注重对资源的评价和精选，并采用积累信息源知识的方法建立了反映资源概貌和特征的简介页，并建立相关资源简介页之间的链接。除了导航系统通用的浏览模式外，可通过 ChIN 站点的快速检索和高级检索功能来定位自己感兴趣的内容。ChIN 还提供基于数据库检索的最新内容查询功能，可随时了解 ChIN 中最新增加或更新的内容。

ChIN 的主要资源类型包括：

(1)日常工具：化学数据库、化学软件、化学期刊与杂志、化学相关的图书、专利信息、化学化工文章精选、化学化工图书馆、化学相关产品目录及电子商务。

(2)动态及相关信息：化学化工新闻、化学化工会议信息、化学相关的讨论组和新闻组、化学相关的教学资源(以满足研究人员继续教育与拓宽知识面的需要)、专家数据库/化学家地址簿、求职。

(3)机构信息：相关的学会组织与机构、研究单位、化学院系、实验室和研究小组、公司。

(4)信息源知识：主要参考工具、主要的信息提供者、如何查找物性数据、针对一个具体问题的文献查询方法、用户留言。

(5)其他资源搜寻工具：资源搜索引擎、其他化学资源导航站点精选。

3. 生命科学学科信息门户(http://www.lifesciences.cn)

该门户由中国科学院上海生命科学研究院、上海图书馆上海科技情报研究所和生命科学图书馆共同建设，它是由生命科学图书馆信息资源建设人员和生命科学领域专家共同精心建设的生命科学网络资源导航。主要建设宗旨在于为对生命科学信息资源有所需求的用户（研究者、师生、爱好者）提供免费服务，成为在本学科范围内具有相当知名度和一定权威性的学科信息门户网站。中科院生命科学学科信息门户的主页如图 13-25 所示。

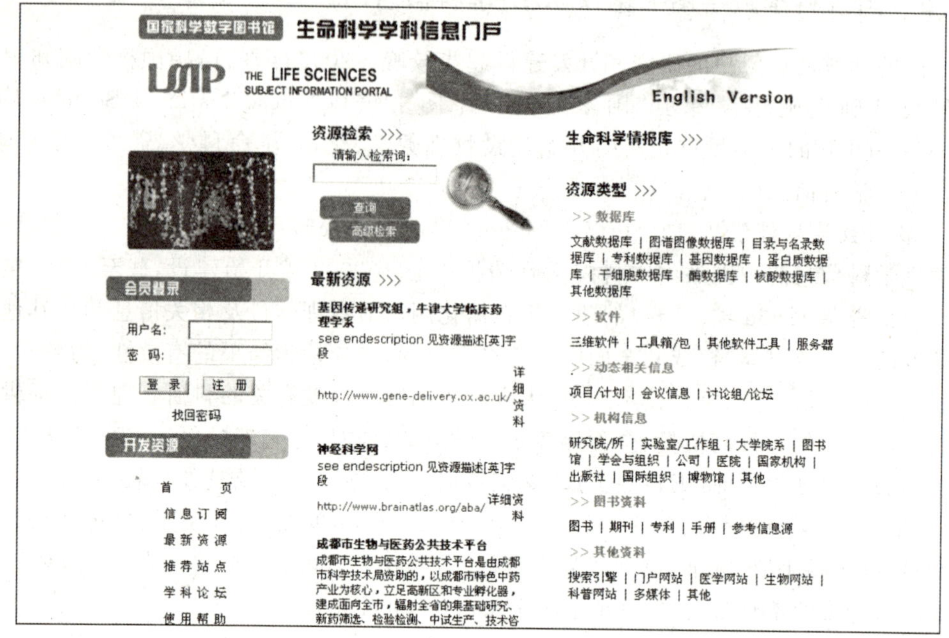

图 13-25 CSDL 生命科学学科信息门户主页

资源类型包括数据库、软件、项目计划、会议信息、讨论组、机构信息、图书资料及其他参考资源等。

4. 资源环境学科信息门户（http://www.resip.ac.cn）

该门户由中国科学院环境资源科学中心建立，截止到 2007 年 4 月底累计收集相关资源 11976 项。其总体目标如下：

建立并运行资源环境学科专业信息资源和信息服务的门户，提供权威和可靠的学科信息导航，整合文献信息资源系统及其检索利用，并逐步支持个性化定制和开放式集成。

建立起完善可靠的资源环境学科信息资源选择评价标准、规范的资源采集机制与资源描述组织体系以及规范合理的浏览与检索机制，建立起覆盖资源环境学科领域核心资源、基本覆盖该学科领域其他资源、选择性覆盖相关学科核心资源的分布式信息资源导航、检索利用系统。

实现资源环境学科专业领域各种文献信息数字资源系统（包括二次文献数据库、全文数据库、联合目录、馆藏目录、馆际互借和全文传递等相关服务系统）的横向整合，逐步实现同构和异构数据库的统一检索服务。

逐步实现不同文献类型数据库和不同信息服务系统间按照用户信息检索或利用流程开放地无缝连接，形成系统的有机联系的多层次文献信息资源使用体系。

收集资源按学科分为地球科学、农业科学、生态科学、环境科学技术、资源科学。按资源类型分为机构网站、资料库、文本资源、数据集合、会议信息、图形图像、讨论组、服务、软件、多媒体资源等。

5. 图书情报学科信息门户(http://www.tsg.net.cn)

该门户网站的承建单位为中科院成都文献情报中心,其近期目标是通过合理的分类组织与浏览体系,对在互联网上可以直接查询到的国内外各学科领域、各类型的重要图书情报系统及其馆藏资源进行搜集、评价、分类、组织和有序化整理、揭示。从整个国家科学数字图书馆项目的角度来说,最终目标则是与其他学科门户网站密切合作,切实地为科研人员提供查询各学科领域、各类型信息资源的捷径和方法。

13.4.6 国外部分学科信息门户简表

序号	门户名称和地址	简 介
1	INFOMINE (http://infomine.ucr.edu)	1994 年起由美国加州大学主建,收集超过 10 万个链接资源,学科包括生物、农业、医学、经济、教育资源、地理数据库、物理、数学、工程技术等。
2	Scout (http://scout.wisc.edu)	1994 年起由美国大学建立,收集超过 23400 余个学术性网站资源和邮件列表,覆盖多种学科。
3	DutchESS(Dutch Electronic Subject Service) (http://www.konbib.nl/dutchess)	DutchESS 是荷兰电子学科网络服务,1997 年由荷兰国家图书馆建立,覆盖多种学科。
4	Academic Info (http://www.academicinfo.net)	美国菲尼克斯大学建立,超过 25000 条经过评选的教育资源,覆盖学科包括艺术、生物、商业、社会科学、工程、生命科学、法律等。
5	SciCentral (http://www.scicentral.com)	1997 年建立的科学研究的最佳新闻资源门户,学科包括生物、生命科学、物理、化学、地球与空间学、工程技术等。
6	Biz/ed (http://www.bized.ac.uk)	1996 年在英国建立,覆盖学科包括商业、经济、会计、体育、休闲、旅游等。
7	Infolaw (http://www.infolaw.co.uk)	1991 年由 Nick Holmes 在英国建立,法律网络信息门户的领导者,超过 10 万份英国的法律文档和资料。
8	Lawlinks (http://www.kent.ac.uk/lawlinks)	英国 Kent 大学建立的法律专业网络资源门户。
9	Findlaw (http://www.findlaw.com)	1994 年建立,现在由著名的法律信息提供商 Thomson 运营,面向各种类型的法律从业人员提供网络法律资源。

第 14 章

信息资源的挖掘和利用

前面各章介绍的主要是文献信息的各种检索方法，从信息的挖掘和利用角度看，检索文献仅仅是其中的一部分，检索到的文献信息还必须经过筛选、整理和分析，还需要通过合适有序的形式表达出来，才能真正达到利用的目的。对大学生而言，如何依照学术论文的格式撰写论文是他们利用文献信息资源的主要表现形式，本章对信息资源的搜集、整理、分析以及学术论文开题写作进行介绍。著名的齐夫(ZIPF)定律说：人们在日常生活的各种运动中，都受到一个简单的基本原则的制约，即“最小努力原则”。作为信息利用者总是希望以最小的努力，花最小的精力获得他所需的信息，因此，利用者使用信息时总有一种舍远求近、避繁就简、弃疏就熟的倾向。信息资源的挖掘和利用一定要充分尊重这一特点，用现代化的手段和方法进行信息资源的挖掘和利用。

14.1 信息资源的搜集和整理

14.1.1 信息资源的搜集

信息资源的搜集是信息资源处理流程的基础和起点，是保证信息质量的关键。它是通过对信息渠道的广泛探求，采取特殊的方法来进行分析、鉴别、选择和获取信息的工作。根据信息资源的两种交流方式，即正式交流方式和非正式交流方式，信息资源的搜集方法也可以分为两大类，即正式渠道搜集方法和非正式渠道搜集方法。正式渠道搜集方法是指从信息资源中，通过专门的中介机构进行信息搜索的方法。非正式渠道搜集方法是指直接从信息资源中，通过接触初始信息源的人、物以及有关活动进行信息搜集的方法。信息资源的搜集范围在原则上应依据研究课题的学科专业性质和与其他相邻学科的关系、信息需求的目的来确定搜集的深度与广度。搜集的信息类型主要依据研究课题的特征来确定。一般而言，基础研究侧重于利用各种著作、学术论文、技术报告中提供的信息，应用研究侧重于利用各种学术论文、专利说明书、技术报告、技术标准、参考工具书中提供的信息。

1. 信息资源的正式渠道搜集

在信息资源正式渠道收集方法中，中介机构主要指出版发行系统、广播电视新闻系统、团体机构传播系统和网络传播系统。根据这些传播渠道对信息的存储、加工组织、分析研究的程度的不同，按照存储信息的载体划分，正式渠道搜集方法可分为传统印刷型文献搜集方法、光盘数据库搜集方法、联机数据库搜集方法和网络信息搜集方法等。按照加工组织信息的程度划分，正式渠道搜集方法可分为一次文献收集方法、二次文献搜集方法和三次文献搜集方法。

无论按何种方式对信息资源进行划分，正式渠道搜集信息基本包括如下方式：

(1)通过采购正式出版物搜集，包括各种载体的报纸、期刊、学位论文、会议文献、专利文献、标准文献、政府出版物、研究报告等。

(2)通过广播电视搜集信息。

(3)通过互联网浏览各级政府、高校、研究机构、企业等官方和正式网站搜集。

除常规的搜集方法外，还可以根据课题的性质和要求，采用更有针对性的搜集方法。带技术攻关性质的课题，文献搜集时的重点通常是科技报告、专利、会议文献和期刊论文。带仿制性质的课题，文献搜集时的重点通常是同类的产品说明书、专利说明书和标准资料，有时科技报告和期刊等也有参考价值。带综述性质的课题，文献搜集时的重点通常是近期发表的各种一次和三次文献，包括以期刊论文、会议文献、专著丛书、年鉴手册和科技报告等形式出版的综述、述评、进展报告、现状动态、专题论文等。带成果水平鉴定性质的课题，文献搜集时的重点通常是专利文献，也包括相关的科技成果公报类期刊、专业期刊和专业会议文献。

2. 信息资源的非正式渠道搜集

非正式渠道搜集信息操作的难度较大，但获取的信息价值较高。搜集的方法有观察法、调查法、实验法。

(1)观察法

观察法是指按预定的计划，有目的地对研究对象进行研究，搜集事物的感性材料，并通过对资料的整理分析获得活动结论的一种科研方法。它不像调查法那样要在有限的时间内完成，也不像实验法那样受实验条件的限制。它的特点是：在自然状态下进行，不受任何人为因素的影响；研究者可以对研究对象做长期发展趋势的研究；可获得多种形式的调查结果，不仅是文字的，还可以是活动的，如录音、录像、照相等。因此比其他方法更简单易行。

进行观察的一般步骤为：首先是观察前的准备工作，包括制订计划，明确观察目的、任务、范围；确定观察方法，选定观察仪器，明确个人分工；设计记录表格、速记符号，规定统一标准。其次是实施观察的要求，包括要严格按计划进行，但当发现原计划确有不妥之处时，也可做适当变动；要客观及时地记录，做到有什么就记什么，是什么就记什么；要选择最适宜的观察位置，保证被观察的对象处于常态环境中；要多次观察，总结观察对象的规律性。最后是处理材料，写观察报告。

(2)调查法

调查法是研究者通过各种方式，有目的、有计划地了解某一方面的实际情况，从而发现问题，加以研究的一种方法。采用调查法搜集信息的手段主要有问卷、访谈、调查表。

调查法实施过程为：确定调查对象(范围要有一定代表性)──→制订调查计划(附调查计划表)──→设计调查工具(调查表格、谈话题纲、测验题目、观察卡片)──→实施调查──→整理调查资料──→撰写调查报告。

问卷是一种以书面谈话的形式搜集信息的研究手段。对于一些具体的事实性或比较简单的问题，采用这一方法最为合适。它的优点是：省时、省力、省费用，简单易行，调查范围广，可以在短时间内收集到大量信息。缺点是：有时回收率低，所得到的答案真实性难以分辨。问卷的类型有：①开放式，即提出问题，让被调查人直接回答。②封闭式，在调查表上列出答案让被调查者选择，可以是“是否式”，把问题可能答案列出两极端情况，从中选一：“是”、“否”或“同意”、“不同意”；也可以是“多项选择式”，从多种答案中挑出最适合的一个或几个答案；还可以是“排列式”，每个问题后有几个答案，要求被调查者依要求评定后用数字表示选择的等级或次序。设计问卷应注意问题的范围要适当；问题的内容要符合研究的目的，问题数量要控制在30～40分钟之内能够完成；问题的文字表达要简明扼要，易于回答；问题的排列顺序要主次分明，合乎逻辑。

调查问卷程序为：确立研究主题⟶研究纲要、确定问卷标题⟶制定各部分具体项目⟶试测⟶修订⟶打印⟶发放⟶集中收回(不得少于70%)。

访谈就是研究性的交谈。根据被访者对研究者提出的问题的口头回复来搜集事实信息的一种手段。访谈可以个别采访，也可以通过小型座谈会的形式进行集体访谈。访谈的优点是方便可行，可以就一个问题深入交谈。集体访谈可以节省时间，但是需要较多的人力、物力和时间，被访者也易受研究者的影响。访谈应注意下列几个问题：准备好谈话计划(包括谈话方式、提问的措辞及其说明、必要时的备案、如何记录回答)；访谈前要对被访者有初步了解，包括经历、个性、兴趣专长，便于得到被访者的信任和合作；所提问题要简单明白，易于回答，谈话内容要及时记录。

调查表是信息搜集的主要形式，因此调查表要设计简单、合理，如下表所示。

<table>
<tr><td>调查课题</td><td colspan="4"></td></tr>
<tr><td>调查目的</td><td colspan="4"></td></tr>
<tr><td>调查对象及范围</td><td colspan="4"></td></tr>
<tr><td rowspan="6">调查步骤及
时间安排</td><td>调查内容</td><td>时间进度</td><td>搜集资料的方法</td><td>负责人</td></tr>
<tr><td></td><td></td><td></td><td></td></tr>
<tr><td></td><td></td><td></td><td></td></tr>
<tr><td></td><td></td><td></td><td></td></tr>
<tr><td></td><td></td><td></td><td></td></tr>
<tr><td></td><td></td><td></td><td></td></tr>
<tr><td>指导教师意见</td><td colspan="4">年　月　日</td></tr>
</table>

(3)实验法

实验法指在严格控制的条件下，通过一定的实验手段来确定条件与现象之间的因果关系的研究方法，它包括实验室实验法和自然实验法。实验类型可以分为三种：单组实验法、等组实验法、循环实验法。

单组实验法是对同一个或同一组研究对象，人为地施以条件(实验因子)，对不同条件下产生的效果进行测量和比较的方法。单组实验法的公式为：

S1——(IT－EF1－FT－C1)

S2——(IT－EF2－FT－C2)

C＝FT－IT ⟶实验结果＝C1－C2

其中，S＝实验对象，IT＝初次测验，EF＝实验因子，FT＝末次实验，C＝产生的变化，“——”表示实验的连接顺序，“－”表示减号。

例如，传统教学方法和采用计算机辅助教育的教学方法的比较研究。选择一个班为实验对象(S)，传统教学方法和计算机辅助教育的教学方法分别为两个实验因子(EF1、EF2)，在运用传统教学方法之前进行一次测验叫做初试(IT)，实施传统教学方法以后进行一次测验叫末试(FT),两次测试的比较数就是测试前后的变化(C1＝FT－IT)。用同样的方法测出使用计算机辅助教育的教学方法,其教学效果(C2 ＝FT－IT),把 C1 、C2 进行比较,就可以得出哪种教学方法更优越的结论了。

等组实验法是将受试者编成两个或两个以上条件相等的平行组,分别施以不同的实验因子的影响,分别测定实验前后的效果并加以比较的方法。等组实验法的公式为:

S1——(IT－EF1－FT－C1)

S2——(IT－EF2－FT－C2)

实验结果＝C1－C2

等组实验法图示:

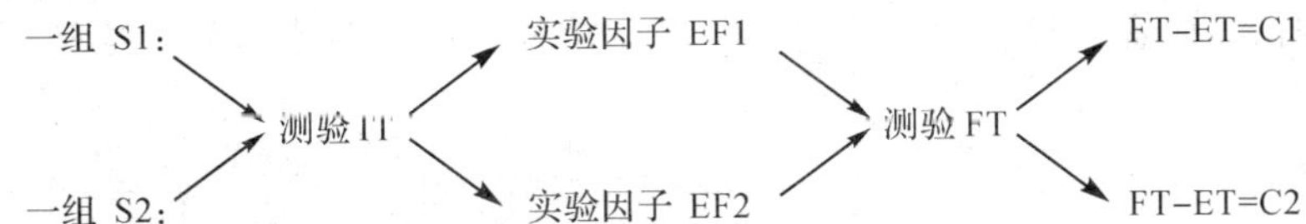

循环实验法又称轮组实验法,它是把各个实验因子轮流施行于各组,根据每个实验因子所产生的变化来决定实验结果,并将它们加以比较的方法。这里就不再详细介绍了。

14.1.2　信息资源的整理

信息资源整理的实质是信息资源有序化的过程,信息资源的有序化就是在信息集合中,各信息单元在相互关系上有一定的方向性。将无序化的信息资源根据研究的需求和目的按一定的原理和方法排列,使之有序化的过程就是信息资源整理。在信息集合中,一些信息在本质上有必然内在的联系,那么,对这类无序信息可以按照信息本身的内容和逻辑结构(客观因素)组织起来;而对于那些没有内在联系的无序信息,可以根据管理和利用的目的(主观因素)按照规定的方法组织起来。信息资源整理的基本原理、方法、技术就是以信息的内容、客观的逻辑结构和主观需求为基础建立起来的。在整理检索到的信息资源之前还必须进行信息的筛选、鉴别,剔除重复、虚假的信息。

1. 信息资源的鉴别

信息资源的鉴别就是对搜集来的原始信息进行质量上的评价和核实,对信息进行一番筛选、取舍,寻找出课题所需要的信息。在鉴别信息的过程中也会加深对信息的认识,对信息的性质、真伪、价值等作出判断,为以后信息资源的利用打下坚实基础。

鉴别优选信息资源主要侧重于以下几个方面:

第一是可靠性。审定信息资源提供的假定依据、观点是否明确,论据是否充分并具有说服力和可信度,结论是否合理,实验数据和调查数据是否真实可靠。因为信息是否真实直接关系到所研究课题的真伪,如果用了不真实的信息进行研究,那么研究的结论很可能就是不真实的,一些有价值的研究会因为参考信息的失实而前功尽弃。一般来说,知名专家、学者、科学技术人员、专业管理人员等撰写的文章中所提供的信息、数据及分析比较准确;著名高校、著名科研机构、咨询机构、规范管理的公司和企业、著名的新闻团体、官方网站、著名的出版机构出版和公布的信息可信度较大;加密或内部资料比公开资料的可靠性大;标准、准则、研究报告、图纸、学位论文、档案比一般图书、刊物和会议文献的可靠性大;专业研究和咨询机构比一般社会团体的资料可靠性大;专业研究和咨询机构比一般社会团体的资料可靠性大,等等。

第二是新颖性。研究信息资源发表的历史情况和社会背景,对照所研究课题的历史,比较学科发展方向以及有关信息资源，从而审定信息资源的新颖性。主要看所获得的信息是否有新观点和新理论，是否提出了新原理、新方案、新技术、新设计或新工艺等。

第三是适用性。审定信息资源对本课题的适用程度，主要看是否切题。信息资源的适用性通常是在可靠性和新颖性鉴别的基础上进行，即对可靠性和新颖性的信息资源按照适用性的要求做进一步筛选。

常用的鉴别方法有以下五种：

(1)溯源法

对搜集到的信息所涉及的有关问题进行审核查对，首先要溯本求源。例如，尽量找到具有第一手资料的现场和掌握第一手资料的人；核对有关原书、原件等原始资料并查对其主要参考文献；按信息内容所叙述的方法、步骤，自己重复一次实验或演算。这样可以从本源上找到错误所在。

(2)比较法

比较就是对照事物，比勘材料。有些信息由于主客观条件所限是难以溯源的，这时可采用比较的方法，即比较各种人的材料、各种时间的材料、各方面的材料，在某一事实上，说法、结论是否一致。如果一致，则基本上可以得到证实，如果几条不同的线条交汇于一点，这个点就比较确实了。如果各种渠道的材料与所搜集的信息相左，就需要进一步核查了。

(3)佐证法

事物都是在一定条件、环境下发生和发展的，某一事物与其他事物都有一定的相关性与制约性，找到这些相关和制约的因素，便可以为某一事物的真实与否提供证据。一般说来，口头材料作为佐证的可靠性不如文字材料，文字材料的可靠性不如物证材料，因此应尽可能以物证为据。

(4)逻辑法

在核实中，严密地运用逻辑进行判断是必不可少的。仅凭外界的材料，而不经过逻辑推理也容易出错。而且有些基本差错，比如叙述事实前后矛盾，表述夸大其词，有悖情理，以及某些向壁虚构，通过逻辑析义就可以发现其中的问题。当然，逻辑的真实性与事实真实性并不能完全等同。在虚假的信息前提下经过合理的逻辑推导所得出的虚假结果，也同样具有逻辑真实性。因此，一方面要发挥经验、认识和判断能力的作用；另一方面要结合各种方法，以取得最佳效果。

(5)专注法

注意专门的鉴别性文章，在学术界经常会产生不同的观点，甚至产生针锋相对的争论，这是很正常的现象。争论中往往会发现原理论的不足甚至错误之处，争论中的理论也会得到发展。

2. 信息资源整理的基本方法

信息资源整理的基本方法可分为分类整理法、主题整理法、名称整理法、号码整理法、时间整理法、地区整理法等。

(1)分类整理法

对事物进行分类的目的在于更好地认识和组织事物。它可以把事物划分开来，便于人们集中精力研究某类事物。同时，分类暴露了事物之间本质的、内在的联系，便于人们认识这种联系。分类是信息资源整理重要且有效的方法之一，分类后的事物与事物间呈现出树型结构。对搜集到的信息进行分类，不仅可以使人们了解信息所表现出的内容属性，而且可以通过分类建立事物间的联系。在分类中，按信息的内容特征进行整理，一般按照学科性质所表现的内在的逻辑关系进行归类。

(2)主题整理法

主体整理法是另一种按内容特征来对信息进行整理的方法。在主题整理法中，利用代表信息的主题概念作为信息的特征值。主题概念是指能够描述和体现信息主要内容的词汇，这样的词汇也被称为主题词。主题词是从信息的内容中抽取的，根据抽词形式的不同，主题词法可分为标题词法、单元词法、叙词法和关键词法。在整理时，标题词法、单元词法和叙词法都需要借助事先设计好的相应词表，而关键词法无须使用词表。在计算机进行信息处理时，采用的是主题词法整理，随着计算机自动标引技术的提高，关键词法被广泛采用。依据主题词法整理时，一般按照主题词的字序或音序进行排列，在我国多为采用汉语拼音排序法。

(3)名称整理法

名称整理法是指按照名称的字序或音序排列信息单元序列的整理方法。包括文献的篇名、作者的名称、团体机构的名称、产品的名称、企业的名称、商标的名称等一系列表征事物外部特征的值。这样的整理方法操作简单方便，信息单元的排列结构属于线型结构。

(4)号码整理法

号码整理法是指按照特定的号码的字顺和大小顺序排列信息单元序列的整理方法。号码包括专利号、科技报告的号码、标准号码、型号、产品代码等一系列表征事物外部特征的值。号码法中信息单元的排列结构也属于线型结构。

(5)时间整理法

时间整理法是指按照事物发生的时间的先后顺序排列信息单元，是一种简单易行且很实用的信息整理方法。时间整理法可以很好地表征事物变化的脉络和预测未来的趋势。

(6)地区整理法

地区整理法是指按照事物发生的地点区划排列信息单元。在整理时可以按照地点区划的方向顺序或地点区划的名称字顺进行排列，地区整理法可以很好地反映事物发生的起源。

14.2　信息资源的分析方法

信息资源的分析是指对获取的信息资源进行分析和综合的过程。它是根据特定的需要，对信息资源进行定向选择和科学抽象的一种研究活动。信息资源分析的目的是从繁杂的原始相关信息资源中提取共性的、方向性的或者特定性的内容，为进一步的研究或决策提供佐证和依据。经过分析，由检索、搜集和整理而得的信息资源变成了某一个专题的信息精华，因此，信息资源的分析过程是一个由粗到精、由低级到高级的信息提炼过程。我国的信息资源分析方法研究是在 20 世纪 80 年代以后大量吸收国外的新观念、新技术、新方法的基础上迅速发展起来的。信息资源的分析方法一般有常用逻辑方法、专家调查法、文献计量学方法、层次分析法、回归分析法、时间序列分析法等。

14.2.1 常用逻辑方法

1. 比较法

比较法是对照各个事物，以确定其间差异点和共同点的逻辑方法。事物间的差异性和统一形式是进行比较的客观基础。比较是人类认识客观事物、揭示客观事物发展规律的一种基本方法。比较通常有时间上的比较和空间上的比较两种类型。时间上的比较是一种纵向比较，即将同一事物在不同时期的某一（或某些）指标（如产品的质量、品种、产量、性能、成本、价格等）进行对比，动态地认识和把握该事物发展变化的历史、现状和走势。空间上的比较是一种横向比较，即将某一时期不同国家、不同地区、不同部门的同类事务进行对比，以找出差距，判明优劣。在实际工作中，时间上和空间上的比较往往是彼此结合的。

2. 分析法

分析法是把客观事物整体按照研究目的的需要分解为各个要素及其相互关系，并根据事物之间或事物内部各要素之间的特定关系，通过由此及彼、由表及里的研究，达到认识事物目的的一种逻辑方法。分析法包括因果分析、表象和本质分析、相关分析、典型分析。

因果关系是客观事物各种现象之间的一种普遍的联系形式。只要某一现象出现时，另一现象必定接着出现，我们就认为这两个现象具备因果关系。

表象和本质是揭示客观事物的外部表现和内部联系之间互相关系的一对范畴。表象是事物的表面特征以及这些特征之间的外部联系；本质是事物的根本性质，是构成一事物的各种必不可少的要素的内在联系。由于本质是通过表象以某种方式表现出来的，因此两者之间存在着一定的关系。利用事物的表象和本质之间的这种关系进行分析的方法，就是表象和本质分析。

相关关系是客观事物之间以及构成事物整体的各个要素之间的许多其他关系。我们把利用事物的这些关系进行由此及彼、由表及里的分析预测方法统称为相关分析。

典型分析是对一个或几个具有代表性的典型事例，就其核心问题进行深入分析和研究的方法。这种方法涉及面不宽，但却能使人们留下很深的印象，并能从中获得经验和教训。

3. 推理法

推理法是从一个或几个已知的判断推出一个新判断的思维形式.具体来说，就是在掌握一定的已知事实数据或因素相关性的基础上，通过因果关系或其他相关关系顺次、逐步地推论，最终得出新结论的一种逻辑方法。

任何推理都包含三个要素：一是前提，即推理所依据的那一个或几个判断；二是结论，即由已知判断推出的那个新判断；三是推理过程，即由前提到结论的逻辑关系形式。推理的语言形式就是由前提、结论以及逻辑过程三要素构成的句组或复合句。

推理是一种由此及彼、由已知到未知或未来的研究方法。通过推理可以认识客观事物、获得新知识。根据推理的思维方向，推理分为演绎推理、归纳推理和类比推理。他们分别是由一般到个别、由特殊到一般、由个别到个别以及由一般到一般的逻辑思维方向。

4. 综合法

综合法是同分析法相对立的一种方法。它是指人们在思维过程中将与研究对象有关的片面、分散、众多的各个要素（情况、数据、素材等）连接起来考虑，从错综复杂的现象中探索它们之间的相互关系，从整体的角度把握事物的本质和规律，通观事物发展的全貌和全过程，获得新的知识、新的结论的一种逻辑方法。需要注意的是分析与综合总是结合在一起使用的。没有分析地综合，或者没有综合地分析，都很难保证信息分析与预测产品的高质量。在企业竞争中有关竞争态势分析通常用 SWOT 综合分析法。

SWOT 综合分析法是通过具体的情况分析，将与研究对象密切关联的各种主要的内部优势因素(S—strengths)、劣势因素(W—weakness)和外部机会因素(O—opportunities)、威胁因素(T—threats)分别识别和评估出来，依据“矩阵”形态进行科学的排列组合，然后运用综合分析的研究方法将各种主要因素相互匹配进行分析，最后提出相应对策的方法。

SWOT 分析模型

内部能力因素 / 可选择的对策方案 / 外部环境因素	S(优势) 1 2 ⋮	W(劣势) 1 2 ⋮
O(机会) 1 2 ⋮	SO 策略(增长性策略) S_1O_1，S_1O_2，… S_2O_1，S_2O_2，…	WO 策略(扭转型策略) W_1O_1，W_1O_2，… W_2O_1，W_2O_2，…
T(威胁) 1 2 ⋮	ST 策略(多种经营策略) S_1T_1，S_1T_2，… S_2T_1，S_2T_2，…	WT 策略(防御型策略) W_1T_1，W_1T_2，… W_2T_1，W_2T_2，…

优势—机会(SO)策略是一种发挥企业内部优势而利用企业外部机会的策略。所有的企业都希望处于这样一种状况：可以利用自己的内部优势去抓住和利用外部事件变化中所提供的机会。企业通常首先采用 WO、ST 或 WT 战略而达到能够采用 SO 战略的状况。当企业存在重大弱点时，它将努力克服这一弱点而将其变为优势。当企业面临巨大威胁时，它将努力回避这些威胁以便集中精力利用机会。

劣势—机会(WO)策略的目标是通过利用外部机会来弥补内部劣势。适用于这一策略的基本情况是：存在一些外部机会，但企业有一些内部的劣势妨碍着它利用这些外部机会。例如，市场对可以控制汽车引擎注油时间和注油量的电子装置存在着巨大需求(机会)，但某些汽车零件制造商可能缺乏生产这一装置的技术(劣势)。一种可能的 WO 策略是通过与在这一领域有生产能力的企业组建合资企业而得到这一技术。另一种 WO 策略可以是聘用所需人才或培训自己的人员，使他们具备这方面的技术能力。

优势—威胁(ST)策略是利用本企业的优势回避或减轻外部威胁的影响。一个很有竞争优势的企业在前进中也会遇到威胁，在很多产业中，竞争公司模仿本公司的计划、创新及专利产品构成对企业的一种巨大威胁，如何充分利用自己成为关键。例如，美国德州仪器公司靠一个出色的法律顾问部门(一种优势)挽回了由于 9 家日本及韩国公司分割其公司半导体芯片专利权(威胁)而造成的近 7 亿美元的损失。

劣势—威胁(WT)策略是一种旨在减少内部劣势，同时回避外部环境威胁的防御性策略。一个面对大量外部威胁和具有众多内部劣势的企业的确处于不安全和不确定的境地。实际上，这样的公司正面临着被并购、收缩、宣告破产或结业清算，因而不得不为自己的生存而奋斗。

SWOT 综合分析法最重要的是通过各种主要因素相互匹配进行分析，最终得出以下结论：在公司现有的内外部环境下，如何最优地运用自己的资源以及如何建立公司的未来资源。

14.2.2 专家调查法

专家调查法是根据调查所得到的情况，凭借专家的知识和经验，直接或经过简单的推算，对研究对象进行综合分析研究，寻求其特性和发展规律的一种方法。这类方法的最大优点是简便直观，无需建立繁琐的数学模型，而且在缺乏足够统计数据和没有类似历史事件可借鉴的情况下，也能对研究对象的未知或未来的状态做出有效的分析。

专家调查法种类很多，这里我们介绍德尔菲法。德尔菲法是美国兰德(Rand)公司首先采用的方法。该方法的要点是在调查题目确定之后，选定要调查的专家名单，然后将调查提纲、调查目的以及背景材料等分别交给被调查的专家本人，专家以书面形式做出回答。调查组织者收集专家意见后，对这些意见稍加整理或不加整理，然后再匿名分别交给被调查专家，请他们在这些意见的基础上进行审核、补充或修改，并以书面形式做出第二次回答。调查组织者根据第二次意见做出统计和汇总，得出最后的结论。

14.2.3 文献计量学方法

文献计量学方法是迄今为止为数不多的可称得上反映情报学特色的定量化方法之一。文献计量学是采用数学、统计学方法定量研究文献信息的分布和变化规律的一门学科，主要是运用数学和统计学处理手段，将文献信息交流过程中的基本规律用数学模型表示出来。这些方法具有定量化的特点，大多是在数学、统计学、系统科学等学科的基础上加以创造而来的。文献计量学的理论和方法被广泛应用于图书馆学、信息管理、科学学、科技管理、预测学、人才学等领域，特别是在科研量化评价、人才评价、科研机构(大学、研究所等)排序方面，文献计量学理论和方法的应用正在成为国际上通行的做法。

14.2.4 层次分析法

层次分析法是一种定性与定量完美结合的半定量方法。根据人类的辩证思维过程，先将一个复杂的研究对象划分为递阶层次结构，同一层的各元素具有大致相等的地位，不同层次元素间具有某种联系；在对单层次的元素构造判断矩阵以得出层次单排序，并进行一致性检验；最后，为了计算层次总排序，采用逐层叠加的方法，从最高层次开始，由高向低逐层进行计算，推算出所有层次对最高层次的层次总排序值。对每一层的递推，都必须做相应的层次总排序的一致性检验。

14.2.5 回归分析法

回归分析法是处理两个或两个以上变量之间相关关系的一种数学方法。它不仅提供了建立变量之间相关关系的数学表达式(通常称为经验公式)的一般途径，而且通过计算对所建立的经验公式的有效性进行了分析，使之能有效地用于信息资源分析。回归分析法包括一元线性回归分析法和多元线性回归分析法。一元线性回归分析法主要用于研究两个变量的线性相关关系。在信息资源分析中，由于客观事物的复杂性，在很多情况下要采用多元回归方法。多元回归与一元回归在很多方面是相同的，只是多元回归涉及的变量更多。

14.2.6 时间序列分析法

时间序列分析法就是具有均匀时间间隔的各种社会和自然现象的数量指标依时间次序排列起来的统计数据。时间序列分析是通过对历史数据变化的分析来评价事物的现状和估计事物的未来变化情况。这种方法在科学决策、R&D 和市场开拓活动中的许多场合有广泛的应用，如市场行情分析、产品销售趋势预测等。它包括移动平均法、指数平滑法、生长曲线法、时间序列分解法。

14.3 信息资源分析成果表现形式

信息资源的分析和研究成果必须通过一定形式表现出来，根据利用信息资源的目的和类型，可用信息研究报告和学术论文的形式表现。信息研究报告是在占有大量信息资源的基础上，以信息资源为主要研究对象，对有关问题进行分析、预测而撰写成的。学术论文是将已有的有关理论、方法、经验、结论等信息资源进行处理、转换或直接借鉴，并与研究实践相结合撰写而成。

14.3.1 信息研究报告的撰写

1. 信息研究报告的类型与特点

信息研究报告的目的一般是为领导决策部门、行业决策部门提供参考，它是在拥有大量信息资源的基础上，结合课题的研究目标与需求，对有关信息资源进行系统的整理、分析、归纳和综合叙述，并提出分析结论或建议。信息研究报告根据研究的目标和使用的对象不同，主要表现形式有综述、述评和专题报告。

(1)综述

综述具有高度浓缩同类或相似内容使之系统化、只述不评的特点。根据涉及的内容和叙述的形式，有综合性综述、专题性综述和文摘性综述。综合性综述是针对某一学科或专题所做的全面和系统的叙述。专题性综述是针对某项特定的技术或产品所做的专门叙述。文摘性综述是将某一学科或专题的有关信息，用文摘方式所做的叙述。这类综述是近年发展起来的一种形式，既有综合性综述的特点，又具有一定的检索作用。

(2)述评

述评是在高度浓缩有关理论、观点、数据、结论等信息的基础上，带有一定评价性，因而述评除具有综述的特点外，其突出的特点是文中还包括著者本人的观点和建议。

(3)专题报告

专题报告是对某项专门课题，如某项技术的引进或出口、某项产品的开发与利用前景预测、某个项目的立项决策等进行的专题信息研究。研究的结果可以是针对所提问题的判断和预测，也可以是某种建议或方案，因而同时具有综述和述评的特点。

2. 信息研究报告的结构

以上三类信息研究报告的结构主要由前言、正文、结论或建议、附录四部分组成。

(1)前言。它包括研究课题的目的和意义、研究内容、目标的简述。

(2)正文。它是主要内容的叙述部分。在整理分析信息的基础上，对涉及的国内外同类技术、同类产品、同类设备等信息进行归纳、分析和综合叙述。具体可按照综述或述评标题所涉及的事物或专题研究的事物,以时间为序叙述,也可以以事物的不同特征、不同应用领域分别叙述,然后归纳综合。如为述评还应包括分析、评论和建议。

(3)结论或建议。根据信息归纳、分析综合概述,按照研究课题的内容、目标,提出定性或定量的分析结论,其结论应与正文的叙述或评论紧密呼应。如为述评或专题报告,还应包括预测性建议。

(4)附录。将信息研究报告所引用的各条信息按主题或分类的原则编制成题录或文摘,可作为报告的附录,以供需要时查考。

14.3.2 学术论文的撰写

学术论文是将新的学术观点、创造性研究成果或技术应用中新的发现等撰写成有论有据的、有所创新的科学记录,是将已有的信息资源和新获得的信息资源进行系统化处理并进行文字加工、科学编辑,实现信息再创造的过程。按论文层次水平的高低,有科技论文和学位论文之分。

1. 学术论文的特点

(1)学术论文的观点具有一定的新颖性和创造性。观点独特,不人云亦云,是文章的生命力,否则,即使有华丽的辞藻,引经据典、旁征博引,也是徒有其表且没有价值的。学术论文一般是在总结前人所积累的思想基础上,深入分析、归纳、探索、创新所产生的对客观世界的认识,大学生毕业论文虽是学生的习作,并非公开出版发表的作品,但既然是带有学术性的议论文,也应有如此要求。

(2)学术论文的论点及论据应有一定的科学性和合法性。学术论文鼓励大胆探索、勇于研究,敢于向现有观点和理论提出挑战,但是这一切要建立在科学合法的基础上。一个观点的提出不是主观臆想的结果,而应是作者勤于观察、分析,在拥有充分翔实的资料基础上加以创新得出的,同时论点论据不应和我国的基本法律理论和观点相违背。

(3)学术论文的论证过程应富有逻辑性和表现性。一个新观点的推出往往要有前人的研究成果、观点和相关资料做铺垫,同时还要有细致的推理和严密的论证,这样才能够以理服人。另外,一篇好的文章还应有好的表现力,学术论文是思想的表露,写出来是让别人看,让人们进行交流的,因此,在结构的组合、语言的运用方面应力求合理、清晰,做到深入浅出,明白易懂。那种语言晦涩、抽象,结构安排复杂、拖沓的文章,即使所表现出的观点再好,也难以为人们所接受。

(4)学术论文应有必要的注释。对于论文所涉及的他人的理论观点和参考文献,必须要在文章中做出注释,以注明材料的来源或对所引述的观点做进一步的解释,这不仅能表明文章的理论功底,同时也是对原作者智力劳动成果的一种尊重。文章的注释能从一个方面反映作品的学术规格,能反映出著者主要参考了哪些已有的成果,著者的观点是对哪些理论观点的继承和发展,从而帮助人们对论文做出正确的评价。在论文中较多地引用他人的观点并加以注释,并不表明我们水平低,相反,更能说明我们的学术积累和谦逊、求实、高雅的学风。

2. 学术论文的课题选择和课题研究

(1)学术论文的课题选择

选题是学术论文撰写的第一步,它实际上就是确定“写什么”的问题,亦即确定科学研究的方向。选题是学术论文撰写成败的关键，是成功的一半。选题要注意以下两点：

第一，要坚持选择有科学价值和现实意义的课题。科学研究的目的是为了更好地认识世界、改造世界，以推动社会的不断进步和发展。因此，学术论文的选题必须紧密结合社会主义物质文明建设和精神文明建设的需要，以促进科学事业发展和解决现实存在问题作为出发点和落脚点。选题要符合科学研究的正确方向，要具有新颖性和创新性，有理论价值和现实的指导意义或推动作用，一项毫无意义的研究，即使花很大的精力，表达再完善，也将没有丝毫价值。具体地说，可从以下三个方面来选题。首先，要从现实的弊端中选题，学习了专业知识，不能仅停留在书本上和理论上，还要理论联系实际，用已掌握的专业知识去寻找和解决工作实践中亟待解决的问题。其次，要从寻找科学研究的空白处和边缘领域中选题，科学研究还有许多没有被开垦的处女地，还有许多缺陷和空白需要填补，要以独特的眼光和超前的意识去思索、去发现、去研究。最后，要从寻找前人研究的不足处和错误处选题，在前人已提出来的研究课题中许多虽已有初步的研究成果，但随着社会的不断发展，还有待于丰富、完整和发展，这种补充性或纠正性的研究课题也是有科学价值和现实指导意义的。

第二，要根据自己的能力选择切实可行的课题。学术论文的写作是一种创造性劳动，不但要有个人的见解和主张，同时还需要具备一定的客观条件。个人的主观、客观条件都是不相同的，因此还应结合自己的特长、兴趣及所具备的客观条件来选题。具体地说，可从以下三个方面来综合考虑。首先，要有充足的资料来源。“巧妇难为无米之炊”，在缺少资料的情况下是很难写出高质量的论文的。选择一个具有丰富资料来源的课题，对课题的深入研究与开展是很有帮助的。其次，要对课题有浓厚的研究兴趣，选择自己感兴趣的课题可以激发自己的研究热情，调动自己的主动性和积极性，能够以专心、细心、恒心和耐心的积极心态去完成研究工作。最后，要能发挥自己的业务专长，选择那些能结合自己工作实际、发挥自己业务专长的课题，对顺利完成学术论文大有益处。

(2)学术论文的课题研究

选好课题后，接下来的工作就是研究课题，研究课题的一般程序有信息搜集、信息整理、研究信息，明确论点和选定材料，最后是执笔撰写、修改和定稿。

第一，信息搜集、信息整理是课题研究的基础工作。可以用正式渠道搜集方法和非正式渠道搜集方法获取信息。信息搜集越具体细致越好，最好把想要搜集信息的文献目录和详细计划都列出来。查阅信息时要熟悉和掌握图书分类法，要善于利用书目和索引，要熟练地使用其他工具书，如年鉴、文摘、表册等。同时，做实地调查研究能获得最真实可靠、最丰富的第一手资料，并且要做到目的明确、对象明确、内容明确。另外，我们也要重视实验和观察，实验和观察是搜集科学信息、获得感性知识的基本途径，是形成、产生、发展和检验科学理论的实践基础。最后，把所有搜集得到的信息按信息整理方法进行科学整理。

第二，信息资源分析是课题研究的重点工作。要对所搜集到的信息资源进行全面浏览，可对不同信息采用不同的阅读方法，如通读、选读、研读。通读即对全文进行阅读，选读即对有用部分、有用内容进行阅读，研读即对与研究课题有关的内容进行全面、认真、细致、深入、反复的阅读。在研读过程中要积极思考，明确论点和选定信息资源。要以书或论文中的论点、论据、论证方法与研究方法来触发自己的思考，要眼、手、脑并用，发挥想象力，进行新的创造。同时，选择合适的信息资源分析方法对信息资源进行分析，提出自己的观点和见解，根据选题确立基本论点和分论点。提出的观点要突出新创见，创新是灵魂，不能只是重复前人观点或人云亦云。同时，还要防止贪大求全的倾向，大段地复述已有的知识那就体现不出自己研究的特色和成果了。

第三，执笔撰写是课题研究的关键工作。下笔时要对以下两个方面加以注意：拟定提纲和基本格式。拟定提纲包括题目、基本论点、内容纲要。内容纲要包括大项目即大段段旨、中项目即段旨、小项目即段中材料或小段段旨。拟定提纲有助于安排好全文的逻辑结构，构建论文的基本框架。

第四，修改定稿是课题研究的保障工作。通过这一环节可以看出写作意图是否表达清楚，基本论点和分论点是否准确、明确，信息材料使用是否恰当，具有说服力，信息材料的安排与论证是否有逻辑效果，大小段落的结构是否完整、衔接自然，句子词语是否正确妥当，文章是否合乎规范。

3. 学术论文撰写格式

(1)题目。题目一般应表述课题所研究的方向和内容。要求字数少、简明精炼，一般不超过 20 个字，并附英文题目。

(2)作者。作为毕业论文的作者只写学生的姓名，并冠以所在院(系)、专业，将指导教师的姓名、专业技术职务写在毕业论文的封面上。

(3)摘要。摘要也称提要，即将文章的研究内容及结论作一简明的概述，有的还涉及所研究的条件、方法和意义等。由于文字数量所限，必须重点突出，文字简练。摘要字数少则几十字至百余字，多则也不超过 300～400 字，并附英文摘要。

(4)关键词。这是存贮信息和文献检索所必需的。关键词要符合学科分类、专业术语的通用性，并注意与国际惯例一致。其设置数量一般为 3～5 个，每个词均为专业名词(或词组)，长度在 6 个字之内。

(5)目录。由论文的章节以及附录、参考文献等的序号、题名和页码组成。

(6)前言。前言一般包括两个方面：一是本项研究课题的提出及其研究意义(学术、实际价值)；二是本项研究前人的工作基础，及其欲深入的方向和思路、方法。前言的篇幅一般不应过多，其字数多为数百字至千余字。如果研究项目比较简单也可只用数十字表述。

(7)正文。正文是作者的重点论述部分，它是文章的主体和核心。文章价值的高低和好坏关键在于正文阐述的质量。在这一部分，论文必须围绕论点组织材料，同时采用恰当的论述方法，阐明论点的正确性。不同论文的正文是不一样的，如理论性论文的正文包括论点、论据、论证三大部分，围绕论点提出论据并证明论点。这类文章既可以围绕论点层层组织材料加以证明，也可以将论点分成几个分论点，围绕每一个分论点进行论述。一些学术论文所论述的观点比较复杂，有时需将上述两种方式互相结合。实践性论文则包括理论分析、实践手段和经过、实践结果分析和讨论等部分，阐述和证明理论分析中提出的假说。它要详细介绍实践的方式和过程，并说明具体的分析方法。只有这样，才能有较强的说服力。

(8)结论。结论是对论文的总结，是全文的简要概括。结论是在理论和实践研究基础上得出的，要求准确、完整、简练，言简意赅地表达出文章的本意。由于社会一直在发展，因此论文的研究结果只能是相对的。同时，在结论中还可以将本课题研究工作中的遗留问题，或需要进一步探讨的问题以及可能存在的解决途径的问题提出来，更能给以后的研究者以有益的启发。

(9)附录。附录是与正文密切相关的某些内容，由于正文篇幅或结构的限制而附在正文的后面，供读者阅读时参考。附录往往是一些重要的公式、表格、数据等。

(10)参考文献。参考文献是在写作过程中引用和参考的别人的研究成果。直接引用的参考文献应不少于 10 篇，要有一定数量的英文资料。

(11)致谢词。有些论文在写作过程中得到他人的指点或大力帮助，就应该在文章的最后书面致谢，感谢他人无私的帮助。致谢词要求诚恳、真挚、实事求是，切勿哗众取宠。

4. 关于本科生毕业论文撰写的格式标准

根据国家制订的有关标准(UDC001.81、GB7714－87 和 GB7713－87)，关于本科生毕业论文撰写的格式标准如下：

(1)统一使用 A4 纸。

(2)单面打印。

(3)封面和封底：由教育学院统一印发。

(4)字体全部用宋体，标题行要求用小二号字加黑，正文内容要求用四号字，行距为单倍；页边距左为 3cm、右为 2cm、上为 2.5cm、下为 2.5cm。

(5)用阿拉伯数字连续编排页码，页码放在右下角，由正文首页开始编排，封面封底不编入页码。

(6)题目一般不超过 20 字。

(7)中文摘要一般不超过 300 字，关键词为 3～8 个，另起一行，排在摘要下方，词与词之间以"；"分隔。

(8)目录由论文的章节以及附录、参考文献等的序号、题名和页码组成。

(9)附录是正文主体的补充项目，并不是必需的。下列内容可以作为附录：

● 为了整篇材料的完整，插入正文又有损于编排条理性和逻辑性的材料；

● 由于篇幅过大，或取材于复制件不便编入正文的材料；

● 对一般读者并非必须阅读，但对本专业人员有参考价值的资料。

(10)参考文献的标注采用顺序编码制，即按照文章正文部分引用的先后顺序连续编码，标注的符号为"[]"，作为上标，在标点符号前使用。

①参考文献的写作格式：

● 参考文献是论文时，其格式为：[序号] 作者．题名．刊名，出版年份，卷号(期号)：引文所在的起止页码；

● 参考文献是专著时，其格式为：[序号] 作者．书名．版本(第 1 版不标注)．出版地：出版者，出版年．引文所在的起止页码；

● 参考文献是论文集时，其格式为：[序号] 作者．题名．见(英文用 In)：主编．论文集名．出版地：出版者，出版年．引文所在起止页码；

● 参考文献是学位论文时，其格式为：[序号] 作者．题名：[博士、硕士或学士学位论文]．保存地点：保存单位，年份；

● 参考文献是专利时，其格式为：[序号]专利申请者．题名．专利国别，专利文献种类，专利号．出版日期。

②参考文献著录中需要注意的问题：

● 个人作者(包括译者、编者)著录时一律姓在前，名在后，由于各国(或民族)的姓名写法不同，著录时应特别注意。名可缩写为首字母(大写)，但不加编写点(·)；

● 作者(主要责任者)不多于 3 人时要全部写出，并用"，"号相隔；3 人以上只列出前 3 人，后加"等"或相应的文字如"*et al*"。"等"或"*et al*"前加"，"号。

(11)毕业论文的装订格式。

- 毕业论文一律左边装订成册；
- 毕业论文的装订顺序为封面、论文摘要与关键词、目录、正文、附录、参考文献。

14.4 信息检索和信息资源分析方法实例

14.4.1 信息检索实例

检索课题名称:废旧电池的回收处理与利用

1. 课题分析

废旧电池不应直接、不经任何处理地放置到自然环境中,这一观点已被社会大众广泛接受,但究竟废旧电池对自然环境有哪些危害,其主要成分有哪些,这是首先要了解的知识,其次是如何回收处理与利用废旧电池。课题从两方面考虑:第一是当前废旧电池回收利用的现状,特别是我国的具体情况和目前科技学术界所拥有的较成熟的理论、方法。第二是除了实用理论、技术方面,还应关注我国政府对废旧电池的回收与利用的管理政策,以及是否有相关的立法、执法机构,现状如何;同时还要了解该项环保事业在拥有巨大社会效益的同时,是否能实现较好的经济效益,还可以列举国内外典型的例子。

2. 检索工具

《中国学术期刊》网络数据库、《中国科技期刊数据库》

3. 检索策略

以主题途径为主,辅以分类。主题词:废旧电池　回收　环境保护

复合检索提问:废旧电池(篇名)* 回收(主题词)* 环境保护(主题词)

在获得初步检索结果后,以所获主要相关著者姓名、分类号等线索,从著者途径、分类途径再反复搜索一次。

4. 检索结果(部分)

(1)【篇名】废旧电池回收的困惑及思考

【作者】王红云

【刊名】《环境教育》2001 年 02 期

【机构】长沙环境保护学校

【摘要】电池与人们日常生活有着密切的关系,特别是随着科学技术的不断进步,人们生活水平在不断提高,人们对各种电池的需求量亦越来越大,与此同时,所废弃的电池的数量也不断增加。由于电池中一般含有对环境有较大危害的物质,特别是汞、镉等元素,因而随意乱扔废旧电池将给环境带来较大的危害。尽早制定行之有效的废旧电池回收及处置的办法,应成为我国环境保护工作的一个重要课题。日常生活中使用的电池根据其使用方式可分为一次电池和二次电池。一次电池为用完即废弃的电池,例如手电筒用的普通干电池和石英表用的纽扣电池。

(2)【篇名】废旧电池回收何日走出尴尬

【作者】环网

【刊名】《中国资源综合利用》2002 年 08 期

【摘要】废旧电池污染及其处理已经成为目前社会最为关注的环保焦点之一,然而在其

回收处理过程中却遭遇尴尬。由于没有妥善的处理途径，一些环保工作者抱怨现在对废电池“收也不是，不收也不是”。有关人士提出，打造废电池处理的“产业链条”已是当务之急。废旧电池的危害不容忽视。有关资料显示，一节 1 号电池烂在地里，能使 1 平方米的土壤永久失去利用价值；一粒纽扣电池可使 600 吨水受到污染。在对自然环境威胁最大的几种物质中，电池里就包含了汞、铅、镉等多种物质。而现在中国年消费电池 70～80 亿节，人们在社会生活中几乎一天也离不开电池。

(3)【篇名】呼唤废旧电池回收

【作者】史春

【刊名】《当代建设》2001 年 02 期“中国期刊方阵”入选期刊

【机构】阜阳市环保局

【摘要】为防止废旧电池污染环境，我国的一些城市开始对废旧电池进行回收。上海市、合肥市等一些城市甚至在宾馆都设立了废旧电池回收箱。近年来，电池以最常用的日用品进入了千家万户，丰富了人民生活，增添了生活乐趣。收音机、闹钟、照相机等都离不开电池。由于电池中含有重金属汞、铅、镉等，一旦进入土壤水源将会通过食物链进入人体，它不仅损害人的神经系统、造血功能、肾脏和骨骼，还有可能致癌。一个废旧电池污染土地可达1平方米，因此废旧电池是危险垃圾。

(4)【篇名】废旧锂离子二次电池回收有价金属工艺研究

【作者】温俊杰，李荐

【刊名】《环境保护》2001 年 12 期《中文核心期刊要目总览》来源期刊

【机构】西北矿冶研究院，中南大学冶金科学与工程系

【关键词】锂离子二次电池；正极；$LiCoO_2$；回收；钴

【摘要】本文对从废旧锂离子二次电池中回收有价金属的工艺进行了研究。采用解体分选出塑料外壳、铜铁连接件、石墨负极和正极；采用碱浸—酸溶—净化—沉钴工艺回收正极废料中的铝和钴。$LiCoO_2$ 在硫酸、双氧水体系中的分解反应为 $2LiCoO_2+3H_2SO_4+H_2O_2 \rightarrow Li_2SO_4+2CoSO_4+4H_2O+O_2\uparrow$。用硫酸中和碱浸液中的铝制取化学纯氢氧化铝，回收率为 94.89%；以草酸钴的形式回收钴，产品达到 Q/GGH01—89 标准，直收率为 94.23%。

14.4.2　信息资源分析方法实例

SWOT 方法分析实例：诺基亚手机中国市场决策（用 SWOT 方法分析）

1. 诺基亚公司简介

1865 年，诺基亚创始人弗雷德里克·艾德斯坦(Fredrik Idestam)在芬兰的“诺基亚河”沿岸创建了一家木材纸浆厂，取名诺基亚。并于 20 世纪 90 年代做出了以移动通信为核心业务的决定。这一决定成就了全球移动通信的领导者，就是现在的诺基亚。

作为全球移动通信的领先者，诺基亚致力于提供易用且安全的产品，包括移动电话、图像、游戏、媒体以及面向移动网络运营商和企业用户的解决方案。在移动电话领域，诺基亚致力于开发全新产品类别的同时，继续推出具有新特性和新功能的产品。一些先进的功能如多媒体信息服务，内容接入及下载，移动浏览等在诺基亚的各种产品中得到应用。在网络业务领域，诺基亚旨在开发提供新兴移动应用与服务所需的高速度、高容量系统并使之投入商用。截止到 2003 年底，诺基亚在 54 个国家拥有超过 51000 名员工，在 9 个国家建立了生产基地，在 11 个国家设立了研发中心，产品行销 130 多个国家，并建立起了包括分销、销售、

客户服务和其他运营机构在内的全国性网络。2003 年,诺基亚全球销售额近 300 亿欧元,经营利润总额达 50 亿欧元,移动电话业务占全球市场份额的 38%,继续保持全球第一的地位。

诺基亚的股票在全球五个主要证券市场上市,股东遍布世界各地。近年来,诺基亚在《财富》杂志评选的全球 500 强企业中的排名不断提升,2003 年排名 122 位。在《商业周刊》发起的全球百个最有价值品牌评选中,诺基亚连续四年身居前十名之列。

2003 年,诺基亚在中国的销售总额为 20 亿欧元,出口额为 17 亿欧元,连续三年跃居中国移动通信行业外商出口企业之首,过去四年累计出口额达 80 亿欧元。截止到 2003 年底,诺基亚在中国的投资总额为 17 亿欧元。2003—2004 年,诺基亚连续两年被《经济观察报》评为中国最受尊敬的企业;2004 年,在《财富》中文版发起的首次"中国最受赞赏的公司"评比中,诺基亚跻身前十名。

从 2003 年下半年开始,诺基亚进行全球机构重组,中国的战略地位进一步凸显,不仅是诺基亚重要的生产和研发基地,还是诺基亚全球客户及市场运营五大战略市场之一。诺基亚是提供真正端到端移动通信解决方案的领先供应商。2003 年,诺基亚 GSM 终端和网络市场销售的总和占中国第一。从 2004 年开始,诺基亚移动电话凭借丰富创新的产品系列、深入的本地化战略、成功的渠道建设以及不断提高的品牌忠诚度,赢得了中国整体手机市场排名的第一位。

在不断探索与创新并将全球化运作模式与中国特色相结合的管理过程中,诺基亚在中国的品牌实力不断提升,作为优秀雇主的地位也为其网罗了不少出色的本地人才。从二十年前一个十几人的北京代表处,发展成为现在遍布全国各地,拥有数十家办事机构、五个研发机构和四个生产基地,在中国企业的员工逾 4300 人。诺基亚作为优秀企业公民,不断为中国的发展贡献力量。

秉承"携手并进,共创未来"的宗旨,诺基亚和本地合作伙伴一起打造在中国长期发展的道路,并致力于成为最佳的合作伙伴。

2. 诺基亚中国手机市场 SWOT 分析

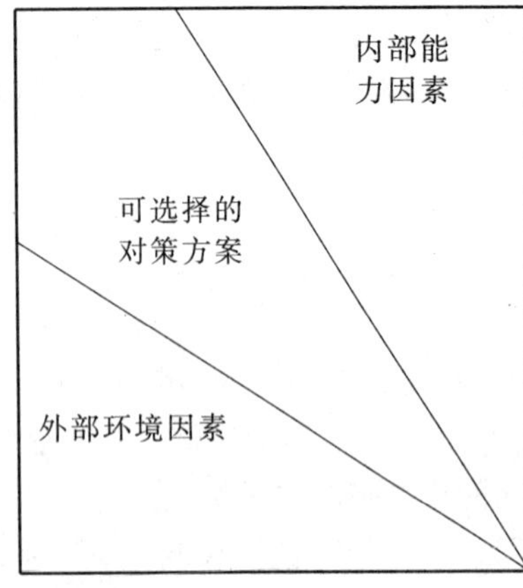 内部能力因素 可选择的对策方案 外部环境因素	优势(S) 1. 市场占有率高,品牌实力强 2. 产品多元化,以人为本,并为环境而设计 3. 移动技术与 IP 技术融合 4. 产品研发能力创新能力强 5. 良好的财务资源 6. 优秀的企业文化 7. 星网工业园的建立和多渠道多层次的分销体系 8. 建立全球人才基地,扎实本土化	劣势(W) 1. 市场份额有所下降,盈利能力减弱 2. 手机外形更新速度慢,质量并非最好 3. 三频、蓝牙科技及 GPRS 功能不健全 4. 缺乏在移动通信领域更层次的作为 5. 智能手机推出过于迟缓 6. 进入中国市场较迟

续表

机遇(O) 1. 手机成为普及产品,中国市场潜力巨大 2. 消费者观念改变,趋向个性化 3. 智能手机兴起,要求通讯上网娱乐功能合为一体 4. “拇指娱乐”市场显现 5. 青年市场异军突起 6. EDGE 和 WCDMA 3G 技术发展 7. 未来通讯移动市场前景广阔	SO 策略 S2O2:推出各种新服务迎合青年手机发烧友的喜好 S3O3:结合移动技术和 IP 技术,开发智能型手机 S4O1:根据市场变化不断进行技术、产品、管理的创新 S4O5:赋予产品情感利益和更多的附加值,使其成为消费者自我实现的媒介 S8O7:和业界的厂商、软件开发商、无线运营商通力合作,积极推动未来通讯移动市场到来	WO 策略 W2O5:推出彩壳随心换手机,满足时尚青年的个性需求 W3O1:重视科技的实际应用,形成详细的市场分析和对用户的细致分类 W4O6:针对中国市场和 CDMA 运营商独特需求,设立 CDMA 研发机构,使用诺基亚芯片进行 CDMA 手机的生产
威胁(T) 1. 手机市场竞争激烈 2. 摩托罗拉等手机元老市场份额开始上升 3. 三星股价不断上扬,市值已经赶超诺基亚 4. 国内外新兴手机品牌众多 5. 手机市场兴起价格战 6. 诺基亚手机面临病毒威胁 7. 微软向通讯行业靠拢,积极研发智能手机	ST 策略 S1T1:摸准市场脉搏和当前的需求,从小处着眼、不断创新,填补市场空白 S3T4:移动性和互联网相结合以拓展新的业务增长点。 S4T1:创造市场而不是单纯的发现,引导市场向其技术转变为自己开拓出崭新的成长空间。 S7T5:与供应商紧密联系,对供应链和生产环节进行严格控制以提高运营效率、节约成本	WT 策略 W1T1:积极投身于具有广泛影响的社会活动,提高知名度和信誉 W2T6:提高技术含量,避免手机病毒,提高手机质量 W3T4:与中国政府、研究机构和重点大学开展广泛深入的研发合作 W6T7:加强与中国在最新的通信技术领域的密切合作,深入参与中国信息产业的发展

3. *诺基亚决策方向*

(1)顺应市场变化,创新产品

产品的构想应源于消费者的需要、期望和梦想,遵循“科技以人为本”的理念为中国市场提供适应消费者需求的移动电话产品。时刻关注市场的趋势,从小处着眼不断创新,填补市场空白并构成“刺激”的品牌个性,同时顺应强势消费者购买手机时的心理需求,把手机推向了时尚的潮流。当前市场的需求主要是希望手机只需单手操作,前后随意换彩壳,自我设定铃声,最具逻辑和适应性的用户界面和无可挑剔的总体外观。

“拇指娱乐”市场显现,诺基亚联合运营商应和 ICP 在互联网上推出更换手机显示图案、下载铃声的服务,迎合许多手机应用发烧友的喜好,使更换手机显示图案和铃声形成了一种时尚。同品牌的手机能互发手机显示图案,往往能导致同一个圈子里的朋友都使用诺基亚的手机,由此可以带动诺基亚手机的销售增长。

加强运营商服务业务的增长,通过收购在互联网方面极具实力的新公司,拓宽自身在 IP 技术方面的专长,将 IP 技术和移动技术相融合。抓住中国 CDMA 市场,设立 CDMA 研发机构,建立一支本地人才队伍,专门从事针对中国市场和运营商独特需求的 CDMA 研发。

(2)坚持人性化设计理念和风格

使自己的品牌定位从高科技路线向以消费者需求导向转型,赋予产品情感利益,使其成为消费者自我实现的媒介。坚持突出特色设计，在注重手机产品外观设计的同时，强调功能领先和易用性，但在坚持自身的人性化设计理念和风格的同时，要不断增强其“遗传基因密码”，基本保持稳定的设计元素以使消费者能够更好地辨识诺基亚品牌，经营商能够获得充足的质量信心。

(3)坚持在“产品周期”的基础上考虑环境活动

良性循环的自然环境是人类生存和发展的基础。诺基亚应始终坚持可持续发展战略，并在中国严格执行与全球一致的环保政策。将“为环境而设计”的理念融入产品的开发、加工和服务设计中，不为任何业务目的使用任何有害的物质。

(4)注重本土化

在本地化中使公司的生产、研发、广告宣传等融入当地社会，实现生产地和销售地的统一，这比从海外生产基地运送商品更有竞争力。在中国建立移动电话生产基地，使员工感觉到是在自己的国家工作，同时又属于诺基亚。在严峻的市场压力面前，诺基亚在折叠机、拍照手机方面将推出特别针对中国市场的产品。

(5)在网络上打造品牌

在网络上为消费者提供诺基亚的公司动态资料，推出新产品的情况。现在诺基亚的技术领先于市场，因此不应是去发现市场而是应去创造市场 ，利用互联网的便利引导市场向其技术转变 ，从而为自己开拓出崭新的成长空间。

(6)回报社会

除了为社会提供先进的科技、产品和服务，还应积极投身于具有广泛影响的社会活动，积极参与和赞助中国各项社会、文化、体育和教育事业的发展，努力成为一个优秀的企业公民，提高企业的知名度和信誉。

主要参考文献

1. 陆建平. 信息检索——从手工到联机、光盘、互联网. 上海:华东师范大学出版社,2001

2. 贺志刚,李修波. 现代信息检索. 济南:山东大学出版社,2003

3. 李国辉,汤大权,武德峰. 信息组织与检索. 北京:科学技术出版社,2003

4. 符绍宏. 信息检索. 北京:高等教育出版社,2004

5. 彭奇志. 信息检索与利用教程. 北京:中国轻工业出版社,2006

6. 孙济庆,葛巧珍等. 现代信息检索教程. 上海:华东理工大学出版社,2006

7. 叶 鹰. 信息检索:理论与方法. 北京:高等教育出版社,2004

8. 郑章飞. 现代信息检索. 武汉:华中理工大学出版社,1999

9. 焦玉英,符绍宏,何绍华. 武汉:武汉大学出版社,2001

10. 周 宁. 信息组织. 武汉:武汉大学出版社,2001

11. 马张华. 信息组织. 北京:清华大学出版社,2001

12. 张惠惠. 信息检索. 北京:机械工业出版社,2003

13. 马费成. 信息资源开发与管理. 北京:电子工业出版社,2004

14. 马谦杰,于本海. 信息资源评价理论与方法. 北京:经济科学出版社,2002

15. 叶继元. 信息检索导论. 北京:电子工业出版社,2003

16. 柴雅凌. 网络文献检索. 天津:天津大学出版社,2004

17. 中国互联网络信息中心(CNNIC)第十八次中国互联网络发展状况统计报告。(http://www.cnnic.net.cn/index/0E/00/11/index.htm)

18. 新浪(http://www.sina.com.cn)

19. 搜狐(http://www.sohu.com)

20. 网易(http://www.163.com)

21. 阿里巴巴雅虎(http://cn.yahoo.com)

22. 百度(http://www.baidu.com)

23. Google(http://www.google.com)

24. Ask(http://www.ask.com)

25. 中国搜索(http://www.zhongso.com)

26. 天网搜索(http://www.tianwang.com)

27. yahoo! 雅虎(http://www.yahoo.com)

28. 微软 Live 搜索(http://www.live.com)
29. AltaVista(http://www.altavista.com)
30. Lycos(http://www.lycos.com)
31. Itools(http://www.itools.com)
32. DogPile(http://www.dogpile.com)
33. Search(http://www.search.com)
34. Intute(http://www.intute.ac.uk)
35. BUBL LINK(http://bubl.ac.uk)
36. LII(http://lii.org)
37. 国家科学数字图书馆物理数学学科信息门户(http://phymath.csdl.ac.cn)
38. 国家科学数字图书馆化学学科信息门户(http://chemport.ipe.ac.cn)
39. 国家科学数字图书馆生命科学学科信息门户(http://www.lifesciences.cn)
40. 国家科学数字图书馆资源环境学科信息门户(http://www.resip.ac.cn)
41. 国家科学数字图书馆图书情报学科信息门户(http://www.tsg.net.cn)

图书在版编目(CIP)数据

信息检索与利用新编教程 / 许忠锡，姚中平主编. —杭州：浙江大学出版社，2007.8 (2016.2 重印)

ISBN 978-7-308-05504-8

Ⅰ.信... Ⅱ.①许...②姚... Ⅲ.情报检索—高等学校—教材 Ⅳ.G252.7

中国版本图书馆 CIP 数据核字(2007)第 134492 号

信息检索与利用新编教程

许忠锡 姚中平 主 编

王 璞 杨 旭 副主编

责任编辑 石国华

封面设计 宋纪浔

出版发行 浙江大学出版社

(杭州市天目山路 148 号 邮政编码 310007)

(网址：http://www.zjupress.com)

排 版 浙江时代出版服务有限公司

印 刷 浙江省良渚印刷厂

开 本 787mm×1092mm 1/16

印 张 17.75

字 数 443 千

版 印 次 2007 年 8 月第 1 版 2016 年 2 月第 8 次印刷

书 号 ISBN 978-7-308-05504-8

定 价 28.00 元
